精益业务数据分析

LEAN BUSINESS DATA ANALYSIS

CDA 数据科学研究院◎编著

电子工业出版社·

Publishing House of Electronics Industry

北京·BEIJING

<h1 style="text-align:center">内容简介</h1>

本书是企业业务数据分析方法的集大成著作，由知名数据分析研究机构 CDA 数据科学研究院组织多名行业知名专家进行研讨、策划、编辑而成。书中内容源自对各行业领军企业实际业务数据分析技能需求的提炼及总结，这些企业包括但不限于京东、腾讯、IBM、中国移动、北京电信、苏宁集团、招商银行、中国邮政集团、GrowingIO 等。全书由八大部分构成：绪论、表格结构数据与表结构数据、数据库应用、描述性统计分析、多维数据透视分析、业务分析方法、业务分析报告与数据可视化报表、CDA 职业发展。

本书适合 CDA LEVEL Ⅰ应试人员、企业业务工作人员、数据分析从业人员、数据相关岗位求职人员学习。

图书在版编目（CIP）数据

精益业务数据分析 / CDA 数据科学研究院编著. —— 北京：电子工业出版社，2023.1

ISBN 978-7-121-44396-1

Ⅰ.①精… Ⅱ.① C… Ⅲ.①企业管理—数据管理—研究 Ⅳ.① F272.7

中国版本图书馆 CIP 数据核字（2022）第 190737 号

责任编辑：张慧敏　　　　　特约编辑：田学清

印　　刷：天津千鹤文化传播有限公司

装　　订：天津千鹤文化传播有限公司

出版发行：电子工业出版社

　　　　　北京市海淀区万寿路 173 信箱　　　邮编：100036

开　　本：720×1000　1/16　　印张：26.25　　字数：512.4 千字

版　　次：2023 年 1 月第 1 版

印　　次：2024 年 3 月第 8 次印刷

定　　价：109.00 元

凡所购买电子工业出版社图书有缺损问题，请向购买书店调换。若书店售缺，请与本社发行部联系，联系及邮购电话：（010）88254888，88258888。

质量投诉请发邮件至 zlts@phei.com.cn，盗版侵权举报请发邮件至 dbqq@phei.com.cn。

本书咨询联系方式：（010）51260888-819，faq@phei.com.cn。

CDA，数字化人才的身份认证

数据曾经是商业"尾气"，而现在成为当今世界的"石油"，借助合适的模型、算法、技术，可以从数据中挖掘出巨大的商业价值。数据分析极大地促进了现代服务业、制造业差异化竞争格局，将来更会成为各行业获得竞争优势的助推力。

数据分析的主要目标之一就是满足组织的业务运营需求，为业务服务。大部分组织经历了从以产品为中心到以客户为中心的过程，其数据分析的重点也从关注组织经营结果到进行全方位的客户洞察，分析方法也从以管理报表为主到微观个体的行为预测。另外，IT 技术的发展使得组织可以以更低的成本存储和处理大量的数据，促使组织不断从宏观业务分析到个体微观分析，使用的数据层次从基本属性、时点状态数据，逐渐丰富到行为数据，使用的分析技术从统计分析逐渐过渡到机器学习和深度学习。

满足业务运营需求更本质的目标是通过数据分析改变决策方式，从依靠经验转向依靠数据。目前，数据分析有两个主要阶段，分别是隐性知识显性化和显性知识算法化。前者是一个概念明晰和逐渐量化的过程，后者是提取知识形成算法并固化在业务流程系统中的过程。组织核心能力从"以人为核心"转变到"以算法为核心"。通过数据分析进行科学决策、自主决策，从而实现业务价值，使数据分析在决策过程中不可或缺，逐渐成为组织的核心竞争力。

在数据分析领域深耕多年的 CDA 数据科学研究院，通过多年的业界深耕，建立起 CDA 数据分析能力认证体系，助力企业实现宏、微观相结合的数字化转型，提供合格的数据化工作人才保障。

CDA 数据分析能力认证体系涵盖绩效分析、客户分析、流程分析、智能学习，助力企业成为宏、微观相结合的数字化战略中心组织。前面的分析为后面的工作指明方向，后面的活动为前面目标的实现提供能力支持。而最下层的学习活动在数字化时代，已经演变成"机器学习"，将业务知识以算法的形式固化在系统中。

CDA LEVEL Ⅰ 教材主要讲解业务分析所涉及的评价指标体系的构建、数据采集与数据操作、商业智能分析、战略及运营分析报告等业务宏观分析技术；CDA LEVEL Ⅱ教材主要讲解客户运营、流程分析和策略优化所涉及的标签体系、用户画像、根因分析、预测模型、运筹优化等业务宏观分析与客户微观洞察相融合的技术；CDA LEVEL Ⅲ教材主要讲解在商业机器学习运营（MLOps）框架下如何设计、开发和落地相关的算法模型，以及机器学习经典算法与案例、自然语言处理、自动学习等客户微观分析技术。教材在工具实现上选择当今比较流行的数据库语言 SQL 和编程语言 Python 等。

很多企业将 CDA 证书作为内部数据分析人才的评定标准和招聘要求。如果认真把这套教材学好，可以形成体系化、专业化的数据分析思维，通过认证考试，达到一个现代数据分析人的合格要求。

即使不参加相关认证考试，这套教材对于读者来说也是很好的数据分析参考书，常读常新，体会数据分析之美，灵活运用教材中的分析方法和案例，让数据分析和实证研究相得益彰，让数据分析和业务经验优势互补。这套教材将在数据分析行业产生影响，如春风化雨，在数据分析理念、理论、方法、技术及工具等方面，滋养各个领域孜孜不倦的数据分析学习者和工作者。

CDA 数据科学研究院

2022 年 5 月

前言

"数据是企业的重要生产力"，这句话言简意赅地既概括出了数据在企业经营过程中的用途，又体现出了数据在提高企业竞争力时的重要性。"生产力"是企业创造财富的能力，掌握数据分析能力的企业将具备创造更多财富的能力。既然数据分析对企业经营如此重要，那么掌握数据分析技能的员工自然也就成为企业的中坚力量，是各企业争相抢夺的宝贵人力资源。本书的写作目的就是希望能够帮助各位读者成为企业所需的数据分析人才，为其升职加薪略尽微薄之力。

当企业管理者遇到经营问题时，一般会向两类渠道寻求解决问题的方法。第一类渠道是通过企业管理者自身具备的丰富的经营经验，第二类渠道是通过数据分析得到的分析结果。在多数情况下，企业管理者会先通过数据分析结果洞察到客观存在的经营问题，然后凭借自身丰富的经营经验制定出有效的经营策略，从而最终解决经营问题。

对企业管理者洞察业务问题有帮助的数据分析结果主要产生于两种不同类型的数据分析方法：第一种数据分析方法是业务描述性分析方法，第二种数据分析方法是数据挖掘分析方法。

业务描述性分析方法可以帮助企业管理者找到业务问题出现的关键位置。因为此种分析方法只对过去发生过的业务行为结果进行如实描述，并不对未来可能出现的业务情况进行预测，所以将其称为业务描述性分析方法。简单来讲，此种分析方法的主要作用就是向企业管理者提供业务行为在何种业务角度下的什么位置上做得是好了还是坏了、是更好了还是更坏了，以及好或者坏的程度是多少等信息，企业管理者可以依据这样的信息对好的结果出现的业务位置进行优化使其变得更好，对不好的结果出现的业务位置进行改良使其能够由坏变好，从而为企业创造价值。

比如，数据分析人员可以对销售团队中每名销售人员在当前月份下的销售目标的完成情况进行分析，并将分析结果以报表或报告的形式汇报给销售经理，以帮助销售经理掌握当前月份每名销售人员的具体业绩情况。只有掌握了具体业绩情况，销售经理才有可能进一步根据自己对不同销售人员的了解，进行有针对性的销售建议，这样才能带领整个销售团队在未来的销售周期内创造更好的销售业绩。在上述案例中，"销售目标完成情况"是业务行为结果，"销售团队"是业务角度，"每名销售人员"是业务位置，通过业务描述性分析方法将三者结合在一起就可以得到在销售团队角度下针对不同的销售人员位置上的不同的销售目标完成情况的业务结果。

在武侠小说中，作者经常用"有人的地方就有江湖"这句话来形容"江湖"之广，如果将其修改后放在数据分析领域，我们也完全可以用"有业务的地方就有业务数据，有业务数据的地方就需要业务描述性分析"来形容业务描述性分析方法的广泛适用性（普适性）。试问有哪个销售经理不想知道自己带领的团队在过去一段时间内的表现情况呢？又会有哪个运营经理不想知道自己投放的推广资源在不同推广渠道下带来的流量情况呢？这些业务情况都需要使用业务描述性分析方法才能得到。

业务描述性分析方法不仅具备普适性，而且学习难度也并不算高。因为此种分析方法一般不需要使用艰涩难懂的数学理论，也很少需要用到复杂的编程语言，所以它的准入门槛对比另一种数据挖掘的分析方法要低很多，不仅专业的数据分析人员需要精通，就连不同业务岗位上的业务工作者也应该尽早掌握这项技能。这样才能通过业务描述性分析方法及时发现业务行为中的各种问题，早发现问题才能早解决问题，为自己及企业创造更大的价值。实际上，很多企业已经开始高薪招聘具备业务描述性分析能力的业务岗位人才。比如大型电商平台在招聘高薪运营岗位时，容易向应聘者提出应具备基本数据分析能力、精通××分析工具、会写分析报告、能够通过数据分析找到业务增长点等要求，这些要求都在业务描述性分析方法的覆盖范围内。

说完业务描述性分析方法后再说本书，本书正是以培养业务描述性分析技能人才为目的而出版的。本书内容涵盖了描述性数据分析方法、业务分析方法、数据分析结果应用方法等内容。本书将为读者全面、系统地讲述业务描述性分析为企业决策行为创造价值的全流程技能。

本书以条理清晰的结构、通俗易懂的语言、完整立体的知识框架为读者铺开一幅精美的业务描述性分析知识画卷。建议读者先全篇通览整幅画卷，建立完整的数据分析知识体系，再精细阅览画卷中的每个细节，深入掌握每个具体知识点。

本书介绍的业务描述性数据分析技能已经成为职场人员的普适性应用技能，是个人职场竞争力的有力证明，是转岗、加薪的得力助手。本书适合 CDA LEVEL Ⅰ 应试人员、业务工作人员、数据分析从业人员、数据分析岗位求职人员学习。

作者在这里首先感谢您有兴趣拿起本书，与本书内容相遇，并诚心希望您能够通过学习书中的知识，早日实现升职加薪的目的。预祝您职场之路越走越宽、越走越顺。

编著者

目录

第1章 绪 论

本书的目标是帮助读者构建一套完整的数据思维方式，就像学习一门语言一样，告诉读者该门语言的语法和词汇，让读者进入数据的世界。所以我们会了解：数据的基本概念、数据的基本操作、数据如何与商业结合、数据怎样使商业更精确、如何从数据的角度来全新重构商业的方方面面等。

1.1 数据分析概述

什么是数据分析？有人说它就是数字的加减法；有人说它可以绘制图表、计算平均销量和预估失业率；还有人说，它是对社会和自然的数值描述。实际上，数据分析（Data Analysis）可以被定义为：用适当的分析方法和挖掘方法对收集来的数据进行研究总结，提取有用的信息，形成结论并支持决策的过程。

我们早已进入了信息时代，而数据就是信息的载体。一方面，整个人类世界的数据量一直在不断增加，而且没有尽头。计算机的普及使保存数据变得太容易了——各种数据，不只是数字，还有图片、声音，甚至单击鼠标的行为等都被大量保存了下来。这就是大数据（Big Data）：体量巨大、来源多样、生成极快、复杂多变，并且难以用传统数据体系结构进行有效处理。而隐藏在这些数据中的信息，可能是有用的信息，却不一定能被有效地识别和利用。

另一方面，随着科技水平的大步提升，用于分析这些泛滥数据的各种工具和各种模型也应运而生——从大家耳熟能详的 Excel 到现在大热的 Python，从基础的数据报表到复杂的神经网络。在没有数据分析的年代，我们对一个客户的判断可能是"估计这个客户以后会买我们的产品"。而使用现代数据分析工具，得到的结论可能是"估计这个客户购买我们产品的概率为 80%，为我们企业带来的预期收益预计

为 ×××元，以上分析的准确率为 90%"。显然，这是一个相当漂亮的结论。可见，大数据这头"猛兽"正在逐步被数据分析师驯服。

为了让大家更全面地了解数字经济当前的发展现状，这里引用中国信息通信研究院 2021 年发布的《全球数字经济白皮书》原文中的三段内容，具体如下：

全球数字经济在逆势中实现平稳发展。2020 年，测算的 47 个国家数字经济增加值规模达到 32.6 万亿美元，同比名义增长 3.0%，占 GDP 比重为 43.7%，产业数字化仍然是数字经济发展的主引擎，占数字经济比重为 84.4%，其中，第三产业引领行业数字化融合渗透，一二三产业数字经济占行业增加值比重分别为 8.0%、24.1% 和 43.9%。

发达国家数字经济应对突发风险的能力更强。2020 年，从规模看，发达国家数字经济规模达到 24.4 万亿美元，占全球总量的 74.7%，约是发展中国家的 3 倍。从占比看，发达国家数字经济占 GDP 比重为 54.3%，远超发展中国家 27.6% 的水平。从增速看，发展中国家数字经济同比名义增长 3.1%，略高于发达国家数字经济 3.0% 的增速。

美中德日英数字经济快速发展。2020 年，从规模看，美国数字经济蝉联世界第一，规模达到 13.6 万亿美元，中国位居世界第二，规模为 5.4 万亿美元。从占比看，德国、英国、美国数字经济在国民经济中占据主导地位，占 GDP 比重超过 60%。从增速看，中国、爱尔兰、保加利亚等国数字经济快速增长，其中，中国数字经济同比增长 9.6%，位居全球第一。

《中华人民共和国国民经济和社会发展第十四个五年规划和 2035 年远景目标纲要》中的第五篇"加快数字化发展，建设数字中国"提到"培育壮大人工智能、大数据、区块链、云计算、网络安全等新兴数字产业，提升通信设备、核心电子元器件、关键软件等产业水平。构建基于 5G 的应用场景和产业生态，在智能交通、智慧物流、智慧能源、智慧医疗等重点领域开展试点示范。鼓励企业开放搜索、电商、社交等数据，发展第三方大数据服务产业。促进共享经济、平台经济健康发展。"

我们作为数据分析师（Data Analyst）——在不同行业中从事数据的采集、处理、分析并能制作业务报告，提供商业评估与决策，且具备职业道德和行为素养的专业人士，正是可以为企业数据赋能、加快企业数字化发展的关键人才。企业需要将业务人员的隐性知识显性化，把显性知识数据化，把不确定变为确定，把数据知识落地到业务流程中。

1.1.1 数据分析的分类

数据分析是一个很庞大的领域。用于商业决策的数据分析方法主要分为业务描述性分析方法与数据挖掘分析方法两大类。

业务描述性分析是以数据为分析对象，以探索数据内的有用信息为主要途径，以解决业务需求为最终目标，包含业务理解、数据采集、数据清洗、数据探索、数据可视化、数据建模、模型结果可视化、分析结果的业务应用等步骤在内的一整套分析流程。

数据挖掘是一个横跨计算机、数学、统计学等学科的科学分支。它是用人工智能、机器学习、统计学和数据库的交叉方法在相对较大型的数据集中发现信息的计算过程。数据分析的工作内容涵盖数据挖掘的工作内容。

数据分析在企业中可分为宏观分析和微观分析两大类。前者站在企业经营和运营的视角，为决策层和管理层提供数据支持；后者站在客户的视角，进行客户洞察，挖掘客户需求和匹配产品与服务，落地自动触发策略。根据业务实践，我们将数据科学在企业中的应用分为宏观层面分析、微观个体分析两个层面，数据分析的分类如图 1-1 所示。

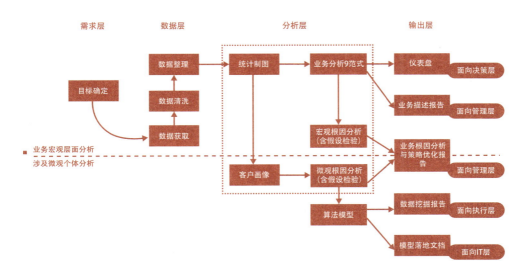

图 1-1 数据分析的分类

CDA LEVEL Ⅰ考试考查考生是否具备根据已经发生及正在发生的业务实际情况，收集和应用各种业务数据，进行准确、深入、全面、易懂的数据描述的能力。

CDA LEVEL Ⅰ 需要考生掌握的知识主要以解决业务宏观层面的问题为主，通过对业务数据进行描述性分析，帮助经营决策者及时发现宏观业务问题、做出正确判断、及时解决问题，最终达到帮助企业提高经营收益的目的。

CDA LEVEL Ⅱ 考试内容涉及宏、微观相结合的分析，要求考生掌握数据治理和商业分析方法；能够针对不同的业务提出基于统计模型及数据模型的解决思路，根据不同的数据业务需求选择合适的算法进行分析与处理；能够完整准确地输出数据分析报告，实现数据模型落地。

CDA LEVEL Ⅲ 考试内容主要涉及微观个体分析，要求考生掌握算法模型和数据特征处理方法，能够针对不同的应用场景提出基于算法模型的解决思路；掌握文本、图像、声音等非结构化数据的分析方法；能够完整准确地输出分析结果，实现模型落地；能够紧跟业务与技术发展方向，时刻站在行业前沿。

1.1.2　数据分析的基本流程

1. 业务描述性分析流程概述（适用于 CDA LEVEL Ⅰ）

业务描述性分析流程主要在 CDA LEVEL Ⅰ 考试阶段涉及。它分为业务理解、数据获取、数据处理、数据分析及结果展现 5 个步骤，如图 1-2 所示。

图 1-2　业务描述性分析流程

（1）业务理解：是业务描述性分析的起点，也是流程中最为重要的步骤，要求分析人员能够全面、准确地理解业务问题及业务需求，并结合业务需求制订完整的分析计划。

（2）数据获取：是基于业务分析需求，从多渠道全面地获取分析数据的步骤。在业务描述性分析中用到的数据以结构数据为主，会在后面章节中为大家进行展开说明。数据获取阶段得到的数据没有质量保证，不能直接用来进行分析，需要进行进一步的处理。因此，我们将直接获取到的、未经加工的数据称为"原始数据（Raw Data）"。

（3）数据处理：是将原始数据进行清洗、加工，从而得到高质量的可用来进行分析的有效数据的过程。

（4）数据分析：是对处理过后的有效数据进行业务描述性分析的过程。

（5）结果展现：是将分析结果以业务分析报告或可视化分析报表（仪表盘、商业智能报表等）的形式呈现给业务决策者的过程。在结果展现环节要求内容准确、客观、全面、直观、易懂。

本书后文中的内容将主要围绕业务描述性分析需要使用的相关技能展开，业务描述性分析技能主要分为业务分析方法、数据分析方法及工具应用技能三大类，业务描述性分析技能矩阵如图1-3所示。

业务描述性分析技能矩阵		业务指标分析			业务模型分析		业务分析方法论
业务分析方法		通用指标计算方法	各场景指标	指标拓展	分类模型	漏斗模型	
· 业务指标分析 · 业务模型分析 · 业务分析方法论		· 求和类指标 常规求和、累计求和 · 计数类指标 常规计数、去重计数 · 比较类指标 均比、基准比、标准比、目标比、同比、环比	· 客户指标 客户行为指标、客户状态指标 · 产品指标 产品库存指标、产品销售指标 · 运营指标 · 绩效指标	· 设计新指标 · 树状指标体系	· 客户分类模型 RFM模型、客户贡献度模型 · 产品分类模型 波士顿矩阵	· 销售行为漏斗 · 客户行为漏斗	· 帕累托分析方法 · A/B测试分析方法 · 同期群分析方法 · 因果分析方法 · 5W2H思维方法
数据分析方法		数据统计分析		数据可视化分析方法			
· 数据统计分析 · 数据可视化分析		· 多维透视分析方法 多维数据模型、透视计算规则	· 描述性统计分析方法 数据趋势分析、数据分布分析	· 对比分析 · 结构分析 · 趋势分析 · 描述分析			
工具应用技能		数据获取工具	电子表格工具	BI工具			
· 数据获取工具 · 电子表格工具 · BI工具		· 数据库查询－SQL · ETL及数据仓库	· 电子表格工具操作技能 · 函数、数据透视、图表制作等电子表格工具分析功能	· 获取及加工多源数据 · 创建多维数据模型及透视计算规则 · 制作可视化图表界面			

图1-3 业务描述性分析技能矩阵

在后面各章节中将针对矩阵中的各个知识点进行详细说明，掌握本书介绍的内容便具备了报考CDA LEVEL Ⅰ考试的能力，也就具备了企业中对业务描述性分析人才的能力要求。

2. 数据挖掘流程概述（适用于 CDA LEVEL Ⅱ、Ⅲ）

这里向大家介绍CRISP-DM方法论。CRISP-DM方法论将数据挖掘项目的生命周期分为6个阶段，它们分别是业务理解（Business Understanding）、数据理解（Data Understanding）、数据准备（Data Preparation）、建模（Modeling）、模型评估

（Evaluation）和模型发布（Deployment），如图 1-4 所示。

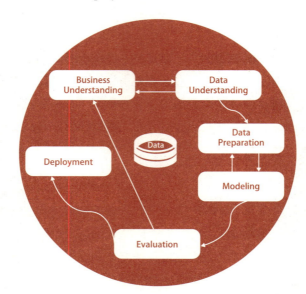

图 1-4　CRISP-DM 方法论

1）业务理解（Business Understanding）

该初始阶段需要数据分析师从商业角度理解项目的目标和要求，通过理论分析转化为数据挖掘可操作的问题，并据此制订实现目标的初步计划。

2）数据理解（Data Understanding）

数据理解阶段开始于原始数据的收集，然后是熟悉数据、标明数据质量问题、初步探索数据、发掘有趣的子集，以形成可供挖掘的数据关系的假设。

3）数据准备（Data Preparation）

在此阶段，从原始的、未加工的数据集中构造出数据挖掘所需的数据，获取所需的信息。通常需要对数据进行转换和清洗。例如，对数据的缺失值进行填补、对重复样本进行删除。数据准备工作可能被实施多次，而且没有任何规定的顺序。

4）建模（Modeling）

在此阶段，主要是选择和应用各种适合的建模技术，同时对它们的参数进行调整，以达到最优值。通常对同一个数据挖掘的问题类型，可以适用多种建模技术。一些技术对数据格式有特殊的要求，因此常常需要返回数据准备阶段重新处理数据。

5）模型评估（Evaluation）

在此阶段，需要根据项目目标来评估模型效果。例如，评估模型对客户的分类是否足够准确、是否有助于提升销量。另外，此阶段还需要判断是否存在一些重要的项目问题仍未得到充分考虑。若发现问题，则需要返回上述某个步骤去修正模型。

6）模型发布（Deployment）

模型完成后，由模型使用者根据当时背景和目标完成情况，决定如何在现场使用模型。例如，将模型内嵌在网页中以实现个性化新闻推送。

1.1.3 数据分析的落地方法

在企业的数字化发展过程中，很重要的一步是将数据思维落实到业务流程中，也就是将数字化的工作方法引入企业经营的方方面面。CDA 提出的 EDIT 数字化模型是企业引入数据分析的落地模板。这个模型包含 4 个部分，如图 1-5 所示。

EDIT 数字化模型主要包括探索（Exploration）、诊断（Diagnosis）、指导（Instruction）和工具（Tool）4 个部分。其中外环的 E、D、I 3 个部分由企业业务岗位的人员执行，中心 T 部分由技术部门人员提供数据和工具的支持。

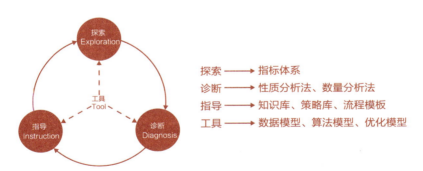

图 1-5 EDIT 数字化模型

1. 业务运行探索（E）

业务运行探索关注各个项目的运行状态、各项指标是否合规及各项业务的具体数据等。常常使用可视化的形式来展示业务运行状态。例如，我们可以首先基于 KPI 和业务实践来构建精益化的指标体系，然后输出业务运营监控看板。这种看板类似于汽车仪表盘，可以实时显示企业的业务运行状态。

2. 问题原因诊断（D）

当业务指标偏离正常值时，采用定性和定量相结合的方式，在中、微观层面定位和分析问题。用数据分析的语言来说，就是识别出到底是哪些因素显著影响了该业务指标的变化。

3. 业务策略指导（I）

在确定业务目标后，我们可以引入数字化的方法来更好地指导优化业务策略。例如，可以根据用户画像的结果来给不同类型的用户群体分别投放营销资源。这里，我们有知识库、策略库、流程模板等可以便捷地制定优化策略。

4. 数据算法工具（T）

数字化工具分为两个部分：数据工具和算法工具。数据工具（如数据库）从数据角度出发，整合企业的主数据、交易数据、分析数据和元数据，为数据应用提供数据基础。算法工具（如机器学习算法）是 EDIT 数字化模型的发动机，服务于价值经营、客群运营、全面质量管理、全面风险管理等各个方面。其中在 CDA LEVEL Ⅰ 认证内容中，算法部分以描述性分析方法为主，不涉及机器学习等更深入的算法。更深入的数据分析算法技术将会在 CDA LEVEL Ⅱ、Ⅲ知识体系中讲解。

1.2 数据分析师概述

数据分析师是指在不同行业中从事数据的采集、处理、分析并能制作业务报告，具备数据思维，能够提供商业评估与决策，且具备职业道德和行为素养的专业人士。各行各业的数据分析人才都需秉承先进的数据分析理念，发挥自身数据科学专业能力，推动科技创新进步，助力经济持续发展。本节内容主要阐述数据分析师的角色、职责与职业操守。

1.2.1 数据分析师的不同角色与职责

下面从两个不同的角度来对数据分析师进行角色分类：工作内容的角度和知识层级的角度。

1. 从工作内容的角度划分职责

首先我们从工作内容的角度来划分数据分析师的工作职责：一类是纯数据相关

类岗位，另一类是工作中需要使用数据分析相关知识和技能的岗位，即数据赋能类岗位，如图1-6所示。

图 1–6 数据分析师的职责划分（工作内容的角度）

1）纯数据相关类岗位

这些岗位纯粹针对数据本身做各种工作，而对数据分析结果的输出与落地则关注不多。举例来说，数据挖掘工程师的主要职责是解决挖掘算法中的技术问题，如解决参数调优的算法是否可以快速收敛等技术问题。数据维护工程师的主要职责是解决数据的存储、读取、关联等技术问题，如12306网站的数据维护人员在每年的春运时期都需要解决海量数据的读取问题。

2）数据赋能类岗位

这些岗位并不是单纯的数据分析岗位，而是在实际工作中需要应用数据分析的知识与技能的岗位。举例来说，财会人员需要更好的业财融合才不致被时代淘汰，连通业务和财务的关键是依据数据给业务提供支持；人力资源需要用数据去研究员工的绩效、离职、薪酬效能等；做市场营销需要分析市场数据，分析消费者行为数据等，这些分析当然需要用到用户画像、漏斗模型等数据分析工具；做运营需要用数据分析每一场大型活动的用户留存转化；做产品也需要用数据来实现更好的产品规划。在金融行业的风控岗位工作的人会用到预测客户还款能力的数据分析工具；在制造行业也需要把老师傅的传统经验数据化，更好地实现全自动生产。可见，在我们身处的这个信息时代，越来越多的人需要掌握数据知识，去赋能和提升自己的业务水平。

2. 从知识层级的角度划分职责

从在工作中掌握和应用的数据知识层级的角度来划分，将数据分析师分为业务数据分析师、建模算法分析师和数据科学家 3 个不同的角色，分别负责宏观业务数据分析、微观数据挖掘和数据科学建设工作。

1）业务数据分析师

业务数据分析师需要具备开展数字化工作，并在工作流程中顺利应用业务描述性分析的知识与工具的能力；要能构建数字化运营指标体系，能进行业务根因分析，能为企业的数字运营提供策略支持。业务数据分析师不只要有足够的数据分析的知识，更重要的是要有业务知识和行业经验。这样才能合理地构造业务指标体系，并准确地根据数据指标发现业务发展的痛点，然后基于数据分析结论提出合理的建议。

2）建模算法分析师

建模算法分析师需要具备分析业务需求，根据需求产出高质量数据挖掘模型，并将模型部署应用的能力。其中构建高质量数据挖掘模型这一步，详细来说就是要求建模算法分析师有能力从海量数据中提取关键信息，构造特征体系，合理选取统计或机器学习算法，调整算法模型以达到最优，并能进行全模型生命周期管理的工作。建模算法分析师需要具备在各自行业中应用对应算法的能力。例如，分类算法既可以调整到适用于商业领域的客户分群，也可以调整到适用于人工智能领域的图像识别。

3）数据科学家

"数据科学家"概念在 2009 年由 Natahn Yau 首次提出。现在业界普遍的观点是：数据科学家是集技术专家与业务专家的角色于一身，可以推动人类认知水平的科学工作者；是可以带领团队，在数据科学的某个领域做出突破性贡献的专业人才；是全体 CDA 人努力的方向。

1.2.2　数据分析师职业道德和行为准则

数据分析师职业道德和行为准则是基于 CDA 价值观（开放、创新、分享）的基础上，对各行业数据分析从业者制定的职业道德操守与专业行为规范。自 21 世纪以来，技术更替驱动企业变革，科技发展改善人类生活。在大数据、人工智能的时代趋势下，新一批高要求、高标准的专业技术岗位如雨后春笋般不断涌现。数据分析师职业道德和行为准则分别在道德操守和专业行为两个方面对数据科学从业者制定了规范化的标准，并致力于成为衡量全球数据科学行业人才职业水平的典范。

无论从业者的文化水平、职业背景、工作地域有何差异，数据分析师（包括

CDA 持证人、CDA 会员）都必须遵守准则中的各项要求，并以身作则影响并监督更多身边从业者的道德与行为，提升整个数据科学行业的开放性、创新性、分享性，使其更具生命力。通过长期坚守数据分析师职业道德和行为准则，从业者和企业将会更有效率地做出更科学、更合理的决策，从而远离误区、降低风险。个体与集体也更具诚信，拥有更多广泛、跨界的合作机会，从而实现更大的商业价值。

本职业道德和行为准则适用于 CDA 持证人、CDA 会员、CDA 合作伙伴及各界数据科学相关岗位从业者。

1．数据分析师职业道德

数据分析师职业道德操守如下。

第一条　坚持诚信、公平、尊重、敬业的原则，以符合一般公民素质与职业道德的要求对待所属行业领域的公众、用户、客户、雇主、同事及其他同行参与者。

第二条　遵守由国家、政府、监管组织颁布的各项法律法规，遵守所在机构制定的员工制度或业务规范。遵法守纪，严于律己。

第三条　维护所在机构及企业客户的品牌形象和口碑，维护数据科学应用领域及相关行业的声誉。忠于职守，勤勉尽责，保护机构的合法利益。

第四条　将数据产权、用户利益和机构利益置于个人利益之上。保护数据资产的安全性，遵循数据的真实性、可靠性，禁止技术欺诈、数据造假、非法交易、损害用户和机构利益。

第五条　保持和加强自身职业道德操守及同行的操守。不参与任何违法行为，包括但不限于：偷窃、欺骗、腐败、挪用或贿赂；不得在没有授权的情况下使用或滥用他人的产权，包括数据资产、知识产权；不参与诽谤和侮辱；不纵容帮助他人参与违法行为。

2．数据分析师专业行为准则

2014 年，CDA 提出数据分析师专业行为准则，具体如下。

第一条　遵照并履行所在机构的业务制度与规范。具有诚信、严谨、积极的职业态度，保持独立、客观、专业的分析判断，能根据业务要求做出有计划、有评估、可实施的报告或决策。实事求是，言行一致，精益求精。

第二条　保守商业机密与维护机构利益。不得从事与机构利益相冲突的第二职业；不得涉嫌盗卖、泄露、欺诈或舞弊的专业行为，或者做出与数据分析相背离的行为；保守企业的商业秘密、数据隐私和知识产权。

第三条 保护数据资产与尊重数据产权。不得未经同意使用他人产权、获取其他机构数据、交易数据等；不得捏造虚假数据、篡改数据，使用不具代表性的样本数据；不得为了完成任务或达成某项目的而损害专业名誉。

第四条 专业、审慎、高效地完善各项业务流程，具体为：

（1）保证数据的合法性、时效性、全面性。全面了解业务背景、痛点、需求，做出分析建议，与团队充分沟通，确定合理的业务指标，获取符合要求的源数据。

（2）保持工具与算法的前沿性、适用性、高效性。根据业务需要，选择合理的工具、平台、系统及算法，保障数据的高效处理与建模分析。

（3）不断迭代并优化业务指标与数据模型，使研究结果更具解释性、预测性、可行性。

（4）撰写专业可视化报告，逻辑清晰，展示项目成果，并提出具有商业价值的建议。

第五条 尊重契约，完整交付分析结果。遵守合同、协议、补充说明、任务制度等相关约定，按时按质交付工作成果，并对相关数据、代码、结果保密。不得随意变更约定内容，不得拖延、敷衍工作结果，不得私下收取额外费用。

第六条 履行后期义务与责任。完整地交付结果后，须对客户提供后期解答、咨询、维护等服务；须对机构业务进行后期跟进、优化、指导；善于自我总结、反思、提升。

第七条 维护专业与行业声誉。自觉保持数据相关专业、岗位的专业性。维护机构、客户所在企业与行业的声誉，维护 CDA 证书名誉。不得从事任何有损数据相关岗位、机构、行业及 CDA 品牌声誉与诚信的行为；不得曲解或夸大数据科学、机构行业、CDA 证书的意义。

第八条 关注时事，自我提升。秉承开放、创新、分享的理念。勇于分享，敢于创新，与时俱进。关注数据科学的最新研究结果、时事；了解不同领域工具与算法的变化、更新；了解行业最新产品、前沿应用，并保持自身技能的不断提升。

第九条 肩负使命，创造与传播。怀有用数据改变社会的信仰，坚守 CDA 职业道德和行为准则，肩负普及、推广、传播数据科学知识的使命。勇于试错、突破、创造，将数据科学价值发挥至全球各行各业。

第十条 CDA 职业道德和行为准则由 CDA 数据科学研究院、CDA 考试中心负责解释。此准则自发布之日起施行。

1.3　数据相关的安全与立法

在大数据时代，数据作为一种重要的资源为人们的生活提供了很多的便利。但因数据泄露而造成的用户信息滥用和隐私泄露事件也层出不穷。在保护个人数据与隐私方面，各个国家纷纷制定适合本国国情的法律制度，并且不断完善个人数据与隐私保护立法机制。

1.3.1　各国的数据隐私相关法律

自 20 世纪 60 年代开始，各国政府和民间机构广泛运用计算机收集个人资料。个人信息的大量收集使传统社会迅速向透明化社会过渡。透明化往往会带来对个人权利的侵害，这是一个无法回避的问题。这种侵害中最典型，也是影响最普遍的领域是个人隐私。在此背景下，信息隐私权（Information Privacy）的概念开始出现。信息隐私权的直接目的在于保护个人权利，使其隐私不因政府或商业机构使用计算机等高科技处理个人信息而受到侵害。更深层次的含义是通过信息隐私权的赋予，维护个人自主性、自我认同和个人尊严。于是一场保护个人权利的立法在全球范围内展开。

在信息隐私立法方面，存在着美国和德国两大模式的分野。德国选择个人资料作为基础概念，制定了一部完整的个人资料保护专法，用于规范个人资料的收集、处理和利用。以信息自决权和一般 60 人格权作为权利基础，对个人资料进行统一保护。美国关于信息隐私的立法十分复杂，其选择了个人信息作为基础概念，在公领域以隐私权作为宪法和侵权行为法的基础，采取分散立法模式逐一立法；在私领域，主张实行行业自律，通过行业组织的内部规范保护信息隐私。

欧盟的《通用数据保护条例》（General Data Protection Regulation，GDPR）已经于 2018 年 5 月 25 日正式施行。GDPR 生效后，对个人数据的隐私和保护将更加透明和具有操作性。GDPR 的影响是全球性的，它已经成为公认的个人信息保护立法的典范，公认的最完善、最严格的隐私保护规定。它主要体现在以下两个方面。

（1）企业在收集用户的个人信息之前，必须以简洁、透明且易懂的形式，清晰和平白的语言向用户说明将收集用户的哪些信息、收集到的信息将如何进行存储、存储的信息会如何使用、企业的联系方式等。

（2）用户享有的权利。

数据访问权：用户有权向企业问询个人信息是否正在被处理，如果正在被处理，可以继而了解：①处理的目的；②相关数据类型；③数据接收方的信息；④如果对象是数据接收方，可以问询其数据来源。

被遗忘权：用户有权要求企业删除个人数据，当数据已经披露给第三方时，用户可以继而要求他们删除相关数据。

限制处理权：用户有权禁止企业将个人信息用于特定的用途。例如，某用户最近在购物网站搜索了以"精酿啤酒"为关键词的商品，网站的推荐信息流或者和该网站有合作的其他站点中可能就会向该用户推荐类似的"精酿啤酒"。现在用户可以要求该企业不能将这件事透露给其他企业，甚至还可以要求该企业也不能将这件事用于任何营销活动。

数据携带权：简单来说，当用户想离开某个平台时，可以要求该平台将其在该平台产生的数据，以格式化的、机器可处理的格式提供给自己。

GDPR 的核心目标是将个人数据保护深度嵌入组织运营，真正将抽象的保护理论转化为实实在在的行为实践。对于企业而言，小至隐私政策、业务流程，大到 IT 系统、战略布局，无一不需要重新审视规划。

1.3.2 我国大数据立法的历程和展望

近些年，我国在个人数据和隐私保护方面也越来越重视，并且制定了一系列的相关规定。数据保护管理办法的相关立法历程如下。

2000 年 9 月 25 日，中华人民共和国国务院令第 292 号公布《互联网信息服务管理办法》。其规定：电信网络和个人信息的安全受法律保护；任何组织或者个人不得利用电信网络从事危害国家安全、社会公共利益或者他人合法权益的活动。

2003 年 6 月 28 日，中华人民共和国第十届全国人民代表大会常务委员会第三次会议通过《中华人民共和国居民身份证法》。其规定：对警察泄露个人信息行为予以法律约束。

2005 年 6 月 16 日，中国人民银行令〔2005〕第 3 号，经第 11 次行长办公会议通过《个人信用信息基础数据库管理暂行办法》。其规定：商业银行要建立个人信用信息基础数据库，并负责设立征信服务中心，承担个人信用数据库的日常运行和管理。

2009 年 2 月 28 日，全国人民代表大会常务委员会通过《中华人民共和国刑法修正案（七）》。法案中增加了"出售或非法提供公民个人信息罪"和"非法获取公民个人信息罪"。

2009 年 12 月 26 日，中华人民共和国第十一届全国人民代表大会常务委员会第十二次会议通过《中华人民共和国侵权责任法》。其对中国个人信息保护立法相对滞后的情形进行了针对性的弥补。该法主要对网络用户、ISP（互联网服务提供商）对个人信息的侵权做出了明确的规定；进一步限定了 ISP 的"避风港"，为处理网络侵权事件提供了基本的价值取向和解决方案。

2012 年 12 月 28 日，中华人民共和国第十一届全国人民代表大会常务委员会第三十次会议通过《全国人民代表大会常务委员会关于加强网络信息保护的决定》。其明确提出：保护能够识别个人身份和涉及隐私的电子信息。

2013 年 10 月 25 日，中华人民共和国第十二届全国人民代表大会常务委员会第五次会议通过《中华人民共和国消费者权益保护法（2013 修正）》。其明确规定了个人信息依法得到保护；确立了工商行政机关可以对侵犯个人信息进行行政处罚的职能；确认了公民可以向法院起诉。

2015 年 8 月 29 日，中华人民共和国第十二届全国人民代表大会常务委员会第十六次会议通过《中华人民共和国刑法修正案（九）》。其扩大了个人信息受保护的范围。

2016 年 11 月 7 日，中华人民共和国第十二届全国人民代表大会常务委员会第二十四次会议通过《中华人民共和国网络安全法》。其规定了公民个人信息保护的基本法律制度，主要有四大亮点：一是规定了网络运营者收集、使用个人信息必须符合合法、正当、必要的原则；二是规定了网络运营商收集、使用公民个人信息的目的明确原则和知情同意原则；三是明确了公民个人信息的删除权和更正权制度；四是明确了网络安全监督管理机构及其工作人员对公民个人信息、隐私和商业秘密的保密制度等。

2018 年 8 月 31 日，中华人民共和国第十三届全国人民代表大会常务委员会第五次会议通过《中华人民共和国电子商务法》。其规定了电子商务经营者收集、使用其用户的个人信息，应当遵守法律、行政法规有关个人信息保护的规定。

2021 年 6 月 10 日，中华人民共和国第十三届全国人民代表大会常务委员会第二十九次会议通过《中华人民共和国数据安全法》。其确立了数据分级分类管理及风险评估、检测预警和应急处置等数据安全管理各项基本制度；详细规范了数据处理活动，明确了开展数据活动的组织、个人的数据安全保护义务；落实了数据安全保护责任；坚持安全与发展并重，锁定支持促进数据安全与发展的措施；建立了保障政务数据安全和推动政务数据开放的制度措施；保护了个人、组织的合法权益，维护了国家主权、安全和发展利益。

可查看 CDA global 认证考试官网关于各国数据相关法律法规最新更新网页。

1.4 本章练习题

一、单选题

1．EDIT 数字化模型是企业实现数字化工作的落地模板，以下关于 EDIT 数字化模型描述错误的是（ ）。

A．E 指的是 Exploration（探索）

B．D 指的是 Data（数据）

C．I 指的是 Instruction（指导）

D．T 指的是 Tool（工具）

2．数据分析由许多关键的阶段性步骤构成，以下不属于数据分析步骤的是（ ）。

A．业务理解

B．数据获取

C．数据处理

D．制订决策方案

3．数据分析师是一个科学严谨的岗位，对从业人员专业性的要求非常高，以下行为中不能体现数据分析师专业性的是（ ）。

A．在分析成果完整交付后不断改进算法

B．在充分了解业务需求后展开分析任务

C．不断迭代数据模型，优化分析结果

D．只提供对业务结论有利的数据信息

4．数据安全是从事数据分析工作人员必须严格保障的事项，以下对保护数据信息安全不利的错误做法是（ ）。

A．将机密数据 U 盘随身携带

B．对机密数据载体进行加密保存

C．不在咖啡厅等公共场所使用机密数据计算机办公

D．不使用能够连入外网的计算机处理企业机密数据

二、多选题

EDIT 数字化模型以知识型业务人员的常规工作为场景，展现业务流程化、数据场景化、算法工具化、决策智能化。以下关于 EDIT 数字化模型描述正确的是（ ）。

A．E 指的是 Exploration（探索）

B．D 指的是 Data（数据）

C．E 指的是 Experience（经验）

D．D 指的是 Diagnosis（诊断）

三、简答题

请以数据分析师的行为准则为基础，简要描述如何专业、审慎、高效地完成数据分析业务。

第2章 表格结构数据与表结构数据

要做好数据分析工作，首先就要对数据有所了解。在大数据时代背景下，我们使用的数据主要包含两种类别，一种称为结构化数据，另一种称为非结构化数据。

结构化数据是指数据结构规范、完整的数据。它主要产生于企业的业务系统及客户端应用程序，如 CRM（客户关系管理）系统、ERP（企业资源计划）系统、电商 App 等。由业务系统或客户端应用程序生成的结构化数据会被完整、及时、准确地记录在企业的数据库中。在使用结构化数据对业务问题进行描述性分析时主要应用的 IT 工具有电子表格工具、数据库操作语言、ETL 工具及数据可视化工具等。结构化数据具有数据信息完整规范、搜索调用简单方便、易于理解等优点，但是因为其主要产生于企业系统，所以其数据范围被圈定在企业系统可触达的业务范围内，如果要对企业系统之外的有用信息进行分析，就要用到非结构化数据。数据类别示例图如图 2-1 所示。

图 2-1　数据类别示例图

非结构化数据是指数据结构不规范、不完整、格式多样、难以理解、难以进行标准化处理的数据。来自企业系统之外的数据，大部分都属于非结构化数据。例如，人为生成的短信、电子邮件、音视频，或者由机器生成的对大气、海洋、交通等的监控数据，这些都属于典型的非结构化数据。结构化数据与非结构化数据成为大数据时代背景下的数据主体。

　　因为 CDA LEVEL Ⅰ 考试是为了证明考生拥有对业务数据进行描述性分析的能力，所以使用的数据主要是企业系统可触达的业务范围内生成的结构化数据，课程也主要针对结构化数据展开讲解。根据对结构化数据进行加工处理、分析、展现所使用的 IT 工具的不同，结构化数据又可以分为表格结构数据及表结构数据两类。表格结构数据是指在通过 WPS 表格、Excel 等电子表格工具进行数据分析时，以单元格作为数据加工、处理、分析的基本单位的结构化数据。表结构数据是指在通过数据库或 ETL 工具进行数据分析时，以字段作为数据加工、处理、分析的基本单位的结构化数据。结构化数据示例图如图 2-2 所示。

图 2-2　结构化数据示例图

　　下面分别围绕表格结构数据和表结构数据的概念、特征、获取及分析方法进行讲解。

2.1　表格结构数据

　　本节将对什么是表格结构数据、用哪些工具可以对表格结构数据进行处理，以及表格数据有哪些特征等问题进行介绍。

2.1.1　表格结构数据概述

　　表格结构数据是指应用在电子表格工具上的数据。表格结构数据需要用电子表格工具对其进行处理加工、分析及展现。当前市面上使用的主流电子表格工具有微软公司的 Excel、苹果公司的 Numbers 及金山办公的 WPS 表格等，如图 2-3 所示。

Excel   Numbers   WPS表格

图 2-3　主流电子表格工具示例

其中在世界范围内应用较为广泛的电子表格工具是微软公司的 Excel。Excel 奠定了表格结构数据使用方式的基础，其他电子表格工具都在很大程度上对 Excel 的功能进行了模仿，所以即便是不同的电子表格工具对数据进行处理，其分析的方式和方法也都具有极强的共性。下面主要围绕这些共性对表格结构数据进行讲解（后文与工具相关的内容均以 Excel 工具为准）。

电子表格工具是办公人员对数据进行处理、分析时使用的较为常见的工具，几乎在所有和数据打交道的工作岗位上都会用到电子表格工具。例如，人力部门人员会用电子表格工具制作员工考勤表、财务人员会用电子表格工具制作财务分析报告、电商运营人员会用电子表格工具对流量数据进行分析。所以，能够使用好至少一款电子表格工具进行数据分析是一名数据分析人员必备的技能之一。

2.1.2　表格结构数据特征

在电子表格工具上使用的表格结构数据主要具有以下特征。

（1）用于对表格结构数据进行识别、引用、计算的基本单位叫作单元格，单元格的集合叫作单元格区域，单元格区域的集合叫作工作表，工作表的集合叫作工作簿，一个工作簿就是一个独立的电子表格文件。在电子表格文件中，可以通过从工作簿到单元格这 4 个不同的层级结构对数据进行记录、管理。

上面说的层级结构指的是不同对象间的父子级关系。如果说两个不同对象间具有父子级关系，那么这两个不同对象间要同时满足以下两个条件：①从父级对象的角度看子级对象，要满足一个父级对象下包含多个不同子级对象；②从子级对象的角度看父级对象，要满足一个子级对象只能属于某一个特定的父级对象。如果同时具备这两个条件，那么我们可以说这两个对象间存在父子级关系。例如，省份与城市间，一个省份下包含多个不同的城市，反过来一个城市只能属于某一个特定省份，河北省下有保定市、唐山市、石家庄市等多个不同城市，而反过来唐山市只能属于河北省，这样我们就可以说省份是城市的父级，城市是省份的子级，省份与城市间具有父子级关系。

所以，如果用父子级关系描述电子表格文件的层级结构，可以分为 4 层，其中工作簿是工作表的父级，工作表是单元格区域的父级，单元格区域是单元格的父级。反过来说，也就是多个单元格构成一个单元格区域，多个单元格区域构成一个工作表，多个工作表构成一个工作簿。有些图书中只将表格结构数据分为 3 层——工作簿、工作表及单元格，删除了单元格区域层级，但是我们认为由于单元格区域中的数据可以用数组直接进行引用计算，与单元格中具体数值的引用计算方式不同，所以将单元格区域单作为一个层级分出来更便于理解。在 CDA LEVEL Ⅰ 的考试内容中，以 4 个层级区域为准，如图 2-4 所示。

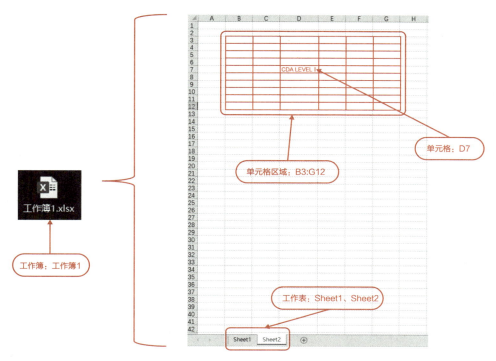

图 2-4　表格结构数据的 4 个层级

（2）在表格结构数据中可以为不同的单元格设置不同的数据类型，但是一次只能为一个单元格设置一种数据类型。

数据类型是计算机识别及计算数据参照的依据，计算机会为不同数据类型的数据保留不同长度的内存空间并按照不同方法对其进行引用计算。在表格结构数据中，主要的数据类型可分为数值型、文本型、逻辑型 3 类。

数值值包含整数值与小数值的信息，主要用来进行数学计算。例如，−1、0、100 属于整数值，而 0.5、−9.67 则属于小数值。

文本值中包含文字、符号、数字等信息，主要用来对文本内容进行描述。一个文本值（如 "a" "b" "1"）称为一个单一字符，由若干单一字符连接串成的字符数组称为字符串（如 "ab1" "ab"）。需要注意的是，文本值中也可以使用数字信息，但是文本值中的数字信息并不是数值值，所以不能直接对文本值的数字信息进行与数值值相同的处理计算。例如，如果我们对数值值的 1 与 2 进行求和计算，则可以得到计算结果为 3 的答案，但是如果我们对文本值的 "1" 与 "2" 进行计算，则只能得到一个错误的反馈（有些电子表格工具可以自动将文本值的数字转换为数值值的数字再进行数值计算，所以在这些工具中也会得到正确计算结果）。在大多数电子表格工具的函数或计算公式中使用文本值时需要将文本值引用在双引号（""）下。

逻辑值中只包含真值（true）与假值（false）两种信息，主要用来进行逻辑判断。需要注意的是，在某些电子表格工具中，真值（true）可以用所有非零的数值进行替换，假值（false）可以用数值值 0 进行替换。

在电子表格工具中，当使用函数或计算公式对某个单元格值进行引用计算时，需要保证该计算方法与引用单元格中数据的数据类型相匹配，若不匹配，则需要修改引用单元格中数据的数据类型，否则就会得到错误的计算结果。

（3）一个单元格不仅具有数据类型的属性，还具有单元格格式的属性。如果说数据类型的属性是为了让计算机能够更加准确、高效地对数据进行识别、处理、计算而存在的，那么单元格格式的属性就是为了让用户能够更加清晰、直观地理解数据信息而存在的。电子表格工具不仅是表格结构数据的处理、分析工具，还是对分析结果进行展示的工具。为了让用户能够更好地理解数据，往往需要对数据内容进行单元格格式上的优化调整，单元格格式包含数字格式及显示格式两类。例如，如果将数据类型为数值型的 1.25 设定为以百分比形式进行显示，用户看到的显示结果就会变成 125%，这就是对单元格中的数字格式进行了调整。如果这个 125% 的数值代表的是某销售人员的销售目标达成率，那么该名销售人员的销售业绩超过销售目标 1.25 倍，表现优异。为了让用户第一眼看到就能够关注并记住该名销售人员的销售业绩水平，我们可以将显示 125% 的单元格字体进行加粗处理，并将字体颜色变为醒目的绿色，这就是对单元格的显示格式进行了调整。在这里我们需要注意区分数据类型与数字格式。例如，数值型是数据类型，百分比类型、货币类型、财务类型、日期类型则是数值型数据的数字格式（与后面要介绍的表结构数据不同，在表结构数据中，日期类型并不是数字格式而是数据类型）。任何表格结构中看到的货币值、百分比值及日期值本质上都是数值值，都属于数值型数据，都可以用某个整数值或者小数值代替。例如，在 Excel 中整数 0 如果用日期型表示就是 1900/1/0，以后整数每增加 1，日期就递增一天。表 2-1 和表 2-2 的内容是对表格结构数据中常用的数字格式及显示格式的归纳总结，供大家参考。

表 2-1　常用的数字格式

内容	显示结果	数字格式	备注
销量	125	数字	描述一般数字信息时使用数字类型
目标达成率	125%	百分比	描述比率时使用百分比类型
金额	¥125	货币	描述金额时使用货币类型
日期	2020/12/26	日期	描述日期信息时使用日期类型

表 2-2　常用的显示格式

内容	显示结果	显示格式	备注
目标达成率	125%	字体（字形、颜色）	改变字体格式用来强调关键值
销售额	3000	单元格填充色（红色）	常用红色填充色对过低指标值进行预警
毛利率 1	70%（绿）	图标集（三色红绿灯图标集中的绿色）	三色红绿灯图标集常用来描述优、良、差 3 种数值状态，绿色为优
毛利率 2	25%（红）	图标集（三色红绿灯图标集中的红色）	三色红绿灯图标集常用来描述优、良、差 3 种数值状态，红色为差
毛利率 3	50%（黄）	图标集（三色红绿灯图标集中的黄色）	三色红绿灯图标集常用来描述优、良、差 3 种数值状态，黄色为良
产品号	000010	显示位置（居左）	改变数值的显示位置，一般文本值默认居左，数值值默认居右

2.2 表格结构数据的获取、引用与使用

2.2.1 表格结构数据的获取

业务数据分析中应用的表格结构数据有 3 个主要来源，第 1 个主要来源是企业的后台数据库系统，第 2 个主要来源是企业的前端操作平台，第 3 个主要来源是企业外部渠道。

前文中提到过，在企业的经营过程中会通过各种业务系统产生大量的结构化数据，这些数据会被如实、完整、及时地记录在后台的数据库系统中。这些保存在数据库系统中的数据是企业经营活动的宝贵历史记录，是针对业务问题进行描述性数据分析时使用的最为重要的数据资源。由于数据库系统设计，系统往往会将一个完整的业务流程中各个不同维度的数据信息记录在多个不同的数据表中。例如，A用户在某电商平台上购买了一件 B 品牌的衬衫，那么 A 用户个人相关信息（注册ID、注册地址、收货地址、用户姓名、联系方式等）会被记录在数据库中的用户表中，B 品牌相关信息（品牌编号、品牌名称、品牌规模等）会被记录在数据库中的品牌表中，衬衫相关信息（产品编号、进货渠道、进货价格、售价等）会被记录在数据库中的产品表中，交易相关信息（订单号、订单日期、付费时间、订单金额等）会被记录在数据库中的订单表中，这样记录的优点是方便数据的归类、存储与高效查询，缺点是不利于数据的获取与分析。因为如果要对电商平台历史交易情况进行分析，就需要用到所有与交易行为相关的各个不同维度的数据信息，而这些数据信息又散落在数据库中多个不同的数据表下，所以如果要使用数据库中的数据进行分析，就需要先想办法获取到所有相关数据表中的数据资源，获取数据库中的数据首先要有数据库的查询权限，然后还要掌握 SQL 中的查询语句（关于 SQL 的内容在后面章节中会为各位读者进行详细说明），并且还要对数据的记录逻辑非常清楚。在没有掌握高深的数据库使用技能之前，往往需要请专业的数据库管理人员帮忙才能获得准确、完整的数据库数据，从数据库获取到的数据一般会被保存在电子表格工具支持的数据文件中，整个委托流程如图 2-5 所示。

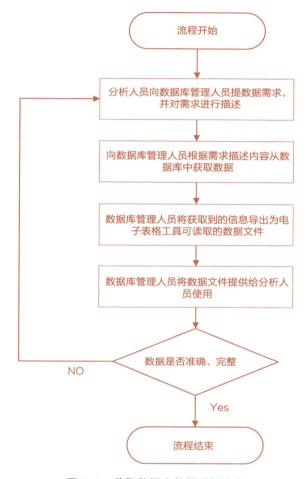

图 2-5　获取数据库数据委托流程

从图 2-5 中可以了解到，并非数据库管理人员提供给分析人员使用的数据就一定是准确、完整的可用数据。因为分析人员更多的是从数据分析的使用场景及数据生成的业务场景出发向数据库管理人员进行需求描述，而数据库管理人员是站在数据库数据查询方法的技术角度理解需求的，思考的侧重点及思维模式的不同，很有可能产生相互间对问题理解上的分歧，从而造成提供过来的数据不完整或不准确的后果。为了能够尽量做到一次性获取到完整、准确的可用数据，要求分析人员在向数据库管理人员提需求时应尽量做到以下 4 点。

（1）需求中的业务描述部分应尽量准确、详细、易懂。

（2）需求中的数据使用部分的描述应尽量做到条理清晰、逻辑严谨、细节描述详细。

（3）需求描述结束后需要确认数据库管理人员是否听懂并且理解了需求内容。

（4）向数据库管理人员询问获取数据的方案，与数据库管理人员一起逐一核对方案细节。

表格结构数据的第 2 个主要来源是企业的前端操作平台。很多企业的业务系统在前端都有自己的数据输出功能，这些功能会按照业务需求自动将数据库中的数据进行收集、整理，并最终以电子表格工具支持的数据文件形式输出给分析人员使用，分析人员只需要知道如何进行导出功能的操作就可以快速获得所需要的数据内容，其优点是高效、方便，缺点是前端系统只能导出提前设定好的数据内容，如果分析人员所需要的数据内容是设定逻辑之外的数据，还是要请数据库管理人员帮忙提供，提前获得数据库查询权限的分析人员也可以通过 SQL 查询语句进行数据获取。数据库的各种操作权限都要由数据库管理人员开通，在大企业中分析人员想要开通某种数据库操作权限一般需要按照公司严格规范的申请流程提交申请，在获得各层领导审批通过后才能得到。

表格结构数据的第 3 个主要来源是企业外部渠道。例如，A 公司是一家服务器硬件设备制造商，为了能够快速打开市场，A 公司的服务器产品主要通过多家代理商进行销售。在这种情况下，A 公司的主要销售业绩并不是由自己公司直销带来的，而是通过代理商间接创造的，所以如果 A 公司的分析人员想要对销售情况进行详细分析，那么大量的销售数据需要由各家代理商分别提供，代理商一般会以电子表格工具支持的数据文件的形式向 A 公司的分析人员提供数据，这就是从企业外部渠道获取数据的一种常见情况。除此之外，为了分析目的的需要，有时我们还会从网络或其他渠道获取一些数据信息，由于不是自己企业内部产生的标准数据，所以来自外部渠道的数据在准确性及完整性上都会有所不足，需要分析人员在使用外部渠道数据时更加小心谨慎才行。

在以上 3 类主要来源的介绍过程中，都提到了"电子表格工具支持的数据文件"这句话，不管从哪种渠道获取来的数据内容，最终都要以电子表格工具支持的数据文件的形式使用，电子表格工具无法对自身不支持的数据文件进行读取、展现及分析。常见的电子表格工具支持的数据文件主要有以下两种形式。

（1）文本文件：以文本字符构成的文件，绝大多数文本文件都可以用 Windows 的记事本功能打开并阅读。常用到的用来存储数据信息的文本文件主要有两种，一种是文件扩展名为 .csv 的 CSV 文件，另一种是文件扩展名为 .txt 的 TXT 文件。存储数据信息的文本文件主要包含两类信息，一类信息是数据信息，另一类信息是分隔不同数据信息用的分隔符。习惯上，**CSV** 文件中用"，"（英文逗号）作为分隔符使用，而 **TXT** 文件中用制表符（在记事本或 **Word** 等文本编辑软件中按下 **Tab** 键后生成的空白字符）作为分隔符使用，如图 2-6 和图 2-7 所示。

图 2-6　用 Windows 记事本浏览的 CSV 文件

图 2-7　用 Windows 记事本浏览的 TXT 文件

（2）电子表格工具文件：每种电子表格工具都有自己软件专有的默认文件，用来保存加工、处理、分析后的表格结构数据。WPS 表格的默认文件是 *.et 格式文件，Excel 的默认文件是 *.xlsx 格式文件，而苹果 Numbers 的默认文件是 *.numbers 格式文件。

上述两类文件的主要区别有以下 3 点。第 1 点区别是，文本文件中只包含由文本字符构成的数据及分隔符信息而不包含其他操作信息，而在电子表格工具文件中除包含数据信息外，还包含在电子表格工具中进行操作的其他所有信息记录。例如，字体格式、显示设置、数据透视图表等文件的操作信息只能被记录在电子表格工具文件中而不能被记录在文本文件中。第 2 点区别是，文本文件中记录的数据信息没有明确行数及列数限制，而电子表格工具文件一般只能记录电子表格工具工作表支持上限行数及列数内的数据信息。以 Excel 2016 为例，其工作表中最大行数为 1 048 576 行，最大列数为 13 684 列，也就是说在 Excel 2016 的默认文件中能够保存 1 048 576 × 13 684 个单元格数据，超出这个容量的数据将无法被记录在 Excel 2016 的默认文件中。同时，1 048 576 × 13 684 也是 Excel 2016 能够读取及处理的最大数据量，超过这个数字极限的数据信息即便被记录在文本文件中也不会在 Excel 2016 的工具界面显示出来。（当我们要使用的数据量超过电子表格工具可以处理的极限时，我们就不能把这些数据当成表格结构数据用电子表格工具来进行处理，而是需要使用表结构数据处理工具把这些数据当成表结构数据来进行处理。）第 3 点区别是，文本文件是几乎所有电子表格工具都支持的数据文件，而电子表格工具文件大多数都只能被特定的电子表格工具应用。除 Excel 的 *.xlsx 格式文件可以被多个不同电子表格工具使用，具有一定的普适性外，其他大多数电子表格工具文件只能应用在能且只能生成该类型文件的电子表格工具上。

2.2.2 表格结构数据的引用、查询与计算方法

表格结构数据的基本处理单位是单元格，在表格结构数据中，可以将某个单元格中的具体数值引用到其他单元格中使用，也可以使用函数从不同区域查询匹配条件的数值，还可以将不同单元格中的值放在一起进行函数计算。"引用"、"查询"及"计算"成为应用表格结构数据的基本方法。

1. 表格结构数据的引用方法

引用某个单元格中值的前提条件是需要先定位到该单元格上，以 Excel 为例，我们需要使用单元格的列号及行号信息才能在 1 048 576 × 13 684 个单元格构成的工作表中定位到特定单元格位置上。如果把电子表格工具中的工作表想象成是一张由

1 048 576 × 13 684 个不同区域构成的地图，为了在这张地图上找到一个特定区域，就需要使用这个区域的经纬度信息来进行定位，地图中的区域就是单元格，地图中的经度就是列号，地图中的纬度就是行号。表格结构数据的列号信息一般用大写字母表示，Excel 中的列号从 A 开始一直向右递增到列号 XFD 为止，共有 13 684 个不同列。表格结构数据的行号一般用数字表示，Excel 中的行号从 1 开始一直向下递增到行号 1 048 576 为止，共有 1 048 576 个不同行，单元格位置用"列号 + 行号"描述。例如，"A1"单元格就是工作表中左上角第一个单元格，而"XFD1 048 576"单元格就是工作表中右下角最后一个单元格，表格结构中的单元格与单元格中的数值是绑定在一起的，如果要在"B1"单元格中应用"A1"单元格中的数值信息，可以在"B1"单元格中输入"=A1"，这样就可以将"A1"单元格中的数值信息引用到"B1"单元格中使用。单元格值引用示例如图 2-8 所示。

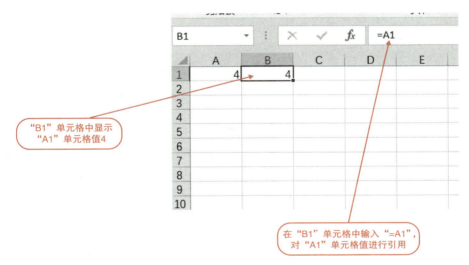

图 2-8　单元格值引用示例

上述案例要求引用单元格的位置与被引用单元格的位置在同一工作表中，若引用单元格与被引用单元格在不同工作表中，则需要先指定工作表名后再指定被引用单元格的位置。例如，如果要在"Sheet3"工作表的"A1"单元格中引用"Sheet2"工作表的"A1"单元格值，那么就需要在"Sheet3"工作表的"A1"单元格中写"=Sheet2!A1"，其中"Sheet2"是表名，"!"可以理解为"的"的意思，"=Sheet2!A1"就是"Sheet2"工作表的"A1"单元格的意思。跨工作表引用示例如图 2-9 所示。

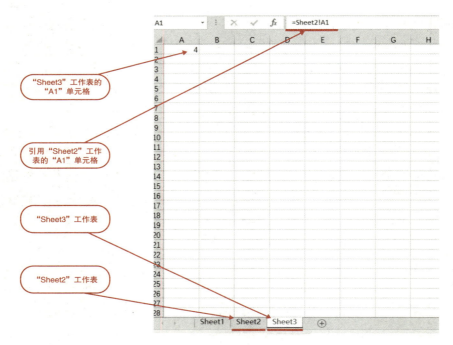

图 2-9　跨工作表引用示例

　　以上是单元格值的引用方法，多个单元格可以构成一个单元格区域，我们也可以对一个单元格区域内的所有单元格值同时进行引用。例如，当需要引用从"A1"单元格到"C4"单元格中的所有单元格值时，可以写为"A1:C4"，其中":"可以理解为"从……至……"的意思，"A1:C4"就是引用从"A1"单元格到"C4"单元格构成的整个单元格区域内所有单元格值的意思。由单元格构成的单元格区域需要满足以下两个条件。

　　（1）单元格区域须由连续的单元格构成。

　　（2）单元格区域须是一个方形区域。

　　方形单元格区域是由多行多列的单元格值构成的。由多行多列的单元格值构成的数据结构在表格结构数据中称为数组，数组与数组间可以直接进行数学计算，也可以通过函数进行引用数组值的计算。将单元格区域内数组值作为某个函数的运算参数进行引用计算的方法较为常见（后文会对函数及参数进行详细介绍）。图 2-10 所示为单元格区域示例，将"K4:M7"单元格区域内的数组值作为 SUM 求和函数的参数引用计算后，返回单元格区域内数组值合计值 24。

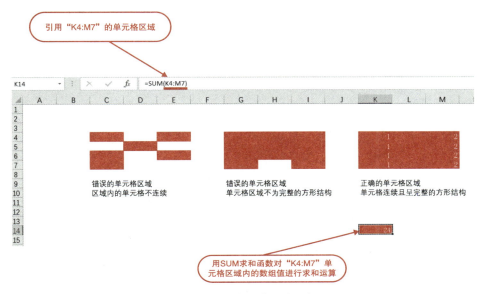

图 2-10　单元格区域示例

　　在工作表内如果要引用的单元格区域是多个连续的完整行时，直接用行号进行引用。例如，"5:8"表示引用从第 5 行到第 8 行内所有单元格（也就是整行）。如果要引用的单元格区域是多个连续的完整列时，直接用列号进行引用。例如，"A:F"表示引用从"A"列到"F"列内所有单元格，而"A:A"表示引用"A"列内所有单元格。在引用单元格区域范围时需要先写左上单元格位置再写右下单元格位置。例如，"A1:B2"是正确的引用方法，而"B2:A1"是错误的引用方法。

　　当引用的单元格区域在其他工作表内时，与引用不同工作表内单元格时的用法相同，也需要在单元格区域前加上"工作表名！"的内容。

2. 表格结构数据的查询方法

　　在表格结构数据中，我们常常需要将其他单元格区域中的特定数值引用到新的位置，从其他单元格区域内找到特定单元格值的方法称为单元格值的查询方法。当我们想在"F2"单元格中输入李四的工资值时，就需要在"A:B"单元格区域内查找到与李四匹配的正确单元格值，如图 2-11 所示。

　　在表格结构数据中，主要有以下两种查询特定值的方法。

　　（1）第 1 种方法是使用电子表格工具中的搜索功能进行查询。以 Excel 工具为例，同时按下"Ctrl"键与"F"键，弹出"查找和替换"对话框，在"查找内容"

文本框中输入要查找的条件值"李四",找到与"李四"对应的工资值。使用电子表格工具中的搜索功能进行查询的方法如图 2-12 所示。用搜索功能进行查询的方法虽然操作简单,但一次只能指定一个查找对象,效率较低,如果要快速对多个查找对象进行查找,就需要使用第 2 种方法。

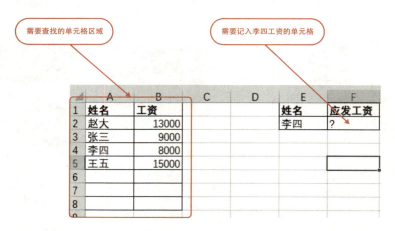

图 2-11   在"A:B"单元格区域内找到李四的工资值

图 2-12   使用电子表格工具中的搜索功能进行查询的方法

(2)第 2 种方法是利用函数进行查询。利用函数查询的基本逻辑是先为函数指定要查找的值、查找范围、查找后要返回的查找范围内的顺序号及查找匹配模式,然后函数根据条件指引就会自动查找到我们所需要的正确值。这种方法的优点在于,因为查找的条件值是公式引用的参数,所以我们可以非常方便地通过更改函数参数的方法随时更改查找条件,从而可以快速得到我们所需要的查询结果。以 Excel 工具为例,我们通常使用 VLOOKUP 函数进行查询。

在讲解 VLOOKUP 函数使用方法之前，我们首先要对"函数"有所了解，计算机中的"函数"在本质上与数学意义的"函数"相同，都是一种计算方法。计算机把需要被我们反复利用的计算过程封装在某一个函数表达式中，当需要利用这种计算过程对指定参数进行计算时，只需要写好完整的函数公式就可以快速得到计算结果。使用函数可以大幅提高我们对复杂计算过程重复利用的效率，如果有一个计算过程需要写 100 行代码才能完成，而这个计算过程我们要在一个工程中使用 1000 次，那么如果没有函数，我们就需要写 100×1000，即 10 万行代码才能完成。但是如果将这 100 行代码封装为一个函数进行使用，每次利用这个计算过程进行计算时只需要写 1 行函数就可以完成，代码量就会从 10 万行大幅减少到 1000 行，从而可以大幅减少工作时间、提高正确率与工作效率。电子表格工具中的函数由以下 6 部分构成。

（1）"="：等号的意义是告诉计算机，我从现在开始要使用函数进行计算了，是对计算机的函数使用宣言。

（2）函数表达式：由函数名及括号两部分构成，不同函数表达式代表不同的函数功能。

（3）参数：进行函数计算时参照的计算依据。

（4）操作符：有特殊意义的字符。

（5）返回值：使用函数进行计算的目的是得到计算结果，计算结果就是返回值。

以 SUM 函数为例，如图 2-13 所示。

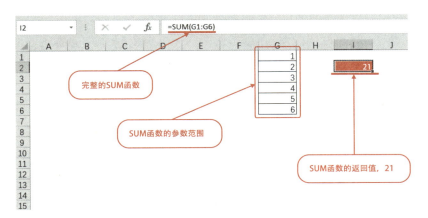

图 2-13　SUM 函数示例

拆解上图"=SUM(G1:G6)"函数可以知道：

（1）"="：告诉计算机接下来写的 SUM 内容不是文本值而是函数，要使用 SUM 函数进行计算。

（2）函数表达式："SUM()"是完整函数表达式，"SUM"部分是函数名，"SUM" 是用来求和的计算方法，"()"内书写函数的参数。

（3）参数：参照"G1:G6"单元格区域内的所有单元格值。

（4）操作符："："的意义是从"G1"到"G6"，在此函数案例中只出现一个参数，但是更多的函数案例会用到多个不同参数，当在一个表达式内书写多个参数值时，需要用"，"操作符对各个参数进行分隔，"，"称为参数分隔符。

（5）返回值："I2"单元格中的数字"21"就是 SUM 函数计算结果的返回值，参照"G1:G6"单元格区域内的所有单元格值进行求和计算，从而得到计算结果"21"。

在计算机中使用函数时，需要注意函数中不同位置上参数的数据类型及函数返回值的数据类型，函数中不同位置上参数的数据类型及函数返回值的数据类型已经在定义函数时就被提前规定好了，如果使用与规定数据类型不相符的参数值进行计算，就会提示错误。例如，SUM 函数只支持数值型的参数进行计算，如果引用的单元格或单元格区域值为文本值，就会提示错误。

当需要进行复杂计算时，往往会将多个函数嵌套在一起使用。在使用函数嵌套时，需要满足一个充要条件，就是内部函数返回值的数据类型要与外部函数该位置上参数的数据类型相符才能够将两个函数嵌套在一起使用。例如，在"=IF-(OR(A1=0,A1=1),0,1)"函数中，外部函数"IF"的第一个参数需要一个逻辑值参数，而内部函数"OR(A1=0,A1=1)"的返回值正是一个逻辑值，内部函数返回值的数据类型与外部函数该位置上参数的数据类型一致，这样 IF 函数内嵌套 OR 函数在使用时才不会出错。

在书写函数名时不需要区分大小写，大写"SUM"与小写"sum"都可以使用。

函数是我们进行计算分析的基础，请大家务必要记住并理解上述关于函数的说明内容。

理解了函数意义后，让我们再回到查询函数 VLOOKUP 上来，在"A:B"单元格区域内查询"李四"的工资值"8000"，就可以写为"=VLOOKUP(E2,A:B,2,FALSE)"，如图 2-14 所示。

图 2-14　VLOOKUP 函数示例

拆解 VLOOKUP 函数可知：

（1）"="：告诉计算机接下来写的 VLOOKUP 内容不是文本值而是函数。

（2）函数表达式："VLOOKUP()"是完整函数表达式，作用是在指定范围内查找与条件值相匹配的单元格值。

（3）参数：VLOOKUP 函数有以下 4 个参数。

① 第 1 个参数"E2"，表示以"E2"单元格值作为查找值。

② 第 2 个参数"A:B"，表示查找范围，在"A:B"的单元格区域内进行查询，查询范围中的第 1 列"A"列为查询匹配列，在"A"列中查找与"E2"查询值相同的第 1 个单元格。

③ 第 3 个参数"2"，表示查找范围内的顺序号，在"A:B"两列中取第 2 列上的单元格值。

④ 第 4 个参数"FALSE"，表示查找匹配模式，FALSE 代表精确匹配，只在查询范围内匹配与条件值"E2"的单元格值"李四"完全相同的单元格值。

（4）操作符："，"，用来分隔 4 个不同参数。

（5）返回值："F2"单元格中的"8000"，即找到的"李四"的工资值。

VLOOKUP 函数先帮助我们在"A"列中找到与查询条件值"李四"完全匹配的单元格值所在的行——第 4 行，然后返回第 4 行上第 2 列上的单元格值"8000"。除 VLOOKUP 函数外，还有很多其他函数可以帮我们实现单元格值或单元格区域值的查询操作，不管用哪个查询函数，其根本逻辑都是一样的，即在某个范围内以某种方式查询与查询参数值相匹配的单元格值。

3. 表格结构数据的计算方法

在电子表格工具中，我们可以针对单元格值或单元格区域值进行直接计算，也可以使用函数对单元格值或单元格区域值进行计算。

（1）直接计算：使用运算符连接单元格值或单元格区域值进行计算。常用运算符示例如表 2-3 所示。

表 2-3　常用运算符示例

类别	功能	内容	意义	示例	计算结果
算术运算符	进行数学计算	+	加法运算	1+2	3
		-	减法运算	2-1	1
		*	乘法运算	3*4	12
		/	除法运算	8/2	4
		^	乘幂运算	2^2	4
比较运算符	进行比较判断，判断结果为逻辑值	>	大于	2>2	FALSE
		>=	大于或等于	2>=2	TRUE
		<	小于	2<3	TRUE
		<=	小于或等于	3<=3	TRUE
		<>	不等于	3<>3	FALSE
文本运算符	进行文本连接	&	文本连接	" 我 "&" 是好人 "	我是好人

（2）函数计算：使用函数对单元格值或单元格区域值进行计算并返回计算结果。函数的写法及应用方法因使用的电子表格工具不同而各有差异。表 2-4 中列出 Excel 中常用的一些函数，大部分函数的写法和用法与 WPS 表格相同，供大家参考。

表 2-4　Excel、WPS 表格中常用函数示例

Excel、WPS 表格中常用函数					
数学函数	函数说明	统计函数	函数说明	日期函数	函数说明
INT()	取整	MAX()	求最大	YEAR()	求年
		MIN()	求最小	MONTH()	求月
MOD()	求余数	SUM()	求和	DAY()	求日
		COUNT()	数值计数	TODAY()	当前日期

续表

数学函数	函数说明	统计函数	函数说明	日期函数	函数说明
ROUND()	四舍五入	COUNTA()	计数	DATE()	计算给定的日期
ABS()	取绝对值	AVERAGE()	求平均	NOW()	当前日期和时间
SQRT()	算术平方根	COUNTIF()	条件计数	EDATE()	指定日期前后月份的日期
RAND()	产生随机数	SUMIF()	条件求和	EOMONTH()	某个月份最后一天的序列号
RANDBETWEEN()	指定范围内的随机数	AVERAGEIF()	条件平均	DATEDIF()	计算日期差
		COUNTIFS()	多条件计数		
文本函数	**函数说明**	SUMIFS()	多条件求和	**查找与引用函数**	**函数说明**
MID()	取子串	AVERAGEIFS()	多条件平均	VLOOKUP()	垂直方向查找
LEFT()	从左取子串	FREQUENCY()	求数据分布频率	OFFSET()	计算偏移量
RIGHT()	从右取子串	RANK()	排名次	MATCH()	返回指定数值在指定区域中位置
LEN()	文本长度	**逻辑函数**	**函数说明**	INDEX()	引用区域信息
TEXT()	数字转化文本格式	IF()	判断	INDIRECT()	文本字符串指定的引用
REPT()	文本重复	AND()	与	ROW()	引用行的数据
REPLACE()	替换特定位置处的文本	OR()	或	COLUMN()	引用列的数据
SUBSTITUTE()	替换文本	NOT()	非	HLOOKUP()	水平方向查找

2.3 表结构数据

本节将围绕结构化数据中的另一类数据——表结构数据进行讲解说明。在数据分析领域，除电子表格工具主要使用表格结构数据进行分析外（电子表格工具也可以对表结构数据进行分析），其他绝大多数数据分析类工具都是使用表结构数据进行分析的。理解表结构数据的特征，学会表结构数据的获取、处理、分析方法是做好数据分析工作的必要条件。

2.3.1 表结构数据概述

与表格结构数据以单元格作为数据引用、操作、计算的基本单位不同，在表结构数据中，数据引用、操作、计算的基本单位不是"单元格"而是整列"字段"或整行"记录"。在业务描述性分析过程中主要应用数据库查询语言、ETL 工具及数据可视化工具等对表结构数据进行操作。

表结构数据的主要来源是数据库中的数据表。一个数据表有一个表名，表名的作用是区分不同数据表。一个数据表由多列不同"字段"及多行不同"记录"构成。"记录"指的是表结构数据中行上的信息，数据库会按照预先设计的业务逻辑单位将业务流程中每一个节点上的信息内容以不同"行"的形式不断追加记录在数据表中，于是数据表中每一"行"上的信息就成为业务流程的历史记录，所以，我们将表结构数据中的"行"称为"记录"。而"字段"指的是表结构数据中列上的信息，"字段"用来区分"记录"中不同的业务角度信息及业务行为结果信息。

例如，电商平台会将用户的购买行为信息记录在订单表中，订单表以每一次交易为单位生成"记录"。假设某天在电商平台产生了 100 笔交易，那么在订单表中就会生成 100 行"记录"，每一行"记录"记录的是与此次交易相关的各种信息。这些信息大致可分为两类，一类是用来描述交易行为不同角度的信息，我们称为"维度"，另一类是描述交易结果的信息，我们称为"度量"。不同"维度"及"度量"会被分成不同"字段"进行记录。例如，一笔交易会有"付费时间""支付状态""用户 ID"等字段，其中"付费时间"是交易行为发生的时间，属于"时间维度"，"支付状态"（已支付、未支付等）是交易的进展情况，属于"进度维度"，"用户 ID"是交易的用户信息，属于"用户维度"。订单表示例如图 2-15 所示。

图 2-15　订单表示例

　　一笔交易，除了有描述交易行为不同角度的"维度"信息，还有用来描述交易行为产生结果的"度量"信息。例如，某用户在电商平台买了某件产品，用户为此订单支付的金额就是此次交易的结果，也就是"度量"。在订单表中，与金额相关的字段，如"订单金额""运费""用券抵扣金额"等字段就是订单表中的"度量"字段。

　　在表结构数据中，有一些表只包含维度信息而不包含度量信息，这样的表我们称为维度表。例如，产品表、客户信息表、学员信息表等表中的字段不涉及任何业务行为产生的结果，只单纯统计及列举所属维度的各种不同属性内容，这样的表就是维度表。在业务描述性分析过程中，维度表主要用来扩展观测业务问题的角度及细节。除维度表外，还有一些表既包含维度信息又包含度量信息，这样的表我们称为事实表。例如，上述的订单表，还有采购进货单明细表、库存表等都是典型的事实表。事实表用来记录业务的实际情况，在业务描述性分析中，用事实表中的度量字段对业务行为产生结果的好坏程度进行描述。业务描述性分析方法的本质就是在不同业务角度（维度）下对业务行为的结果（度量）进行分析、展现、论证及总结的过程。当我们想针对某一个完整业务模块或者完整业务流程进行全面分析时，往往要用到多个不同的维度表及事实表中的多个不同的维度及度量字段信息。某公司进销存业务模块分析所用数据表示例如图 2-16 所示。

　　表结构数据中的维度字段一般是文本型字段，而度量字段一般是数值型字段。

图 2-16　某公司进销存业务模块分析所用数据表示例

📊 2.3.2　表结构数据特征

表结构数据主要具有以下 3 个特征。

（1）表结构数据的第 1 个特征是表结构数据中的基本引用、操作、计算单位是字段或记录行。字段指的是表中的一整列数据，记录行指的是表中的一整行数据，所以在表结构数据中，一次引用、操作及计算过程都至少要对一整列或一整行数据产生影响。与表格结构数据不同，在表结构数据中很难对某一个特定单元格值进行单独的处理与分析（某些分析工具中的特殊功能可以对表结构数据中的特定值进行处理、分析）。

字段的第 1 行叫作"字段名"，字段名是字段的名称，用来区分及识别表中的不同字段，同一个表中不能出现 2 个以上有相同字段名的字段，由所有字段名构成的表中的第 1 行信息叫作"标题行"。从字段的第 2 行开始到字段最后 1 行为止的内容就是表中具体的每行"记录"。表中的 1 个字段只能有 1 种数据类型，所以如果某个字段是文本型字段，那么该字段中所有行上的记录也都是文本型数值。表结构数据各部分名称示例如图 2-17 所示。

（2）表结构数据的第 2 个特征是在表中所有字段的记录行数相同。与前面介绍表格结构数据时涉及的正确的单元格区域的特征类似，一个数据表中的数据也需要是连续的呈完整方形结构分布的。所以为了成为一个连续、完整的方形结构，就必须满足每个字段的记录行数相同的条件。不能满足该条件的数据不是表结构数据。如果订单表中的订单 ID 有 3 行记录，而其他字段却有 4 行记录，那么订单表在订单 ID 字段位置上就会缺损一部分内容，表结构数据中是不会出现这种情况的。单元格区域与数据表都要呈连续、完整方形结构分布的原因是两者在本质上都是由多行多列数据信息构成的矩阵，数学意义上的矩阵要求元素呈矩形排列，所以单元格区域与数据表中的数据也要求满足连续方形结构的分布才能被正确地引用与计算。数据表中不同字段记录拥有相同记录行数的特征如图 2-18 所示。

图 2-17　表结构数据各部分名称示例

订单ID	用户ID	付费时间	支付状态	订单金额	运费	用券抵扣金额
a001	Y0234	2020/11/11 20:00	已支付	1000	8	30
a002	Y0235	2020/11/11 20:01	已支付	600	8	60
a003	Y0236	2020/11/11 20:02	未支付	430	8	15
	Y0237	2020/11/11 20:02		680	8	43

缺少1行信息，不是表结构数据

订单ID	用户ID	付费时间	支付状态	订单金额	运费	用券抵扣金额
a001	Y0234	2020/11/11 20:00	已支付	1000	8	30
a002	Y0235	2020/11/11 20:01	已支付	600	8	60
a003	Y0236	2020/11/11 20:02	未支付	430	8	15
a004	Y0237	2020/11/11 20:02	已支付	680	8	43

订单表：数据表都满足不同字段记录行数相同的特征

图 2-18　数据表中不同字段拥有相同记录行数的特征

此处需要注意的是，如果我们使用的确实是一个表结构数据，但是在这个表结构数据中又确实存在没有明确数值的记录，那么该处的记录中使用的是空值。空值在计算机中用 null 表示，在数据分析工作中，一般又将空值称为缺失值。数据表中的记录一般由前端输入系统产生，但是前端输入系统中的信息未必都是必填项，所以数据表中完全有可能存在没有获取到任何具体数值信息的记录内容。为了能够保证数据表中的数据最终会以连续、完整的方形结构分布，所以即便是在没有获取到任何具体数值的地方也需要有数据占位，作为占位使用的数值就是空值。例如，当我们在某个论坛填写个人信息注册成为该论坛会员时，往往会有"性别"栏的填写项，此栏一般是非必填项，我们即便忽略不填也不会影响会员注册。如果最终我们选择不提供性别信息，在后台数据库的"会员信息"表中记录自己性别信息的位置上就有可能产生空值记录（在没有为性别字段指定默认值时会产生空值）。空值在分析工作中有两种影响，第一种影响针对"人"，分析人员无法得知空值位置上的正确信息，第二种影响针对"计算机"，计算机无法对空值进行有效的处理计算，所以一旦我们使用的数据表中存在空值，如果对空值放任不管，很有可能对我们的分析精度产生影响。所以当出现空值记录时，我们往往需要使用删除记录行、替换空值为其他有效值等方法来减少或完全回避空值对分析结果的影响，我们将这一过程称为缺失值处理。处理缺失值的方法非常灵活多样，在 CDA 各阶段考试中都会涉及，下面仅为大家介绍在一级考试中涉及的主要应用在业务描述性分析中的处理缺失值的方法。

根据字段数据类型的不同，在处理缺失值时使用的方法也各有不同。

① 当缺失值出现在文本型字段中且对分析结果影响不大时，可以选择不进行处理，或者也可以用其他没有实际业务含义的文本字符对缺失值进行替换。例如，很多分析人员经常用"-"字符替换 null 值。

② 当缺失值出现在文本型字段中且对分析结果产生重要影响时，一般分析人员只能通过与缺失值记录行信息录入者进行确认的方法对缺失值进行替换处理。用有效销售阶段信息替换 null 值如图 2-19 所示。

商机编号	客户ID	销售人员	产品编号	销售阶段	赢单率	建立商机日	预计签约日	预计成交金额（$M）
A1550	C1550	赵大	F-009	投入	0.15	2019/1/8	2020/1/7	0.70
A1919	C1919	王二	H-010	null	1	2019/1/4	2020/3/31	1.09
A1364	C1364	张三	H-011	意向	1	2019/1/1	2020/3/26	0.70
...	...	...	...	...	...	...	...	...
...	...	...	...	...	...	...	...	...

张三负责的商机信息中的销售阶段为 null值，需要找销售人员张三进行核实，并用正确的有效信息替换null值

图 2-19 用有效销售阶段信息替换 null 值

如果信息录入者也无法确定缺失值的有效信息（具有实际业务意义的信息），此行记录内容很可能是一行无效或者错误的数据记录，分析人员在经过核实确认后，证明确实是无效或者错误的记录行时，可以将此行记录内容删除。例如，在对销售业务中的商机情况进行分析时经常会遇到"销售阶段"字段中出现 null 值记录的情况。"销售阶段"是用来描述商机推进情况的重要信息，如果出现 null 值很可能会影响销售经理对整个销售进度好坏情况的判断，所以不能放任 null 值不管。因为该字段信息由销售人员进行录入及更新，所以分析人员可以向录入 null 值所在记录行

信息的销售人员直接确认，在得到销售人员反馈后，用正确的有效信息替换 null 值记录。如果销售人员自己也说不清楚该行商机当前所处的正确销售阶段时，很可能是因为该行商机已经被销售人员判断为无法成交的垃圾商机，在与销售人员及销售经理确认核实后，如果最终证实该行商机为垃圾商机，那么分析人员就应该及时从商机数据中删除该行记录，避免该行记录影响整体的分析精度。

③ 当缺失值出现在数值型字段中时，需要综合考虑该数值型字段所代表的度量意义，以及针对该数值型字段进行汇总计算的方式，来最终决定对缺失值的具体处理方法。在后文中将对此部分内容进行详细讲解说明。

（3）表结构数据的第 3 个特征是，几乎所有数据表中都存在且只存在一个主键。在表结构数据中存在一个非常重要的概念，叫作主键。主键是关系数据库中的概念，一个好的数据库环境要按照"范式规范"进行设计，而"范式规范"中的"第二范式"就要求数据表中的每行记录必须可以被唯一区分，用来区分每行记录使用的字段或字段组合就是主键。因为表结构数据的主要来源是数据库中的数据表，而绝大多数数据表都是严格按照"范式规范"要求设计的，所以几乎所有我们用作分析使用的数据表中都存在主键。关于主键的详细内容会在数据库部分为大家展开讲解，此处先着重讲解主键在表中存在的意义。作为数据分析人员，有必要从主键的物理意义及主键的业务意义两个不同角度全面理解主键。

我们先来理解主键的物理意义。在数据表中，将同时满足"非空""不重复"两个条件的单个字段或多个字段的组合称为主键。"非空"指的是在主键字段中不能出现空值记录，"不重复"指的是在主键字段中不能有两个以上相同内容的记录存在。如果构成主键的字段只有一个，我们称该主键为单字段主键；如果主键由多个不同字段构成，我们称该主键为多字段联合主键。一个数据表中只能有一个主键，在满足"第二范式"设计要求的数据表中都存在主键。因为主键字段下的每行记录信息都不为空且也不存在重复值，也就是说，每个记录行中的主键值都是有效且唯一的，那么一个主键值就可以用来区分一个记录行。主键是数据表中每行记录的唯一识别符，其作用类似于每行的行号。在表格结构数据中，我们使用"列号＋行号"来定位唯一的单元格位置，如"A1"单元格。而在表结构数据中不存在"列号"及"行号"的概念，所以要想在表结构数据中定位某个数值，就需要使用"字段名＋主键值"的方法。表中的字段名是唯一的，可以用来识别不同列上的数据，作用与表格结构数据中的列号相似。表中的主键值也是唯一的，可以用来识别不同行上的数据，作用与表格结构数据中的行号相似，所以用"字段名＋主键值"就可以定位数据表中的某个具体数值。在数据表中作为主键使用的字段信息主要以各类编号、ID、序列号等为主，字段名多使用"××ID""××No.""××号""××编号"等名称。主键字段的数据类型主要为文本型，在需要使用时间维度信息的联合主键中主要以文本型＋日期型字段为主。例如，"产品编号""订单ID"等字段的记录值，通常其字符串长度是固定的，并且处于不同位数上的字符组合代表了不同的含义。例如，在保存个人信息的数据表中经常将"身份证号"字段作为主键使用。每个人的身份证号都由18位字符构成，身份证号的前6位字符代表出生地，接下来的8位字符代表出生日期。

　　数据分析人员除了要理解主键的物理意义，更加重要的是要理解主键的业务意义。主键的业务意义是一个表的业务记录单位。在一个数据表中的所有非主键字段都要围绕主键展开，只有能够扩充及描述主键信息的字段才能出现在同一个表中；反之，凡是不能用来扩充及描述主键信息的字段就绝对不能合并在一个数据表中使用（后文中会介绍数据表合并的相关内容）。某公司产品信息表的主键为"产品编号"，一个产品编号值代表一个不同的产品，所以该表的记录单位是产品。所有在该表中的非主键字段，如"产品名称""品牌编号"等字段中的记录内容都是用来扩充及描述不同产品的信息而存在的，凡是能够扩充及描述产品信息的字段，如"产品单价""产品体积""产品质量"等字段都可以放在产品信息表中；反之，凡是不能够扩充及描述产品信息的字段，如"客户姓名""订单金额"等字段就决对不能出现在以"产品编号"作为主键的数据表中。产品信息表示例如图2-20所示。

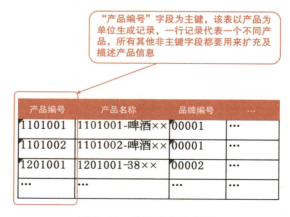

图2-20　产品信息表示例

　　理解主键的业务意义对于数据分析人员至关重要，是分析人员拿到一个数据表后应该做的第一件事情，分析人员只有理解了主键的业务意义才能充分理解数据表中每行记录生成的依据、判断记录信息的业务范围、正确使用该表字段进行汇总分析。

理解主键意义的前提条件是先要找到主键字段。分析人员在拿到一份表结构数据后，可以通过以下 3 种方法对主键字段进行识别、确认。

① 如果直接对数据库中的数据表进行操作，可以通过 SQL 语句确认数据表的主键字段。

② 如果间接在其他数据分析平台使用表结构数据（数据源是数据库中的数据表，使用时将数据源数据导入其他平台使用），可以找原数据库中数据表的设计者咨询主键信息，或者直接查看数据表的设计者留下的设计资料来对主键字段进行确认。

③ 如果在无法得知数据表的设计者是谁，也无法得到数据表相关设计资料时，可以通过对数据表的业务意义进行分析，在推测主键字段后用物理手段确认推测的主键字段中的记录值是否能够满足"非空""不重复"要求来对主键字段进行确认。这里需要注意的是，不是满足"非空""不重复"要求的字段就一定是主键，但是主键一定要满足"非空""不重复"要求。"非空""不重复"是主键的必要条件而不是充要条件。所以在判断主键字段时，首先从主键的业务意义出发，提前做出预判，然后从主键的物理意义出发，进行核实才能保证准确无误。

2.4　表结构数据的获取、加工与使用

在本节中，将为大家介绍表结构数据的获取、加工与使用相关知识内容。

2.4.1　表结构数据的获取

与表格结构数据的来源相同，业务描述性分析中应用的表结构数据也有企业的后台数据库系统、企业的前端操作平台及企业外部渠道 3 个主要来源。其数据的获取方式与前文介绍的表格结构数据的获取方式相同，请各位读者参照 2.2.1 节内容。

这里需要注意的是，表格结构数据与表结构数据两者的数据来源并无本质差异，只是使用数据的工具平台不同，造成了两者间在使用方式上存在差异。将数据源导出的数据"应用"在电子表格工具上就成为以单元格为基本处理单位的表格结构数据，而将数据源数据"引用"到表结构数据分析工具上，就变为以字段为基本处理

单位的表结构数据。"应用"与"引用"数据源数据的区别示例如图 2-21 所示。

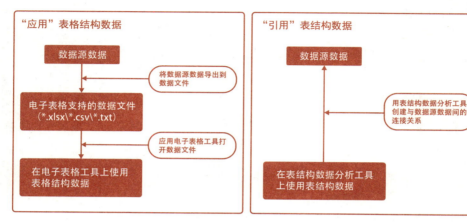

图 2-21　"应用"与"引用"数据源数据的区别示例

各位读者应注意上文的"应用"与"引用",两词虽然只一字之差,但体现了电子表格工具与表结构数据分析工具两者在使用数据源数据的方式上存在着本质差异。电子表格工具"应用"数据源数据的方式是将数据源中导出的数据复制粘贴到电子表格工具的工作表中使用,或是先将数据源数据直接导出为电子表格工具支持的数据文件,再用电子表格工具打开数据文件使用。"应用"数据源数据的方式无法自动与数据源数据同步更新,如果数据源数据增加或者减少了,首先我们就需要重新将数据源数据导出为数据文件,然后才能"应用"到电子表格工具中,整个过程一般是人工手动操作完成的,如果操作不及时,就会影响分析结果的时效性与准确性。而进行业务描述性分析时使用的表结构数据分析工具使用数据源数据的方式大多与电子表格工具"应用"数据源数据的方式不同,这些工具一般是先产生与数据源的连接关系,再将数据源数据自动"引用"到自己的工作平台上使用。只要表结构数据分析工具与数据源之间的连接关系不断,就可以保证表结构数据分析工具中的数据始终与数据源数据同步,数据源数据更新时,表结构数据分析工具中的数据也能及时、自动同步更新。所以"引用"数据源数据的方式比"应用"数据源数据的方式更加可以保证数据的时效性与准确性。

2.4.2　数据库与商业智能的概念解析

在表结构数据分析工具"引用"数据源数据并进行使用的过程中涉及数据库、ETL、数据仓库、OLAP、商业智能几个关键概念,本节将为各位读者讲解这些概念的意义及它们在使用表结构数据过程中发挥的作用。

　　日常生活中所说的"数据库"一般指的是关系数据库管理系统（RDBMS），而标准意义上的数据库（DB），其实是关系数据库管理系统的子级对象，也就是说，一个关系数据库管理系统管理多个不同的数据库，而数据库通过自己的子级对象——数据表（Table），来保存业务系统生成的数据信息。关系数据库管理系统、数据库与数据表间的关系如图 2-22 所示。

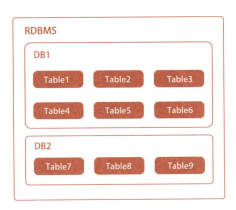

图 2-22　关系数据库管理系统、数据库与数据表间的关系

　　关系数据库管理系统的主要任务是企业业务数据的存储、检索、访问与共享，它需要保证数据信息的安全、一致与完整，它的工作性质是事务性的，在整个计算机应用系统的分类中，关系数据库管理系统是联机事务处理系统（On-Line Transaction Processing，OLTP）的一个重要环节，在整个系统中主要承担着数据的存储与读取的任务。在关系数据库管理系统的数据表中存储的表结构数据是标准的、可量化的、由业务系统生成的结构化数据，是进行数据分析时使用的主要数据源之一。关于关系数据库管理系统使用方法的更多详细内容请参照"数据库应用"部分内容。

　　关系数据库管理系统虽然强于业务数据的存储与读取，但并不善于对海量数据进行计算分析；虽然能为分析任务提供绝大多数数据信息，但无法提供所有数据信息；虽然能够共享数据，但无法共享分析结果。所以，为了完成完整、多源的海量数据获取、加工、分析及共享任务，除关系数据库管理系统外，企业还需要另备一套强于获取、加工多源数据、对海量数据进行多维分析并能够即时共享分析结果的计算机应用系统。这套系统由 ETL 功能、数据仓库功能、OLAP 功能及数据可视化功能几部分构成，主要用于为企业决策者快速提供完整、准确、深入的数据分析结果，帮助企业决策者实现商业洞察，做出正确决策判断，从而最终帮助企业创造更多商业价值。我们将这种系统称为商业智能（Business Intelligence，BI）系统。

商业智能系统可以由多个不同独立工具组合构成，也可以是一个封装了所有功能的完整工具。商业智能系统根据服务对象范围及使用目的的不同，可以分为企业级商业智能系统及敏捷型商业智能系统两类。企业级商业智能系统主要用于解决大型企业各相关部门的商业智能分析需求问题，具有价格高、数据处理及分析能力强、IT 技术门槛高、实施及部署周期长、服务对象范围广、拓展更新难度大等特点。提供企业级商业智能产品的 IT 厂商主要有微软、IBM、Oracle、SAP、帆软、思迈特等。敏捷型商业智能系统主要用于解决中小企业或者某个大企业的业务部门的商业智能分析需求问题。相比于企业级商业智能系统，敏捷型商业智能系统具有价格相对较低、数据处理及分析能力一般、IT 技术门槛低、实施及部署周期短、服务对象范围窄、拓展更新难度小等特点。敏捷型商业智能工具的普及大幅降低了商业智能分析所需的 IT 技术开发成本，很多敏捷型商业智能产品甚至可以由掌握工具使用技能的业务人员或分析人员独立完成设计、创建与部署。提供敏捷型商业智能产品的 IT 厂商主要有微软、思迈特、帆软、Tableau 等，代表产品主要有 Power BI、Tableau、帆软自助式商业智能工具、思迈特自助分析平台等。企业级商业智能系统和敏捷型商业智能系统的对比如表 2-5 所示。

表 2-5 企业级商业智能系统和敏捷型商业智能系统的对比

	企业级商业智能系统	敏捷型商业智能系统
应用范围	大型企业各相关部门	中小企业或者某个大企业的业务部门
价格	高	低
数据处理能力	强	一般
数据分析能力	强	一般
速度	快	一般
IT 技术门槛	高	低
实施及部署周期	长	短
拓展更新难度	大	小

商业智能系统以多源表结构数据构筑的多维数据集作为分析依据，首先在数据层面解决"信息孤岛"问题，为全面提供数据分析结果打好基础，然后通过丰富的数据可视化表格及图表构成的仪表盘直观展现数据分析结果，在阅读层面实现数据信息的"所见即所得"。所以商业智能系统具有极高的商业应用价值，在业务描述

性分析工作中主要使用的表结构数据分析工具都是不同厂商的商业智能工具，商业智能仪表盘已经成为业务描述性分析结果的主流展现形式之一。商业智能仪表盘示例如图 2-23 所示。

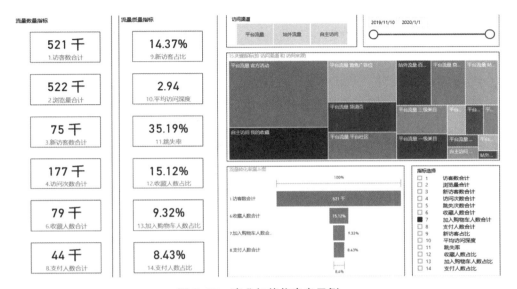

图 2-23　商业智能仪表盘示例

在商业智能仪表盘的制作过程中，需要分别用到 ETL 功能、数据仓库功能、OLAP 功能及数据可视化功能，接下来分别对这些功能逐一进行介绍。

ETL 是英文 Extract-Transform-Load 的首字母缩写，是将分析时使用的数据从数据源端经过抽取（Extract）、清洗转换（Transform）之后加载（Load）到数据仓库的过程。使用 ETL 功能的目的是将所有分析所需的分散在企业内外部的零乱、标准不统一、没有质量保证的数据整合到一起，为分析决策提供完整、高质量的数据信息。ETL 功能常见的执行顺序分为两类，一类是按照"ETL"的顺序执行，也就是先抽取，再清洗转换，最后加载，另一类是按照"ELT"的顺序执行，也就是先抽取，再加载，最后清洗转换。加载对象数据仓库的处理能力越强，处理数据量越大，清洗转换逻辑越复杂，越倾向于按照"ELT"的顺序执行。

ETL 功能中的"E"表示抽取功能，其目的是将分析所需的所有相关数据从不同数据源中抽取出来为加载到数据仓库做准备。ETL 抽取数据的方式就是前文介绍的"引用"数据的方式。ETL 通过创建与不同数据源间的连接关系，对这些数据源中的数据进行"引用"，只要 ETL 与数据源间的连接关系存在，就可以实时从数据源中抽取出最新数据使用。抽取功能能够确保商业智能仪表盘使用数据的全面性及时效性。

ETL功能中的"T"表示清洗转换功能，其目的是保证数据的完整性与准确性。不同数据源抽取上来的数据中会存在大量不符合分析要求的数据，只有对这些数据进行清洗转换，才能得到有质量保证的、可用于分析的有效数据。数据清洗的主要任务是过滤筛选不完整、错误及重复的数据记录。不完整数据主要指的是分析中需要用到而数据源中又有所缺失的数据记录，如客户的区域信息、企业规模信息、企业风险评估等级信息等在进行客户特征分析时需要用到而数据源中又有所欠缺的信息。如果让缺失这部分信息的记录也参与到分析中就会影响对客户特征整体描述的精度，所以需要提前过滤筛选出来，在进行信息确认及补全后进行加载使用。错误数据主要指的是有错误数值存在的数据记录。错误值可能来自不健全的业务系统、系统bug或人为输入信息错误。比如需要输入8位日期的地方输入了7位日期，而不健全的业务系统又没有识别出来，或者应该输入半角字符的地方输入了全角字符，又或者输入数值超出了允许输入范围限制。像这样存在错误数据内容的记录参与到分析中，会产生各种错误的分析结果，从而将业务决策引向歧途，所以应提前过滤筛选出错误记录，在对错误值进行修正后进行加载使用。重复数据主要指的是在不应出现重复值的字段中出现重复值的情况。这种情况多数因为抽取合并数据时的逻辑错误，造成一表信息在多表中重复记录翻倍（关于一表及多表的介绍请参考表结构数据合并部分）。如果放任重复记录不管，很可能会出现分析结果值与实际值相差较大的严重后果。所以应尽早过滤筛选出不合理的重复记录，从业务逻辑及抽取逻辑两方面确认及检查不合理结果出现的原因，及时修正再加载使用。

数据转换主要对"粒度"不一致及"规则"不一致的数据进行转换。在业务描述性分析中的"粒度"指的是观测业务的精细程度，而一个数据表中最小的业务观测粒度一般就是这个数据表中主键所代表的业务记录单位。比如针对主键为"订单号"的订单表进行分析时，一次购买行为生成一个唯一的订单号，订单表中一行记录描述的就是一次完整的购买行为，所以购买行为即订单表的业务记录单位，同时是订单表可以观测的最小业务分析粒度。如果针对主键为"订单号 + 产品 ID"的订单详情表进行分析，因为订单详情表每行数据记录的内容是一次购买行为下的一款特定产品，所以订单详情表中的业务记录单位及最小业务分析粒度就是不同购买行为下的不同产品，订单表的最小观测粒度相较订单详情表的最小观测粒度要更粗一些。粒度越粗，一般越趋于对业务整体趋势进行描述分析；反之，粒度越细，一般越趋于对业务详情进行描述分析。我们使用的数据库中的数据一般可以精细到最细的业务粒度上，而进行分析时有时并不需要用到过细粒度的数据，所以会利用 ETL 功能将业务粒度过细的数据转换为对分析有利的业务粒度较粗的数据。例如，如果我们想对进货行为特征进行分析，没必要将业务粒度精确到具体进货的每件产品上，而是需要将精确到每件进货产品的采购进货单明细数据表转换为以每次进货行为为最小业务粒度的数据表再进行使用。将细小业务粒度数据转换为较粗业务粒度数据时主要使用的方法是对细小业务粒度数据进行维度汇总，关于维度汇总的详细内容请参照本章的"表结构数据的汇总"相关介绍及说明。ETL 除要对粒度不一致的数据进行转换外，还经常需要对一些业务规则不一致的数据进行转换。比如当从渠道商系统中提供过来的货物识别码与自己公司系统中使用的货物识别码不一致时，如果渠道商系统的货物识别码以"AA"开头而自己公司系统的货物识别码以"BB"开头，那么在这种情况下，就需要先将渠道商系统的货物识别码的"AA"转换为自己公司系统以"BB"开头的货物识别码后才能进行使用。再比如，进行外贸交易时获取到的数据如果是以美元为单位进行记录的，根据业务分析场景的要求，可能会需要先将美元为单位的数据转换为以人民币为单位的数据再进行使用。ETL 功能有时还需要将非结构化数据转换为结构化数据。非结构化数据是难以进行使用及分析的，所以在使用非结构化数据之前，往往需要将非结构化数据转换为标准的、易识别、易处理、易使用的结构化数据。比如当我们要对诊疗过程中产生的大量非结构化病例数据进行分析时，就需要将这些病例信息识别、转换、存储到不同的标准字段中，才能进行有效的使用及分析。针对不同内容的非结构化数据，要编写不同逻辑的解读程序才能正确地转换为结构化数据。

了解了 ETL 功能中的"E"与"T"的作用之后，再来了解 ETL 中最后一个字母"L"——加载功能的作用。ETL 功能将从数据源抽取出来的数据经过清洗与转换后加载到数据仓库中进行存储与使用。与数据库（DB）主要用来保存业务系统生成的数据信息不同，数据仓库（DW）的主要作用是存储分析所需要的不同数据源上的所有相关数据信息。DW 中不仅需要引用 DB 中某些数据表中的数据，为了保证分析内容的完整性，往往还需要引用 DB 之外的多个不同数据源中的数据。DW 是商业智能系统中不可或缺的组成部分，为业务分析任务提供完整的数据参照依据。DB 中能够记录及提供的数据信息一般要满足以下两个条件：第一个条件是 DB 中记录的数据基本都来自业务系统，系统之外的数据一般很少导入 DB 中存储；第二个条件是 DB 中记录的数据都是结构化数据，DB 无法对非结构化数据进行记录及存储。这两个条件限制了 DB 中数据的范围，只用 DB 中数据远远无法满足我们对业务问题全面及深入的分析需求。例如，当我们想对某公司上季度销售业绩下降的业务问题进行分析时，DB 能够提供的数据只限于与自己公司直接进行交易的订单数据、销售人员的销售行为效果数据，以及产品销售情况的相关数据。而 DB 无法为我们提供渠道商的相关数据、行业市场数据，以及其他与销售业绩下降相关的数据。也就是说，如果只使用 DB 数据进行分析，那么得到的分析结果只能围绕自己公司内部的销售情况进行展开，而造成销售业绩下降的原因如果是渠道商销售业绩下滑、行业对手强势赶超或者自己公司外部因素影响，那么这些原因我们是无从得知的。所以为了全面探讨销售业绩下降的原因，我们就需要把来自渠道商数据文件中的数据（非 DB 数据源的结构化数据）、来自网上的行业信息数据（非 DB 数据源的非结构化数据），以及其他数据源中的相关数据全部引用到一起，才有可能全面、深入地探究销售业绩下降的原因，引用及保存这些不同数据源数据的空间就是 DW，而 DW 要通过 ETL 功能中的加载功能才能对不同数据源中的数据进行引用。ETL 功能与 DW 功能可以由独立的不同工具实现，也可以同时被内嵌在一个工具中使用。例如，在微软的 Power BI 商业智能产品中的 Power Query 工具中就兼具了 ETL 功能及 DW 功能。ETL 功能与 DW 功能由不同工具实现和由同一个工具实现分别如图 2-24 和图 2-25 所示。

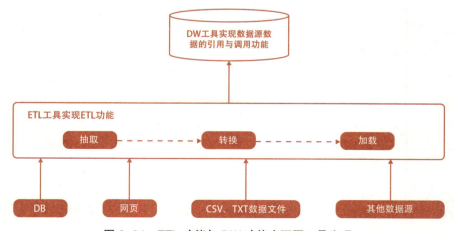

图 2-24　ETL 功能与 DW 功能由不同工具实现

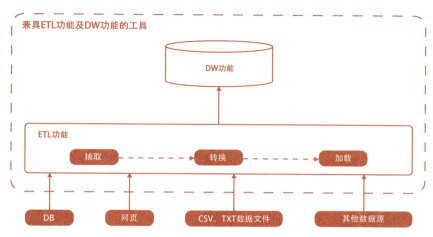

图 2-25　ETL 功能与 DW 功能由同一个工具实现

通过 ETL 功能及 DW 功能获取到的多数据源数据既全面又有质量保证，是不是就能够直接用来分析了呢？答案是否定的。当前在 DW 中存储的数据处在一种互不相识、各自为战的零散状态中，如果把不同数据源获取到的不同信息想象成是一个一个信息的岛屿，那么这些在 DW 中的信息岛屿现在全部处于孤岛状态，它们彼此间既不能相互识别，感知到对方的存在，也不能互相调用彼此的资源，这样的信息孤岛即使再多也没有办法满足我们在不同业务维度下全面地针对某一类业务问题进行深入探究的需求。所以为了能够更好地观测业务问题及探究问题原因，我们还需要让这些信息孤岛能够彼此识别到对方，并且能够彼此调用对方的资源。也就是说，我们要在这些信息孤岛间搭桥，让这些孤岛中的信息可以通过桥梁进行交互，这样我们就有了一个多维度观测业务问题的观测网，这个观测网被称为多维数据模型或多维数据集，而打造这个观测网的软件技术被称为联机分析处理（On-Line Analytic Processing，OLAP）技术。有了由 OLAP 技术创建的多维数据模型，分析人员就可以在不同维度下，对某些特定度量进行交叉透视分析，就可以用数据全方位描述业务情况及探索业务问题。实际上在表结构数据下进行业务描述性分析的主要分析方法正是在多维数据环境下进行的交叉透视分析。在后文中我们将会详细阐述多维数据透视分析问题，现阶段我们只需要了解通过 OLAP 技术创建的多维数据模型解决信息孤岛问题，为我们进行全方位业务问题探究提供完整的数据环境即可。OLAP 技术可以由单个工具实现，也可以与 DW 功能、ETL 功能一起由一个工具实现。OLAP 技术与多维数据模型如图 2-26 所示。

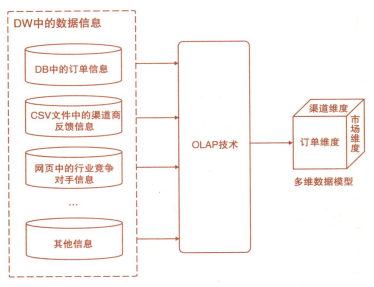

图 2-26　OLAP 技术与多维数据模型

　　有了多维数据模型提供的完整数据环境，我们可以从多个维度对度量进行透视汇总分析，通过可视化图表的形式将分析结果呈现出来，就可以完成一个商业智能仪表盘的创建了。所以一个完整的商业智能项目先后要涉及 ETL、DW、OLAP 及数据可视化 4 个软件技术功能，同时还要经过业务理解、多源数据获取加工、多维数据模型创建、透视分析规则创建及分析结果展现 5 个处理步骤才能最终完成。商业智能分析早已成为数据分析领域中使用范围最广的业务分析方法之一，也是 CDA LEVEL Ⅰ 级认证内容中，涉及表结构数据分析的介绍重点。

📊 2.4.3　表结构数据的合并

　　在业务分析过程中，为了保证信息的全面性，往往需要将不同数据表中的信息合并在一起使用。表结构数据的合并方式可分为横向合并与纵向合并两类。横向合并是将不同表中的字段信息合并到同一个表中使用的方式。横向合并的作用与使用 VLOOKUP 函数为表格结构数据补充列上信息的作用相同，只是表结构数据中横向合并的操作逻辑要比使用 VLOOKUP 函数的操作逻辑复杂一些。例如，当要为订单详情表补充产品表中的产品属性信息时，就需要把产品表中的产品属性相关字段合并到订单详情表中使用，这就是不同表间横向合并的作用。将产品属性表中的字段信息合并到订单表中使用示例如图 2-27 所示。

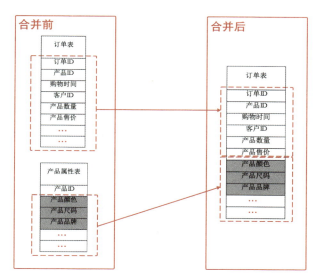

图 2-27 将产品属性表中的字段信息合并到订单表中使用示例

数据表间横向合并的前提条件是两表间需要分别有一个可用于连接的公共字段。成为公共字段的条件是在这两个字段中的记录内容绝大多数要能够"匹配"上。这里"匹配"的意思是具有相同的记录值。比如图 2-28 中订单表中的产品 ID 字段中的值如果是 A01、A02、A03、…，而产品属性表中的产品 ID 字段中的值也有 A01、A02、A03、…，那么订单表与产品属性表就可以通过各自的产品 ID 字段进行连接，而各自的产品 ID 字段就是用于连接两表的公共字段。通过公共字段连接后的两表在横向合并信息时，会将匹配到的记录行上的信息合并在一起，如图 2-28 所示。

公共字段

订单表（合并前）

订单ID	产品ID	购物时间	客户ID	产品数量	产品售价
D01	A01	20210125	C01	2	100
D02	A02	20210125	C02	3	150
D03	A03	20210125	C03	2	200

公共字段

产品属性表

产品ID	产品颜色	产品尺码	产品品牌
A01	红色	S	奇意
A02	黑色	S	匠意
A03	白色	M	奇意

订单表（合并后）

订单ID	产品ID	购物时间	客户ID	产品数量	产品售价	产品颜色	产品尺码	产品品牌
D01	A01	20210125	C01	2	100	红色	S	奇意
D02	A02	20210125	C02	3	150	黑色	S	匠意
D03	A03	20210125	C03	2	200	白色	M	奇意

图 2-28 利用公共字段中相同的值匹配记录行后进行信息合并示例

在这里需要注意的是，两表进行横向合并时使用的公共字段，既不需要字段名相同也不需要每一个记录内容都能够匹配在一起，只要某个表中公共字段中大多数记录能够在对方表公共字段中找到匹配对象就可以进行横向合并。两表横向合并的基本逻辑是使用公共字段中相同记录内容进行记录行上的匹配，与字段名是否相同完全无关，只是一般能够匹配绝大多数记录行的公共字段都具有相同字段名，所以容易发生仅凭字段名是否相同就轻易决定两表连接用公共字段的情况。在实际工作中，如果既没有数据字典参照，也没有经过相关知情人员确认，我们可以初步将具有相同字段名的字段作为公共字段的候补字段，在确认候补字段中的记录确实能够匹配在一起后，才能最终判定这两个字段就是连接两表时使用的公共字段。

通过公共字段连接在一起的两表在进行横向合并后的合并结果最终由连接时的3个属性决定，它们分别是方向性、主附关系及对应关系。两表连接时的方向性分为左表与右表两种。在数据库中书写 SQL 命令时，写在连接命令前面的表称为左表，写在连接命令后面的表称为右表。例如，"订单详情表 left join 产品属性表"…，在这段语句中，"left join"是 SQL 语句中的左连接命令，在这个命令前面的"订单详情表"称为左表，而命令后面的"产品属性表"称为右表。因为两表连接的逻辑功能起源于数据库，所以虽然连接两表时使用的可能并不是 SQL 语句而是其他工具的操作界面，但不管哪种表结构数据分析工具，在连接两表时也都保留了左表及右表的方向性属性。

当两表各自的方向性决定好后，根据连接方式来决定两表间的主附关系。在业务描述性分析中，主要使用 3 种连接方式，它们分别是左连接、右连接及内连接。以 SQL 语句为例，左连接命令的写法是"left join"，右连接命令的写法是"right join"，内连接命令的写法是"inner join"。除这 3 种连接方式外，表结构数据连接过程中还可以使用其他连接方式，关于不同连接方式的详细介绍会在数据库相关章节中为大家进行详细说明。当使用左连接方式进行连接时，左表是主表，右表是附表；当使用右连接方式进行连接时，右表是主表，左表是附表；当使用内连接方式进行连接时，两表没有主附之分。两表横向合并结果的范围由主表公共字段的记录内容决定，主表公共字段中有的记录值会反映在横向合并结果中，而主表公共字段中没有的记录值则不会出现在横向合并结果中。当主表公共字段中有某个记录值在附表公共字段中找不到匹配对象时，此行记录中附表部分会被匹配为空值；当附表公共字段中有某个记录值在主表公共字段中找不到匹配对象时，此行记录不会出现在横向合并结果中。内连接方式下两表没有主附之分，横向合并结果中只包含两表共有的、能够相互匹配到记录行的内容。我们可以根据图 2-29 中的示例进行辅助理解。

图 2-29　销售人员表与订单表合并结果示例

图 2-29 中，销售人员表与订单表通过各自的销售人员 ID 字段进行连接，当销售人员表为左表、订单表为右表时，以左连接方式进行连接后，销售人员表成为主表，销售人员表的销售人员 ID 字段中所有的记录值都要反映到横向合并结果中，所以左连接的合并结果包含销售人员 ID 为 S03 的记录行，因为 S03 在附表订单表中没有匹配对象，所以 S03 的记录行中订单表的部分被标记为 null（空值）。当两表以右连接方式进行连接时，订单表为主表，订单表的公共字段中没有 S03 记录，所以右连接的结果中只包含订单表公共字段中有的 S01 及 S02 两个记录行。用内连接方式连接两表时，两表没有主附之分，横向合并结果中只包含两表公共字段中能够互相匹配到的值：S01 及 S02。所以在图 2-29 的场景下，内连接的连接结果与右连接的连接结果相同，也是只包含 S01 及 S02 两个记录行。

两表横向合并时 3 个属性中的最后一个属性对应关系是由公共字段中是否存在重复值决定的。公共字段中存在重复值的表称为多表，而公共字段中不存在重复值的表称为一表。所以两表连接时可能产生多对多、一对一及一对多（一对多和多对一在逻辑上是一样的，所以将两者归为一类）3 种对应关系。对应关系决定两表连接结果的行数是两表公共字段匹配记录值乘积的结果。如图 2-30 中的订单详情表所示，客户 ID 为 C01 的客户在某电商平台进行了两笔交易，第一笔交易买了产品 a 和产品 b，第二笔交易买了产品 c，产品 a、b、c 都只购买了 1 件。如果以交易作为业务记录单位的订单表和以交易下的产品作为记录单位的订单详情表通过客户 ID 进行连接后，客户 ID 为 C01 的客户对应的连接结果就是 6 行，如图 2-30 所示。

当两表使用各自的客户 ID 作为公共字段进行连接时，两表的对应关系为多对多。横向合并结果的行数是公共字段匹配记录值乘积的结果，因为左表有 2 个 C01 记录而右表有 3 个 C01 记录，所以合并后 C01 项上的匹配记录行数就是 6 行。这里大家需要注意的是，在实际应用场景下，对订单表与订单详情表进行连接时，不会选择客户 ID 作为公共字段连接两表，而是会选择订单 ID 作为公共字段连接两表，其理由将会在数据库章节中为大家进行解释说明。因为表中的主键是没有重复值的，一般两表对应关系中的一表使用的是主键字段，而对应关系中的多表使用的是非主键字段，所以一对一的对应关系可以理解为“主键对主键”的连接，一对多的对应关系是“主键对非主键”的连接，多对多的对应关系是“非主键对非主键”的连接。在实际应用场景中，我们应尽量使用一对多的对应关系进行连接，也就是要将某个表的主键与另一个表的非主键作为公共字段进行连接，其原因也将会在数据库章节中为大家进行解释说明。

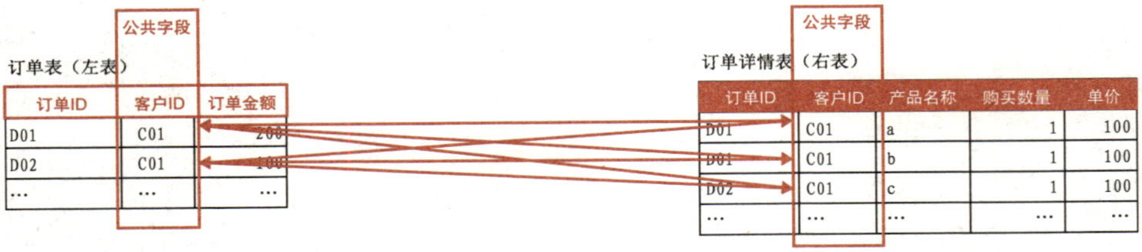

左连接

订单ID	客户ID	订单金额	订单ID	客户ID	产品名称	购买数量	单价
D01	C01	200	D01	C01	a	1	100
D01	C01	200	D01	C01	b	1	100
D01	C01	200	D02	C01	c	1	100
D02	C01	100	D01	C01	a	1	100
D02	C01	100	D01	C01	b	1	100
D02	C01	100	D02	C01	c	1	100
…	…	…	…	…	…	…	…

图 2-30　多对多横向合并示例

对两表间横向合并的逻辑进行总结：

① 横向合并前要先选择连接两表用的公共字段；

② 主附关系 = 方向性 + 连接方式；

③ 两表横向合并结果的范围由主表公共字段的记录内容决定；

④ 内连接没有主附之分，横向合并结果中只包含两表能够相互匹配到值的记录行；

⑤ 两表合并时会产生一对一、一对多及多对多 3 种不同的对应关系；

⑥ 对应关系决定两表连接结果的行数是两表公共字段匹配记录值乘积的结果。

⑦ 多表一般是将非主键字段作为公共字段使用的表，一表一般是将主键作为公共字段使用的表。在实际工作中，一般应尽量选择一对多的对应关系进行连接。

在实际的业务场景下，为了保证数据信息的全面性，往往要用到十几个甚至几十个不同的数据表。为了能够直观、清晰、全面地了解各表间的连接关系，在实际使用工具进行连接操作之前，需要先准备一份多表连接的"鸟瞰图"，有了这份"鸟瞰图"，我们就可以快速从整体上理解及把握各表的连接关系，也就可以更加方便及准确地进行连接操作。我们将这种标识多表连接关系的"鸟瞰图"称为 E-R 图（Entity Relationship Diagram，实体关系图）。根据应用场景的不同及展现信息的差异，E-R 图可以拥有多种画法。在 CDA LEVEL I 认证中，主要用 E-R 图体现表与表间的对应关系及连接用公共字段等信息，画法是首先将每一个表的字段列表展现出来，再用连接线连接两表的公共字段，最后标识出两表的对应关系。

图 2-31 是一个描述进销存业务各表间关系的 E-R 图，图中每一个方框就是一个不同的数据表，方框中记录数据表的表名及表中各个字段的字段名。表与表间的连接线指向的字段就是两表连接时使用的公共字段，连接线标识"1"的一侧就代表是一表，而标识"*"的一侧就代表是多表。现阶段我们只需要在 E-R 图中体现出字段列表、公共字段及对应关系的信息即可，在多维数据模型的章节中还会为大家介绍 E-R 图的扩展信息及应用方法。在实际工作中，我们既要能够看得懂别人提供的 E-R 图，又要能够自己独立完成 E-R 图的绘制工作。

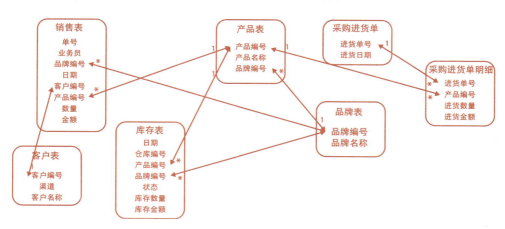

图 2-31　描述进销存业务各表间关系的 E-R 图

在表结构数据的合并中除了在字段上进行数据信息合并的横向合并方式，还有另一种在记录上进行数据信息合并的方式。我们将多表中记录信息合并到同一个表中进行使用的合并方式称为纵向合并方式。例如，假如我们有第一季度销售表、第二季度销售表、第三季度销售表、第四季度销售表 4 个不同季度的销售情况记录，现在我们想分析全年整体的销售情况就有必要将 4 个不同季度的销售表合并为 1 个全年销售表使用，这时就需要用到纵向合并方式。多对多纵向合并示例如图 2-32 所示。

第一季度销售表

订单ID	销售人员ID	订单金额
D01	C01	200
D02	C02	100
...	...	...

第二季度销售表

订单ID	销售人员ID	订单金额
D03	C01	300
D04	C02	400
...	...	...

第三季度销售表

订单ID	销售人员ID	订单金额
D05	C01	100
D06	C02	300
...	...	...

第四季度销售表

订单ID	销售人员ID	订单金额
D07	C01	600
D08	C02	900
...	...	...

全年销售表

订单ID	销售人员ID	订单金额
D01	C01	200
D02	C02	100
D03	C01	300
D04	C02	400
D05	C01	100
D06	C02	300
D07	C01	600
D08	C02	900
...	...	...

图 2-32　多对多纵向合并示例

在进行多表的纵向合并时，主要有以下两种合并方式，一种是去重合并，另一种是全合并。去重合并是将记录内容完全相同的记录行去重后再进行合并的方式，而全合并是不去除重复内容的记录行，直接将不同表中所有的记录行合并在一起的方式。在数据库 SQL 命令中，"union" 命令为去重合并，"union all" 命令为全合并。其他表结构分析工具中有些不具备去重合并的功能，需要在合并后进行单独的去重处理。纵向合并需要满足以下两个条件，第一个条件是合并在一起的数据表应具有相同的字段数，第二个条件是相同位置上的字段数据类型应保持一致。图 2-32 中第一季度销售表有三个字段，那么后边三个季度的销售表也要有三个字段，第一季度销售表中第一个字段与第二个字段是文本型字段，第三个字段是数值型字段，那么后边三个季度的销售表中的第一个字段和第二个字段也要是文本型字段，第三个字段也要是数值型字段才能正确地合并为全年销售表使用。

2.4.4　表结构数据的汇总

将零散的表结构数据按照业务需求进行汇总分析的方法是使用表结构数据进行

业务描述性分析时所使用的主要分析方法，这种分析方法又称为数据透视分析方法。在电子表格工具下可以使用数据透视图、表功能进行数据透视分析，在表结构数据分析工具下可以通过编写代码或者进行对话框操作等方式进行数据透视分析。需要注意的是，当使用电子表格工具制作数据透视图、表时，虽然参照的数据源是工作表中的表格结构数据，但是在生成数据透视结果前，在电子表格工具内部会先将表格结构数据转换为以字段为基本操作单位的表结构数据，再生成透视结果。所以即便是在 Excel 或 WPS 表格等电子表格工具上制作数据透视图、表时，我们也是通过拖曳字段的方式而不是指定单元格区域的方式来生成数据透视图、表的。除数据库需要编写 SQL 命令才能得到透视结果外，不管是电子表格工具还是表结构分析工具，绝大多数情况下都需要通过拖曳字段的方式来生成数据透视图、表。拖曳字段生成数据透视图、表大体上可分为以下 4 步。

① 创建数据透视图、表模板。

② 选择维度字段拖入适当位置。

③ 选择度量字段拖入适当位置。

④ 决定维度对度量进行汇总计算时使用的计算规则。

通过数据透视图、表得到的任何结果都是在维度、度量、汇总计算规则这 3 个要素共同作用下生成的。进行透视分析类似于玩拼图游戏，需要分析人员先根据业务需求找准维度字段、度量字段，以及提前想好正确的汇总计算规则，再将准备好的这 3 部分"图片"拼接在一起才能得到有业务参照价值的数据透视结果。

在前文中提到过，维度是业务行为的相关角度，度量是业务行为的结果，将度量放在某些维度下进行汇总观测，就可以描述出在某些相关业务角度下发生过的实际业务情况，这些信息可以帮助决策者了解到业务问题在某些相关业务角度下的严重程度，再结合决策者的经验判断，最终可以帮助决策者找出解决业务问题的正确方法。透视分析可以为决策者从各个不同业务角度，精细、全面、准确地描述出业务问题的趋势及细节，为做出正确决策判断提供必要的数据参照依据，所以数据透视分析是在表结构数据下进行业务描述性分析的主要方法。图 2-33 的销售业绩表中，员工姓名字段是创建数据透视图、表时使用的维度字段，代表员工这个业务维度。销售业绩字段是创建数据透视图、表时使用的度量字段，销售业绩是不同员工每次销售行为的结果。当使用求和的汇总计算规则时，维度字段下拥有相同记录值的记录行会合并为一行，在多行合并为一行的过程中，因为维度值相同，所以维度值不会发生变化，而多个度量值则要按照汇总计算规则计算为一个值，因为上述案例使用的汇总计算规则是求和，所以多个度量值会被加在一起，成为一个总合计值。

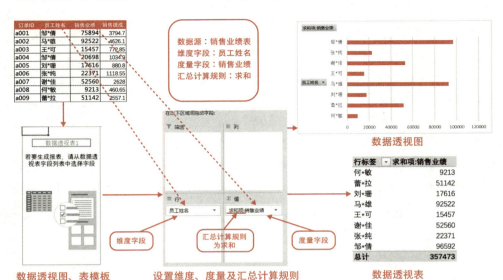

图 2-33　数据透视图、表的生成过程示例

图 2-33 中，因为员工姓名是维度，相同维度值的记录行要合并为一行，所以员工姓名为"邹＊倩"所销售的两个订单 ID 为"a001"与"a004"的记录行在数据透视图、表中就合并为了一行记录，合并结果中的维度值使用"邹＊倩"，而销售业绩的度量值要按照求和的汇总计算规则将"a001"订单的 75894 与"a004"订单的 20698 进行相加，最终得到"邹＊倩"总的销售业绩为 96592。从上述示例中可以了解到，在数据透视图、表中的任何一个汇总值，都是在维度、度量及汇总计算规则三者共同作用下得到的。从数据源到透视结果示例如图 2-34 所示。

订单ID	员工姓名	销售业绩	销售提成
a001	邹*倩	75894	3794.7
a002	马*雄	92522	4626.1
a003	王*可	15457	772.85
a004	邹*倩	20698	1034.9
a005	刘*珊	17616	880.8
a006	张*纯	22371	1118.55
a007	谢*佳	52560	2628
a008	何*敏	9213	460.65
a009	蕾*拉	51142	2557.1

行标签 ▼	求和项:销售业绩
何*敏	9213
蕾*拉	51142
刘*珊	17616
马*雄	92522
王*可	15457
谢*佳	52560
张*纯	22371
邹*倩	96592
总计	357473

图 2-34　从数据源到透视结果示例

在透视分析中使用的维度字段又称为分组依据，汇总计算规则又称为聚合规则。

维度对度量进行汇总计算的过程称为筛选。我们可以将维度汇总度量的过程表述为维度筛选度量，或者度量被维度筛选。所以上述示例可以表述为"员工姓名字段筛选销售业绩字段"，也可以表述为"销售业绩字段被员工姓名字段筛选"。

在业务描述性分析中有 5 种常用的汇总计算规则，它们分别是合计规则、计数规则、平均规则、最大值规则及最小值规则。在很多表结构数据分析工具中，通过函数的形式为度量字段指定汇总计算规则，这类函数我们称为聚合类函数。聚合类函数中的参数就是作为汇总对象使用的度量字段，而聚合类函数的函数表达式代表了不同的汇总计算规则。5 种常用的汇总计算规则的计算逻辑及对应的函数表达式说明如下。

① 合计规则：将相同维度值下对应的多个度量值相加在一起。在大多数工具中用 SUM 函数代表合计规则，如 SUM（订单金额）表示对订单金额度量字段进行合计计算。

② 计数规则：对相同维度值下的度量个数进行计数。在大多数工具中使用的计数规则只针对非空记录进行统计，所以为了保证计数结果的全面性，在没有特殊要求的前提条件下，最好对不存在空值的主键字段进行计数。计数规则一般使用 COUNT 函数，如 COUNT（订单 ID）表示数非空的订单 ID 个数。

计数规则中还存在一种特殊的计数规则，称为去重计数。去重计数只统计相同维度值下不重复的度量个数。去重计数一般用 DISTINCTCOUNT 函数表示，如 DISTINCTCOUNT（产品名称）表示数不重复的产品种类个数。

③ 平均规则：用合计规则的结果除以计数规则的结果（平均 = 合计 / 计数）。一般用 AVERAGE 函数表示，如 AVERAGE（订单金额），就等于 SUM（订单金额）/COUNT（订单金额），求的是每笔订单的平均金额。

④ 最大值规则：求相同维度值下最大的度量值，一般用 MAX 函数表示，如 MAX（销售业绩金额）表示求销售业绩最好的金额值。

⑤ 最小值规则：求相同维度值下最小的度量值，一般用 MIN 函数表示，如 MIN（销售业绩金额）表示求销售业绩最差的金额值。

5 种基本汇总计算规则的计算结果如图 2-35 所示。

除上述 5 种常用的汇总计算规则外，在业务分析工作中还会用到很多更为复杂、难懂的汇总计算规则，这些规则会在之后的篇幅中陆续为大家讲解。

图 2-35　5 种基本汇总计算规则的计算结果

　　了解了透视分析的计算逻辑后接下来为大家介绍透视分析的业务意义。在理解透视分析的业务意义之前，先来简单了解一下数据分析的意义。数据分析的本质意义是连接零散数据记录与人类认知之间的桥梁。数据产生于前端业务系统，随着时间的推移，会不断生成大量的数据记录并被保存在企业数据库中。比如 2020 年"双 11"天猫商城一天的交易额就高达 4982 亿元，这些交易额背后是上亿甚至几亿笔不同的交易，每笔交易都会在订单表里生成一行记录，那么仅仅"双 11"一天在数据库中就会生成上亿甚至几亿行数据记录。这些记录就好像是"双 11"天猫平台的录像带，忠实、精确、事无巨细地记录每笔交易过程中的每一处交易细节，如果能读懂这些数据中的信息，我们就可以了解"双 11"当天各种做得好的及做得还不足的地方，从而及时做出策略及行为上的调整，就可以期待未来取得更大的成就。但是由于数据量过大，已经远远超出人类认知的极限，所以我们就需要某种方法，将这些过于庞大、零散的数据记录转化为人类可以认知的信息，这种方法就是数据分析。我们一般可以通过两类数据分析方法将数据转化为人类可以认知的信息，第一类方法就是将零散数据放置于特定业务角度下进行汇总观测，也就是前文介绍的数据透视分析方法。比如将"双 11"当天的订单详情数据以品牌为维度，对销售数量进行求和的透视计算，我们就可以将几亿行交易数据汇总为只有几万行的不同品牌下的销量合计透视表，通过透视表就可以了解到在品牌维度下，产品卖得多的畅销的强势品牌是谁，同时还可以了解到产品卖得少的不畅销的弱势品牌又有哪几家、哪些品牌销量超过了销售预期、哪些品牌销量预期过高……有了这些信息就可以为决策者制定新的品牌营销策略，提供有效的数据参照依据。几亿行零散的交易数据人类无法认知，但是汇总为几万行有意义的品牌下销量的汇总数据，就可以帮助阅读者了解过去发生的品牌维度下的实际业务情况。通过汇总得到的信息是对以往业务场景的事实描述，所以这种方法我们归类为业务描述性分析。除数据透视分析方法外，我们还可以通过算法深入挖掘数据间的内在规律及联系，通过这些规律及联系对业务产生更深层的理解，并且在这些规律及联系的延长线上做出对未来的预测判断，这种方法就是数据挖掘方法。数据挖掘方法既包含描述性分析，也包含预测性分析的内容。数据透视分析方法及数据挖掘方法是将数据转化为认知信息的两类主要方法，在 CDA LEVEL Ⅰ内容中主要涉及数据透视分析方法，在 CDA LEVEL Ⅱ及 LEVEL Ⅲ内容中涉及数据挖掘方法。

以上就是透视分析的业务意义，想做好数据透视分析，首先要选对维度，也就是要根据业务需求，选好观测业务问题的业务角度。在选取维度数据的过程中，需要我们尽量保障维度数据的全面性，尽量将所要分析业务涉及的所有相关维度的数据找全。只有获取到的维度数据足够全面，才有可能用数据全面映射出业务的实际情况。如果想观测销售问题，就需要将销售业务涉及的产品维度、客户维度、渠道维度、销售人员维度、市场维度、售后维度等相关维度的数据找全，并且还要让找到的维度数据能够彼此识别到对方，也就是要搭建多维数据集，只有做到以上两点才有可能从多个不同的相关业务角度全面、深入地观测业务问题。获取多维数据的过程可通过前文介绍的 ETL 功能实现，而创建多维数据集则需要使用前文介绍的 OLAP 技术实现。通过多维数据集解决了维度问题后，还需要解决针对度量的汇总计算规则的创建问题。如果说度量是业务行为的结果，那么汇总计算规则就是帮助我们了解业务行为结果好坏程度的测量仪。将品牌字段作为维度字段，对订单金额字段进行合计规则的统计计算后，可以了解到不同品牌谁卖得多、谁卖得少；使用均比差异百分比的规则，可以进一步了解到不同品牌中谁卖得多，比平均水平多了多少，谁卖得少，比平均水平少了多少……所以不同的汇总计算规则可以帮助阅读者更深入地了解到业务行为的效果，有了全面的维度和深入的度量汇总计算规则，可以发现到业务问题的本质原因，从而可以做出更准确的决策判断。这就是透视分析能够带给阅读者的业务价值。关于如何实现多维度下深入的业务观测，会在后文中不断为大家进行深入讲解。

2.5　本章练习题

一、单选题

1．电子表格工具是表格结构数据的载体，以下属于表格结构数据处理工具的是（　　）。

A．Numbers　　　　　　　　　　B．Power BI

C．MySQL D．SPSS

2．表格结构数据是业务工作中常见的数据类型，表格结构数据的基本引用单位是（　）。

A．字段 B．表

C．单元格 D．列表

3．表格结构数据是应用于电子表格工具上的数据，关于表格结构数据数据源描述错误的是（　）。

A．主要来自数据库 B．全部来自数据库

C．部分来自数据文件 D．部分来自数据仓库

4．表格结构数据是应用于电子表格工具上的数据，以下不属于表格结构数据函数类型的是（　）。

A．查找类函数 B．数学类函数

C．文本类函数 D．筛选器类函数

5．在电子表格工具中可以使用公式引用数据，下面引用公式写法错误的是（　）。

A．A:A B．B1:D17

C．1:50 D．A8:20

6．在电子表格工具中引用 Sheet2 工作表中单元格方法正确的是（　）。

A．Sheet2!B2 B．Sheet2？B2

C．Sheet2&B2 D．"Sheet2:B2"

7．电子表格工具中存在大量处理计算表格结构数据的函数，以下属于电子表格工具中文本函数的是（　）。

A．DATE B．VLOOKUP

C．LEFT D．COUNT

8．表格结构数据先引用再计算，以下针对表格结构数据引用计算方式描述错误的是（　）。

A．可以引用其他工作表中的单元格值进行计算

B．单元格是基本引用、计算单位

C．可以进行单元格区域与单元格区域间的计算

D．不能引用其他工作簿中的单元格进行计算

9．理解表结构数据特征是使用表结构数据的前提，以下关于表结构数据特征描述正确的是（　）。

A．一个表只能有一种数据类型

B．字段中不能有 null 值

C．一行记录只能有一种数据类型

D．主键可以由多个字段构成

10．主键是表结构数据中的重要概念之一，针对主键描述错误的是（　）。

A．一个表只能有一个主键

B．主键中不能有 null 值

C．主键只能是一个字段

D．主键中不能有重复值

11．理解主键的业务意义是使用表结构数据进行分析的前提，主键的业务意义是指（　）。

A．表的业务记录单位

B．表的行识别符

C．表中非主键字段的计算对象

D．表的业务逻辑

12．熟悉表结构数据特征是使用表结构数据的前提，以下不属于表结构数据特征的描述是（　）。

A．表是由不同字段构成的

B．表结构的第一行称为字段名

C．表的第一行称为标题行

D．不同字段的行数可以不同

13．关于使用表结构数据时的注意点，以下描述错误的是（　）。

A．null 值影响计算精度

B．一个表中的字段名不能重名

C．一个表中的不同字段记录行数可以不同

D．不同表中的记录可以合并在一起

14．横向合并多表信息、完善数据源内容是利用表结构数据的重要方法之一，横向合并两个数据表时的对应关系决定合并结果的（　）。

A．主附关系　　　　　　　　B．合并结果行数

C．合并结果数据范围　　　　D．合并结果数据类型

15．在表结构数据分析过程中，ETL 发挥着重要作用，以下关于 ETL 功能描述错误的是（　）。

A．抽取　　　　　　　　　　B．转换

C．加载　　　　　　　　　　D．分析

16．在整合多表数据源进行横向合并操作时，两表通过（　）进行连接。

A．公共字段　　　　　　　　B．主键

C．维度字段　　　　　　　　D．度量字段

17．关系数据库在系统搭建及数据分析过程中都发挥着重要作用，关系数据库功能的核心定位应属于（　）。

A．OLTP　　　　　　　　　　B．OLAP

C．DW　　　　　　　　　　　D．Cube

18．多维数据模型是数据仓库中数据组织的一种模型，多维数据模型工具功能定位是（　）。

A．OLAP　　　　　　　　　　B．OLTP

C．DW　　　　　　　　　　　D．ETL

19．数据透视分析是业务描述性分析中的重要方法之一，关于透视分析中维度概念描述错误的是（　）。

A．业务观测角度　　　　　　B．业务行为结果

C．维度筛选度量　　　　　　D．度量被维度筛选

20．透视分析是维度对度量的汇总观测，关于汇总描述错误的是（　）。

A．度量用来描述业务结果程度

B．维度用来描述业务不同侧面

C．汇总结果由维度、度量、汇总规则决定

D．汇总结果由维度、度量、对应关系决定

21．表结构数据分析工具不能自己产生数据而是通过获取其他数据源数据进行分析的，表结构数据分析工具获取其他数据源的方式是（　）。

A．应用　　　　　　　　　　　B．引用

C．复制　　　　　　　　　　　D．汇总

二、多选题

1．数据分析的各类工具中都会涉及许多函数，函数一般由（　）构成。

A．操作符　　　　　　　　　　B．函数表达式

C．参数　　　　　　　　　　　D．返回值

2．数据源中影响分析准确性的空值记录又叫作 null 值，关于 null 值描述正确的是（　）。

A．计算机无法确保计算结果

B．阅读者无法理解

C．空值可能由前端系统非必填项产生

D．空值行不能删除

3．表结构是数据分析中常用的数据结构，以下属于表结构分析工具的是（　）。

A．DB2　　　　　　　　　　　B．Power BI

C．Excel　　　　　　　　　　D．PPT

4．收集多源数据是进行数据分析工作中的重要步骤之一，以下可以成为表结构数据数据源的有（　）。

A．CSV 格式的数据文件

B．数据库

C．Excel 文件

D．网页数据

5. 某电商订单表中的主键为订单号,根据业务常识判断不能存放于订单表中的字段是( )。

A. 客户 ID　　　　　　　　B. 产品名称

C. 付费时间　　　　　　　　D. 产品金额

三、复合题

表 2-6 和表 2-7 分别是某电商平台用于记录交易行为与交易详情信息的订单表与订单详情表,请根据表中信息回答以下问题。

表 2-6　订单表

单号	客户 ID	单金额
a01	赵大	400
a02	王二	600
a03	赵大	800

表 2-7　订单详情表

单号	产品 ID	客户 ID	产品金额
a01	aaa	赵大	400
a02	bbb	王二	600
a03	aaa	赵大	400
a03	aaa	赵大	400

(1)订单表与订单详情表间用于连接的公共字段应是( )。

A. 两表的单号　　　　　　　B. 两表的客户 ID

C. 单金额与产品金额　　　　D. 没有公共字段

(2)两表连接后使用左连接进行查询后的总行数是( )。

A. 5　　　　　　　　　　　　B. 6

C. 4　　　　　　　　　　　　D. 8

第3章 数据库应用 •••

本章将介绍数据分析工作中需要掌握的数据库应用技能，包括数据库相关概念、数据定义语言、数据操作语言、数据查询语言及视图等内容。学习本章内容后，读者将具备基础数据库操作能力，以及从数据库中获取数据并进行加工、计算的能力。

3.1 数据库相关概念

本节将介绍数据库相关概念，帮助读者形成对数据库系统的整体认知，为后面进行数据库操作及介绍数据查询的内容做好必要铺垫。

3.1.1 数据库简介

1. 什么是数据库

数据库是存储、调用、分析数据的仓库，主要分为关系数据库和非关系数据库。在商业数据分析中使用的绝大部分数据都来自企业的数据库，数据库负责数据收集、数据整合、数据调用等工作，而且几乎所有数据分析类工具都支持调用数据库中的数据。数据库是表的集合，一个表是多个字段的集合，一个字段是由字段名和记录组成的一列数据。用于建立、使用和维护数据库的大型软件称为数据库管理系统（DBMS），课程中使用的 MySQL 是最流行的关系数据库管理系统之一。下面通过一个例子来说明数据库管理系统、数据库和表的关系：一个大型超市仓库就好比一个数据库管理系统，超市仓库里排列着很多货架，这些货架都是数据库，每个货架都有多层隔板分别放着不同纸箱，这些纸箱都是数据库里的表，纸箱里的商品就是表里的字段内容。超市仓库里的货架和商品都是按照一定类别进行排列存储的，同理数据库管理系统中的数据库和数据库中的表也是按照一定规则进行分类存储的，这样不仅可以保证数据的完整性和准确性，还可以降低分析人员检索数据的时间成本、提高数据的管理效率。

2. 数据库分类

在实际应用中，数据库通常被分成关系数据库和非关系数据库两种，用来存放不同结构的数据。

1）关系数据库

关系数据库是用来存放结构化数据的数据库。关系数据库以行和列的形式存储数据，这一系列的行和列被称为表，一组表组成了数据库。其数据的主要来源是公司日常业务系统，以及网站、App 等各种客户端应用程序所产生的实时的数据。我们日常购物网站所看到的界面展示的全部商品信息，其实就是通过服务器对企业数据库中的数据进行解析后以文字和图片等直观形式展示在我们面前的，如果用户购买了其中的一件产品，那么该操作所产生的新的数据，如订单号、购买用户 ID、购买金额、数量、下单时间、付款时间等相关数据也会通过网站的后台按照一定规律实时插入企业的数据库制定的表中。关系数据库通过关系模型来组织表中的数据，本质就是该表的表结构，比如订单表的关系模式可以描述为订单表（订单号、购买用户 ID、购买金额、数量、下单时间、付款时间）。其中订单号在该表中为非空且不重复的值，可以唯一地识别一个记录行，是该表的主键。因为关系数据库的结构非常贴近真实业务，所以关系数据库是分析人员在进行数据分析时参照的最重要的数据来源。

结构化查询语言（SQL）是所有关系数据库的操作语言，虽然在不同的关系数据库中使用的 SQL 语句的一些细节语法有所不同，但大多数 SQL 语句都是通用的，分析人员使用 SQL 对关系数据库进行数据收集、数据整合、数据加工等工作。

当前市面上使用的主流的关系数据库有 IBM 公司的 DB2、Oracle 公司旗下的 Oracle 和 MySQL，以及微软公司的 SQL Server，它们的图标如图 3-1 所示。

图 3-1　主流的关系数据库的图标

这些数据库各自的特点如下。

（1）DB2：非开源的付费数据库管理系统，有限制功能的免费版本，主要应用于大型应用系统，伸缩性较好，支持从大型机到单用户环境，提供高层级的数据利用性，速度快，可靠性好，处理海量数据急速高效，拥有很强的网络支持能力，适用于大中型企业。

（2）Oracle：非开源的付费数据库管理系统，有限制功能的免费版本，能在所有的主流平台上运行，可扩展性强，具有完整的数据管理功能，运行稳定，安全性和性能都在数据库中名列前茅，适用于大型企业。

（3）MySQL：开放源代码的数据库管理系统，具有成本低、速度快等特性，同时它所提供的功能也可以满足大部分业务需求。它于 2000 年由 MySQL AB 公司开发并基于 GPL 协议开放了 MySQL 的源代码。2008 年，MySQL AB 公司被 Sun 公司收购；2009 年，Sun 公司又被 Oracle 公司收购。在 Oracle 公司的技术支持下，MySQL 自 2010 年开始发布了多个版本，在各方面加强了企业级的特性。

（4）SQL Server：非开源的付费数据库管理系统，有限制功能的免费版本，与同为微软旗下的产品和系统平台交互较好，适用于中小型企业。

在本书中，我们选择最容易入手、开源的 MySQL 来作为 SQL 的讲解工具。

2）非关系数据库

非关系数据库是用来存放非结构化数据的数据库，它不像关系数据库局限于固定的结构，而是采取开放式结构来存储数据，其标准也不像关系数据库那样统一，常用的存储标准有键值对，即键（Key）对应值（Value），且对应的值可以采取不同的长度和类型。例如，北京市朝阳区 ×× 街道 ×× 小区就是一个键，这个小区内部全部的房屋、家具和住户都可以作为对应的值保存在非关系数据库中。这些数据大部分来自企业系统之外，但是由于企业系统所产生的数据难以满足全部的业务需求，所以需要利用非关系数据库存放一部分非结构化数据作为补充信息。例如，当我们通过聊天 App 进行交流时，不仅会产生日期类、文件类的结构化数据，也会产生语音、图片类的非结构化数据。当 App 需要开发语音识别功能时，就会需要从非关系数据库中获取语音信息。

由于非结构化数据本身类型非常分散，可以是视频格式，如短视频、直播录制等；也可以是图片格式，如手机和照相机拍摄的图片、患者的影像图片等；还可以是音频信息，如会议录音、医生的口述诊疗记录等。所以非关系数据库不如关系数据库应用较为统一，其类型非常多，操作语言也并不统一，且针对不同的应用场景有不同的数据库应用系统。因此通常只有少数做自然语言处理，图像识别、语言识别的公司会采用非关系数据库来存储数据。主流的非关系数据库有 MongoDB、HBase 等，它们的图标如图 3-2 所示。

图 3-2　主流的非关系数据库的图标

3.1.2　认识数据库

1. 数据库数据处理流程

数据库的应用在整个业务描述性分析流程中主要解决第二步（数据获取），以及第三步（数据处理）的问题。应用数据库进行数据的获取及处理的过程又可以分为业务理解、数据理解、数据清洗及信息输出（或数据输出）4 个环节。在业务理解和数据理解环节中，分析人员首先需要确定业务分析目标，并据此查看数据库及其数据表的结构，以便对数据库中的数据进行初步了解。例如，应明确分析所需要的数据项，如这些数据项存放在数据库和表中的具体位置、数据的类型、数据是否满足分析要求等。在数据清洗环节，因为企业的数据库中的数据绝大部分来自企业经营活动产生的数据，具有很高的实时性，分析人员作为非数据库管理的专业人员，不应该直接对企业的数据库进行操作，以避免误操作导致企业蒙受巨大损失的情况发生，同时企业内部的数据也不一定能完全满足全部的分析需求，分析人员有可能需要根据实际情况对企业数据进行一定的转换和重构以达到分析可用的数据要求，但是这点在企业的实时业务数据库中是无法做到的。例如，分析人员可能需要获取过去一周的销售业绩、商品成本和利润，如果直接在用户订单表中进行操作，可能会导致未完成的订单丢失，并且也无法在用户订单表中插入成本和利润行直接进行计算。因此，分析人员可以根据自身的分析逻辑来创建自己的分析数据库，并在此之上进行数据的增、删、改操作。同时 SQL 也提供多种内置的函数，帮助数据分析人员对数据进行分析处理，以信息或数据的形式输出。数据库中的数据处理环节如图 3-3 所示。

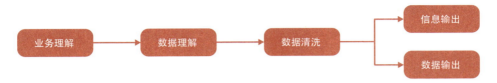

图 3-3 数据库中的数据处理环节

2. 数据库的整体框架

在关系数据库中，数据库是按照字段、数据表、数据库的结构来存储和调用数据的。

图 3-4 展示了一个销售业务数据库的层级结构，这个数据库包括员工属性表、产品属性表、销售业绩表、交易记录表及其他数据表。每个数据表又包含多个字段，如员工属性表包括姓名字段、年龄字段和性别字段。其中每个字段的标题行是用来识别当前字段的，我们称之为"字段名"。标题行以下的部分是用来存储实际信息的，我们称之为"记录"。数据库与电子表格不同，在电子表格中，通过单元格的列标和行号即可进行引用，所以不需要字段名，且单元格之间是相互独立的，每个单元格可以存储不同类型的数据，然而在数据库中，如果需要在数据库中存储数据，必须在数据库管理系统中先建立数据库，在数据库中创建表，指定表中每个字段的字段名和字段的数据类型后，才能在表中存储数据。

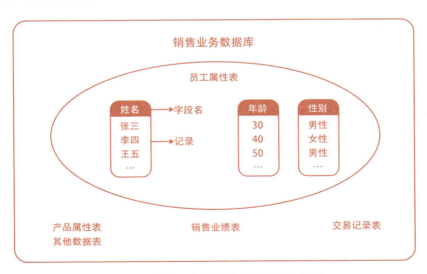

图 3-4 销售业务数据库的层级结构示例

3. 数据库、数据库管理系统和 SQL 之间的关系

数据库是存储、调用、分析相关数据的仓库。数据库管理系统是用于管理数据库（Oracle、MySQL、DB2、SQL Server 等）的软件，一个数据库管理系统可以管理多个数据库，相关人员可以通过数据库管理系统对数据库进行统一的管理和控制，从而保证数据的安全性和完整性。SQL（Structure Query Language，结构化查询语言）是国际标准化组织（ISO）采纳的标准的数据库语言，是用来对数据库进行存储、计算、查询、更新、管理等操作的语言。

3.1.3　SQL

SQL 用于存储数据，以及计算、查询、更新、管理关系数据库系统。因为我们主要使用 SQL 通过数据库管理系统来对企业数据库进行操作，所以本章余下部分会从 SQL 的分类、特点、使用、语法等方面来详细介绍 SQL。本书的 SQL 介绍以 MySQL 8.0 为主要依据。

1. SQL 的分类及应用

SQL 可以独立完成数据库生命周期中的全部活动。根据不同的操作类型，SQL 可以分为以下 4 类。

（1）数据定义语言（DDL）：用于创建、修改、删除数据库中的各种对象（数据库、表、视图、索引等）。对于业务分析人员来说，可以使用 DDL 完成分析逻辑的自用数据库的建设和修改。常用的命令有 create、alter、drop。

（2）数据操作语言（DML）：用于操作数据库表中的记录。业务分析人员如果在分析时需要添加其他数据源的数据或者在删除不符合分析条件的数据时可以使用 DML。常用的命令有 insert、update、delete。

（3）数据查询语言（DQL）：用于查询数据库表中的记录，是业务分析人员最常用的语言类型，贯穿信息获取、数据获取、数据理解、数据清洗等多个环节，其主体结构为 select < 字段名 > from < 表或视图名 > where < 查询条件 >。

（4）数据控制语言（DCL）：用于定义数据库访问权限和安全级别。业务分析人员通常不涉及该类型命令的使用，它常用于数据库管理员为业务分析人员开数据库相关权限。常用的命令有 grant、revoke。

2．SQL 的特点

1）书写要求

SQL 尽管功能非常强，但是其设计非常巧妙，语言十分简洁，语法简单，对格式容忍度很高，对缩进、换行、大小写等均不敏感，使得 SQL 对于非编程人员来说也非常友好。SQL 语句可以单行或多行书写，用英文的分号结尾，关键词用空格分隔。SQL 语法示例代码如下：

```
-- 换行不会影响代码执行
create database test;
-- 不同关键词可以采用不同大小写，不会影响代码执行
CREATE database test;
-- 单个关键词内部大小写混用不会影响代码执行
creaTE database test;
```

尽管 SQL 对格式的要求不高，但是在编写脚本语句时，应该统一大小写，并配合换行和缩进来增强语句的可读性。通常来讲，每行代码的开头应为该语句的关键词，结尾为符号，若是完整的语句，则以分号作为结尾符号。

2）注释

注释语句是不可执行的语句，它分为单行注释和多行注释两种。在代码的内容之外进行注释的编写，不仅方便别人理解自己的脚本语句，也方便自己往后执行脚本语句时能够快速进入状态。

基础语法格式：

（1）单行注释：--+ 空格 + 注释内容或者 #+ 注释内容。

（2）多行注释：/* 注释内容 */。

注释示例代码如下：

```
-- 创建单行注释
# 创建单行注释
/* 创建多行注释 */
```

3.1.4　数据仓库

对于所有的企业而言，针对企业现状，发生现状的原因和对未来的预测分析都是其生命过程中不可或缺的一环。在大数据时代，信息无疑是最重要的资产之一，

而数据分析便是将数据转化为信息的重要手段。之前针对数据库进行介绍时，我们可以发现数据库并不是面向数据分析而是面向企业日常操作所创建的。数据库是存放原始数据的集合，主要存储业务流程中的事务性数据，而在日常分析中，仅靠企业事务性流程的数据是远远无法满足分析需求的。为了得到有效的分析结论，分析人员需要合并不同数据源中的结构化数据和非结构化数据甚至是将第三方来源的外部数据整合在一起进行分析，这样才能够提供足够多的有效信息来帮助企业进行基于现状事实的决策制定。而单纯的数据库是无法以一致的形式来对多源信息进行展示的，随着业务发展的数据量呈指数级增长，业务问题的复杂度增加，对现状的分析和预测需求也越来越精细化，业务数据库已经无法调取此类会对公司决策起到关键性作用的数据，为了解决这个问题，很多企业选择搭建数据仓库来满足这一需求。

1. 数据仓库的定义

数据仓库（Data Warehouse）是一个面向主题（Subject Oriented）的、集成（Integrate）的、稳定（Non-Volatile）的、反映历史变化（Time Variant）的数据集合。因为数据仓库侧重于数据分析工作，主要用于对企业的发展历程和未来趋势做出定量分析预测，所以数据仓库中的数据按照一定的主题进行组织和存储，会对原有分散的数据库数据经过系统加工、整理，消除源数据中的不一致性。

通常来讲，数据仓库根据其作用的不同，最少分为 3 个层级，即 ODS（Operational Data Store）层、DSA（Data Staging Area）层和 EDW（Enterprise Data Warehouse）层。其中 ODS 层用来存储业务数据库在一个时间范围内新增或更新的数据，相当于业务数据库的一个非实时的缓存，因此其结构和原表结构类似，会对来自不同业务系统所产生的数据进行初步的整理，如筛选分析所需的字段、统一不同来源数据的编码等。DSA 层用于存储 ODS 层数据经过了抽取、清洗、转换等流程后所产生的格式和类型统一的数据。EDW 层用于存储 DSA 层数据在根据维度和度量对数据进行重新抽象和冗余化简之后利于分析数据抽取和展示的库表。

目前，常用的开源数据仓库有由 Apache 基金会所开发的 Hadoop，该数据仓库使用 Hive 作为数据分析系统，其查询语法 HiveSQL 类似于 SQL，使得就算不熟悉数据仓库的用户也可以使用 SQL 对数据进行查询、汇总和分析。因此，Hadoop 以其免费的特性和较低的学习成本成为不少国内企业的首选，而在商业数据库方面，美国软件公司 Teradata 所开发的 Teradata 以其远胜 Hive 的超高的性能配置、可靠的大规模并行处理及高速处理海量数据的能力，成为世界 500 强企业的首选。常见的数据仓库的图标如图 3-5 所示。

图 3-5　常见的数据仓库的图标

2. 数据仓库与数据库的区别

数据仓库与数据库的区别，实际上就是 OLTP 与 OLAP 的区别。

操作型处理称为联机事务处理（On-Line Transaction Processing，OLTP），也可以称为面向交易的处理系统，针对具体业务在数据库联机的日常操作，通常对少数记录进行查询、修改。用户较为关心操作的响应时间、数据的安全性、完整性和并发的支持用户数等问题。例如，在医院中，电子病历系统是用于一线医生对患者在诊疗过程中进行信息记录的重要工具，而一家医院中会有多个科室和医生同时使用电子病历系统，因此该系统必须优先考虑并发性，任何患者诊疗记录的丢失、加载时间过长都可能导致患者病情延误，这些都是日常业务需求所无法容忍的。在这种场景下，我们只需要按部就班地按照业务的流程以可预测的方式或流程来完成相同类型的操作任务，因此我们通常采用传统的数据库作为其数据管理的主要手段。

分析型处理称为联机分析处理（On-Line Analytical Processing，OLAP），这种分析处理是针对事后的，它需要关注时间段内产生的所有有效数据，通过对数据进行分析来判断操作任务的过程是否正常，流程是否有可优化的地方，甚至对企业未来的业务发展方向进行预测。依旧以医院场景为例，医生经常需要对大量同类型的患者进行研究，从影像、病程、化验结果等多个维度来进行复杂的分析操作。此时该系统需要考虑如何高效地整合海量数据并且提供直观易懂的查询结果而不用考虑实时的数据读 / 写速度，因此我们通常采用数据仓库作为数据管理的主要手段。

3.2　数据定义语言

数据定义语言（DDL）是用来对数据库管理系统中的对象进行增、删、改、查的操作语言。

3.2.1　DDL 在业务中的作用

在业务分析人员明确了自己的分析目标后，就需要针对这个目标来进行数据的获取，然而为了能准确地获取到有效数据，我们应该对数据有初步了解，如公司数据库中包含什么表、不同的表包含什么数据、数据类型是文本型还是数值型，以此来判断这些数据是否可以满足我们的分析需求。这时我们就需要使用 DDL 操作数据库来获取这些信息。

3.2.2　定义数据库

在本节中，我们将学习一些操作数据库的基本语句。它们包括创建数据库、查看创建好的数据库、查看所有数据库列表、选择数据库、删除数据库。

1．创建数据库

创建数据库是指在数据库管理系统的服务器中划分一个空间，用来存储相应的数据。在实际操作中，分析人员可以根据定期的分析需求对数据进行提取和归纳，并在当前用户权限下创建数据库用来存储提取的数据，这样既可以避免对实时业务产生冲突，也可以按照分析需求来重新定义数据之间的关系。正如前文介绍的，在关系数据库中，如果我们想要存储数据，就需要先提供一个存储数据的空间，这个空间就是数据库。

基础语法格式：

create database < 数据库名称 >;

创建数据库示例代码如下：

```
-- 创建一个名为 test 的数据库
create database test;
```

需要注意的是，数据库名称不能与 SQL 关键词相同且同一个数据库管理系统中的数据库名称不能重复，数据库名称可以为中英文字符、数字或下画线。

2．查看数据库

在数据库管理系统中，可查看当前用户权限范围以内的数据库，若分析人员需要查看非权限内的数据，则需要向数据库管理员申请查看权限。

基础语法格式：

show databases

查看数据库示例代码及其执行结果如下：

```
-- 查看当前用户权限内的所有数据库
show databases;
+--------------------+
| Database           |
+--------------------+
| information_schema |
| test               |
| performance_schema |
| sys                |
+--------------------+
```

3. 选择数据库

在完成创建数据库之后，该数据库不会自动成为当前数据库，如果我们要使用这个数据库，需先使用 use 命令来指定使用数据库。若没有执行使用数据库的命令，则系统无法知道我们要使用哪个数据库，且之后的操作语句中每次都需要限定符来指定数据库（格式为数据库名称.表名）；若既没有执行使用数据库的命令，也没有使用限定符来指定数据库，则数据库管理系统就会报错，执行使用数据库的命令后，所有 SQL 命令都会在当前数据库执行，直到再次使用 use 命令指定其他数据库。

基础语法格式：

use < 数据库名称 >;

指定使用数据库示例代码如下：

```
-- 使用创建好的 test 数据库
use test;
```

4. 删除数据库

当一个数据库我们创建错了或者不想要它时，则需要执行删除命令将其删除，需要注意的是，删除数据库的同时会删除数据库中存储的所有表和数据，因此需谨慎使用。

基础语法格式：

drop database < 数据库名称 >

删除数据库示例代码如下：

```
-- 删除创建好的 test 数据库
drop database test;
```

3.2.3 数据表

在创建好数据库后，想要在数据库中存储数据，首先要有承载数据的容器，这个容器就是数据表。我们要将数据信息分别录入这个数据库下不同的数据表的不同字段中才能加以利用。

1. 数据字典

数据字典是一个用来描述数据表信息的表格，可以存储在数据库中，也可以以独立的说明文档的形式保存在数据库系统之外。对于分析人员来说，数据字典是分析阶段非常重要的工具，可以帮助分析人员快速梳理数据表的结构及字段的基础信息。数据字典应由数据库设计人员在数据库设计初期的需求分析阶段建立，在数据字典中会严格规定每个字段的相关属性，如字段的数据类型或字段的约束条件。一个全面、严谨、正确的数据字典可以在最大限度上保证数据资源的准确、完整及高效利用。不同的行业和业务对于数据字典中的内容及粒度的要求并不一致，但是一般来说，数据字典会包括表名、表的描述信息、字段名、字段描述、字段对应的数据类型、约束、初始值等信息。

表 3-1 是一个数据字典的例子，从中我们可以清楚地看出，该表的表名是商品颜色表，表中有 4 个字段，它们的字段名分别是 ColorID、ColorNote、ColorSort、Pt，这些字段的数据类型分别是 4 字节的可变长文本型、20 字节的可变长文本型、整数型、9 字节的可变长文本型，后面的部分是数据表各个字段的约束条件。

表 3-1 商品颜色表的数据字典

字段名	字段描述	数据类型	主键	外键	非空	唯一	自增	初始值
ColorID	颜色 ID	VARCHAR（4）	Y	N	Y	N	N	—
ColorNote	颜色注释	VARCHAR（20）	N	N	Y	N	N	—
ColorSort	颜色排序	INT	N	N	Y	N	N	0
Pt	更新时间	VARCHAR（9）	N	N	Y	N	N	—

在介绍分析人员在数据字典中应该要读懂的各种相关概念（包括数据类型、约束条件和索引）之前，先介绍数据表相关的基本操作语句。

2. 创建表

创建表的同时需要指定表名、字段名，以及每个字段的数据类型和约束条件，其中约束条件可以不指定（本章所有包含在 [] 中的内容均是选填项）。需要特别注意的是，在创建表时，一定要声明使用的数据库，即 "use < 数据库名称 >;"

基础语法格式：

create table < 表名 >(

< 字段名 1> < 数据类型 1>[< 约束条件 1>,

< 字段名 2> < 数据类型 2> < 约束条件 2>,

...

< 字段名 n> < 数据类型 n> < 约束条件 n>]

);

需要注意的是，数据表名和字段名由用户指定，但不能与 SQL 关键词相同，且同一个数据库管理系统中的数据表名不能重复，同一个数据表中的字段名也不能重复。除此之外，命名规则与数据库名称命名规则相同，即可以为中英文字符、数字或下画线。数据类型则需要根据实际的业务规则来选择合适的类型。

假设我们需要把部门信息表中的部门 ID、部门名称及员工数的每行信息保存到数据库中并加以利用，就先要有一个能够分别存储部门 ID、部门名称及员工数信息的数据表。因此需要先创建数据表，指定数据表的表名、表中有哪些字段，以及每个字段的字段名、数据类型和约束条件（当数据表没有约束条件时，可以不指定）。部门信息表示例如表 3-2 所示。

表 3–2　部门信息表示例

depid	depname	peoplecount
P01	财务部	20
P02	销售部	100
P03	内审部	15
...	...	...

我们需要确定字段的数据类型（数据类型将在 3.4 节进行详细讲解），部门 ID 是 3 字节的文本型信息，根据业务中部门 ID 的编写规则可以确定它的长度是固定的，部门名称是多个字符的文本型信息，长度可变，我们假设其最大字符数为 15，员工数为整数型，确定了字段名和字段的数据类型后，来创建一个包含 3 个字段，表名为 dept 的数据表（表名称可以任意指定）。创建部门信息表示例代码如下：

```
-- 1．使用 test 数据库
use test;
-- 2．创建部门信息表
  create table dept(
        depid char(3),
        depname varchar(20),
        peoplecount int
  );
```

上述示例代码中，创建的第一个字段是 3 字节的固定长文本型字段，字段名为 depid，用于存储部门 ID 信息。第二个字段是可变长文本型字段，该字段可存储的最大字符长度为 20 个字符，字段名为 depname，用于存储部门名称信息。第三个字段是名为 peoplecount 的整数型字段，用于存储员工数信息。

创建表时使用的语法是 create table，后面跟表名，然后括号里指定每个字段的字段名、数据类型和约束条件，其中约束条件可以省略，在这个案例中没有使用约束条件。字段之间以逗号分隔，只有最后一个字段后没有逗号。在最后应加上分号终止符。

在 MySQL workbench 中执行这段创建表命令后，我们就会获得一个可以存储部门 ID、部门名称及员工数信息的表，但是这样创建的只是一个空的表结构，表中是没有数据的。创建好表结构之后，再将数据添加到表中。

3．查看表

我们可以查看当前数据库中已创建好的全部数据表，也可以进一步查看特定表的表结构。

1）查看数据库下的所有表

基础语法格式：

show tables;

查看数据库下的所有表示例代码如下：

```
-- 查看当前数据库所有的表
show tables;
+-------------------+
| Tables_in_test    |
+-------------------+
| dept              |
+-------------------+
```

2）查看表结构

需要注意的是，若查看表之前未声明该表所在的数据库，则需要用限定符指定数据库名称．表名。因为通常在数据操作之前均会声明所操作的数据库，因此后面的代码不会再考虑数据库未声明的情况。

基础语法格式：

describe < 表名 >; 或 desc < 表名 >;

查看数据库中表的结构示例代码如下：

```
-- 查看表结构
describe test.dept;
```

4．修改表

为实现数据库中表规范化设计或者遇到分析需求改变等情况，有时需要对已经创建的表进行结构修改或调整。下面介绍修改表的相关操作。

1）修改表名

对表名进行修改，不用考虑被修改的表中是否有数据。

基础语法格式：

alter table < 原表名 > rename < 新表名 >;

修改表名示例代码如下：

```
-- 将 dept 表名改为 department
alter table dept rename department;
```

2）修改字段名

对表中字段的名称进行修改，不用考虑被修改的字段中是否有数据。

基础语法格式：

alter table < 表名 > change < 原字段名 > < 新字段名 > < 新数据类型 >;

修改字段名示例代码如下：

```
-- 修改字段名 depid 为 depno
alter table dept change depid depno char(3);
```

3）修改字段类型

对字段的类型进行修改时，如果要修改的字段已经存储了数据，那么数据库会检查已存储的数据是否满足新的数据类型的要求，只有在该字段的所有数据都满足新的数据类型的要求的情况下才会成功执行修改命令，如果有任意一行数据不满足要求就会报错，无法进行字段类型的修改。以部门名称字段为例，如果该字段中的数据是以部门名称来进行存储的字符串型的数据，那么无法将其从字符串型更改为数值型；如果该字段中的数据是以城市编码来进行存储的字符串型的数据，是以数值格式存储的字符串，那么可以将其从字符串型更改为数值型，因为在数据库管理系统中数值格式的字符串可以强制转换为数值类型。

基础语法格式：

alter table < 表名 > modify < 字段名 > < 新数据类型 >;

修改字段类型示例代码如下：

```
-- 修改 depid 的字段类型为 varchar(5)
alter table dept modify depid varchar(5);
```

4）添加新字段

向已存在的表中添加新的字段，添加字段的位置可以指定，在不指定的情况下会默认将新字段添加到表中的最后一列。

基础语法格式：

alter table < 表名 > add < 新字段名 > < 数据类型 > [约束条件] [first|after 参照字段名];

添加字段示例代码如下：

```
-- 在 dept 表中添加新字段 city
alter table dept add city varchar(10);
```

5）修改字段的排列位置

在数据库中，在对表的字段进行位置排列时，更多是出于业务逻辑或者数据使用方面的考虑，如我们通常会将主键字段放在数据表的第一或前几列。当一个表拥有的字段数量过多时，将常用或者重要的字段排在表的前列，同类型的字段尽可能根据业务逻辑排列在一起。例如，订单表中与时间字段相关的字段按照事件发生的顺序，即下单时间、付款时间、发货时间、确认收货时间放在相邻的位置。但是对于数据库管理系统来说，字段之间的顺序并无具体意义。

基础语法格式：

alter table < 表名 > modify < 字段名 > < 数据类型 > first|after 参照字段名；

修改字段的排列位置示例代码如下：

```
-- 修改字段 city 的排列位置
alter table dept modify city varchar(10) after depid;
```

6）删除字段

删除表中不需要的字段，该字段在标准存储的全部数据、约束条件、索引等也会一并删除。

基础语法格式：

alter table < 表名 > drop < 字段名 >;

删除字段示例代码如下：

```
-- 删除字段 city
alter table dept drop city;
```

5. 删除表

删除表不仅会删除表的结构、约束条件、索引等，也会删除表中存储的全部数据，因此应谨慎使用。drop 可同时删除多个表，if exists 主要用来判断表名是否存在，在使用时需要注意如果表名输入错误，语句也不会报错，会正常执行，但是需要删除的表并没有被删除。

基础语法格式：

drop table [if exists] < 表名 > [,< 表名 1>,< 表名 2>,...,< 表名 n>];

删除表示例代码如下：

```
-- 删除 dpet 表
drop table dept;
```

🖥 3.2.4　数据类型

本节将会详细介绍数据表中包含的数据类型，数据库中每个字段都需要指定相应的数据类型，用于限制该字段中存储的数据。数据库中常用的数据类型有以下3种：数值型、字符串型（文本型）、日期和时间型。

1. 定义数据类型

数据类型就像在数据表中为字段上的锁，所谓一把钥匙开一把锁，字段的数据类型限定了只有与其相匹配的数据信息才能录入字段中。这样做可以保证字段的完整性及准确性。

字段名	字段类型
注册时间	▲
用户名	★
充值金额	✚

图 3-6　会员注册表的字段信息

图 3-6 显示的是会员注册表的字段信息，该表中有 3 个不同数据类型的字段，分别是日期型的注册时间、字符串型的用户名及数值型的充值金额，分别用三角形、星形及十字形代表这 3 种不同的数据类型。

为每个字段指定好数据类型后，就可以保证只有日期型信息才能进入注册时间字段中，只有字符串型信息才能进入用户名字段中，只有数值型信息才能进入充值金额字段中。

如果添加的数据与该字段的数据类型不符，那么数据将无法存储到表中。例如，在注册时间字段中添加数值型信息，或者在充值金额字段中添加文本信息，就会因为数据类型不匹配而操作失败。

指定数据类型的意义在于保证表中数据存储的一致性和准确性，防止数据类型不一致的信息乱入表中。这就是在字段中指定数据类型的意义。

在理解数据类型之前，需要了解计算机中最基本的数据单位——位与字节。因为计算机是采用二进制数来进行数据处理的，所以计算机中最小的数据单位就是位，每一位的状态只能是二进制的 0 或 1。位的英文名称是 bit。现在的比特币就是位币的意思。字节是由 8 个二进制位构成的，其英文名是 Byte。字节是数据存储空间的基本计量单位。位与字节越多，能代表的数值范围越大。

在数据库中 INT 整数型数据占 4 字节，每个字节占 8 位，那么 INT 整数型数据占 32 位。

图 3-7 所示为整数型数据所占用的空间示意图。因为有 32 位二进制数来进行数据的描述，有符号 INT 整数型数据（所谓有符号，是指可以取负数区间）的取值

范围为 −2 147 483 648 ～ 2 147 483 647。无符号 INT 整数型数据（没有负数，所以取值从 0 开始）的取值范围为 0 ～ 4 294 967 295，无符号 INT 整数型数据最大值是有符号 INT 整数型数据最大值的 2 倍。

1	1	0	0	1	0	1	1
1	0	1	1	1	0	1	1
1	0	1	0	0	0	0	1
1	0	1	0	1	0	1	0

图 3-7　整数型数据所占用的空间示意图

数据类型的长度是基于计算机的位与字节来计算的。每个不同的数据类型，具有不同的字节长度，取值范围也就各不相同，可以存储的值范围越大，所需的存储空间越大。因此，应根据实际需要选择最合适的类型，这样有利于提高查询的效率和节省存储空间。

2．数值型

数据库中的数值型可以分成整数型和小数型两种。

1）整数型

整数型是用来描述整数数值的，如 0、1、−99。数据库常用的整数型数据类型为 INT（INTEGER 的缩写），不同的整数型数据类型之间的最大区别是存储的数值的范围不同，存储所用的空间也各不相同。MySQL 中常用的整数型数据类型如表 3-3 所示。

表 3-3　MySQL 中常用的整数型数据类型

类型	大小	范围（有符号）	范围（无符号）	用途
TINYINT	1 字节	(−128,127)	(0,255)	小整数值
SMALLINT	2 字节	(−32 768,32 767)	(0,65 535)	大整数值
MEDIUMINT	3 字节	(−8 388 608,8 388 607)	(0,16 777 215)	大整数值
INT 或 INTEGER	4 字节	(−2 147 483 648,2 147 483 647)	(0,4 294 967 295)	大整数值
BIGINT	8 字节	(−9 223 372 036 854 775 808, 9 223 372 036 854 775 807)	(0,18 446 744 073 709 551 615)	极大整数值

整数型数据都可取有符号和无符号两种，如果需要禁止负数，那么可以在整数型数据列后加上 UNSIGNED 属性，此时数据的取值就会从 0 开始。

2）小数型

小数型数据是用来描述小数值的（如 3.25、1.34），其中最常用的是 FLOAT 和 DOUBLE 数据类型。它们所占用的存储空间不同，FLOAT 占 4 字节，DOUBLE 占 8 字节。小数型数据可以通过后面加括号的方式来指定显示宽度和小数位数，括号中包含了一个最大可表示值和一个最小非零可表示值，最小非零可表示值决定了该类型的精确度。在数据库中，FLOAT 和 DOUBLE 都可以指定 UNSIGNED 属性。与整数型数据不同的地方在于，当指定 UNSIGNED 属性时，取值范围并不是平移到正数区间，而只是简单地把浮点类型的负数部分去掉。另外，DECIMAL 也可以用来存储小数，适用于金额、价格等对精度要求较高的数据存储，默认为 DECIMAL(10,0)，表示最多有 10 位数字，其中有 0 位小数。MySQL 中常用的小数型数据类型如表 3-4 所示。

表 3-4　MySQL 中常用的小数型数据类型

名称	描述
FLOAT(M,D)	只能为有符号的。默认为 FLOAT(10,2)，表示最多有 10 位数字，其中有 2 位小数
DECIMAL(M,D)	只能为有符号的。默认为 DECIMAL(10,0)，表示最多有 10 位数字，其中有 0 位小数

3. 字符串型

字符串主要用来存储不能进行数学运算的文本数据。在实际应用中，字符串不仅可以用来表示任何一种值，还可以存储图片和声音的二进制数据，所以字符串型是最基本的数据类型之一。常见的字符串型数据类型有 CHAR、VARCHAR、TEXT。其中 CHAR(M) 和 VARCHAR(M) 中的 M 是指定长度，这个数字必须大于实际数据的最大长度，这样才能完整保存数据信息，否则会造成数据后半部分丢失。CHAR 和 VARCHAR 两者的区别在于，CHAR 是固定长度的，每个值占用相同的字节数，针对不够的位数，MySQL 会在它的右边用空格字符补足。VARCHAR 是一种可变长度的类型，每个值占用其刚好的字节数再加上一个用来记录其长度的字节，即 $L+1$ 字节。在一个数据表中，只要有一个数据列的长度是可变的，所有数据列的长度就是可变的。MySQL 会进行自动转换。例如，CHAR 长度小于 4，此时不会进行自动转换，因为 MySQL 会认为这样做没必要，节省不了多少空间。反而 MySQL 会把大量长度小的 VARCHAR 转换成 CHAR，以减少空间占用量。

CHAR 和 VARCHAR 的使用主要根据数据长度进行选择，如果数据长度相同，那么选用 VARCHAR 会多占用空间，因为有 1 位用来存储其长度。如果数据长短不一，选用 VARCHAR 能节省存储空间。而 CHAR 不论字符长短都需补位占用相同的空间，即使是空值也不例外。如果长度出入不大，而且使用 MyISAM 或 ISAM 类型的表，则用 CHAR 会比 VARCHAR 好，因为 MyISAM 和 ISAM 类型的表对处理固定长度的行的效率最高。MySQL 中常用的字符串型数据类型如表 3-5 所示。

表 3-5　MySQL 中常用的字符串型数据类型

名称	描述
CHAR(M)	固定长度字符串，长度为 1 ~ 255 个字符。若不指定字符长度，则默认存储 1 个字符；若指定字符长度，但实际存储字符长度小于指定长度，则右边填充空格；若指定字符长度，但实际存储字符长度大于指定长度，则会报错
VARCHAR(M)	可变长度字符串，长度为 1 ~ 255 个字符。定义该类型时必须指定长度
TEXT	最大长度为 65 535 个字符。用于存储二进制大数据，如图片。该类型不能指定长度

4. 日期时间型

日期时间型数据主要用于存储日期、时间信息，主要包含 4 种数据类型，分别为 DATE、TIME、DATETIME、TIMESTAMP。

最常用的 DATE、TIME 和 DATETIME 类型分别用来存储 "YYYY-MM-DD" 格式的日期数据、"hh:mm:ss" 格式的时间数据和 "YYYY-MM-DD hh:mm:ss" 格式的日期时间数据。

DATETIME 中的时间值和 TIME 值是有区别的，DATETIME 中的时间值代表的是几点几分，TIME 值代表的是所花费的时间。当向 TIME 数据列插值时，应用时间的完整写法，如 12 分 30 秒应写成 "00:12:30"。

另外一种 TIMESTAMP 类型存储的是从 "1970-01-01 00:00:00" 到指定时间的秒数，它的取值范围为从 "1970-01-01 00:00:00" 到 "2037-12-31 23:59:59"。MySQL 中常用的日期时间型数据类型如表 3-6 所示。

表 3-6　MySQL 中常用的日期时间型数据类型

名称	描述
DATE	YYYY-MM-DD 格式，在 1000-01-01 和 9999-12-31 之间，如 1973-12-30
DATETIME	YYYY-MM-DD hh:mm:ss 格式，在 1000-01-01 00:00:00 和 9999-12-31 23:59:59 之间，如 1973-12-30 15:30:00
TIME	hh:mm:ss 格式，在 00:00:00 和 23:59:59 之间，如 18:30:21
TIMESTAMP	时间戳，在 1970-01-01 00:00:00 和 2037-12-31 23:59:59 之间，存储从 1970-01-01 00:00:00 到指定时间的秒数

　　值得注意的是，在数据库中字符串型数据和日期时间型数据，都需要用英文的引号括起来。

　　关于数据库中可使用的更多数据类型详见附录 A 数据类型列表，本书以 MySQL 8.0 为准，仅供参考。

3.2.5　约束条件

　　数据类型就好比字段中的锁，只允许开启与其匹配的数据信息，那么在指定表中字段时，除了要指定数据类型，还需要指定约束条件，这样才完整，本节将为大家介绍约束条件的使用方法。

　　约束条件是在表和字段上强制执行的表的检验规则。使用约束条件可以保证表中数据的完整性和准确性，防止不规范的数据进入数据库。如果说不同的数据就像是不同大小的沙砾，而字段就是承载不同大小沙砾的容器，那么约束条件就像是这些容器的筛子，只有符合筛眼大小的沙砾才能被分别放入不同的字段容器中。

1. 定义约束条件

　　对于业务人员来说，约束可以帮助他们更好地理解企业数据库中的数据，以及哪些方面的数据质量和数据特性被保障了，对于辨别主键等关键信息也可起到很大的作用。

　　在 MySQL 中有以下 5 种常用的约束条件，如表 3-7 所示。

表 3-7 常用的约束条件

约束条件	说明	语法
primary key	主键约束	字段名 数据类型 primary key
not null	非空约束	字段名 数据类型 not null
unique	唯一约束	字段名 数据类型 unique
auto_increment	自动增长约束	字段名 数据类型 auto increment
default	默认约束	字段名 数据类型 default 默认值

（1）primary key 是主键约束，用来唯一标识数据中的每行记录。主键约束要求字段中的数据记录是非空的和唯一的。

（2）not null 是非空约束，限制了字段中的数据记录不能有空值。

（3）unique 是唯一约束，限制了字段中的数据记录不能有重复值，即不能有两个相同的数据记录存在。

（4）auto_increment 是自动增长约束，它需要和主键约束一起使用，并且只有整数型字段才可以添加自动增长约束。在默认情况下，它是从 1 开始，在前一条记录的基础上，步长为 1 自动生成的，如 1,2,3,4,…

（5）default 是默认约束，表示为字段设置默认值。如果某个字段在添加数据时，没有指定该字段的取值，那么数据库管理系统就会按照 default 设置的默认值进行存储。

（6）除了以上常用的 5 种约束条件，SQL 还使用外键约束来指定表和表之间的依赖关系，该约束条件受实际业务的限制，在企业数据库中极少用到。另外，SQL 还会使用检查约束来指定需要检查的限定条件，以确保不符合限定条件的数据无法进入数据表中，但在 MySQL 8.0.16 之前的版本，为了提高兼容性，检查约束在 MySQL 客户端中并不显示，故本节不会展开讲解这两种约束。

下面通过一个例子来了解一下约束条件。在数据库中，假设我们需要导入学生成绩单，如果数据库设置了约束条件，那么有些数据会无法被导入。在这份信息中有 4 个字段，分别是序号、学号、学生姓名和成绩，如表 3-8 所示。

表 3-8 学生成绩单

序号	学号	学生姓名	成绩
1	A001	赵大	50

续表

序号	学号	学生姓名	成绩
2	A002	钱二	60
3	A001	赵大	
4	A003	张三	70
5		李四	80
6	A005	王五	90

如果在填充含有约束条件的字段中，学号字段含有重复值（第 1 行记录和第 3 行记录）和空值（第 5 行记录），不符合主键约束、非空约束及唯一约束这三项约束条件。因为主键约束的要求是非空和不重复，非空约束的要求是没有空值，唯一约束的要求是不能有含有重复值。学生姓名字段含有重复值（第 1 行记录和第 3 行记录），不符合主键约束、唯一约束这两项约束条件。成绩字段（第 3 行记录）含有空值，不符合主键约束、非空约束这两项约束条件。序号字段满足非空约束、唯一约束、自动增长约束，符合所有约束条件要求。

2. 主键约束

主键，又称为"主码"，是数据表中一列或多列的组合。它可以唯一标识表中的记录，好像这条数据的身份证一样。作为主键的字段，其取值不能为空，也不可以重复，并且一个表中只能有一个主键，但是构成主键的字段可以是一个也可以是多个。也就是说，主键只能有一个，但是一个主键可以由多个字段构成，当多个字段的取值完全一样时会违反主键约束。

主键约束在实际应用中有以下两类。

1）单字段主键约束

如果数据字段中有单一字段可以作为主键使用，那么就把主键约束的关键词 primary key 写在这个字段数据类型的后面进行限定。

基础语法格式：

create table < 表名 > (

    < 字段名 1> < 字段类型 1> primary key,

    < 字段名 2> < 字段类型 2>,

    …

<字段名 n> <字段类型 n>

);

创建单字段主键约束示例代码如下:

```
create table dept(
-- 单字段主键
        depid char(3) primary key,
        depname varchar(20),
        peoplecount int
    );
```

2）多字段主键约束

如果主键是由两个不同的字段组合而成的复合主键，那么主键约束就要写在所有定义好的字段的最后一行 primary key(,)，括号里面写复合主键的组成部分，中间用逗号分隔。如果主键是由两个以上字段组合成的，有多少个字段就在括号里面增加多少个并以逗号分隔即可。

基础语法格式:

create table <表名>(

　　　　<字段名 1> <字段类型 1>,

　　　　<字段名 2> <字段类型 2>,

　　　　...

　　　　<字段名 n> <字段类型 n>,

　　　　[constraint 主键约束名] primary key(字段名 1[, 字段名 2,... 字段名 n])

);

创建多字段主键约束示例代码如下:

```
    create table dept(
        depid char(3),
        depname varchar(20),
        peoplecount int,
-- 多字段联合主键
        primary key(depname,depid)
    );
```

主键约束可以删除，下面给出删除主键约束基本语法格式及示例代码。

基础语法格式：

alter table < 表名 > drop primary key;

删除主键约束示例代码如下：

```
-- 删除表中的主键约束
alter table dept drop primary key;
```

3. 唯一约束

唯一约束要求该列的值必须是唯一的，也就是不能出现重复值。允许为 null，但只能出现一个空值，一个表中可以有多个字段声明为唯一的，以确保数据表的一列或几列不出现重复值。对于分析人员来说，确认表中唯一约束的情况，可以更好地厘清数据的存储逻辑，减少后期去重的工作量。

1）创建唯一约束

唯一约束可以通过两种不同的方法来添加。

基础语法格式 1：

create table < 表名 > (

  < 字段名 1> < 字段类型 1> unique,

  < 字段名 2> < 字段类型 2>,

  …

  < 字段名 n> < 字段类型 n>

);

基础语法格式 2：

create table < 表名 > (

  < 字段名 1> < 字段类型 1>,

  < 字段名 2> < 字段类型 2>,

  …

  < 字段名 n> < 字段类型 n>,

  [constraint 唯一约束名] unique (字段名 1[, 字段名 2,..., 字段名 n])

);

创建唯一约束示例代码如下：

```
create table dept(
            depid char(3) primary key,
-- 创建表中的唯一约束
            depname varchar(20) unique,
            peoplecount int
    );
```

2）删除唯一约束

基础语法格式：

alter table < 表名 > drop index < 唯一约束名 >;

若单个字段没有指定唯一约束名，则默认的唯一约束名为字段名；若多个字段组合为唯一约束，则默认的唯一约束名为第一个字段的名称；若指定了约束名，则删除的时候写约束名。

删除唯一约束示例代码如下：

```
-- 删除表中的唯一约束
alter table dept drop index depname;
```

4. 自动增长约束

自动增长约束要求指定字段的数据取值自动增长，默认从 1 开始，每增加一条记录，这个字段的取值就会加 1，所以它只适用于正数的数值型字段。一个表只能有一个自动增长字段，且必须为主键的一部分，因此自动增长约束也是辨别表中主键的重要标志之一。

1）创建自动增长约束

基础语法格式：

create table < 表名 > (

　　< 字段名 1> < 字段类型 1> primary key auto_increment,

　　< 字段名 2> < 字段类型 2>,

　　…

　　< 字段名 n> < 字段类型 n>

);

创建自动增长约束示例代码如下：

```
create table example(
e_id int primary key auto_increment, -- 创建表中的自动增长约束
name varchar(4),
math int default 0,
minmax float
 );
```

2）删除自动增长约束

基础语法格式：

alter table < 表名 > modify < 字段名 > < 字段类型 >;

删除自动增长约束示例代码如下：

```
-- 删除表中的自动增长约束
alter table example modify e_id int;
```

5．非空约束

非空约束要求字段的值不能为空值。对于分析人员来说，缺失值处理是数据清洗的重要步骤之一，非空约束的字段不会出现缺失值，因此不需要对该字段进行缺失值处理。

1）创建非空约束

基础语法格式：

create table < 表名 > (

    < 字段名 1> < 字段类型 1> not null,

    < 字段名 2> < 字段类型 2>,

    …

    < 字段名 n> < 字段类型 n>

);

创建非空约束示例代码如下：

```
create table dept(
          depid char(3) primary key,
          depname varchar(20),
          peoplecount int not null,-- 创建表中的非空约束
    );
```

2）删除非空约束

基础语法格式：

alter table < 表名 > modify < 字段名 > < 字段类型 > [null];

删除非空约束示例代码如下：

```
-- 删除表中的非空约束
alter table dept modify peoplecount int;
```

6. 默认约束

默认约束指定某个字段的默认值，当插入记录时，如果没有明确为字段赋值，那么系统就会自动为这个字段赋值为默认约束设定的值。对于分析人员来说，默认约束中定义的默认值在实际分析场景中有时可能会导致分析的结果出现偏差，所以有时需要将默认值按照缺失值的处理方法，对默认值进行过滤等处理。若默认值为字符串型数据或日期时间型数据，则必须用引号引起来。

1）创建默认约束

基础语法格式：

create table < 表名 > (

    < 字段名 1> < 字段类型 1> default value,

    < 字段名 2> < 字段类型 2>,

    …

    < 字段名 n> < 字段类型 n>

);

创建默认约束示例代码如下：

```
create table dept(
         depid char(3) primary key,
         depname varchar(20),
         peoplecount int default 0 -- 创建表中的默认约束
  );
```

2）删除默认约束

基础语法格式：

alter table < 表名 > modify < 字段名 > < 字段类型 >;

删除默认约束示例代码如下：

```
-- 删除表中的默认约束
alter table dept modify peoplecount int;
```

3.3　数据操作语言

数据操作语言（DML）是对表中记录进行添加、更新、删除等操作的语言。

3.3.1　DML 的作用

到 3.2 节为止已经为大家介绍完创建表所需要的基础知识，包括数据类型及约束条件。在成功地创建了用来存储数据的容器——数据表之后，我们可以向表中添加、更新或删除数据，这便是 DML 的作用。

3.3.2　添加数据

向数据表中填充数据有两种方法，第一种方法是使用 insert into 语句向数据表中直接录入每行数据信息，这种方法在实际使用场景中并不多见，因为分析使用的数据很少需要我们逐行手动录入。第二种方法是向数据表中导入外部数据文件中的数据信息，这种方法是我们为数据表中填充数据时使用的主要方法。下面依次介绍这两种方法。

1．手动添加数据

基础语法格式：

insert into < 表 名 > [< 字 段 1>[,< 字 段 2>,...< 字 段 n>]] values (< 值 1>[,< 值 2>,...,< 值 n>]);

需要注意的是，向表中添加数据时，字段名与字段值的数据类型、个数、顺序必须一一对应，字段名可以省略，默认按照数据表中字段排列的先后顺序依次插入信息，values 紧跟的是要插入的数据，对于批量添加多个值的情况，每行数据需要用括号包围起来，并用逗号分开。

在执行以下语句前，我们应该先建立好有 depid、depname、peoplecount 3 个字段的 dept 表，也就是我们在建立数据表中给出的例子，其中 depid 插入文本（字符串）

型数据，depname 插入文本（字符串）型数据，peoplecount 插入整数型数据。下面给出示例代码：

```
-- 指定字段名添加
insert into dept(depid,depname,peoplecount) values
('p10',' 人力部 ',15),( 'p20',' 研发部 ',50);
-- 不指定字段名添加
insert into dept values
('p10',' 人力部 ',15),( 'p20',' 研发部 ',50);
```

2. 批量导入数据

在实际工作中，我们要处理上百万行数据，不可能手动录入，所以第一种方法在实际应用中并不多见。通常我们会使用外部数据文件的数据信息，向提前建立好的表格进行批量的数据导入。

在执行数据导入之前，需要进行数据文件的准备工作。在 MySQL 8.0 的数据库中，出于安全考虑默认不允许从 MySQL workbench 客户端载入本地文件的数据，需要先把数据文件放在安全路径下，再在 MySQL workbench 客户端中执行数据文件导入语句，因此首先我们要查看 MySQL 的默认路径，其示例代码如下：

```
-- 查看默认安全路径
show variables like '%secure%';
```

代码的执行结果如图 3-8 所示。

Variable_name	Value
require_secure_transport	OFF
secure_file_priv	C:\ProgramData\MySQL\MySQL Server 8.0\Uploads\

图 3-8　代码的执行结果

接下来就可以执行数据文件导入的命令。

基础语法格式：

load data infile ' 文件路径 ' into table < 表名 > [fields terminated by ' 分隔符 ' ignore x lines];

导入外部文件数据示例代码如下：

```
-- 为 Monthly_Indicator 表导入外部 txt 文件
load data infile 'c:/ProgramData/MySQL/MySQL Server 8.0/
Uploads/xx.txt'
    into table Monthly_Indicator
```

```
fields terminated by '\t'
[ignore 1 lines];
```

其中'文件路径'是我们要导入数据的绝对路径，因为这段信息是文本型的，所以要引用在单引号内。需要注意的是，文件路径中不能有中文出现，且路径分隔符不能为"\"，会与制表符"\t"等信息内容冲突，需要将其改为"\\"或"/"。

fields terminated by '\t' 是要导入的文本文件用的分隔符，不同的文本文件有不同的分隔符，如果在这里不指定哪种分隔符，那么在导入数据时就无法对数据进行正确区分。如果我们导入的是 txt 文件，它默认的分隔符是 Tab 键，在 MySQL 中用 '\t' 代替，因为分隔符也是文本型数据，所以要引用在单引号下。

ignore 1 lines 表示忽略数据文件中的第一行，从第二行导入数据。ignore x lines 中的 x 写数字几就忽略前几行。而在这里忽略第一行是因为通常来讲，文本文件数据中的第一行是字段名信息，而我们在创建表时已经指定了表名和表中每个字段的字段名，所以只需要导入从第二行开始的数据信息。如果导入的文件中没有字段名，第一行就是数据信息，那么该语句可省略。

MySQL 也可以导入其他数据类型文件，这部分内容本书不涉及。因为不同的 MySQL 的运行环境、操作步骤和导入方法是不一样的。MySQL 除可以导入数据源文件中的数据外，还可以和企业数据库进行连接，直接调用企业数据库中的数据，只需要企业数据库管理员设置好权限之后就可以调用。

导入数据后，我们还需要对数据进行复核和检查。对导入表中的数据一般从导入内容、导入数据总行数及表结构三方面进行检查。该部分的基础语法会在查询部分做详细介绍。数据检查常用示例代码如下：

```
-- 检查导入内容 Monthly_Indicator
select * from Monthly_Indicator;
-- 检查导入数据总行数 Monthly_Indicator
select count(*) from Monthly_Indicator;
-- 检查表结构
desc Monthly_Indicator;
```

3.3.3 将查询结果添加到表中

对于分析人员来说，更常见的操作是将查询结果保存为一个单独的表，正如之前所介绍的，数据库中的数据存储逻辑通常是根据业务逻辑而不是分析逻辑来存储的，而查询的结果为虚拟的结果集，所以对于需要经常进行二次查询、分析、统计的底层数据内容，可以将查询结果保存为一个新表，也可以将查询结果添加到已存在的数据表中进行数据的合并。

1. 将查询结果添加到已存在的表中

该方法与手动将数据插入表中一样，需要事先创建表结构，且与 select 子句的字段类型一一对应，具体的查询语句我们会在后面的章节详细展开。

基础语法格式：

insert into < 新表名 > [< 字段 1>[,< 字段 2>,...,< 字段 n>]]

select < 字段 1>[,< 字段 2>,...,< 字段 n>] from < 原表名 > [where < 查询条件 >];

2. 将查询结果添加到新表中

该方法的本质是在添加数据的同时创建新表。

基础语法格式：

create table < 新表名 > as

select < 字段 1>[,< 字段 2>,...< 字段 n>] from < 原表名 > [where < 查询条件 >];

示例代码如下：

```
-- 将部门 ID 为 p01 的信息单独保存到 department 表中
create table department as
select depid,depname,peoplecount from dept where depid='p01';
```

3.3.4　更新数据

在数据库中，可以使用 update 语句来修改、更新表中的数据，分析人员经常在数据清洗环节使用该功能，如缺失值处理。在 update 语句中可以用 set 子句指定表中要修改的字段。set 子句还可以指定 where 子句来限定表中要修改的行。若不指定，则修改表中所有的行。set 子句也支持修改多个字段，在该情况下，set 子句后的每个字段用逗号分隔即可。

基础语法格式：

update < 表名 > set < 字段 1>=< 值 1> [,< 字段 2>=< 值 2>=...=< 字段 n>=< 值

n>] [where <更新条件 >];

修改数据示例代码如下：

```
-- 将 dept 表中编号为 p11 的部门名称修改为后勤部
update dept set depname=' 后勤部 ' where depid='p11';
```

🖥 3.3.5 删除数据

在实际业务中，有时我们会遇到极端值、离散值、错误值等情况需要删除数据，这时可以使用 delete 语句来删除表中记录，使用 where 子句为删除操作限定删除条件。如果我们希望在保留表结构的情况下直接删除表中所有的数据，可以使用省略 where 的情况或者直接使用 truncate 命令。delete 与 truncate 的区别在于，delete 可以添加删除条件来删除表中部分数据，truncate 只能删除表中全部数据。delete 在删除表中数据的同时保留表结构，truncate 直接先把表删除（drop），然后创建（create）一个新表，执行速度比 delete 快。

基础语法格式：

delete from <表名 > [where 删除条件];

truncate 表名 ;

删除数据示例代码如下：

```
-- 删除 p20 部门的员工记录
delete from dept where depid=p20;
-- 删除所有的员工记录
delete from dept;
truncate dept;
```

3.4 数据查询语言

数据查询语言（DQL）用于查询数据库表中的记录，也是分析人员常用的功能。它提供了很多灵活的语句和函数来帮助分析人员，根据分析需求对数据进行查询、筛选、分析、统计、排序等后处理操作，并可以将数据以分析人员希望的格式进行展现。DQL 返回的查询结果是存储在内存中的虚拟结果集，所以在 DQL 中执行的筛选、计算、排序等操作，都不会影响真实表中的记录。

3.4.1　单表查询

在本节中为了更好地展示查询语句的使用过程及结果，我们将使用表 3-9 的数据作为查询对象，该表名为 emp，共包含 8 个字段 14 行数据内容，分别作为表格主键、用来存储员工编号的 empno 字段，用来存储员工姓名的 ename 字段，用来存储员工岗位名称的 job 字段，用来存储员工直系领导的员工编号的 mgr 字段，用来存储员工入职日期的 hiredate 字段，用来存储薪水金额的 sal 字段，用来存储奖金金额的 comm 字段，用来存储员工所在部门的 deptno 字段，如表 3-9 所示。

表 3-9　emp 表

empno	ename	job	mgr	hiredate	sal	comm	deptno
7369	smith	clerk	7902	1980-12-17	800		20
7499	allen	salesman	7698	1981-02-20	1600	300	30
7521	ward	salesman	7698	1981-02-22	1250	500	30
7566	jones	manager	7839	1981-04-02	2975		20
7654	martin	salesman	7698	1981-09-28	1250	1400	30
7698	blake	manager	7839	1981-05-01	2850		30
7782	clark	manager	7839	1981-06-09	2450		10
7788	scott	analyst	7566	1987-04-19	3000		20
7839	king	persident		1981-11-17	5000		10
7844	turner	salesman	7698	1981-09-08	1500	0	30
7876	adams	clerk	7788	1987-05-23	1100		20
7900	james	clerk	7698	1981-12-03	950		30
7902	ford	analyst	7566	1981-12-03	3000		20
7934	miller	clerk	7782	1982-01-23	1300		10

1. 关键词

在进行数据查询时，分析人员首先需要明确的问题就是从哪个表提取数据、提取哪些记录，以及提取纪录中的哪些字段。SQL 提供 7 个不同的关键词来帮助分析人员得到上述问题的答案，在接下来的章节中我们会按照不同的功能场景对关键词进行详细讲解。SQL 中常用的子句关键词如表 3-10 所示。

表 3-10　SQL 中常用的子句关键词

关键词	功能	说明
select	要返回的字段或表达式	查询语句必须包含的关键词，主要用来对查询的字段进行筛选
from	从中检索数据的表	用于限定数据查询的范围
where	行级过滤	对记录进行筛选
group by	分组字段	
having	组级过滤	对分组进行筛选
order by	输出排序	对查询结果进行排序
limit	限制输出	限制查询结果的输出数量

基础语法格式：

select {*| 字段列表 | 表达式 | 公式 | 常量 }

from < 表名 1>[,< 表名 2>...,< 表名 n>]

[where < 查询条件 >]

[group by < 字段名 >]

[having < 查询条件 >]

[order by < 字段名 > [asc | desc]]

[limit [偏移量 ,] 行数]

除 select 和 from 子句外，其他子句均可以省略，如果不省略，各个子句间的书写顺序是固定的。

2. 基础查询语句

select 是用来对数据的字段进行筛选的关键词，用来回答想查询什么问题。select 语句执行后，服务器会按照要求检索表中的数据，并将结果发送到客户端，该结果是以表的形式展示出来的临时结果集，它是存放在内存中的，不是在磁盘中的。执行其他操作之后这个结果集会被新操作的结果集覆盖，所以它是临时存在的虚拟结果集而不是一个真实的表，因此如果执行的结果是下一步分析所需的数据，应及时保存到真实的表中。

select 语句在 SQL 中支持单独使用，其子句可以包含字段名、常量值、公式、表达式、函数等。尽管 select 在语法层面可以单独使用，但是在实际的业务中极少发生这种情况，因为一个基本的查询语句应该至少包含两条信息，即想查询什么和从哪里查询。因此我们需要搭配 from 语句来回答从哪里查询这个问题，select 和 from 也就构成了一个基本的查询语句。当 select 子句中包含字段名或者 * 时，必须配合 from 使用，来告知数据库其出处。

1）常量值

select 后接常量时，会返回以该常量为字段名、以该常量为内容的记录。若指定了表名，则返回的列的长度与该表的记录数相等。

基础语法格式：

select 常量值

[from < 表名 1>[,< 表名 2>,...,< 表名 n>]；]

单独使用 select 接常量示例代码如下：

```
-- 单独使用 select
select 1;
```

上述代码的查询结果如图 3-9 所示。

在表中使用 select 接常量示例代码如下：

```
-- 在表中使用 select
select 1 from emp;
```

上述代码的查询结果如图 3-10 所示。

图 3-9　常量查询
结果示例

2）公式

select 后接公式时，会返回以该公式为字段名、以该表达式结果为内容的记录。若指定了表名，则返回的列的长度与该表的记录数相等。

基础语法格式：

select 公式

[from < 表名 1>[,< 表名 2>,...,< 表名 n>]；]

单独使用 select 接公式示例代码如下：

```
-- 单独使用 select
select 1+1
```

图 3-10　在 emp 表
中查询常量结果示例

上述代码的查询结果如图 3-11 所示。

在表中使用 select 接公式示例代码如下：

```
-- 在表中使用 select
select 1+1 from emp;
```

上述代码的查询结果如图 3-12 所示。

3）表达式

select 后接表达式时，若该表达式成立，则返回代表真值的 1；若该表达式不成立，则返回代表假值的 0，查询结果中的字段名显示为该表达式。若指定了表名，则返回的列的长度与该表的记录数相等。

基础语法格式：

select 表达式

[from <表名 1>[,<表名 2>,...,<表名 n>]；]

单独使用 select 接表达式示例代码如下：

```
-- 单独使用 select，表达式 1+1=3 不成立，返回 0
select 1+1=3
```

上述代码的查询结果如图 3-13 所示。

在表中使用 select 接表达式代码示例如下：

```
-- 表达式 1+1=2 成立，返回（真值）1
select 1+1=2 from emp;
```

上述代码的查询结果如图 3-14 所示。

4）字段名

如果只需要查看部分字段，可以通过指定字段名的方式来查看，多个字段之间用逗号隔开。业务中，字段名的起名通常会与数据内容一致，但是不绝对，如果无法准确确定字段名，也可以先查看数据字典，或者使用之前介绍过的 desc 命令查看表结构，再使用 select 进行字段的筛选。

基础语法格式：

select <字段名 1>[,<字段名 2>,...,<字段名 n>] from <表名 1>[,<表名 2>,...,<表名 n>]；

图 3-11　公式查询结果示例

图 3-12　在 emp 表中查询公式结果示例

图 3-13　表达式查询结果示例

图 3-14　在 emp 表中查询表达式结果示例

select 筛选字段名示例代码如下：

```
-- 查询 emp 表中员工及其工资
select empno,ename,sal from emp;
```

上述代码的结果如图 3-15 所示。

5）*（星号）

在分析中我们经常需要先熟悉一个表中的所有信息来建立对该表的基础认知，手动输入全部的字段名非常浪费时间，此时可以使用通配符 "*" 来进行查询，当分析人员不知道或者不确定所需的字段名时，也可以通过通配符 "*" 获取。

基础语法格式：

select * from < 表名 1>[,< 表名 2>,...,< 表名 n>]；

empno	ename	sal
7369	smith	800
7499	allen	1600
7521	ward	1250
7566	jones	2975
7654	martin	1250
7698	blake	2850
7782	clark	2450
7788	scott	3000
7839	king	5000
7844	turner	1500
7876	adams	1100
7900	james	950
7902	ford	3000
7934	miller	1300

图 3-15　字段名查询结果示例

select 接星号示例代码如下：

```
-- 查询 emp 表的所有字段
select * from emp;
```

上述代码的查询结果如图 3-16 所示。

empno	ename	job	mgr	hiredate	sal	comm	deptno
7369	smith	clerk	7902	1980-12-17	800	NULL	20
7499	allen	salesman	7698	1981-02-20	1600	300	30
7521	ward	salesman	7698	1981-02-22	1250	500	30
7566	jones	manager	7839	1981-04-02	2975	NULL	20
7654	martin	salesman	7698	1981-09-28	1250	1400	30
7698	blake	manager	7839	1981-05-01	2850	NULL	30
7782	clark	manager	7839	1981-06-09	2450	NULL	10
7788	scott	analyst	7566	1987-04-19	3000	NULL	20
7839	king	persident	NULL	1981-11-17	5000	NULL	10
7844	turner	salesman	7698	1981-09-08	1500	0	30
7876	adams	clerk	7788	1987-05-23	1100	NULL	20
7900	james	clerk	7698	1981-12-03	950	NULL	30
7902	ford	analyst	7566	1981-12-03	3000	NULL	20
7934	miller	clerk	7782	1982-01-23	1300	NULL	10

图 3-16　通配符 * 查询结果示例

6）去重

根据范式规则，数据表中的每一个记录都可以被唯一区别，然而我们在进行查询时，往往不会用到表中全部的字段，在只查询部分字段的情况下，查询结果可能会返回重复的记录，在这种情况下，可以使用 distinct 关键词对重复的记录进行去重。distinct 既支持单个字段的去重，又支持多个字段的联合去重，在进行多个字段的重复去重时，只有在多个字段完全一样的情况下，才会将其视为重复字段进行删除。distinct 必须位于第一个字段前，多个字段间用逗号隔开。

基础语法格式：

select distinct < 字段名 1>[,< 字段名 2>,...,< 字段名 n>] from < 表名 >;

单字段去重示例代码如下：

```
-- 查询 emp 表中的部门
select distinct deptno from emp;
```

上述代码的查询结果如图 3-17 所示。

多字段去重示例代码如下：

```
-- 查询 emp 表中不同的部门有哪些职位
select distinct deptno,job from emp;
```

上述代码的查询结果如图 3-18 所示。

	deptno
▶	10
	20
	30

图 3-17　单字段去重
查询结果示例

7）设置别名

正如前面所介绍的，select 后面跟非字段名信息，查询结果的字段名会是其本身。例如，"select avg(金额) from 订单表 group by 客户 ID；"，执行这段语句后，查询结果的字段名为 "avg(金额)"。这样的字段名可读性较差。此时，我们可以使用 as 关键词设置别名，使查询语句更简洁、保密性更好。在 SQL 中对字段和表均可以设置别名，需要注意的是，表别名不能与数据库中的其他表名或关键词重复，别名的构成可以是字符（中文 / 英文）、数字和 _。as 关键词可以省略。在这种情况下，当别名中有空格或为纯数字时需要加引号来告诉数据库管理系统这是一个完整的字符串。

	deptno	job
▶	20	derk
	30	salesman
	20	manager
	30	manager
	10	manager
	20	analyst
	10	persident
	30	derk
	10	derk

图 3-18　多字段去重
查询结果示例

（1）使用 as 设置别名。

基础语法格式：

select < 字段名 > [as] < 字段别名 > from < 表名 > [as] < 表别名 >;

使用 as 设置别名示例代码如下：

```
-- 查询每位员工调整后的薪资（基本工资 +1000）
-- 使用 as 设置别名
select *,sal+1000 as 调薪 from emp;
```

上述代码的查询结果如图 3-19 所示。

empno	ename	job	mgr	hiredate	sal	comm	deptno	调薪
7369	smith	clerk	7902	1980-12-17	800	NULL	20	1800
7499	allen	salesman	7698	1981-02-20	1600	300	30	2600
7521	ward	salesman	7698	1981-02-22	1250	500	30	2250
7566	jones	manager	7839	1981-04-02	2975	NULL	20	3975
7654	martin	salesman	7698	1981-09-28	1250	1400	30	2250
7698	blake	manager	7839	1981-05-01	2850	NULL	30	3850
7782	clark	manager	7839	1981-06-09	2450	NULL	10	3450
7788	scott	analyst	7566	1987-04-19	3000	NULL	20	4000
7839	king	persident	NULL	1981-11-17	5000	NULL	10	6000
7844	turner	salesman	7698	1981-09-08	1500	0	30	2500
7876	adams	clerk	7788	1987-05-23	1100	NULL	20	2100
7900	james	clerk	7698	1981-12-03	950	NULL	30	1950
7902	ford	analyst	7566	1981-12-03	3000	NULL	20	4000
7934	miller	clerk	7782	1982-01-23	1300	NULL	10	2300

图 3–19　使用 as 设置别名查询结果示例

（2）省略 as 设置别名。

基础语法格式：

select < 字段名 > < 字段别名 > from < 表名 > < 表别名 >;

省略 as 设置别名示例代码如下：

```
-- 查询每位员工调整后的薪资（基本工资 +1000)
-- 使用空格设置别名
select *,sal+1000 '调 薪' from emp;
```

上述代码的查询结果如图 3-20 所示。

empno	ename	job	mgr	hiredate	sal	comm	deptno	调薪
7369	smith	clerk	7902	1980-12-17	800	NULL	20	1800
7499	allen	salesman	7698	1981-02-20	1600	300	30	2600
7521	ward	salesman	7698	1981-02-22	1250	500	30	2250
7566	jones	manager	7839	1981-04-02	2975	NULL	20	3975
7654	martin	salesman	7698	1981-09-28	1250	1400	30	2250
7698	blake	manager	7839	1981-05-01	2850	NULL	30	3850
7782	clark	manager	7839	1981-06-09	2450	NULL	10	3450
7788	scott	analyst	7566	1987-04-19	3000	NULL	20	4000
7839	king	persident	NULL	1981-11-17	5000	NULL	10	6000
7844	turner	salesman	7698	1981-09-08	1500	0	30	2500
7876	adams	clerk	7788	1987-05-23	1100	NULL	20	2100
7900	james	clerk	7698	1981-12-03	950	NULL	30	1950
7902	ford	analyst	7566	1981-12-03	3000	NULL	20	4000
7934	miller	clerk	7782	1982-01-23	1300	NULL	10	2300

图 3–20　省略 as 设置别名查询结果示例

3. 条件查询

在 SQL 中，我们使用 where 关键词对记录进行筛选，来回答提取哪些记录的问题。where 子句用来指定查询条件，满足条件的记录会出现在结果集中。

基础语法格式：

select < 字段名列表 > from 表名 where < 查询条件 >;

在限定条件查询的条件时，往往需要使用各种运算符对条件进行限定，运算符是一个保留字或字符，主要用于连接 where 后面的条件，分为算术运算符、逻辑运算符和比较运算符三大类，其中部分运算符与电子表格中的运算符的写法和功能一致。算术运算符主要用于数学计算，比较运算符用于进行判断，并返回 1（true）、0（false）或 null（空值）作为结果，逻辑运算符用于连接多个条件。在 SQL 中，我们使用括号来规定表达式的运算顺序，因此可以使用括号把想优先执行的内容括起来，使得计算的逻辑更加清晰。

SQL 中常用的运算符如表 3-11 所示。

表 3-11　SQL 中常用的运算符

类别	写法	作用
算术运算符	+	加法运算
	-	减法运算
	*	乘法运算
	/	除法运算
逻辑运算符	and	且
	or	或
	not	非
比较运算符	=	判断左右两个值是否相等
	>/>=	判断左边的值是否大于 / 大于或等于右边
	</<=	判断左边的值是否小于 / 小于或等于右边
	!=/<>	判断左边的值是否不等于右边
	between…and	判断值是否在某个连续区间范围内
	in/not in	判断左值等于 / 不等于右边列表中任意一个值
	like	用于字符串型字段的匹配
	is null/is not null	判断一个值是 / 不是 null

了解了条件查询的基本语法与运算符相关知识后，接下来为大家介绍应用运算符进行单一条件查询、多条件查询、连续范围查询、空值查询及模糊查询 5 种常用的条件查询方法。

1）单一条件查询

单一条件查询是最简单、基础的条件查询方式，是对结果集进行单一条件限定的方法。例如，只想得到 "emp" 员工信息表中领导岗位员工的信息，就可以对 "job" 职位字段进行 "=manager" 经理岗位的条件限定，这样在查询结果中获得的信息就只包含领导岗位员工的内容了。

单一条件查询示例代码如下：

```
-- emp 表中的领导岗位员工
select * from emp where job='manager';
```

上述代码的查询结果如图 3-21 所示。

	empno	ename	job	mgr	hiredate	sal	comm	deptno
▶	7566	jones	manager	7839	1981-04-02	2975	NULL	20
	7698	blake	manager	7839	1981-05-01	2850	NULL	30
	7782	dark	manager	7839	1981-06-09	2450	NULL	10

图 3-21 单一条件查询结果示例

2）多条件查询

SQL 支持多个独立条件查询，可以使用逻辑运算符将不同的条件根据逻辑需求连接起来。如果查询的多个条件是相互独立的多个值，可以直接将所有的值放入一个列表，使用 in/not in 关键词进行判断。因为列表中的值之间相互独立，所以该关键词并不限制所判断字段的数据类型。

基础语法格式：

select < 字段名列表 > from < 表名 > where < 字段名 > in（值 1）[, 值 2,..., 值 n];

多条件查询示例代码如下：

```
-- 查询 10 号部门和 20 号部门中 sal 低于 2000 的员工信息
select * from emp where (deptno=10 or deptno=20) and
sal<2000;
-- 写法等价，返回相同的结果
select * from emp where deptno in (10,20) and sal<2000;
```

上述代码的查询结果如图 3-22 所示。

	empno	ename	job	mgr	hiredate	sal	comm	deptno
▶	7934	miller	clerk	7782	1982-01-23	1300	NULL	10
	7369	smith	clerk	7902	1980-12-17	800	NULL	20
	7876	adams	clerk	7788	1987-05-23	1100	NULL	20

图 3-22　多条件查询结果示例

3）连续范围查询

如果想对指定范围的信息进行查询，可以使用比较运算符来实现。在查询范围是一个连续区间的情况下，可以使用 between…and 关键词来进行判断，该范围是一个闭区间，同等于 >= and <=，它用来判断值是否在某个连续的区间范围，所以只能针对数值型数据或时间日期型数据进行判断。

基础语法格式：

select < 字段名列表 > from < 表名 > where between 最小值 and 最大值；

连续范围查询示例代码如下：

```
-- 查询基本工资大于或等于 2000 且小于或等于 3000 的员工信息
select * from emp where sal>=2000 and sal<=3000;
-- 写法等价，返回相同的结果
select * from emp where sal between 2000 and 3000;
```

上述代码的查询结果如图 3-23 所示。

	empno	ename	job	mgr	hiredate	sal	comm	deptno
▶	7566	jones	manager	7839	1981-04-02	2975	NULL	20
	7698	blake	manager	7839	1981-05-01	2850	NULL	30
	7782	clark	manager	7839	1981-06-09	2450	NULL	10
	7788	scott	analyst	7566	1987-04-19	3000	NULL	20
	7902	ford	analyst	7566	1981-12-03	3000	NULL	20

图 3-23　连续范围查询结果示例

4）空值查询

数据在插入或者通过文件批量导入数据库时，如果内部包含没有内容的记录，则会被数据库自动用空值 null 填充。在数据库中空值 null 的本质为未知值，不属于任何数据类型，因此空值和任何类型的数据进行运算的结果都为 null，无法与任何值包括空值自己做比较。所以我们在进行运算时需要先处理 null。而在数据库中还有一种空字符串，其本质是个长度为 0，没有任何内容的空白字符串（" "），只会出现在字符串类型中，它与一般的字符串没有任何区别，因为它只是单纯没有字符，而不是未知值，所以可以使用比较运算符进行判断。空字符串就像是一个真空状态的瓶子，只有字符型作为外部的容器，内部什么都没有。而空值 null 就是一个个装满透明气体的瓶子，里面的气体种类是未知的，可能是空气，也可能是氧气，无法做出判断，也无法确定两个透明气体的瓶子中装的是不是同一种气体。因此，虽然瓶子的外表看起来都是一样的，却有着本质的区别。空字符串和空值如图 3-24 所示。

NULL

图 3-24　空字符串和空值

在 where 子句查询条件中，可以使用 is null/is not null 关键词进行空值查询。

基础语法格式：

select < 字段名列表 > from < 表名 > where < 字段名 > is [not] null;

空值查询示例代码如下：

```
-- 找出 emp 表中的最高领导人（没有更高的上级员工）
select * from emp where mgr is null;
```

上述代码的查询结果如图 3-25 所示。

empno	ename	job	mgr	hiredate	sal	comm	deptno
7839	king	persident	NULL	1981-11-17	5000	NULL	10

图 3-25　空值查询结果示例

需要说明的是，空值无法通过算术运算符找出，还是使用上面的数据，这里给出一段错误的代码演示：

```
-- 空值与任何值进行运算，都只能返回空值
select * from emp where mgr = null;
```

上述代码的查询结果如图 3-26 所示。可以看到，没有查到我们想要的那条记录，只是返回了空行。

empno	ename	job	mgr	hiredate	sal	comm	deptno
NULL	NULL	NULL	NULL	NULL	NULL	NULL	NULL

图 3-26　空值错误查询结果示例

5）模糊查询

在 where 子句中，当我们不知道准确的查询条件时，可以使用 like 关键词和通配符进行模糊查询。如果单独使用 like 关键词，效果与等号 "=" 是一样的，通配

符是用于替代字符串中的任何位置的字符的符号，同时使用 like 关键词在 where 子句中构成查询条件，模糊查询只能用于文本字段（字符串型）。当我们不知道通配符所需要替代的字符数量时，使用百分号 "%" 来匹配 0 个或者多个字符，当我们明确知道需要替代的字符数量时，使用下画线 "_"，一个下画线匹配一个字符，通配符的位置应该与需要匹配的字符位置一致。

基础语法格式：

select < 字段名列表 > from 表名 where 字段名 like < 通配符 >;

模糊查询示例代码 1：

```
-- 查询姓名不以 a 开头的员工信息
select * from emp where ename not like 'a%';
```
上述代码的查询结果如图 3-27 所示。

empno	ename	job	mgr	hiredate	sal	comm	deptno
7369	smith	clerk	7902	1980-12-17	800	NULL	20
7521	ward	salesman	7698	1981-02-22	1250	500	30
7566	jones	manager	7839	1981-04-02	2975	NULL	20
7654	martin	salesman	7698	1981-09-28	1250	1400	30
7698	blake	manager	7839	1981-05-01	2850	NULL	30
7782	clark	manager	7839	1981-06-09	2450	NULL	10
7788	scott	analyst	7566	1987-04-19	3000	NULL	20
7839	king	persident	NULL	1981-11-17	5000	NULL	10
7844	turner	salesman	7698	1981-09-08	1500	0	30
7900	james	clerk	7698	1981-12-03	950	NULL	30
7902	ford	analyst	7566	1981-12-03	3000	NULL	20
7934	miller	clerk	7782	1982-01-23	1300	NULL	10

图 3-27　模糊查询结果示例 1

模糊查询示例代码 2：

```
-- 查询姓名中包含 a 的员工信息
select * from emp where ename like '%a%';
```
上述代码的查询结果如图 3-28 所示。

empno	ename	job	mgr	hiredate	sal	comm	deptno
7499	allen	salesman	7698	1981-02-20	1600	300	30
7521	ward	salesman	7698	1981-02-22	1250	500	30
7654	martin	salesman	7698	1981-09-28	1250	1400	30
7698	blake	manager	7839	1981-05-01	2850	NULL	30
7782	clark	manager	7839	1981-06-09	2450	NULL	10
7876	adams	clerk	7788	1987-05-23	1100	NULL	20
7900	james	clerk	7698	1981-12-03	950	NULL	30

图 3-28　模糊查询结果示例 2

模糊查询示例代码 3：

```
-- 查询姓名中第二个字符为 a 的员工信息
select * from emp where ename like '_a%';
```

上述代码的查询结果如图 3-29 所示。

	empno	ename	job	mgr	hiredate	sal	comm	deptno
▶	7521	ward	salesman	7698	1981-02-22	1250	500	30
	7654	martin	salesman	7698	1981-09-28	1250	1400	30
	7900	james	derk	7698	1981-12-03	950	NULL	30

图 3-29　模糊查询结果示例 3

4．查询结果排序

在数据库中，不论是记录，还是字段，其排列顺序都是没有意义的，在一般情况下，数据库管理系统默认向表中最后一行添加新记录。然而记录产生的时间也不是记录存在数据库中的绝对顺序，数据库的更改可能会导致顺序的改变。因此在数据库中，如果没有声明排序顺序，可能会出现相同的代码返回同一个查询结果，但是查询结果的顺序不一样，因为数据库中的数据顺序是没有意义的。然而在业务分析中，日常的报表和关键指标通常是按照一定的规则进行排序后呈现的。order by 关键词就是为了解决这一问题而存在的，我们可以使用 order by 子句对 select 语句查询出的结果按一个或多个字段进行排序。当我们进行多字段排序时，多个字段用逗号隔开，数据库管理系统会先按第一个字段的取值进行排序，当第一个字段的取值相同时再按第二个字段的取值进行排序，若第一个字段的取值中没有重复数据，则不会按照第二个字段排序，其结果与按照第一个字段进行单字段排序的结果是一样的。同时 order by 子句可以指定排序方向，asc 关键词代表按照字段的取值进行升序排序，desc 关键词代表按照字段的取值进行降序排序，排序方向的关键词与字段名使用空格隔开。当没有指定排序方向时，默认该字段按照升序进行排序，每个用来排序的字段都可以单独指定排序方向。

基础语法格式：

select 字段 1[, 字段 2,...] from 表名 order by 字段 1[排序方向 , 字段 2 排序方向 ,...];

单字段排序示例代码如下：

```
-- 查询部门 10 的员工信息并按 sal 降序显示
select * from emp where deptno = 10 order by sal desc;
```

上述代码的查询结果如图 3-30 所示。

empno	ename	job	mgr	hiredate	sal	comm	deptno
7839	king	persident	NULL	1981-11-17	5000	NULL	10
7782	clark	manager	7839	1981-06-09	2450	NULL	10
7934	miller	clerk	7782	1982-01-23	1300	NULL	10

图 3-30　单字段排序查询结果示例

多字段排序示例代码如下：

```
-- 查询所有员工信息并按 deptno 升序、sal 降序显示
select * from emp order by deptno,sal desc;
```

上述代码的查询结果如图 3-31 所示。

empno	ename	job	mgr	hiredate	sal	comm	deptno
7839	king	persident	NULL	1981-11-17	5000	NULL	10
7782	clark	manager	7839	1981-06-09	2450	NULL	10
7934	miller	clerk	7782	1982-01-23	1300	NULL	10
7788	scott	analyst	7566	1987-04-19	3000	NULL	20
7902	ford	analyst	7566	1981-12-03	3000	NULL	20
7566	jones	manager	7839	1981-04-02	2975	NULL	20
7876	adams	clerk	7788	1987-05-23	1100	NULL	20
7369	smith	clerk	7902	1980-12-17	800	NULL	20
7698	blake	manager	7839	1981-05-01	2850	NULL	30
7499	allen	salesman	7698	1981-02-20	1600	300	30
7844	turner	salesman	7698	1981-09-08	1500	0	30
7521	ward	salesman	7698	1981-02-22	1250	500	30
7654	martin	salesman	7698	1981-09-28	1250	1400	30
7900	james	clerk	7698	1981-12-03	950	NULL	30

图 3-31　多字段排序查询结果示例

5. 限制查询结果数量

在使用 select 语句时，返回的是满足条件的所有记录行，然而有的时候，因为数据库存储的记录数过多，查询速度会很慢，且我们仅仅需要其中一部分数据来进行数据预分析时，就可以使用 limit 子句来限制查询结果的输出数量。

limit 关键词可指定一个或两个数字参数，参数必须是整数常量，第一个参数用来指定数据的偏移量，即从什么位置开始进行数据截取。偏移量指希望截取的第一条记录的位置距离查询结果集中第一条记录的位置偏移了几行，当希望数据从第一行记录就开始输出时，该参数可以省略或者为 0（不是 1），即代表着截取的位置与第一行记录的位置偏移 0 行。第二个参数指定返回记录的数量，如果只给定一个参数，那么代表的就是返回记录的数量，该参数是不可以省略的。

基础语法格式：

select 字段 1[, 字段 2,...] from 表名 limit [偏移量 ,] 行数 ;

限制数据输出示例代码 1：

```
-- 查询基本工资最高的前 5 位员工
select * from emp order by sal desc limit 5;
```

上述代码的查询结果如图 3-32 所示。

empno	ename	job	mgr	hiredate	sal	comm	deptno
7839	king	persident	NULL	1981-11-17	5000	NULL	10
7788	scott	analyst	7566	1987-04-19	3000	NULL	20
7902	ford	analyst	7566	1981-12-03	3000	NULL	20
7566	jones	manager	7839	1981-04-02	2975	NULL	20
7698	blake	manager	7839	1981-05-01	2850	NULL	30

图 3-32　限制数据输出查询结果示例 1

限制数据输出示例代码 2：

```
-- 查询基本工资从高到低顺序第 6 行～第 10 行的员工
select * from emp order by sal desc limit 5,5;
```

上述代码的查询结果如图 3-33 所示。

empno	ename	job	mgr	hiredate	sal	comm	deptno
7782	clark	manager	7839	1981-06-09	2450	NULL	10
7499	allen	salesman	7698	1981-02-20	1600	300	30
7844	turner	salesman	7698	1981-09-08	1500	0	30
7934	miller	clerk	7782	1982-01-23	1300	NULL	10
7521	ward	salesman	7698	1981-02-22	1250	500	30

图 3-33　限制数据输出查询结果示例 2

同时 limit 子句配合 order by 子句使用时，可以轻松截取特定排序范围的数据。例如，当我们需要查看销量前 3 的数据时，就可以先用 order by 子句对数据进行排序，然后用 limit 子句选择前 3 行数据进行输出，来达到查询出销量前 3 的数据的效果。然而在这里需要特别注意的是，尽管看上去输出结果可能筛选出了销量前 3 的数据，但是在 SQL 中，where 子句才是用来对数据进行记录筛选的，limit 子句只能指定查询结果的输出行数，并不会考虑重复值的情况，因此 limit 语句会导致并列数据的丢失。例如，在销量前 3 的数据中，如果有两行的数据销量并列第 1，那么用 limit 子句截取前 3 行的数据实际上只返回了销量第 1 和第 2 的数据。且对于 order by 查询，带或者不带 limit 可能返回行的顺序是不一样的，因为对于数据库来说，如果 order by 的列有相同的值，那么在相同值内部没有进一步指定排序顺序的情况下，其顺序也是无意义，它可以自由地以任何顺序返回这些行。下面我们用一个具体的例子看一下。

排序示例代码如下：

```
-- 根据职位字母顺序排序 emp 表
select * from emp order by job;
```

上述代码的查询结果如图 3-34 所示。

empno	ename	job	mgr	hiredate	sal	comm	deptno
7788	scott	analyst	7566	1987-04-19	3000	NULL	20
7902	ford	analyst	7566	1981-12-03	3000	NULL	20
7369	smith	derk	7902	1980-12-17	800	NULL	20
7876	adams	derk	7788	1987-05-23	1100	NULL	20
7900	james	derk	7698	1981-12-03	950	NULL	30
7934	miller	derk	7782	1982-01-23	1300	NULL	10
7566	jones	manager	7839	1981-04-02	2975	NULL	20
7698	blake	manager	7839	1981-05-01	2850	NULL	30
7782	dark	manager	7839	1981-06-09	2450	NULL	10
7839	king	persident	NULL	1981-11-17	5000	NULL	10
7499	allen	salesman	7698	1981-02-20	1600	300	30
7521	ward	salesman	7698	1981-02-22	1250	500	30
7654	martin	salesman	7698	1981-09-28	1250	1400	30
7844	turner	salesman	7698	1981-09-08	1500	0	30

图 3-34　排序查询结果示例

我们看一下限制输出排序后前 4 行的情况，示例代码如下：

```
-- 只输出上述结果的前 4 行
select * from emp order by job limit 0,4;
```

上述代码的查询结果如图 3-35 所示。

empno	ename	job	mgr	hiredate	sal	comm	deptno
7788	scott	analyst	7566	1987-04-19	3000	NULL	20
7902	ford	analyst	7566	1981-12-03	3000	NULL	20
7369	smith	derk	7902	1980-12-17	800	NULL	20
7900	james	derk	7698	1981-12-03	950	NULL	30

图 3-35　限制数据输出陷阱查询结果示例

我们可以看到，图 3-35 实际输出的为图 3-34 的第 1 行、第 2 行、第 3 行、第 5 行而不是第 1 行～第 4 行。因为图 3-34 的第 3 行～第 6 行的 job 字段值均为 clerk，对于 MySQL 来说，其内部的顺序是无意义的，所以会随机选取输出的行，导致顺序发生改变。

为了保证每次都返回的顺序一致，可以额外增加一个排序字段，来尽可能减少重复的概率。在排序字段列的值不重复的情况下，就可以保证返回正确的顺序，或者我们可以使用窗口函数或子查询来查找前 3 销量的数据，这些方法在后面会做介绍。

6. 聚合函数

有时，我们需要对字段进行计算并返回一个计算结果，在电子表格工具中提供统计函数来进行计算，SQL 中也拥有功能类似的函数，这便是聚合函数。SQL 中常用的聚合函数如表 3-12 所示。

表 3-12　SQL 中常用的聚合函数

函数名	描述
sum()	对一个数值字段求和
avg()	对一个数值字段求平均值
max()	对一个数值或日期时间字段求最大值
min()	对一个数值或日期时间字段求最小值
count()	对一个或多个字段计数

正如之前所介绍的，表结构中的计算通常会对一整列或者一整行数据产生影响，很难对某一个特定单元格进行单独处理，所以聚合函数也是作用于字段的。除 count 函数外的聚合函数只能作用于单独的数值型字段，添加多个参数会导致错误，所有的聚合运算都会自动忽略 null。

基础语法格式：

select 聚合函数（字段 1）[, 聚合函数（字段 2）,...] from＜表名＞;

聚合函数示例代码如下：

```
-- 查询 emp 表中员工的最高工资、最低工资、平均工资及工资总和
select max(sal) 最高工资 ,min(sal) 最低工资 ,avg(sal) 平均工资 ,sum(sal) 工资总和 from emp;
```

上述代码的查询结果如图 3-36 所示。

最高工资	最低工资	平均工资	工资总和
5000	800	2073.2143	29025

图 3-36　聚合函数查询结果示例

count 函数可以对表中符合特定条件的所有行进行计数，它只会忽略 null，如果该字段的取值非 null，就会进行计数，包括数值型的 0 或者字符串型的空字符。对多个字段进行计数时，如果其中某一个字段的值为 null，则该条记录并不会被忽略，只有多个字段的取值均为 null 时才会被忽略。count 内的参数可以结合关键词 distinct 来进行不重复的计数。

全表记录数统计示例代码如下：

```
-- 返回 emp 表的员工总数
select count(*) 员工总数 from emp;
-- 本质也是统计全表的记录数，与 * 效果一致
select count(1) 员工总数 from emp;
```

上述代码的查询结果如图 3-37 所示。

图 3-37　count 函数
查询结果示例

去除重复值计数示例代码如下：

```
-- 返回 emp 表的部门总数
select count(distinct deptno) 部门总数
from emp;
```

上述代码的查询结果如图 3-38 所示。

图 3-38　去除重复值
计数查询结果示例

非空计数示例代码如下：

```
-- 统计有奖金的员工人数
-- 忽略了 null，但是计算了 0
select count(comm) from emp;
```

上述代码的查询结果如图 3-39 所示。

图 3-39　非空计数查
询结果示例

非空非 0 计数示例代码如下：

```
-- 从业务逻辑上来讲，奖金金额为 0 的员工不应该视
为有奖金的员工
select count(comm) from emp where
comm!=0;
```

上述代码的查询结果如图 3-40 所示。

图 3-40　非空非 0 计
数查询结果示例

7. 分组查询

1）组内聚合

在业务分析中，经常需要从不同的业务信息角度来对数据进行分析，当字段作为不同的分析角色使用时，我们需要对数据进行分类汇总。

在 SQL 中，group by 子句用来实现这个需求，它可以把查询结果按照一个或多个字段进行分组，字段值相同的为一组。如果是多字段分组，多个字段之间没有先后顺序，则会将多个字段值相同的记录分为一组。如果分组字段中包含 null，则 null 所在的行会单独分为一组。因为每个组内通常包含多条记录，无法对应单个组别，所以分组后需要对每个组内的数据进行聚合运算，实现只返回一个汇总值的目的，故 select 子句中只能出现分组字段和聚合字段，否则多对一的关系无法进行匹配。对维度进行聚合的本质是将原始数据中相同的多行值汇总为一行值的过程。例如，要查询各年终奖金额的获得员工名单，此时可以使用 group_concat 函数对其进行分组合并。

例如，在水果价格表中，一个水果品类下有多种不同的水果名称，执行以下语句后，会将每个不同水果品类下的所有不同水果名称全部显示在一行中，水果名称与名称之间用逗号分隔，如表 3-13 所示。

select 水果品类, group_concat(水果名称) from 水果价格表 group by 水果品类；

表 3-13　group_concat 查询结果示例

水果品类	group_concat(水果名称)
a01	苹果 , 香蕉 , 橙子
a02	菠萝 , 火龙果
…	

对度量进行聚合的本质是将原始数据中相同维度值对应的多个度量值按照运算规则计算为一个值的过程，可以使用 sum、avg、count、max、min 函数对数值型数据进行聚合计算，其中，使用 sum 和 avg 函数可以对数值型数据进行求和和平均值计算，使用 max 和 min 函数可以对数值型数据或日期时间型数据计算最大值和最小值，使用 count 函数可以对任何类型的数据进行计数。

基础语法格式：

select <字段名列表> from <表名> [where <查询条件>] group by <字段名列表>;

单字段分组示例代码如下：

```
-- 查询公司内部不同奖金档位的获得人数
select comm,count(*) from emp group by comm;
```
上述代码的查询结果如图 3-41 所示。

comm	count(*)
NULL	10
300	1
500	1
1400	1
0	1

图 3-41　单字段分组查询结果示例

多字段分组示例代码如下：

```
-- 查询各部门不同职位的平均工资
select deptno,job,avg(sal) as 平均工资 from emp group by deptno,job;
```

上述代码的查询结果如图 3-42 所示。

deptno	job	平均工资
20	clerk	950.0000
30	salesman	1400.0000
20	manager	2975.0000
30	manager	2850.0000
10	manager	2450.0000
20	analyst	3000.0000
10	persident	5000.0000
30	clerk	950.0000
10	clerk	1300.0000

图 3-42　多字段分组查询结果示例

2）分组后筛选

在数据分析工作中，对数据进行分组后，可能还需要对分组后的数据进行进一步筛选，此时可以使用 having 子句来指定筛选条件，having 子句通常和 group by 子句一起使用。having 子句和 where 子句的功能非常相似，都是对数据进行过滤，having 子句支持 where 子句中所有的操作符和语法。但两者之间的区别在于，where 子句针对数据表进行筛选，在对查询结果进行分组前，就将不符合 where 查询条件的记录过滤掉；而 having 子句对分组聚合后的结果进行过滤，故 having 子句中的筛选字段必须是可以出现在分组结果中的字段。另外，按照 SQL 语句的执行顺序，where 子句是在分组聚合前执行的，因此不能引用聚合函数作为筛选条件，而 having 子句是在分组聚合后执行的，因此可以引用聚合函数作为筛选条件。

基础语法格式：

select < 字段名列表 > from < 表名 > [where < 查询条件 >] group by < 分组字段 列表 > having < 筛选条件 >;

普通条件查询示例代码如下：

```
-- 查询各部门 clerk 的平均工资
-- 用 having 子句筛选
select deptno,job,avg(sal) 平均工资 from emp group by deptno,
job having job='clerk';
-- 用 where 子句筛选
select deptno,job,avg(sal) 平均工资 from emp where job=
'clerk' group by deptno,job;
```

上述代码的查询结果如图 3-43 所示。

	deptno	job	平均工资
▶	20	clerk	950.0000
	30	clerk	950.0000
	10	clerk	1300.0000

图 3-43　普通条件查询结果示例（having 和 where 的筛选效果一样）

聚合函数作为筛选条件示例代码如下：

```
-- 查询平均工资大于 2000 的部门
select deptno,avg(sal) 平均工资 from emp group by deptno
having avg(sal)>2000;
```

上述代码的查询结果如图 3-44 所示。

	deptno	平均工资
▶	10	2916.6667
	20	2175.0000

图 3-44　聚合函数作为筛选条件查询结果示例（仅有 having 子句可以使用）

3.4.2　函数

MySQL 提供很多内置的函数来帮助进行查询和计算，我们可以在 select 语句中使用函数对字段进行计算，也可以在 where 或 having 子句中使用函数计算结果作为筛选条件，对查询结果进行筛选。在之前的章节我们介绍了聚合函数，本节我们将介绍 SQL 提供的其他类型的函数。

1．数学函数

数学函数是用来进行数学相关运算的函数，主要用于处理数值型数据，其参数可以为数值也可以为数值型字段。如果计算产生错误，那么会返回空值 null 作为结果。意义和使用方法与电子表格工具中的同类函数一致，下面我们会选取几个常用的数学函数进行介绍。

（1）abs(x)：返回 x 的绝对值。

abs 函数示例代码如下：

```
-- 返回 -20 的绝对值
select abs(-20);
```
上述代码的查询结果如图 3-45 所示。

图 3-45　abs 函数查询结果示例

（2）sqrt(x)：返回 x 的平方根。

sqrt 函数示例代码如下：

```
-- 返回 -20 的平方根，负数没有平方根所以返回空值
select sqrt(-20);
```
上述代码的查询结果如图 3-46 所示。

图 3-46　sqrt 函数查询结果示例

（3）round(x[,d])：返回 x 的四舍五入值，保留 d 位小数（d 的默认值为 0）。

round 函数示例代码如下：

```
-- 查询 emp 表中收入最高的员工的工资是平均工资的多少倍，保留 2 位小数
select round(max(sal)/avg(sal),2) 倍数 from emp;
```

上述代码的查询结果如图 3-47 所示。

图 3-47 round 函数查询结果示例

表 3-14 列出了 MySQL 中常用的数学函数，以供参考。

表 3-14 MySQL 中常用的数学函数

函数名	描述
abs(x)	返回 x 的绝对值
ceiling(x)	返回大于或等于 x 的最小整数（进一取整）
exp(x)	返回 e 的 x 次方
floor(x)	返回小于或等于 x 的最大整数（去掉小数取整）
greatest(expr1, expr2, expr3, ...)	返回列表中的最大值
least(expr1, expr2, expr3, ...)	返回列表中的最小值
ln()	返回数字的自然对数，以 e 为底
log(x)	返回自然对数（以 e 为底的对数）
log(base, x)	返回以 base 为底的对数
mod(x,y)	返回 x 除以 y 以后的余数
pi()	返回圆周率
pow(x,y)	返回 x 的 y 次方
rand()	返回 0 ~ 1 的随机数，可以通过提供一个参数（种子），生成一个指定的值
round(x[,d])	返回 x 的四舍五入值，保留 d 位小数（d 的默认值为 0）
sign(x)	返回 x 的符号值，x 是负数、0、正数时分别返回 −1、0 和 1
sqrt(x)	返回 x 的平方根
truncate(x,y)	返回数值 x 保留到小数点后 y 位的值（与 round 函数最大的区别是不会进行四舍五入）

2. 字符串函数

字符串函数主要用于处理字符串型数据，其参数可以为字符串也可以为字符串型字段。若参数中包含空值，则会返回 null 作为结果。其意义和使用方法与电子表格工具中的同类函数一致，下面我们选取几个常用的字符串函数进行介绍。

（1）concat(s1,s2,...)：把字符串 s1、s2 等多个字符串合并为一个长字符串。

concat 函数示例代码 1 如下：

```
-- 将三个字符串合并为一个长字符串
select concat('CDA','数据', '分析');
```

上述代码的查询结果如图 3-48 所示。

concat 函数示例代码 2 如下：

```
-- 参数中包含空值，返回 null
select concat('CDA',null, '分析');
```
上述代码的查询结果如图 3-49 所示。

concat 函数示例代码 3 如下：

```
-- 参数中包含空白值，不影响结果
select concat('CDA','', '分析');
```
上述代码的查询结果如图 3-50 所示。

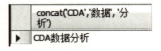 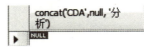 

图 3-48　concat 函数　　　图 3-49　concat 函数　　　图 3-50　concat 函数
　查询结果示例 1　　　　　　查询结果示例 2　　　　　　查询结果示例 3

（2）substring (s,start[, length])：从字符串 s 的 start 位置截取长度为 length 的子字符串，若不指定 length，则会一直截取到字符串最后一位。

substring 函数示例代码 1 如下：

```
-- 从字符串第 4 位开始，截取长度为 2 个字符的字符串
select substring('CDA数据分析',4,2);
```

上述代码的查询结果如图 3-51 所示。

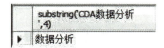

图 3-51　substring 函数查询结果示例 1

substring 函数示例代码 2 如下：

```
-- 从字符串第 4 位开始，截取到字符串结束
select substring('CDA 数据分析 ',4);
```
上述代码的查询结果如图 3-52 所示。

substring('CDA数据分析',4)
▶ 数据分析

图 3-52　substring 函数查询结果示例 2

（3）replace(s,s1,s2)：将字符串 s 中的 s1 用 s2 替换。

replace 函数示例代码如下：

```
-- 将 emp 表中 job 字段中的 manager 替换为 director
select job,replace(job, 'manager', 'director') from emp;
```
上述代码的查询结果如图 3-53 所示。

job	replace(job, 'manager', 'director')
▶ clerk	clerk
salesman	salesman
salesman	salesman
manager	director
salesman	salesman
manager	director
manager	director
analyst	analyst
persident	persident
salesman	salesman
clerk	clerk
clerk	clerk
analyst	analyst
clerk	clerk

图 3-53　replace 函数查询结果示例

表 3-15 列出了 MySQL 中常用的字符串函数，以供参考。

表 3-15 MySQL 中常用的字符串函数

函数名	描述
ascii(s)	返回字符串 s 的第一个字符的 ASCII 码
bin(n)	返回值为 n 的二进制的字符串表示
bit_length(s)	返回值为二进制的字符串 s 的长度
concat(s1,s2,...)	把字符串 s1、s2 等多个字符串合并为一个长字符串
concat_ws(x, s1,s2,...)	同 concat(s1,s2,...) 函数，但是每个字符串之间用 x 间隔，x 可以是分隔符
field(s,s1,s2,...)	返回第一个字符串 s 在字符串列表 (s1,s2,...) 中的位置
find_in_set(s1,s2)	返回在字符串 s2 中与 s1 匹配的字符串的位置
insert(str,x,y,instr)	将字符串 str 从第 x 位置开始，y 个字符长的子串替换为字符串 instr, 返回结果
instr(str,substr)	返回子字符串 substr 在文本字符串 str 中第一次出现的位置
locate(s1,s)	从字符串 s 中获取 s1 的开始位置
left(s,n)	返回字符串 s 的前 n 个字符
length(s)	返回字符串 s 的字符长度
lower(s)/ lcase(s)	将字符串 s 的所有字母变成小写字母
ltrim(s)	去掉字符串 s 开头的空格
mid(s,n,len)	从字符串 s 的第 n 位置截取长度为 len 的子字符串，同 substring(s,n,len)
position(s1,s)	返回字符串 s1 在字符串 s 中第一次出现的位置
quote(s)	用反斜线转义 s 中的单引号
repeat(s,n)	将字符串 s 重复 n 次
replace(s,s1,s2)	将字符串 s2 替代字符串 s 中的字符串 s1
reverse(s)	将字符串 s 的顺序反过来
right(s,n)	返回字符串 s 的后 n 个字符
rtrim(s)	去掉字符串 s 结尾的空格
strcmp(s1,s2)	比较字符串 s1 和 s2，若 s1 与 s2 相等，则返回 0；若 s1>s2，则返回 1；若 s1<s2，则返回 -1
substring(s, start[, length])	从字符串 s 的 start 位置截取长度为 length 的子字符串
trim(s)	去掉字符串 s 开始和结尾处的空格
upper(s)/ ucase(s)	将字符串 s 的所有字母变成大写字母

3. 日期时间函数

在数据库中，日期和时间值可以用多种格式表示，不一定是标准的日期和时间格式，如 'yyyy-mm-dd' 或 'hh:mm:ss'。在 MySQL 中，任何标点符号都可以用作日期或者时间部分之间的分隔符，只要其作为日期是有意义的，它也可以将字符串型数据或数值型数据识别为一个日期。因此，大部分的日期时间函数均可以指定数值型数据或字符串型数据作为参数，并根据上下文以字符串形式（如 'yyyy-mm-dd hh:mm:ss'），或者数值形式（如 yyyymmddhhmmss），来进行结果的返回。日期函数通常用来处理 date 类的数据，也可以接受日期时间类的 datetime 或者 timestamp 的数据作为参数，但是会忽略这些值的时间部分。时间函数同理，它会忽略这些值的日期部分。下面我们选取几个常用的日期时间函数进行介绍。

（1）year(date)、month(date)、day(date)：返回指定日期的年、月、日。

日期时间函数示例代码如下：

```
-- 获取日期中的年月日（日期时间、字符串或者数值均可被识别）
select year('2020-01-30') 年份,month('20200130') 月份,
day(20200130) 日;
```

上述代码的查询结果如图 3-54 所示。

图 3-54　常用的日期时间函数查询结果示例

（2）date_format(date,format)：根据 format 字符串格式化 date 值。

date_format 函数示例代码如下：

```
-- 按照日月年的格式返回日期
select date_format('20-01-30 12:00:00','%d-%m-%y') 日月年;
```

上述代码的查询结果如图 3-55 所示。

图 3-55　date_format 函数查询结果示例

（3）date_add(date,interval num type)：对日期时间进行加法运算，date 为 datetime 或 date 型的起始时间，interval 为固定关键词，num 为需要增加的时间间隔，

type 用来指明 num 的对应单位。

date_add 函数示例代码如下：

```
-- 计算 2020 年 1 月 1 日 2 个月后的日期
select date_add("2020-01-01",interval 2 month);
```
上述代码的查询结果如图 3-56 所示。

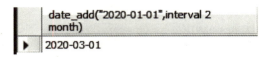

图 3-56　date_add 函数查询结果示例

（4）datediff(d1,d2)：计算结束日 d1 和起始日 d2 之间间隔的天数。curdate()：返回当前日期。

datediff 函数示例代码如下：

```
-- 计算员工的工龄（雇佣日期与当前日期的差）
select ename,floor(datediff(curdate(),hiredate)/365) as
工龄 from emp;
```
上述代码的查询结果如图 3-57 所示。

ename	工龄
smith	40
allen	39
ward	39
jones	39
martin	39
blake	39
clark	39
scott	33
king	39
turner	39
adams	33
james	39
ford	39
miller	39

图 3-57　datediff 函数查询结果示例

表 3-16 列出了 MySQL 中常用的日期时间函数，以供参考。

表 3-16　MySQL 中常用的日期时间函数

函数名	描述
adddate(date,interval num type)/ date_add(date,interval num type)	计算起始日期 date 加上长度为 num、单位为 type 的时间长度的日期
curdate()/current_date()	返回当前日期
curtime()/current_time	返回当前时间
current_timestamp()/ localtimestamp()	返回当前日期和时间
date()	从日期、日期时间表达式中提取日期值，或将字符串型数据转为日期型数据
datediff(d1,d2)	计算结束日 d1 和起始日 d2 之间间隔的天数
date_format(date,format)	根据 format 字符串格式化 date 的值
date_sub(date,interval num type) /subdate(date,interval num type)	计算起始日期 date 减去长度为 num、单位为 type 的时间长度的日期
day(date)	返回日期 date 的日期部分
dayname(date)	返回日期 date 的星期名
dayofmonth(date)	计算日期 date 是本月的第几天（1 ~ 31）
dayofweek(date)	返回日期 date 所代表的一星期中的第几天（1 ~ 7），1 代表星期日，2 代表星期一，以此类推
dayofyear(date)	计算日期 date 是本年的第几天
from_days(n)	计算从 0000 年 1 月 1 日开始 n 天后的日期
from unixtime(ts,f)	根据指定的 f 格式，格式化 UNIX 时间戳 ts
hour(t)	返回 t 中的小时值（0 ~ 23）
last_day(date)	返回给定日期的那一月份的最后一天
maketime(hour, minute, second)	3 个参数分别为小时、分钟、秒，将其组合为完整时间
minute(t)	返回 t 中的分钟值（0 ~ 59）
monthname(date)	返回日期 date 中的月份名称
month(date)	返回日期 date 中的月份值（1 ~ 12）
now()	返回当前日期和时间
quarter(date)	返回日期 date 是第几季节（1 ~ 4）
second(t)	返回 t 中的秒钟值（0 ~ 59）
sec_to_time(s)	将以秒为单位的时间 s 转换为时分秒的格式

续表

函数名	描述
str_to_date(string,format_mask)	将字符串转换为日期
time()	提取传入参数的时间值
time_format(t,f)	根据指定的 f 格式，格式化时间 t
time_to_sec(t)	将时间 t 转换为秒
timediff(t1, t2)	计算 t1 和 t2 的时间差值
to_days(date)	计算日期 date 距离 0000 年 1 月 1 日的天数
unix_timestamp([date])	返回一个 UNIX 时间戳（从 1970-01-01 00:00:00 开始的秒数，date 默认值为当前时间）
week(date)/ weekofyear(date)	计算日期 date 是本年的第几周（0 ~ 53）
weekday(date)	计算日期 date 是星期几，0 表示星期一，1 表示星期二
year(date)	返回日期 date 的年份（1000 ~ 9999）

4. 分组合并函数

分组合并函数可以将同一个分组内的多条记录的取值合并为一个长文本字符串。尽管所有的数据类型都可以合并为一个长字符串的形式，但是在实际应用中，非字符串类型的数据可以通过聚合函数返回一个特征值作为多条记录的聚合值，因此分组合并函数在实际上用于对字符串类型的数据进行聚合运算，在进行分组合并时，与其他的聚合函数一样，也会忽略空值。

基础语法格式：

group_concat([distinct] str [order by str asc/desc] [separator])

其中，distinct 用来对组内字符串进行去重，order by 用来指定字符串的合并顺序，separator 用来指定连接的分隔符，默认为逗号。group_concat 函数通常与 group by 子句一起使用，将分组后每个组内的多行字符串合并为一行；也可以单独使用，相当于表中所有记录为一个组，将表中所有行合并为一行。

分组合并函数示例代码 1 如下：

```
-- 查询各部门员工姓名
select deptno,group_concat(ename order by ename separator
'/') 员工姓名列表 from emp group by deptno;
```

上述代码的查询结果如图 3-58 所示。

分组合并函数示例代码 2 如下：

```
-- 查询公司所有部门编号
select group_concat(distinct deptno order by deptno) 部门
from emp;
```

上述代码的查询结果如图 3-59 所示。

deptno	员工姓名列表
10	clark/king/miller
20	adams/ford/jones/scott/smith
30	allen/blake/james/martin/turner/ward

部门
10,20,30

图 3-58 分组合并函数查询结果示例 1　　图 3-59 分组合并函数查询结果示例 2

5. 逻辑函数

逻辑函数用来对表达式进行判断，根据表达式是否满足条件，执行相应的流程。

1）空值函数

因为空值在数据库中是一种特殊的未知值，它无法和任何值进行运算和对比，所以可以使用空值函数先对空值进行判断和处理，再进行计算和查询。

基础语法格式：

ifnull(expression, alt_value)

若第一个表达式为 null，则使用 alt_value 来替代空值；若第一个表达式不为 null，则返回第一个表达式的值。

空值函数示例代码如下：

```
-- 查询每位员工的实发工资（基本工资 + 奖金）
select ename,sal+ifnull(comm,0) 实发工资
from emp;
```

上述代码的查询结果如图 3-60 所示。

2）if 函数

数据库中的 if 函数与电子表格中的 if 函数的基本原理一致，若满足条件，则返回一个值；若不满足条件，则返回另外一个值。

基础语法格式：

if(expr1,expr2,expr3)

ename	实发工资
smith	800
allen	1900
ward	1750
jones	2975
martin	2650
blake	2850
clark	2450
scott	3000
king	5000
turner	1500
adams	1100
james	950
ford	3000
miller	1300

图 3-60 空值函数查询结果示例

若 expr1 的值为 true，则返回 expr2 的值；若 expr1 的值为 false，则返回 expr3 的值。

3）case 逻辑表达式

case 逻辑表达式与 if 函数的用法类似，区别在于 if 函数一次只能判断一个表达式的值，所以如果有多个表达式需要判断，那么 if 函数需要进行嵌套，而 case 逻辑表达式可以一次进行多个表达式的判断，在判断表达式数量较多的情况下使用 case 逻辑表达式，判断逻辑更加清晰。

基础语法格式：

case when expr1 then expr2 [when expr3 then expr4...else expr] end；

以 case 开头，以 end 结尾，中间可以进行多个条件的判断。若 expr1 的值为 true，则返回 expr2 的值；若 expr1 的值为 false，再判断 expr3 的值，若 expr3 的值为 true，则返回 expr4 的值，以此类推，若所有的 when 子句后面的条件都不满足，则返回 expr 的值。

示例代码如下：

```
-- 查询员工的工资级别，3000 及以上为高，1500 及以下为低，其余为中
-- 使用 if 函数
select ename,sal,
if(sal>=3000,'高',if(sal<=1500,'低','中')) 工资级别
from emp;
-- 使用 case 逻辑表达式
select ename,sal,
        case when sal>=3000 then '高'
when sal<=1500 then '低' else '中' end 工资级别
from emp;
```

上述代码的查询结果如图 3-61 所示。

6. 开窗函数

之前我们已经介绍了聚合函数用于对表中的数据进行分组聚合，然而聚合函数会将多条记录聚合为一条，以组为最小单位返回查询结果。但在实际分析中，很多时候分析人员需要对比单条记录与该记录所处分组之间的差别，如分析一家店铺每天的销量与平均销量之间的差距，这时需要将表中的每一天的销量记录与聚合函数

运算出来的平均销量展示在同一结果中。我们可以使用开窗函数来实现这个需求。开窗函数的本质还是聚合运算，只不过它更具灵活性，对数据的每一行都使用与该行相关的行进行计算并返回计算结果，有几条记录执行完返回结果还是几条。与聚合函数一样，开窗函数可以按照一个或者多个字段进行划分，且聚合函数也可以用于开窗函数。

ename	sal	工资级别
smith	800	低
allen	1600	中
ward	1250	低
jones	2975	中
martin	1250	低
blake	2850	中
clark	2450	中
scott	3000	高
king	5000	高
turner	1500	低
adams	1100	低
james	950	低
ford	3000	高
miller	1300	低

图 3-61　逻辑表达式查询结果示例

1）over 函数

开窗函数使用 over 函数来指定分区和运算规则，over 后面的括号中所有内容都可以省略，在只使用 over 函数的情况下，表中所有的数据为一个区。开窗函数会基于表中所有的行进行计算，并将计算的结果返回每一行记录中。

基础语法格式：

开窗函数名 ([< 字段名 >]) over([partition by < 分区字段 >] [order by < 排序字段 > [desc]] [< 滑动窗口范围 >])

为了方便对聚合函数和开窗函数进行比较，我们在这里分别举例。

聚合函数示例代码如下：

```
-- 聚合函数，得到公司所有员工的平均工资
select avg(sal) 平均工资 from emp;
```

上述代码的查询结果如图 3-62 所示。

图 3-62　avg 函数聚合运算查询结果示例

over 函数示例代码如下：

```
-- 开窗函数，查询每位员工与公司所有员工的平均工资之间的情况
select *,avg(sal) over() 平均工资 from emp;
```

上述代码的查询结果如图 3-63 所示。

empno	ename	job	mgr	hiredate	sal	comm	deptno	平均工资
7369	smith	clerk	7902	1980-12-17	800	NULL	20	2073.2143
7499	allen	salesman	7698	1981-02-20	1600	300	30	2073.2143
7521	ward	salesman	7698	1981-02-22	1250	500	30	2073.2143
7566	jones	manager	7839	1981-04-02	2975	NULL	20	2073.2143
7654	martin	salesman	7698	1981-09-28	1250	1400	30	2073.2143
7698	blake	manager	7839	1981-05-01	2850	NULL	30	2073.2143
7782	clark	manager	7839	1981-06-09	2450	NULL	10	2073.2143
7788	scott	analyst	7566	1987-04-19	3000	NULL	20	2073.2143
7839	king	persident	NULL	1981-11-17	5000	NULL	10	2073.2143
7844	turner	salesman	7698	1981-09-08	1500	0	30	2073.2143
7876	adams	clerk	7788	1987-05-23	1100	NULL	20	2073.2143
7900	james	clerk	7698	1981-12-03	950	NULL	30	2073.2143
7902	ford	analyst	7566	1981-12-03	3000	NULL	20	2073.2143
7934	miller	clerk	7782	1982-01-23	1300	NULL	10	2073.2143

图 3-63　avg 函数开窗运算查询结果示例

以上示例中，over 中的参数都省略，默认 emp 表中所有记录为一个区，avg 函数计算的范围是表中所有记录，对所有员工的 sal 计算平均值，并在每一条记录行返回计算结果。

2）partition by 子句

partition by 子句类似于 group by 子句，在 over 函数中使用它来指定用来分区的一个或者多个字段，开窗函数在不同的分区内分别执行，并将每个分区的计算结果显示在分区内每条记录中。为了方便对聚合函数和开窗函数进行比较，我们在这里分别举例。

聚合函数示例代码如下：

```
-- 聚合函数，查询各部门的平均工资
select deptno,avg(sal) from emp group by deptno;
```

上述代码的查询结果如图 3-64 所示。

	deptno	avg(sal)
▶	10	2916.6667
	20	2175.0000
	30	1566.6667

图 3-64 avg 函数分组后聚合运算查询结果示例

开窗函数示例代码如下：

```
-- 开窗函数，查询每位员工与所属部门平均工资之间的情况
select *,avg(sal) over(partition by deptno) 平均工资 from
emp;
```

上述代码的查询结果如图 3-65 所示。

	empno	ename	job	mgr	hiredate	sal	comm	deptno	平均工资
▶	7782	clark	manager	7839	1981-06-09	2450	NULL	10	2916.6667
	7839	king	persident	NULL	1981-11-17	5000	NULL	10	2916.6667
	7934	miller	clerk	7782	1982-01-23	1300	NULL	10	2916.6667
	7369	smith	clerk	7902	1980-12-17	800	NULL	20	2175.0000
	7566	jones	manager	7839	1981-04-02	2975	NULL	20	2175.0000
	7788	scott	analyst	7566	1987-04-19	3000	NULL	20	2175.0000
	7876	adams	clerk	7788	1987-05-23	1100	NULL	20	2175.0000
	7902	ford	analyst	7566	1981-12-03	3000	NULL	20	2175.0000
	7499	allen	salesman	7698	1981-02-20	1600	300	30	1566.6667
	7521	ward	salesman	7698	1981-02-22	1250	500	30	1566.6667
	7654	martin	salesman	7698	1981-09-28	1250	1400	30	1566.6667
	7698	blake	manager	7839	1981-05-01	2850	NULL	30	1566.6667
	7844	turner	salesman	7698	1981-09-08	1500	0	30	1566.6667
	7900	james	clerk	7698	1981-12-03	950	NULL	30	1566.6667

图 3-65 avg 函数分区后开窗运算查询结果示例

以上示例中，over 函数指定了 partition by deptno，即将表中所有记录按照 deptno 进行分区，deptno 取值一样的记录会分为一个区，那么 deptno 字段有几个取值，表中记录就会分成几个区。每个分区内有多条记录，多个分区之间由边界分隔，开窗函数在不同的分区内分别执行，跨越分区重新初始化。因此，avg 函数在开窗运算时，计算的是同一分区内的所有记录，对同一个部门的员工 sal 计算平均值，并在每一条记录行返回计算结果。

3）order by 子句

order by 子句用来指定组内字段的排列顺序，如果想按照入职日期的升序顺序对各部门的累计工资进行查询，就可以写为"select *,sum(sal) over(partition by dept-no order by hiredate) 累计工资 from emp;"，语句中的"order by hiredate"指定分区内字段的顺序要按照"hiredate"入职日期的升序进行排序。

order by 子句可以和 partition by 子句配合使用，也可以单独使用。因为 over 函数指定排序后没有指定滑动窗口范围，所以 sum 函数开窗运算时，默认计算当前分区内第一条排序字段取值到当前排序字段取值范围内的记录，这种计算范围通常用来计算累计值。

order by 子句示例代码如下：

```
-- 按入职日期查询各部门的累计工资
select *,sum(sal) over(partition by deptno order by hiredate) 累计工资 from emp;
```

上述代码的查询结果如图 3-66 所示。

empno	ename	job	mgr	hiredate	sal	comm	deptno	累计工资
7782	clark	manager	7839	1981-06-09	2450	NULL	10	2450
7839	king	persident	NULL	1981-11-17	5000	NULL	10	7450
7934	miller	clerk	7782	1982-01-23	1300	NULL	10	8750
7369	smith	clerk	7902	1980-12-17	800	NULL	20	800
7566	jones	manager	7839	1981-04-02	2975	NULL	20	3775
7902	ford	analyst	7566	1981-12-03	3000	NULL	20	6775
7788	scott	analyst	7566	1987-04-19	3000	NULL	20	9775
7876	adams	clerk	7788	1987-05-23	1100	NULL	20	10875
7499	allen	salesman	7698	1981-02-20	1600	300	30	1600
7521	ward	salesman	7698	1981-02-22	1250	500	30	2850
7698	blake	manager	7839	1981-05-01	2850	NULL	30	5700
7844	turner	salesman	7698	1981-09-08	1500	0	30	7200
7654	martin	salesman	7698	1981-09-28	1250	1400	30	8450
7900	james	clerk	7698	1981-12-03	950	NULL	30	9400

图 3-66 sum 函数分区排序后开窗运算查询结果示例

4）序号函数

以上说到的聚合函数，可以用于分组聚合，也可以用于开窗计算。除聚合函数外，MySQL 也提供了专门用于开窗计算的函数，这些函数必须与 over 函数一起使用。序号函数一共有 3 种，分别是 row_number()、rank() 和 dense_rank()。这三者都可以返回记录按照指定的字段进行排序后每条记录的序号，这三者的区别在于序号的生成规则不同。row_number() 生成连续的序号，当排序的字段存在相同的值时，row_number() 也会依次进行排序，序号值不会重复，而 rank() 和 dense_rank() 则考虑到了排序字段值相同的情况，会产生相同的序号值，相同值编号完成后，rank() 将会跳过相同的排名号，按照下一顺位记录的行数的数字来排下一个，dense_rank() 的排名则是连续的。如果有两条记录并列第一，那么 row_number() 会随机给这两条记录排名 1 和 2。rank() 会给这两条记录排名 1，但是第三顺位记录的排名为 3，dense_rank() 会给这两条记录排名 1，第三顺位记录的排名为 2。

序号函数示例代码如下：

```
-- 查询各部门员工的工资排名
select *,
row_number() over(order by sal desc) 排名1,
dense_rank() over(order by sal desc) 排名2,
rank() over(order by sal desc) 排名3
from emp;
```

上述代码的查询结果如图 3-67 所示。

empno	ename	job	mgr	hiredate	sal	comm	deptno	排名1	排名2	排名3
7839	king	persident	NULL	1981-11-17	5000	NULL	10	1	1	1
7788	scott	analyst	7566	1987-04-19	3000	NULL	20	2	2	2
7902	ford	analyst	7566	1981-12-03	3000	NULL	20	3	2	2
7566	jones	manager	7839	1981-04-02	2975	NULL	20	4	3	4
7698	blake	manager	7839	1981-05-01	2850	NULL	30	5	4	5
7782	dark	manager	7839	1981-06-09	2450	NULL	10	6	5	6
7499	allen	salesman	7698	1981-02-20	1600	300	30	7	6	7
7844	turner	salesman	7698	1981-09-08	1500	0	30	8	7	8
7934	miller	clerk	7782	1982-01-23	1300	NULL	10	9	8	9
7521	ward	salesman	7698	1981-02-22	1250	500	30	10	9	10
7654	martin	salesman	7698	1981-09-28	1250	1400	30	11	9	10
7876	adams	clerk	7788	1987-05-23	1100	NULL	20	12	10	12
7900	james	clerk	7698	1981-12-03	950	NULL	30	13	11	13
7369	smith	clerk	7902	1980-12-17	800	NULL	20	14	12	14

图 3-67 序号函数查询结果示例

表 3-17 列出了 MySQL 中常用的开窗函数，以供参考。

表 3-17 MySQL 中常用的开窗函数

函数名	描述
cume_dist()	计算一组值中一个值的累计分布
dense_rank()	根据 order by 子句为分区中的每一行分配一个等级。它将相同的等级分配给具有相等值的行。如果两行或更多行具有相同的排名，排名值序列中将没有间隙
first_value()	返回相对于窗口框架第一行的指定表达式的值
lag()	返回分区中当前行之前的第 N 行的值。如果不存在前一行，则返回 null
last_value()	返回相对于窗口框架最后一行的指定表达式的值
lead()	返回分区中当前行之后的第 N 行的值。如果不存在后续行，则返回 null

续表

函数名	描述
nth_value()	从窗口框架的第 N 行返回参数的值
ntile()	将每个窗口分区的行分配到指定数量的排名组中
percent_rank()	计算分区或结果集中行的百分数等级
rank()	与 dense_rank() 函数相似，不同之处在于当两行或更多行具有相同的等级时，等级值序列中存在间隙
row_number()	为分区中的每一行分配一个顺序整数

3.4.3 多表查询

在实际工作中，企业内部数据库的数据是按照业务逻辑而不是分析逻辑进行存储的，尽管有些企业可能会制作宽表来协助数据分析，但是更多情况下，我们需要的数据会存放在不同的表中，此时就需要使用多表查询来检索我们需要的数据。多表查询分为横向连接查询和纵向合并查询两种，下面我们会依次进行介绍。

1. 纵向合并查询

在日常业务中，有时我们可能面对多个不同数据源的数据，需要从中提取共性的内容进行合并分析。例如，供应链分析中，一家组装工厂通常需要多家上级供应商提供零配件进行生产，提供不同零配件的供应商拥有不同的生产线，因此会根据自身的业务逻辑采取不同的数据结构对业务数据进行存储。然而对于制造工厂来说，这些供应商提供的东西均为产品的零配件，在进行供应链相关分析时，不同工艺、部位或工厂的零配件并无区别，只需要对零配件的名称、规模、价格等共性的部分进行统一分析。此时作为制造工厂的分析人员就需要分别从多个不同供应商的产品表中抓取分析所需的字段，并将查询结果合并为一个单独的结果集。

数据库中的纵向合并查询用来解决这个问题，它用 union 关键词把多条 select 语句的查询结果合并为一个结果集。纵向合并并不需要指明连接条件，而是单纯地把多个结果集进行纵向追加，因此被合并的多个结果集的字段数量、顺序必须完全一致，而其数据类型必须可以兼容。字段名可以不一样，数据库管理系统会将第一个结果集的字段名作为合并后的结果集的字段名。例如，供应商 a 存储产品名称的字段名为产品名称，供应商 b 存储产品名称的字段名为 producr_name，从业务逻辑上来讲，这两个字段的含义是相同的，只要合并时，这两个字段的声明顺序和数据类型对应，数据库会自动将其合并，并使用第一个结果集的字段名作为合并后的虚拟结果集的字段名。

基础语法格式：

select < 字段 1>[,< 字段 2>,...] from < 表名 1>

union[all]

select < 字段 1>[,< 字段 2>,...] from < 表名 2>;

all 关键词用来指定合并后的结果集是否保留重复记录，如果省略该关键词，那么数据库管理系统会对连接后的结果去除重复值；如果保留该关键词，那么会保留合并后的结果集中的重复记录。我们引入两个非常简单的表 t1 和 t2 来展示合并效果，如表 3-18、表 3-19 所示。

表 3-18 t1 表

公共字段 1	v1
a	1
a	12
b	3
c	4

表 3-19 t2 表

公共字段 2	v2
b	10
b	11
a	12
d	13

通过比较表 3-18 和表 3-19 可知，两个表中（a，12）这条记录是重复的，在两个表中都出现了。t1 表、t2 表去重合并示例代码如下：

```
-- union
select * from t1
union
select * from t2;
```

上述代码的查询结果如图 3-68 所示。从图 3-68 中可以看出，（a，12）这条记录在合并后的表中没有重复记录，合并之后共有 7 行记录。

t1 表、t2 表不去重合并示例代码如下：

```
-- union all, 其中（a，12）出现了 2 次
select * from t1
union all
select * from t2;
```

上述代码的查询结果如图 3-69 所示。从图 3-69 中可以看出，（a，12）这条记录在合并后的表中有重复记录，一共出现了 2 次，合并之后共有 8 行记录。

公共字段1	v1
a	1
a	12
b	3
c	4
b	10
b	11
d	13

图 3-68　t1 表、t2 表去重合并查询结果示例

公共字段1	v1
a	1
a	12
b	3
c	4
b	10
b	11
a	12
d	13

图 3-69　t1 表、t2 表不去重合并查询结果示例

2. 横向连接查询

横向连接查询通过多个表中具有相同意义的一个或者多个字段，将两个或者多个表横向连成一个虚拟结果集，从而补充更多字段信息，达到查询不同表中字段信息的目的。从结果集来看，横向连接查询会导致结果集的字段数增加，即提供更多的分析信息，纵向合并查询会导致结果集的记录数增加，即对记录本身进行追加。

本节中，为了更好地展示查询语句的使用过程及结果，我们将在单表查询中使用的 emp 表的基础上，引入新的表 dept，该表包含 3 个字段 4 行数据内容，分别是作为表格主键、用来存储部门编号的 deptno 字段，与 emp 表中的 deptno 字段具有相同的意义、用来存储部门名称的 dname 字段和用来存储地理位置的 loc 字段，如图 3-70 所示。

deptno	dname	loc
10	accounting	new york
20	research	dallas
30	sales	chicago
40	operations	boston

图 3-70　dept 表

1）对应关系

表与表之间有 3 种不同的对应关系，主要根据用来建立连接关系的字段会不会出现重复值来决定，分别为一对一、一对多和多对多。我们通常将建立连接关系的字段中有重复值的表称为多表，没有重复值的表称为一表。

（1）一对一关系。

一对一关系指两个表中建立连接关系的字段均没有重复值。图 3-71 展示了员工基础信息表和员工证件信息表之间的一对一关系。从业务逻辑上来看，每个员工有且只有一个身份证号，同时同一个人在同一家企业中也只能作为一个员工被雇佣，拥有一个员工 ID，因此两个表的员工 ID 字段均不会出现重复值。

员工基础信息表

员工ID	员工姓名	性别
1	赵一	男
2	钱二	女
3	孙三	女
4	李四	男

员工证件信息表

员工ID	身份证号
2	121234199801231223
4	121244199706126667
1	222333198704122346
3	312134199011267849

图 3-71　一对一关系

（2）一对多关系。

一对多关系指两个表中建立连接关系的字段仅在其中一个表中有重复值，图 3-72 展示了部门信息表和员工信息表之间的一对多关系，连接两个表的公共字段分别为部门信息表中的部门 ID 和员工信息表中的所属部门。从业务逻辑上来看，每个员工在同一家企业只能属于一个业务部门，企业不会同时拥有两个一模一样的部门，但是一个业务部门可以有多名员工，因此员工信息表中的所属部门字段可能出现重复值，而部门信息表中的部门 ID 不会出现重复值。

部门信息表

部门ID	部门名	部门编号
HR	人事部	10
CRM	客服部	20
SD	销售部	30
IT	技术部	40

员工信息表

员工ID	员工姓名	所属部门
A1	林一	CRM
A2	钱二	IT
A3	张三	SD
A4	李四	SD
A5	王五	IT
A6	杨六	HR
A7	田七	SD

图 3-72　一对多关系

（3）多对多关系。

多对多关系指两个表中建立连接关系的字段均有可能出现重复值。图 3-73 展示了订单表和地址表之间的多对多关系，连接两表的公共字段分别是订单表的顾客 ID 和地址表的顾客 ID。从业务逻辑上来看，在订单表中，顾客 ID 和配送区域字段均可能出现重复值，因为每个顾客可以下多个订单，每个订单可能送往不同的地址。在地址表中，顾客 ID 可能重复，因为一个顾客可以拥有多个常用地址，相同的地址 ID 也可能指向不同的客户（如多位顾客在同一地点工作）。

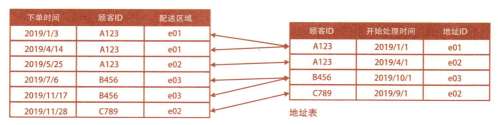

图 3-73　多对多关系

2）连接方式

在选择连接方式时，首先，我们需要明确分析所需的信息在哪几个表，即需要对哪些表进行查询。其次，我们需要确定查询所涉及的表之间的主附关系，即哪个表作为主表，哪个表作为附表。通常来讲，如果我们的主要目的是对业务行为的属性从不同角度进行统计分析，那么可以将一表（维度表）作为主表来保证维度的完整性，如果我们的主要目的是对业务行为产生的结果进行统计分析，那么可以将多表（事实表）作为主表来保证度量的准确性。通常情况下，如果业务需求中没有明确指明要保证维度完整性，那么应优先保证度量的准确性，将度量值所在的表作为主表。而度量字段通常保存在多表中，因此通常情况下可以将多表作为主表进行外连接来最大限度地保证数据的准确性。最后，我们需要明确表和表之间的业务逻辑是如何构建的，以此来确定表和表之间的对应关系和连接条件。

例如，在订单表和产品表之间就是通过产品的维度信息作为交点来连接业务逻辑的。订单表作为事实表，记录了产品的部分维度信息（如编号、名称等和用户购买行为）所产生的其他相关度量信息，一个产品可以被多次购买，因此该表为多表。而产品表作为维度表，记录了产品的各种属性（如编号、名称、规格等），同一产品只会有一条记录，因此该表为一表。如果这两个表中作为交点的公共字段的取值相等，即产品的编号是一致的，那么我们就可以认为用户购买的是同一种产品，因此应该采取等值连接的方式对这两个表进行连接。如果我们需要从产品的不同属性来分析它的销售情况，那么可以以产品表作为主表。如果我们需要分析用户购买行为本身，那么可以以订单表作为主表。

在 SQL 中，主要有内连接、外连接（左外连接、右外连接和全外连接）的连接方式，除了这 4 种基本的连接方式，在业务需求中可能还会用到自连接、交叉连接，甚至两个表以上的多表连接，下面我们将通过表 t1 和表 t2 来演示这几种常用的连接方式的操作过程。

（1）内连接。

内连接会按照连接条件，返回两个表中满足条件的记录，本质上是对两个表中的记录取交集。内连接没有主附表的区别，只连接两个表中满足条件的记录，如图 3-74 所示。

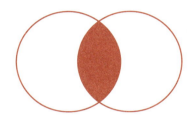

图 3-74　内连接

如图 3-75 所示，对表 t1 和表 t2 进行内连接，连接条件为 t1. 公共字段 1=t2. 公共字段 2。最终返回的记录只有公共字段内容为 a 和 b 的记录，a 和 b 在表 t1 和表 t2 的公共字段中均可以被找到，只存在于一个表中的公共字段内容不会出现在结果中，如图 3-76 所示。

t1			t2	
公共字段1	v1		公共字段2	v2
a	1		b	10
a	12		b	11
b	3		a	12
c	4		d	13

图 3-75　对表 t1 和表 t2 进行内连接

内连接：inner join

公共字段1	v1	公共字段2	v2
b	3	b	10
b	3	b	11
a	1	a	12
a	12	a	12

图 3-76　表 t1 和表 t2 内连接查询结果

基础语法格式：

① 使用 on 声明连接条件。

select < 字段名 1>[,< 字段名 2>,...,< 字段名 n>] from < 表名 1>[inner] join < 表名 2> on < 连接条件 >;

② 使用 using 声明连接条件。

select < 字段名 1>[,< 字段名 2>,...,< 字段名 n>] from < 表名 1>[inner] join < 表名 2> using（< 字段名 1>[,< 字段名 2>,...,< 字段名 n>]）;

以上两种写法均可以用来对表进行内连接操作，如果 join 前面的关键词被省略，那么会默认为内连接。on 和 using 的区别在于，using 后面使用括号直接将用于连接的公共字段名括起来，所以只适用于连接表所使用的公共字段的字段名一致的情况，且只能为等值连接。当两个表之间使用多个字段名一致的字段进行连接时，若使用 using 声明连接条件，则书写较为简洁；若使用 on 声明连接条件，则在连接的表拥有相同的字段名的情况下，必须声明该字段名所在的表名，格式为：表名 . 字段名，如果字段名不一样，可以不声明表名。

表 t1 和表 t2 内连接示例代码如下：

```
-- 查询 manager 的姓名、所属部门名称和入职日期
-- 使用 on 声明连接条件
select ename,dname,job,hiredate
from emp
inner join dept on emp.deptno=dept.deptno
where job='manager';
-- 使用 using 声明连接条件
select ename,dname,job,hiredate
from emp
inner join dept using (deptno)
where job='manager';
```

上述代码的查询结果如图 3-77 所示。

	ename	dname	job	hiredate
▶	jones	research	manager	1981-04-02
	blake	sales	manager	1981-05-01
	clark	accounting	manager	1981-06-09

图 3-77　表 t1 和表 t2 内连接查询结果示例

（2）左外连接。

左外连接会按照连接条件，返回两个表中满足条件的记录，包含左表中的所有记录，右表匹配不到则显示为 null。左外连接以左表作为主表，如图 3-78 所示。

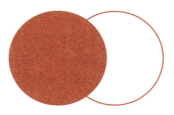

图 3-78　左外连接

如图 3-79 所示，对表 t1 和表 t2 进行左外连接，连接条件为 t1. 公共字段 1=t2. 公共字段 2。最终返回的记录在内连接结果的基础上增加了公共字段内容为 c 的一行结果，因为该内容只出现在表 t1 中，所以表 t2 对应的字段内容用 null 进行了填充，仅出现在表 t2 的公共字段中的内容没有出现在结果中，如图 3-80 所示。

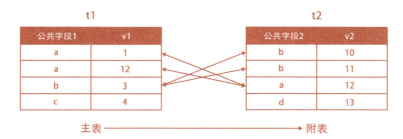

图 3-79　对表 t1 和表 t2 进行左外连接

左连接：left join

公共字段1	v1	公共字段2	v2
b	3	b	10
b	3	b	11
a	1	a	12
a	12	a	12
c	4	null	null

在内连接结果的基础上增加了公共字段内容为c的表t1独有记录

图 3-80　表 t1 和表 t2 左外连接查询结果

基础语法格式：

① 使用 on 声明连接条件。

select＜字段名 1>[,＜字段名 2>,...,＜字段名 n>] from＜表名 1> left join＜表名 2> on＜连接条件＞;

② 使用 using 声明连接条件。

select＜字段名 1>[,＜字段名 2>,...,＜字段名 n>] from＜表名 1> left join＜表名 2> using（＜字段名 1>[,＜字段名 2>,...,＜字段名 n>]）;

表 t1 和表 t2 左外连接示例代码如下：

```
-- 查询每位员工的 ename、dname、sal
-- 使用 on 声明连接条件
select ename,dname,sal from emp
left join dept on emp.deptno=dept.deptno;
-- 使用 using 声明连接条件
select ename,dname,sal from emp
left join dept using (deptno);
```

上述代码的查询结果如图 3-81 所示。

ename	dname	sal
smith	research	800
allen	sales	1600
ward	sales	1250
jones	research	2975
martin	sales	1250
blake	sales	2850
dark	accounting	2450
scott	research	3000
king	accounting	5000
turner	sales	1500
adams	research	1100
james	sales	950
ford	research	3000
miller	accounting	1300

图 3-81　表 t1 和表 t2 左外连接查询结果示例

（3）右外连接。

右外连接会按照连接条件，返回两个表中满足条件的记录，包含右表中的所有记录，左表匹配不到则显示为 null。右外连接以右表作为主表，如图 3-82 所示。

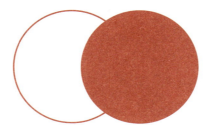

图 3-82　右外连接

如图 3-83 所示，对表 t1 和表 t2 进行右外连接，连接条件为 t1. 公共字段 1=t2. 公共字段 2。最终返回的记录在内连接结果的基础上增加了公共字段内容为 d 的一行结果，因为该内容只出现在表 t2 中，所以表 t1 对应的字段内容用 null 进行了填充，仅出现在表 t1 的公共字段中的内容没有出现在结果中，如图 3-84 所示。

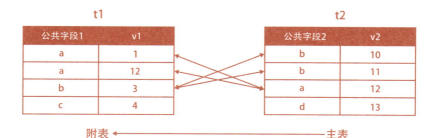

图 3-83　对表 t1 和表 t2 进行右外连接

右连接：right join

公共字段1	v1	公共字段2	v2
b	3	b	10
b	3	b	11
a	1	a	12
a	12	a	12
null	null	d	13

在内连接结果的基础上增加了公共字段内容为d的表t2独有记录

图 3-84　表 t1 和表 t2 右外连接查询结果

基础语法格式：

① 使用 on 声明连接条件。

select <字段名 1>[,<字段名 2>,...,<字段名 n>] from <表名 1> right join <表名 2> on <连接条件 >；

② 使用 using 声明连接条件。

select <字段名 1>[,<字段名 2>,...,<字段名 n>] from <表名 1> right join <表名 2> using（<字段名 1>[,<字段名 2>,...,<字段名 n>]）；

表 t1 和表 t2 右外连接示例代码如下：

```
-- 查询各地区的员工数量
-- 使用 on 声明连接条件
select loc,count(empno) 员工数
from emp right join dept on emp.deptno=dept.deptno
group by loc;
-- 使用 using 声明连接条件
select loc,count(empno) 员工数
from emp
right join dept using (deptno)
group by loc;
```

上述代码的查询结果如图 3-85 所示。

loc	员工数
new york	3
dallas	5
chicago	6
boston	0

图 3-85　表 t1 和表 t2 右外连接查询结果示例

需要注意的是，在进行多表连接时，count(*) 需要慎用，以避免逻辑错误。在上述例子中，位于 boston 的部门 40 没有对应员工，其员工数应该被记为 0，但在以部门表为主表的连接后，产生了一条只有部门 40 的部门信息，没有员工信息的记录，如果此时使用 count(*)，因为该列不全为空值，所以函数会返回 1 作为 boston 的员工数，而不是 0。

由上述例子我们可以看出，在外连接中，左外连接和右外连接实际上是由主表

与 join 关键词之间的位置决定的，主表在 join 关键词左边便是左连接，在 join 关键词右边便是右连接。本质上只要主表一致，左右连接的结果就是一样的。MySQL 仅支持内连接和外连接（左外连接、右外连接）的连接方式。

（4）全外连接。

全外连接会返回两个表中全部的记录，本质上是对两个表中的记录取并集。全连接没有主附表的区别，按照连接条件可以匹配到的记录会返回匹配后的结果，匹配不到的记录用 null 进行填充，如图 3-86 所示。

图 3-86　全连接

在 MySQL 8.0 中，并不支持全连接的方式，即不存在直接用来对两个表进行全连接的关键词，但我们可以通过合并查询左外连接和右外连接结果的方式来达到全连接的效果。

基础语法格式：

select < 字段名 1>[,< 字段名 2>,...,< 字段名 n>] from < 表名 1> left join < 表名 2> on < 连接条件 >；

union

select < 字段名 1>[,< 字段名 2>,...,< 字段名 n>] from < 表名 1> right join < 表名 2> on < 连接条件 >；

全连接示例代码如下：

```
-- 对表 t1 和表 t2 进行全连接
select * from t1 left join t2 on t1.公共字段 1=t2.公共字段 2
union
select * from t1 right join t2 on t1.公共字段 1=t2.公共字段 2;
```
上述代码的查询结果如图 3-87 所示。

公共字段1	v1	公共字段2	v2
a	1	a	12
a	12	a	12
b	3	b	10
b	3	b	11
c	4	NULL	NULL
NULL	NULL	d	13

图 3–87　全连接查询结果示例

（5）自连接查询。

在实际业务分析中，经常会遇到同个表格中不同的字段或记录间也拥有逻辑关系的情况。例如，地域中的省、市、县三级的层级递进关系，公交线路的起始点和终点的顺序关系等，但在数据库中这些数据经常被放在同一个表中，此时使用单表查询的方法难以对这种具有逻辑关系的数据进行记录间的连接和对比，此时我们就可以使用自连接的方式对其进行查询。

例如，在员工表中每条记录都拥有该员工的直属上级的字段，直属上级与该记录中的员工在实际业务逻辑中形成了层级关系，但同时直属上级本身也是该企业的一名员工，其员工记录也会被存放在员工表中，在下面我们要举的这个例子中，emp 表也就是员工表中，它包含 empno（员工编码）、ename（员工姓名）、mgr（直属上级的员工编号）等字段。当我们想查询员工的直属上级的相关信息时，员工的直属上级和该员工的记录在物理上并列存放于同一个表中，无法通过单表查询来得到同表的两条记录之间的层级关系。通过员工表的自连接查询，我们可以解决这种尽管结构非常简单，但是其逻辑非常复杂的查询情况。通常来讲，同字段中的记录有多少层级就可以虚拟出多少个表来进行自连接，将每一个表视为一个层级即可。

MySQL 可以通过在 from 子句中设置相同表、不同别名的方式，将一个表虚拟成多个表进行连接。自连接本身并不是一种特殊的连接方式，本质上它将物理上为同一个表在逻辑上作为两个独立的表进行连接，连接的规则和方式与两个物理上不同的表的连接查询的规则和方式并无区别。需要注意的是，因为本质是同一个表，所以该连接方式所有的字段引用都必须声明其所在的表，格式为表名 . 字段名，且也不能使用 using 进行连接条件的声明，否则数据库会因为无法确定表名而报错。

自连接示例代码如下：

```
    -- 查询所有员工的姓名及直属领导的姓名
    select 员工表 .ename 员工姓名 , 领导表 .ename 领导姓名
    from emp 员工表 left join emp 领导表 on 员工表 .mgr= 领导表 .
empno;
```

上述代码的查询结果如图 3-88 所示。

员工姓名	领导姓名
smith	ford
allen	blake
ward	blake
jones	king
martin	blake
blake	king
clark	king
scott	jones
king	NULL
turner	blake
adams	scott
james	blake
ford	jones
miller	clark

图 3-88　自连接查询结果示例

（6）多表连接。

在之前的章节，我们均以两个表为例进行了说明，然而有时业务分析涉及的表不止两个，此时就需要对多个表进行连接。连接方式和规则与两个表的连接相同，本质上来讲，多表连接就是在进行查询操作之前，先使用 on 条件将两个表进行连接形成一个虚拟结果集，用连接后的虚拟结果集和第三个表做连接查询再形成一个新的单一虚拟结果集，以此类推，最后对该虚拟结果集进行单表查询的操作。

多表连接示例代码如下：

```
-- 查询入职日期早于直属领导的员工的姓名及所属部门
select 员工表.empno,员工表.ename,dname
from emp 员工表
left join emp 领导表 on 员工表.mgr=领导表.empno
left join dept on 员工表.deptno=dept.deptno
where 员工表.hiredate<领导表.hiredate;
```

上述代码的查询结果如图 3-89 所示。

empno	ename	dname
7369	smith	research
7499	allen	sales
7521	ward	sales
7566	jones	research
7698	blake	sales
7782	clark	accounting

图 3-89　多表连接查询结果示例

（7）交叉连接。

交叉连接不需要连接条件而是直接对两个表中的每行都进行两两连接。如果表 A 有 M 条记录、表 B 有 N 条记录，那么该连接会对表 A 和表 B 中的数据进行一个 $M\times N$ 的组合，并返回 $M\times N$ 条记录。

例如，学生表和课程表，在义务教育阶段，我们可以默认为所有的学生均需要学习全部课程，从业务逻辑上来讲并不需要单独的表格来存放学生的选课情况。但学生有时会发生一些特殊情况，如请假、生病导致的缺席。当我们需要从每个学生的每个课程的角度来分析信息时，统计各科补考情况或者出勤情况，就需要连接学生表和课程表这两个没有相同意义字段的表。在这种情况下，我们就可以对两个表进行交叉连接。

基础语法格式：

① 使用 from 子句。

select <字段名 1>[,<字段名 2>,...,<字段名 n>] from <表名 1>,<表名 2>;

② 使用 cross join。

select <字段名 1>[,<字段名 2>,...,<字段名 n>] from <表名 1> cross join <表名 2>;

交叉连接示例代码如下：

```
-- 使用 from 子句
select * from t1,t2;
-- 使用 cross join
select * from t1 cross join t2;
-- 表 t1 和表 t2 中，均包含 4 条记录，最后返回 4*4，即 16 条记录
```

上述代码的查询结果如图 3-90 所示。

公共字段1	v1	公共字段2	v2
a	1	b	10
a	12	b	10
b	3	b	10
c	4	b	10
a	1	b	11
a	12	b	11
b	3	b	11
c	4	b	11
a	1	a	12
a	12	a	12
b	3	a	12
c	4	a	12
a	1	d	13
a	12	d	13
b	3	d	13
c	4	d	13

图 3-90　交叉连接查询结果示例

3）连接条件

连接条件分为等值连接和不等值连接两种，在日常分析中，常用的连接条件是等值连接，即两个表中的用来连接的公共字段取值相等，上述章节中所举的例子均

为等值连接。不等值连接，即连接条件是两个表中的公共字段取值满足非等值比较运算，也就是在使用除等号 "=" 外的运算符指定连接条件，如小于 "<"、大于 ">"、不等于 "<>/!="，也可以使用 like、between...and。在我们将两个表通过不等值的方式进行连接时，数据库会先将两个表进行交叉连接，然后根据不等值的连接条件对交叉连接的结果进行筛选并返回筛选后的结果。

基础语法格式：

① 使用 on 声明不等值的连接条件。

select < 字段名 1>[,< 字段名 2>,...,< 字段名 n>] from < 表名 1> [right]/[left] join < 表名 2> on < 不等值连接条件 >;

② 使用 where 声明连接条件。

select < 字段名 1>[,< 字段名 2>,...,< 字段名 n>] from < 表名 1>,< 表名 2> where < 连接条件 >;

使用 where 声明连接条件对交叉连接的结果进行筛选时，既可以使用不等值的连接条件也可以使用等值的连接条件。在使用等值的连接条件时，返回的结果与内连接返回的结果一致。但因为交叉的运算量非常巨大，所以在记录数较多的情况下会花费大量的时间来进行运算，所以内连接的情况并不推荐使用 where 声明连接条件。

不等值连接方式通常应用于较为复杂的业务逻辑。例如，当我们需要根据员工的收入情况进行人群收入类别划分时，一个类别对应的是一个收入的区间。这时我们就可以将分组逻辑创建成一个数据表，采取不等值的连接条件对员工表进行连接来获得员工所属的类别。

创建表示例代码如下：

```
-- 根据分组逻辑创建表
create table salgrade(grade int,losal int,hisal int);
insert into salgrade values(' 低收入人群 ',700,1500), (' 中等
收入人群 ',1501,3000), (' 高收入人群 ',3001,9999);
```

用上面的建表语句创建表并插入记录之后，表中的内容如图 3-91 所示。

grade	losal	hisal
低收入人群	700	1500
中等收入人群	1501	3000
高收入人群	3001	9999

图 3-91　salgrade 表

不等值连接示例代码如下：

```
-- 使用 on 声明不等值的连接条件
select empno,ename,sal,grade
from emp left join salgrade
on sal between losal and hisal;
-- 使用 where 声明不等值的连接条件
select empno,ename,sal,grade
from emp,salgrade
where sal between losal and hisal;
```

上述代码的查询结果如图 3-92 所示。

empno	ename	sal	grade
7369	smith	800	低收入人群
7499	allen	1600	中等收入人群
7521	ward	1250	低收入人群
7566	jones	2975	中等收入人群
7654	martin	1250	低收入人群
7698	blake	2850	中等收入人群
7782	dark	2450	中等收入人群
7788	scott	3000	中等收入人群
7839	king	5000	高收入人群
7844	turner	1500	低收入人群
7876	adams	1100	低收入人群
7900	james	950	低收入人群
7902	ford	3000	中等收入人群
7934	miller	1300	低收入人群

图 3-92　不等值连接查询结果示例

3.4.4　子查询

在日常业务中，分析人员要想获得最终分析所需的数据，需要对企业数据库中的数据进行多次处理，因此经常会遇到单次查询无法找出某些需要的数据或者查询逻辑异常复杂的情况。此时我们可以将单次完整查询所返回的虚拟结果集视为一个临时表，并对这个临时表进行再次的查询和处理，这就是子查询的作用。子查询又称为嵌套查询，指在一个查询语句中包含另一个或多个完整的查询语句。

1. 子查询的语法规则

（1）子查询必须用圆括号括起来。

（2）子查询最多可以嵌套到 255 层（个别查询可能会不支持 255 层的嵌套）。

（3）执行顺序由内到外，先执行内部的子查询，再执行外部的主查询。

（4）若子查询返回的结果集在主查询中作为一个表，则必须添加表别名；若需要引用表子查询中的计算字段，则必须添加列别名才可以引用。

2．子查询分类

按照子查询返回的结果不同，子查询可分为标量子查询（返回的结果是一个单行单列的数据）、行子查询（返回的结果是一条有多个字段的记录）、列子查询（返回的结果是包含多条记录的单个字段）及表子查询（返回的结果是一个拥有多个字段和多条记录的临时表）。

子查询根据需求的不同，可以搭配不同子句使用，如果需要将子查询返回的结果作为主查询的计算字段，那么可以将子查询放在 select 子句中；如果需要将子查询返回的结果作为主查询的筛选条件，那么可以将子查询放在 where 或 having 子句中；如果需要将子查询返回的结果作为主查询的一个表，那么可以将子查询放在 from 或 join 子句中。

3．select 子查询

select 子查询仅支持标量子查询和列子查询，常用于业务指标的计算。例如，计算各个类别占整体的比例时，需要先计算各个类别的数量，再计算整体的数量，最后才能计算占比。而在数据库中，针对整体的计算和针对各个不同类别的计算，其计算维度不同，无法在单个查询中执行，此时可以使用 select 子查询来对二者分别进行计算。

下面我们举一个查询各部门员工人数占比的例子，在这个例子中我们需要分两步来实现，第一步是查询整体员工数量，第二步是将整体员工数量作为子查询来计算各部门员工人数占比。

示例代码如下：

```
-- 查询各部门员工人数占比
-- 查询整体员工数量
select count(*) from emp;
```

上述代码的查询结果如图 3-93 所示。

图 3-93　总人数查询结果示例

接下来我们把上面的查询作为子查询嵌套进另一个查询中，代码如下：

```
-- 将整体员工数量作为子查询来查询各部门员工人数占比
select deptno,count(*) 员工人数,
count(*)/(select count(*) from emp) 员工人数占比
from emp group by deptno;
```
上述代码的查询结果如图 3-94 所示。

deptno	员工人数	员工人数占比
10	3	0.2143
20	5	0.3571
30	6	0.4286

图 3-94　select 子查询查询结果示例

4．from/join 子查询

from/join 子查询通常为表子查询，在实际业务中，有时单个原始数据表中存储的现成字段无法涵盖分析所需的全部字段，这些需要处理的字段可能会分布在多个表中，需要依次进行计算之后再连接。from/join 子查询也可以用来进行计算字段和原始数据表中数据列的比较，因为有些查询子句或函数并没有考虑数据重复的情况，直接使用它们进行查询容易导致结果丢失，因此在不确定数据的重复情况时，可以使用子查询来规避此类错误。

下面我们举个例子，比如我们想要查询各部门最高工资的员工，可以把这个问题分为两步，第一步是查询各部门最高工资。

第一步的查询代码如下：

```
-- 查询各部门最高工资
select deptno,max(sal) from emp group by deptno;
```
上述代码的查询结果如图 3-95 所示。

deptno	max(sal)
10	5000
20	3000
30	2850

图 3-95　各部门最高工资查询结果示例

第二步是将第一步的查询结果作为子查询，找出所有部门内部员工工资等于最高工资的员工，具体整合后的代码如下：

```
-- 将各部门最高工资作为子查询，找出所有部门内部员工工资等于最高工资
的员工
select empno,ename,sal,emp.deptno
from emp
left join (select deptno,max(sal) as 最高工资 from emp
group by deptno) as t
on emp.deptno=t.deptno
where sal= 最高工资;
```

上述代码的查询结果如图 3-96 所示。这样我们就完成了查询任务。

对于上述的查询任务我们也可以用开窗函数替代 from/join 子查询来实现，具体代码如下：

```
-- where 本身只是查找所有工资等于最大值的记录，返回记录顺序是随机的
-- 如果需要有序返回，可以使用 order by 子句
-- 也可以直接使用开窗函数对工资进行排名，查询排名为 1 的员工
select empno,ename,sal,deptno
from (select *,dense_rank() over(partition by deptno
order by sal desc) 工资排名 from emp) t
where 工资排名 =1;
```

上述代码的查询结果如图 3-97 所示。

empno	ename	sal	deptno
7698	blake	2850	30
7788	scott	3000	20
7839	king	5000	10
7902	ford	3000	20

图 3-96　from/join 子查询
查询结果示例

empno	ename	sal	deptno
7839	king	5000	10
7788	scott	3000	20
7902	ford	3000	20
7698	blake	2850	30

图 3-97　开窗函数替代 from/join
子查询查询结果示例

5. where/having 子查询

where/having 子查询通常用于根据较为复杂的业务逻辑需求来对数据进行条件筛选，支持所有种类的子查询，并可以直接使用运算符来对子查询返回的结果集进行比较和筛选。如果子查询为标量子查询或者行子查询，即在只返回一条记录的前提下，可以直接使用 >、>=、<、<=、=、<>/!= 等比较操作字符来进行比较。如果子查询为列子查询或者表子查询，即返回多条记录，需要使用 [not]in、any/some、all、[not]exists 等关键词进行条件筛选，通常比较操作字符会直接添加在子查询外

部括号的左边。

基础语法格式：

select＜字段名列表＞from＜表名＞where expr operator (select＜字段名列表＞from＜表名＞);

1）比较操作字符

当返回的结果集为单行时，可以直接使用比较操作字符直接进行比较。如果结果集包含多个字段，需要使用括号将多个字段括起来，两侧字段的数据类型、个数、顺序必须一一对应。

接下来我们分别介绍一个标量子查询和一个行子查询的例子。先来看一下标量子查询的例子，如果我们想要查询基本工资高于公司平均工资的员工信息，可以分两步来实现。

第一步是查询公司所有员工的平均工资，代码如下：

```
-- 查询公司所有员工的平均工资
select avg(sal) from emp;
```

上述代码的查询结果如图 3-98 所示。

avg(sal)
▶ 2073.2143

图 3-98　公司所有员工的平均工资查询结果示例

第二步是将员工工资与上述查询得到的结果进行比较，代码如下：

```
-- 使用比较操作字符将员工工资与子查询返回的平均工资进行比较
select * from emp where sal>(select avg(sal) from emp);
```

上述代码的查询结果如图 3-99 所示。

	empno	ename	sal	deptno
▶	7566	jones	2975	20
	7698	blake	2850	30
	7782	dark	2450	10
	7788	scott	3000	20
	7839	king	5000	10
	7902	ford	3000	20

图 3-99　标量子查询查询结果示例

接下来我们来看一下行子查询的例子，如果我们想要查询和 smith 同部门、同职位的员工，可以分两步来实现。

第一步是查询 smith 的部门和职位，代码如下：

```
-- 查询 smith 的部门和职位
select deptno,job from emp where ename='smith';
```

上述代码的查询结果如图 3-100 所示。

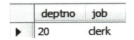

图 3-100　smith 的部门和职位查询结果示例

第二步是使用比较操作字符进行子查询，具体整合后的代码如下：

```
-- 使用比较操作字符进行子查询
select empno,ename,job,deptno
from emp
where (deptno,job)=(select deptno,job from emp where
ename='smith') and ename<>'smith';
```

上述代码的查询结果如图 3-101 所示。

图 3-101　行子查询查询结果示例

2）in 关键词

in 关键词用来比较数值是否在子查询返回的结果集中。in 关键词在只有一行返回结果的情况下，与比较操作字符的"="效果一样，然而很多时候我们在查询时需要进行多对多的匹配，而 in 关键词可以判断某个值是否在一个列表中，即返回结果集可以为多条记录，所以比"="适用性更广。not in 关键词与 in 关键词使用方法相同，结果相反，用来匹配不在列表中的数据。同样其结果集包含多个字段，需要使用括号将多个字段括起来，其数据类型、个数、顺序必须一一对应。需要注意的是，如果返回的结果集中带有空值，则 in 关键词无法对空值进行判断，会返回空值。

in 关键词示例代码如下：

```
-- 查询各部门最高工资的员工
select empno,ename,sal,deptno
```

```
from emp
where (deptno,sal) in (select deptno,max(sal) from emp
group by deptno);
```

上述代码的查询结果如图 3-102 所示。

empno	ename	sal	deptno
7698	blake	2850	30
7788	scott	3000	20
7839	king	5000	10
7902	ford	3000	20

图 3-102　in 关键词查询结果示例

下面举一个使用 not in 关键词的例子，比如我们要查询普通员工的工资等级，可以分两步来实现，第一步是查询哪些人不是普通员工，第二步是将第一步作为子查询来筛选数据。第一步代码如下：

```
-- 查询哪些人不是普通员工，即领导的工号
select distinct mgr from emp where mgr is not null;
```

上述代码的查询结果如图 3-103 所示。

将第一步作为子查询来筛选数据，具体整合后的代码如下：

```
-- 将领导的工号作为子查询来筛选数据
select empno,ename,sal
from emp
where empno not in (select distinct mgr from emp where
mgr is not null);
```

上述代码的查询结果如图 3-104 所示。

mgr
7902
7698
7839
7566
7788
7782

empno	ename	sal
7369	smith	800
7499	allen	1600
7521	ward	1250
7654	martin	1250
7844	turner	1500
7876	adams	1100
7900	james	950
7934	miller	1300

图 3-103　领导的工号查询结果示例　　　图 3-104　not in 关键词查询结果示例

3）exists 关键词

exists 关键词通常放在 where 子句里面作为外查询是否运行的前提条件，用于判断子查询是否有记录返回，若子查询没有记录返回，则外查询不会执行；若子查询有记录返回，则执行外查询。exists 关键词只用来作为查询的限制条件来决定外查询执不执行，本身并不会对数据进行筛选。not exists 关键词与 exists 关键词使用方法相同，作用相反。

比如我们要查询公司部门情况，若编号为 20 的公司有销售记录（也就是在 dept 表中存在记录），则返回编号为 20 的部门的员工情况，代码如下：

```
-- 查询公司部门情况，若公司有 20 部门，则返回该部门的员工情况
select *
from emp
where exists (select * from dept where deptno=20) and
deptno =20;
```

上述代码的查询结果如图 3-105 所示。

empno	ename	job	mgr	hiredate	sal	comm	deptno
7369	smith	clerk	7902	1980-12-17	800	NULL	20
7566	jones	manager	7839	1981-04-02	2975	NULL	20
7788	scott	analyst	7566	1987-04-19	3000	NULL	20
7876	adams	clerk	7788	1987-05-23	1100	NULL	20
7902	ford	analyst	7566	1981-12-03	3000	NULL	20

图 3-105　exists 关键词查询结果示例 1

这里需要强调的是，exists 后接的子查询并不对数据进行筛选，只决定外查询执不执行，为了向大家演示这个情况，我们执行一下下面的代码：

```
-- exists 后接的子查询并不对数据进行筛选，只决定外查询执不执行
select *
from emp
where exists (select * from dept where  deptno=20);
```
上述代码的查询结果如图 3-106 所示。

4）any/some 关键词

any/some 为同义词，会返回满足任意一个条件的记录，该关键词不能单独使用，其前面必须加上比较操作字符。

图 3-106　exists 关键词查询结果示例 2

下面举个例子，比如我们要查询基本工资高于 30 号部门所有员工的员工信息，可以分两步来实现，第一步是查询 30 号部门所有员工的基本工资，代码如下：

```
-- 查询 30 号部门所有员工的基本工资
select sal from emp where deptno=30;
```

上述代码的查询结果如图 3-107 所示。

图 3-107　30 号部门所有员工的基本工资查询结果示例

第二步是将第一步的查询作为子查询对记录进行筛选，具体整合后的代码如下：

```
-- 将 30 号部门所有员工的基本工资作为子查询对记录进行筛选
select *
from emp
where sal>any(select sal from emp where deptno=30) and
deptno<>30;
```

上述代码的查询结果如图 3-108 所示。

	empno	ename	job	mgr	hiredate	sal	comm	deptno
▶	7782	clark	manager	7839	1981-06-09	2450	NULL	10
	7839	king	persident	NULL	1981-11-17	5000	NULL	10
	7934	miller	clerk	7782	1982-01-23	1300	NULL	10
	7566	jones	manager	7839	1981-04-02	2975	NULL	20
	7788	scott	analyst	7566	1987-04-19	3000	NULL	20
	7876	adams	clerk	7788	1987-05-23	1100	NULL	20
	7902	ford	analyst	7566	1981-12-03	3000	NULL	20

图 3-108　any/some 关键词查询结果示例

5）all 关键词

all 关键词只会返回满足所有条件的记录，该关键词不能单独使用，其前面必须加上比较操作字符，其中"< all"表示小于子查询结果集中的所有行，即返回小于最小值的记录。"> all"表示大于子查询结果集中的所有行，即返回大于最大值的记录，"=all"与 in 等价。

all 关键词示例代码如下：

```
-- 查询基本工资高于 30 号部门所有员工的员工信息
-- 将 any 改为 all
select *
from emp
where sal>all(select sal from emp where deptno=30);
```

上述代码的查询结果如图 3-109 所示。

	empno	ename	job	mgr	hiredate	sal	comm	deptno
▶	7566	jones	manager	7839	1981-04-02	2975	NULL	20
	7788	scott	analyst	7566	1987-04-19	3000	NULL	20
	7839	king	persident	NULL	1981-11-17	5000	NULL	10
	7902	ford	analyst	7566	1981-12-03	3000	NULL	20

图 3-109　all 关键词查询结果示例

6. 子查询优化

MySQL 从 4.1 版本开始支持子查询，使用子查询进行 select 语句嵌套查询，可以一次完成很多逻辑上需要多个步骤才能完成的 SQL 操作。

子查询虽然很灵活，但是执行效率并不高。执行子查询时，首先 MySQL 需要为内层子查询的查询结果建立一个临时表，然后外层主查询在临时表上进行查询和筛选。查询完毕后再撤销这些临时表，这里多了一个创建和销毁临时表的过程。因此，子查询的速度会受到一定的影响，如果查询的数据量增大，这种影响会随之增大。

我们在书写查询的大多数情况下，可以优先使用连接查询（join）代替子查询，连接查询不需要建立临时表，因此其速度比子查询快。

所有的连接查询都可以替换为子查询，但并不是所有的子查询都可以用连接查询代替。以下三种情况只能使用子查询：当 where 子句中需要使用聚合函数作为筛选条件时；对分组查询后的结果再次分组时；在 where、group by 或 having 子句中使用开窗函数时。

3.5 视图

视图是存储在数据库中的虚拟表，视图本身并不保存表中的任何数据，而是在其内部封装了查询语句，通过调用该查询语句从数据库中对应的一个或多个底层基本表中获得相应的查询结果数据并进行展示。本质上来讲，视图是对底层基本表的一个映射，因此视图的结构和底层基本表相同，是由行和列构成的二维表。对视图的操作与对表的操作相同，可以使用 SQL 语句对其进行增、删、改操作，其基本语法是一致的，不过操作对象从表换成了视图。因为视图中的数据依赖于底层基本表中的数据，因此对视图进行增、删、改操作，实际上是对底层基本表的数据进行增、删、改操作。表中数据发生改变，显示在视图中的数据也会发生改变。

3.5.1 视图的作用

与直接从表读取数据相比，视图的作用主要是减少代码的重写，或增加代码的重复利用。因为企业数据库是根据业务流程建立的，而不是根据分析流程建立的，因此视图可以根据分析流程，将复杂的业务逻辑抽象成查询语句并进行封装，分析人员在使用视图时不需要关心表的结构、连接关系、筛选条件、分组和排序等，只需要对视图进行简单的查询，即可获得分析所需的数据，可以有效降低查询代码的复杂度。对于一些诸如季度报表一类的常用查询操作也不用每次都指定全部的操作条件，而是可以直接封装到视图中，调用视图便可以获得最新的数据。公司业务发生变化可能导致真实的表结构进行调整，如果不影响到分析的相关需求，此类变化可以通过视图屏蔽相关的影响。

视图拥有更高的安全性。信息化的今天，业务所产生的数据经常需要对接给公司内部其他业务团队甚至是第三方公司，因此在创建视图时，数据库管理操作人员可以筛选掉一些不希望外部用户看到的行和列，也可以给视图设置访问权限，让不同级别的外部用户看到不同的视图，从而确保外部用户仅能获得与需求相关的数据，避免外部用户的操作对存放公司实时的业务数据的表单产生负面影响，从而提高数据库的数据安全性。

在使用视图时，需要注意的是，首先，视图的每次查询或者更新都是调用查询语句对底层基本表进行查询，因此操作视图会比直接操作底层基本表要慢，在大型表上创建视图或者创建嵌套视图都会为数据库带来性能损耗。其次，对视图内部数据的修改会导致其底层基本表的修改，因此此操作会带来很大的风险，而且修改视图这个操作本身就拥有极大的限制，比如在视图本身的数据其实是映射了底层基本表中多条数据或者多个表的前提下，数据库无法判断修改视图要修改哪条对应的数据，导致视图无法修改，常见情况有去重、聚合函数的使用等。底层基本表的约束效力大于视图的修改效率，如果该数据的底层基本表包含非空约束的字段且具有非空约束的字段未出现在视图定义中，就无法成功针对视图插入数据，因为违背了非空约束的要求。

3.5.2　创建视图

基础语法格式：

create view < 视图名 > **as** <**select** 查询语句 >;

创建视图示例代码如下：

```
-- 创建一个名为job_minsal_view,用来查看不同职位的最低工资及从事
该工作的员工姓名和职位的视图
create view job_minsal_view as
(select ename,t.job,最低工资 from
(select job,min(sal) 最低工资 from emp group by job) t
left join emp on t.job=emp.job where sal= 最低工资 );
```

3.5.3　修改视图

这里的修改视图不是修改视图中的数据，而是修改数据库中已存在的表的定义。在数据库中，因为业务发生变化，可能会导致视图查询所对应的底层基本表的某些

字段也发生改变，此时可以通过修改视图来保持视图和底层基本表之间一致。

基础语法格式：

create [or replace or alter] view < 视图名 > as <select 查询语句 >;

修改视图示例代码如下：

```
-- 修改视图 job_minsal_view，为了避免重名情况增加员工编码作为查询
结果
alter view job_minsal_view as
select empno,ename,t.job, 最低工资 from
(select job,min(sal) 最低工资 from emp group by job) t
left join emp on t.job=emp.job where sal= 最低工资 ；
```

3.5.4 删除视图

删除视图是指删除数据库中已存在的视图，删除视图时，只是删除视图的定义，而不会删除底层基本表中的数据，也就是说底层基本表中的数据不会被删除。

基础语法格式：

drop view[if exists] < 视图名 >;

删除视图示例代码如下：

```
-- 删除视图 job_minsal_view
drop view job_minsal_view;
```

3.6 本章练习题

一、单选题

1. 数据都是存储在数据库管理系统中的，在关系数据库中，最小的存储单位是（ ）。

A. 数据库　　　　　　　　　B. 表

C. 字段　　　　　　　　　　D. 记录

2. SQL 可细分为数据定义语言、数据操作语言、数据控制语言、数据查

询语言，下面不属于数据操作语言的是（　）。

    A．insert   B．update

    C．alter   D．delete

3．完整性约束是为了防止不符合规范的数据进入数据库，在用户对数据进行插入、修改、删除等操作时，DBMS 自动按照一定的约束条件对数据进行监测，使不符合规范的数据不能进入数据库，以确保数据库中存储的数据正确、有效、相容。请问关系数据库的完整性约束条件有（　）。

    A．主键约束   B．非空约束

    C．唯一约束   D．以上都是

4．向数据库的表中添加数据时必须小心谨慎，使用关系数据库向数据表中添加数据时应注意（　）。

    A．字段的个数和添加的数据取值个数可以不一致

    B．字段的顺序和添加的数据取值的顺序可以不一致

    C．字段的数据类型和添加的数据取值的数据类型可以不一致

    D．以上都不对

5．删除数据表中的数据有多种方法，在以下 SQL 语句中删除表中所有数据但保留表结构的命令是（　）。

    A．delete   B．drop

    C．clear   D．remore

6．在 SQL 命令中关于删除命令 delete 的用法中，delete from 后跟（　）。

    A．表名   B．字段名

    C．记录行号   D．数据库名称

7．数据库中的数据不要随意修改，必须修改更新表中数据的命令是（　）。

    A．clear   B．update

    C．delete   D．add

8．分析师小 A 想要在数据表中查询名称里包含"新款"的产品，那么在进行查询时，可以选择（　）方式来进行模糊匹配。

    A．like   B．<>

C．distinct   D．between...and

9．在 SQL 中对查询结果排序可以使用 order by 语句，在 order by 子句中如果指定了多个字段，则（ ）。

A．只按第一个字段排序

B．只按最后一个字段排序

C．按从左至右优先依次排序，前一个字段取值相同时，再按后一个字段排序

D．无法进行排序

10．在 SQL 语句中我们判断数据是否在某个范围内可以使用 between 关键词，现有语句 X between 10 and 20 ，下列与其等价的表达式是（ ）。

A．X>10 and X<20

B．X>10 and X<=20

C．X>=10 and X<20

D．X>=10 and X<=20

11．某数据表中包含 name 字段，现要查找 name 字段中包含"a"的姓名，下面获取的结果最准确的是（ ）。

A．name like '%a%'

B．name like 'a%'

C．name like '%a'

D．name like '_a%'

12．SQL 中每个函数出现的位置都是有要求的，稍有错误就会导致语法错误或者结果数据的计算错误。SQL 中的 count、sum、avg、max、min 等函数，不可以出现在（ ）子句中。

A．select   B．where

C．having   D．order by

13．SQL 中提供了丰富的数值函数用来处理数值数据，以下 SQL 函数中可以完成对数字的四舍五入的是（ ）。

A．floor   B．ceiling

C．round   D．truncate

14．日期函数是 SQL 中的重要函数，以下函数中用来返回当前的日期及时间的是（　　）。

A．now   B．time

C．date   D．timenow

15．对 student1 和 student2 两个表进行 inner join 连接后，形成的新表中（　　）。

A．一定包含 student1 中的所有行，不一定包含 student2 中的所有行

B．不一定包含 student1 中的所有行，一定包含 student2 中的所有行

C．一定包含 student1 中的所有行，一定包含 student2 中的所有行

D．不一定包含 student1 中的所有行，不一定包含 student2 中的所有行

16．想要将不同数据表中的数据进行关联时，我们可以采用表的横向连接。以下不是 SQL 表横向连接方式的是（　　）

A．right join   B．left join

C．union   D．inner join

17．使用 SQL 合并数据简单方便，以下关于 SQL 中 union 关键词的描述，不正确的是（　　）。

A．union 合并数据集的字段个数必须相同

B．union 合并数据集的字段数据类型必须相同

C．union 合并数据集的字段顺序必须相同

D．union 合并后的数据集的行数是合并前的总行数

18．子查询是 SQL 语句中常用语法，合理地使用子查询可以让代码更简洁。以下关于子查询，说法不正确的是（　　）。

A．表子查询必须添加表别名

B．引用表子查询中的计算字段，必须添加列别名

C．所有的连接查询都可以替换为子查询

D．所有的子查询都可以替换为连接查询

19．子查询也称为内部查询或内部选择，关于子查询的语法规则，正确的是（　）。

A．子查询必须放在圆括号里

B．由外到内执行，先执行外部的主查询，再执行内部的子查询

C．可以嵌套无数个子查询

D．所有的子查询都必须添加别名

20．在 SQL 语句中每种语法都有其位置规范，放错位置是会导致错误的，SQL 中子查询可以出现在以下（　）子句中。

A．group by
B．order by

C．having
D．limit

21. 在 SQL 语句中，设置别名可以增强代码的可读性，别名又分为表别名和列别名，其中别名不能用于（　）子句中。

A．select
B．where

C．from
D．join

22．SQL 使用 on 关键词实现两表字段间的关联，在连接查询时建立连接的公共字段可以有（　）个。

A．一个
B．两个

C．多个
D．一个或多个

23．使用 "select * from 客户表 inner join 订单表 on 客户表 . 员工 id = 订单表 . 员工 id" 语句对客户表（见表 3-20）和订单表（见表 3-21）两个表进行查询，查询结果中应有（　）行数据。

表 3–20　客户表

客户 id	客户姓名	员工 id
c01	林一	a001
c02	钱二	a002
c03	张三	a003

表 3-21 订单表

订单 id	订单金额	员工 id
o1	40	a001
o2	50	a001
o3	60	a003

A．2   B．3

C．4   D．5

24．SQL 中 all 关键词可以实现逻辑运算，它能将单个值与子查询返回的单列值集进行比较，下面关于 all 关键词的含义描述正确的是（ ）。

A．满足所有条件

B．满足任意一个条件

C．一个都不满足

D．满足一个条件

25．SQL 提供了丰富的运算符来进行各种运算，我们需要熟悉这些运算符的用法，现要找 age 字段中大于 60 岁且小于 80 岁的用户需使用的运算符是（ ）。

A．加号（＋）   B．等号（＝）

C．且（and）   D．或（or）

26．在用 SQL 写计算指标的代码时会经常用到聚合函数，以下聚合函数中，使用正确的是（ ）。

A．count(*)   B．min(*)

C．max(*)   D．sum(*)

二、多选题

1．在 SQL 中有许多关键词代表不同数据类型以处理各类数据，以下不代表文本类型的关键词是（ ）。

A．FLOAT   B．INT

    C．CHAR   D．DECIMAL

2．某数据库中 t1 表有 city 字段，在以下语句中能查询 t1 表中 New York 和 Los Angeles 的相关记录的是（　）。

    A．select * from t1 where city_name = "New York" or city_name = "Los Angeles";

    B．select * from t1 where city_name = "New York" and city_name = " Los Angeles";

    C．select * from t1 where city_name in ("New York","Los Angeles");

    D．select * from t1 where city_name in "New York" or "Los Angeles";

3．关系数据库中表与表之间可以横向连接也可以纵向连接，以下连接中属于表的横向连接的有（　）。

    A．inner join   B．left join

    C．right join   D．union

4．SQL 中有许多连接查询关键词，可以完成不同业务需求下的合并查询，下面查询关键词中能保留被连接两表的全部信息的是（　）。

    A．inner join   B．left join

    C．full join   D．union all

5．INT 型数据是数据库中经常需要用到的一类数据。以下可以对 INT 型数据使用的 SQL 函数有（　）。

    A．round   B．max

    C．abs   D．concat

三、复合题

1．student 表中有 4 个字段：StudentID（学生编号）、Class（班级）、CourseID（课程编号）、Score（分数）。

（1）student 表中记录了同学每一次考试的成绩，以下 SQL 代码取数的结果中，StudentID 字段取值不会出现重复的是（　）。

    A．select StudentID,max(score) from student group by StudentID;

B．select distinct StudentID,Score from student;

C．select StudentID from student;

D．select StudentID from student where studentID is not null;

（2）以下关于 distinct 的用法，不正确的是（　）。

A．select distinct StudentID from student;

B．select distinct StudentID,Class from student;

C．select StudentID,distinct Class from student;

D．select count(distinct StudentID) from student;

2．数据库中有两个表，users 表中有 3 个字段（user_id，user_name，create_at），orders 表中有 3 个字段（order_id，user_id，amount）。

（1）查询 users 表中存在而 orders 表中不存在的 user_id，以下选项中正确的是（　）。

A．select users.user_id from users left join orders on users.user_id=orders.user_id;

B．select users.user_id from users right join orders on users.user_id=orders.user_id;

C．select users.user_id from users left join orders on users.user_id=orders.user_id where orders.user_id is null;

D．select users.user_id from users right join orders on users.user_id=orders.user_id where users.user_id is null;

（2）运行以下 SQL 查询语句，（　）不会报错。

A．select user_id,avg(amount) from orders where avg(amount)>2000;

B．select user_id,avg(amount) from orders group by user_id where avg(amount)>2000;

C．select user_id,avg(amount) from orders where avg(amount)>2000 group by user_id;

D．select user_id,avg(amount) from orders group by user_id having avg(amount)>2000;

3．建立如下数据库表：create table department(departid int not null primary key, deptname varchar(20) not null); create table employee(employeeid int not null, deptid int not null, ename varchar(20) not null,job varchar(10),sal decimal(10,2));

（1）要想保证 employee 表中每一个雇员是唯一的，且只能属于在 department 表中已经存在的部门，最有效的做法是（　）。

A．把 employeeid 和 deptid 设为联合主键

B．把 employeeid 设为主键，同时在 deptid 列上创建一个外键约束

C．把 employeeid 设为主键，同时在 deptid 列上创建一个唯一约束

D．在 deptid 列上创建一个唯一约束，同时在 deptid 列上创建一个外键约束

（2）以下 SQL 语句中，错误的是（　）。

A．select avg(sal) from employee;

B．select deptid,avg(sal) from employee group by deptid;

C．select deptid,job,avg(sal) from employee group by deptid,job;

D．select deptid,avg(sal) from employee group by deptid having job='clerk';

4．现有订单表 orders，包含字段：订单号 order_id varchar(10)、产品编号 p_id varchar(10)、产品类型 type varchar(20)、金额 amount decimal(10,2)。

（1）以下表名 orders 和字段名 amount 的使用，正确的是（　）。

A．orders.amount

B．orders_amount

C．orders$amount

D．orders[amount]

（2）与表达式"产品类型 not in ('a','b')"功能相同的表达式是（　）。

A．产品类型 = 'a' and 产品类型 = 'b'

B．产品类型！= 'a' or 产品类型 ='b'

C．产品类型 ='a' or 产品类型！= 'b'

D．产品类型！= 'a' and 产品类型！= 'b'

5．表 t1 中有 id、name、salary 3 列，如果表 t1 是一个论坛的发帖信息表，

id 是发帖人的编号，name 是帖子的标题，salary 是每次发帖论坛奖励的分数。

（1）表示更新表 t1 中字段内容的语句是（ ）。

A．create table t1 (id int,name char(30),salary int);

B．drop table t1;

C．create view v_t1 as select id,name from t1;

D．update t1 set name='lixiaoming' where id=100;

（2）查看表 t1 中 id 等于 10 的行的语句是（ ）。

A．select id from t1 id=10;

B．select id from t1 where id=10;

C．select id from t1 id 10;

D．select id from t1 where id 10;

（3）显示每个会员发了几个帖子的语句是（ ）。

A．select id,count(name)from t1 group by id;

B．select id,count(name)from t1 group by id having count(name)>5;

C．select id,count(name)from t1 group by id having count(name)>5 order by count(name);

D．select id,count(name)from t1 where id > 100 group by id;

（4）显示发帖数超过 5 个的语句是（ ）。

A．select id,count(name)from t1 group by id;

B．select id,count(name)from t1 group by id having count(name)>5;

C．select id,count(name)from t1 group by id having count(name)>5 order by count(name);

D．select id,count(name)from t1 where id > 100 group by id;

6．学生信息表 student 包含 id（学生编号）和 stuname（学生姓名）。

（1）可以在 student 表中查找出 id=0 及 id=1 的信息的语句是（ ）。

A．select * from student where id = 0 or id = 1;

B．select * from student where id = 0 and id = 1;

C．select * from student where and(id = 0,id = 1);

D．select * from student where or(id = 0,id = 1);

（2）可以用来删除 student 表中的 id 字段的语句是（ ）。

A．update table student delete id;

B．drop id from student;

C．delete id from student;

D．alter table student drop id;

（3）可以将 student 表中的 stuname 字段的位置移至 id 字段之后的语句是（ ）。

A．alter table student modify stuname after id;

B．alter table student modify stuname varchar(8) after id;

C．alter table student modify id before id;

D．alter table student modify id varchar(8) before id;

（4）可以输出如图 3-110 所示的内容的语句是（ ）。

stuname	id
Andy	a01,a06
George	a02
John	a04

图 3-110　查询结果

A．select stuname, group_concat(id) from student;

B．select stuname, group_concat(id) from student group by stuname;

C．select stuname, id from student group by stuname;

D．select stuname, id from student;

第4章 描述性统计分析 ...

本章我们开始学习统计学。从统计学概述开始，首先介绍统计学的定义及应用与基本概念；然后介绍数据的描述性统计，包括集中趋势的描述、离散程度的描述、分布形态的描述及描述性统计图表；再介绍一些常用的数据分布，包括两点分布与二项分布、正态分布与标准正态分布、χ^2 分布、t 分布、F 分布、分位点的概念；最后介绍相关分析，包括相关分析的含义、简单线性相关关系的描述、简单线性相关关系的度量。

4.1 统计学概述

本节我们从统计学概述开始，先介绍统计学的定义及应用，让大家对统计学的整体框架有初步了解，再介绍一些常用的统计学基本概念，方便后面的学习。

4.1.1 统计学的定义及应用

想要学好数据分析方法、精通数据分析技能，成为一名合格的数据分析师，学习好统计学的相关理论和方法是必不可少的，这是因为统计学是一门收集、处理、分析、解释数据，并从中得出结论的科学。

现代统计学是从数学中分支出来的，是数学中应用数学的重要组成部分，与传统数学强调理论推导或应用数学强调数学模型不同，统计学更多强调解决实际问题（"得出结论"），即对实际问题给出数据解决方案。与其他解决实际问题的学科不同的是，统计学解决实际问题时围绕"数据"展开，因此长期以来，许多学者常称统计学是一门"数据的科学"，这与数据分析师的培养目标是一致的，因此成为一名合格的数据分析师需要学习好统计学。

作为一门围绕数据展开的学科，统计学清晰地明确了其研究思路，即收集数据

→处理数据→分析数据→解释数据，这4个步骤是统计学解决问题的步骤，是数据分析工作的4个环节，是作为一名数据分析师需要掌握的4项基本技能，也是大家将来在工作中作为一名数据分析师的四大任务。

收集数据是数据分析的前提，传统的数据收集方法包括两个来源：直接来源和间接来源。这里的"直接"和"间接"强调的是数据是否一手收集，一手收集的数据称为直接来源的数据，二手收集的数据是间接来源的数据，故直接来源的数据也称一手数据，间接来源的数据也称二手数据。数据的直接来源常有调查和实验两种方式，其中，调查在社会科学中应用较多，如对某行业的现状调查、对客户满意度的调查、对学生学习结果的调查等；实验在自然科学中应用较多，如动植物人为干扰的生物学实验、药物有效性的医学实验、汽车性能的物理实验等。

需要注意的是，现在很多社会科学中也会用到实验的方式，如心理学、教育学等学科常通过实验来探索研究或理论验证，而自然科学中也会用到一些观察性的调查数据。

调查和实验有何区别？较多学者普遍认为，调查强调的是不对数据对象进行干扰，任其自然发展，收集发展过程中的数据；实验强调的是有目的地对数据对象进行因素干扰，从而验证这些因素对数据对象是否产生影响，以及产生何种影响。

随着计算机、互联网的普及应用，现在海量的数据在各种存储设备中自动储存下来，形成了我们所说的大数据，有些大数据是人为、有目的地设计收集的，但更多的是自动记录的，这些大数据中包含了很多有用的信息，不同的企业或研究者常对这些大数据进行有针对性的分析研究。当数据是开源的时，他们会借用一些技术手段进行"数据抓取"。当数据是半开源或隐私的时，他们会进行"数据爬取"。这些数据的收集方式在数据分析师的未来工作中可能会用得越来越多，大家需要学习好一些技术手段，掌握收集数据的技能。

"数据爬取"本意是包含了一定贬义含义的，"爬"有"偷"的本意，全球各国对这些未经数据所有者同意而获取数据的方式都是不提倡的，这要求数据分析师遵守职业道德操守和国家相关法律法规。

当收集到研究问题所需的数据后，不能立马对数据进行分析，统计学设计了处理数据环节，包括将收集的数据进行数据编码、数据库搭建、数据录入、数据审核（包括数据的完整性、准确性、时效性、适用性等），进而按照研究问题的需要进行数据筛选、数据分组、数据分割、数据合并、数据变形、数据转换等，并进行一些数据质量评估、数据特征分析、数据可视化分析等探索性分析，现在很多企业招聘数据清洗岗位，实际上就是做以上这些处理数据的工作。

分析数据是数据分析师的核心工作，也是解决实际问题的关键。统计学中关于数据分析的方法有很多，现有的分析方法有成百上千种，且每年有大量方法被研究开发出来。作为一名数据分析师学习者，特别是初学者，一开始应该对各种分析方法的框架有基本了解，并掌握其中基础的分析方法。人们常将统计学的数据分析方法分为基础的数据分析方法和复杂的数据分析方法。

基础的数据分析方法又分为两大类：描述性统计分析方法和推断性统计分析方法，描述性统计分析方法主要结合数据，对实际问题进行分布特征的描述，也称数据分布特征的描述性分析方法；推断性统计分析方法主要根据掌握的样本数据对总体进行估计或检验，侧重于对总体特征的估计或检验推断，即包括参数估计、假设检验两种主要方法。

推断性统计分析方法中，参数估计指的是当总体信息未知时，需要抽取样本来估计总体信息。假设检验指的是知晓总体某个信息，但无法确认信息是否正确，因此需要抽取样本对信息进行假设检验。有部分学者认为还有一种情形，即已知全部信息，但已知的是过去和现在，对未来未知，故需要预测未来，即还有一种推断性统计分析方法是预测。但目前大部分学者认为推断性统计分析方法主要包括参数估计和假设检验两种方法，而不把预测作为推断性统计分析方法，原因是预测的本质其实就是估计，即对未来未知，所以要估计未来。这里采用将推断性统计分析方法分为参数估计、假设检验这两种方法的这一说法。

支持将预测作为一种独立的推断性统计分析方法的学者们认为，预测与估计有着本质的不同，大家可以试着自己思考下两者有什么不同。

支持将预测作为一种独立的推断性统计分析方法的学者们认为，当估计时，总体是存在的、确定的、未知的，即对一个已发生的事物状态进行估计；而当预测时，预测的情况是不存在的、不确定的、未知的，即对一个未发生的事物状态进行预测，即两者一个是事后估计，一个是事前预测，其本质不同。

复杂的数据分析方法是以基本的数据分析方法为基础，常结合某类具体问题、某类特殊数据、某类特定对象等，融合描述性统计分析方法、推断性统计分析方法而得到的复杂的统计分析方法。例如，相关分析是为了解决不同变量之间相关关系问题，融合了相关关系的描述、相关系数的估计和检验等而得到的复杂的统计分析方法；时间序列分析是针对时间序列数据这类特殊数据，融合了时间序列的描述性分析、时间序列模型估计和检验、预测等推断性统计分析方法而得到的复杂的统计分析方法；生存分析是针对医学、生物、产品等有生存时间长短问题的特定对象，融合了生存率描述、估计，以及生存模型的检验和预测等方法而得到的复杂的统计分析方法。

在目前主流的描述性统计分析方法中，我们通常都对相同或相近时间点的不同观测对象的集合呈现的分布特征规律进行描述。有部分学者认为，还应该对事物的发展变化过程进行描述，即描述性统计分析方法应包括事物发展过程及其规律的时间序列描述、相同或相近时间点的事物的分布特征描述两种情况。这里不采用这种观点，而是把事物发展过程及其规律的时间序列描述，与前面的预测放到一起，构成针对"时间序列数据"这一特殊数据的复杂的数据分析方法。

解释数据是统计学的最后环节，是连接分析数据与解决实际问题的重要桥梁，根据数据分析方法，对分析结果进行解释，从而解决实际问题。不同的数据分析方法有不同的解释角度，如相关分析是解决变量间关系的重要方法，故在解释时应围绕变量间的关系是否存在及程度强弱来解释；主成分分析解决变量间存在高度重复信息、变量需要综合成无关主成分的问题，故在解释时应围绕变量如何综合成无关主成分、各主成分与各变量的具体关系等角度来解释。在数据解释中，我们常借用两个重要的工具辅助数据解释——表和图，通过表可以将杂乱的原始数据或繁杂的分析结果按照某种特定逻辑关系清晰地整理在一起，通过图可以直观形象地显示数据及其分析结论。表和图的合理利用，能极大提高数据解释的效果，达到传递数据分析结论、解决实际问题的目的。

数据分析流程图如图 4-1 所示，此图也是统计学解决实际问题的框架图。

图 4-1　数据分析流程图（统计学框架图）

统计学在实际中有着广泛的应用，如管理学中员工工作状况调查分析、顾客满意度调查分析、市场调查分析，教育学中教学方法的对比分析，心理学中实验因素对被试者的影响分析，人口学中人口增长规律模型及预测分析，语言学中语言发展规律及学习方法分析，经济学中经济预测及政策分析，金融学中股票价格分析，历史学中历史事件的规律分析，社会学中选举预测和策划分析，农业学中植物的生长规律分析，物理学中物体运动规律分析，会计学中财务数据分析，医学中医学数据分析等。在大数据背景下，统计学有着更为广泛的应用，如大数据中的大数据降维分析、大数据抽样分析，智能计算中的数据抓取、模型优化，人工智能中的数据模拟分析等均大量用到各种统计学方法。

对于统计学各个环节的具体方法，我们根据难易程度将在 CDA 的 3 个不同级别的教材中逐步呈现，所有内容均围绕以上统计学及其框架体系展开，大家在学习这些方法时，可以将各种方法纳入以上框架体系中，思考是否还有哪些问题尚未解决，并自主学习不同的方法来解决实际问题。

本书将着重介绍基础的数据分析方法中的描述性统计分析方法，对推断性统计分析方法暂不具体涉及，但会介绍一些推断性统计分析方法的基础知识，即常用的统计分布，对于复杂的数据分析方法，这里着重介绍一下其中比较简单的相关分析方法。

4.1.2　统计学的基本概念

推断性统计分析方法是数据分析方法中非常基础且使用率非常高的分析方法，但这里的推断是指用什么推断什么呢？为回答这一问题，以下介绍几个统计学中的基本概念。

1. 总体和样本

总体（population）是指我们所研究的所有元素的集合，其中每个元素称为个体。例如，为了研究某大型超市的所有消费者的平均年龄，其总体就是该大型超市的所有消费者，其中的每个消费者是个体。每个消费者有很多特征，如年龄、身高、体重等，这里我们研究的年龄问题是消费者的某个特征。

为研究以上问题，我们应该把该大型超市的每个消费者找到，先调查他们的年龄，然后计算他们的平均年龄，从而得到结果。但如果该大型超市的消费者数量巨大且居住地分散，通过一一找到所有消费者进而计算他们的平均年龄，存在着巨大的困难，在实际中几乎难以实现（有人说可以借助该超市的会员系统的数据，但实际中很多消费者并不是会员，会员系统也就没有他们的年龄信息数据）。

这时我们就会想到另一种方案，从总体中抽取一部分个体，对抽取的个体进行调查研究，进而推断总体情况。因此，我们把从总体中抽取的一部分个体的集合称为样本，样本中个体的数量称为样本容量。例如，为研究该大型超市的所有消费者的平均年龄，从该大型超市的所有消费者中抽取 100 名消费者进行调查研究，故样本就是"所抽取的 100 名消费者"，样本容量为 100。

是不是所有的研究必须要有样本呢？

首先需要注意的是，并不是所有研究必须要有样本。需要抽取样本来推断总体的前提是总体的个体很难一个个地研究。在实际中，对于有些小问题，其总体很好界定，且其中的个体很容易——找到去研究，此时就不需要抽取样本来研究总体了。例如，研究某人 2021 年 12 月份的日平均消费额，此时总体为 2021 年 12 月份的每一天，其中每天的消费数据很容易记录下来，故不需要从中抽取部分天数作为样本进行研究。

其次需要注意的是，由于我们是通过样本来研究总体的，故样本的质量好坏会直接影响对总体的推断结果，故如何获取有代表性的样本是统计学研究的一个重要问题，这涉及"抽样理论"相关的内容，本书暂不深入讨论，我们将在后续的教材中详细讲到。

大数据还需要抽取样本吗？

前面讲到对总体的研究，并不一定需要抽取样本，如当总体较小、容易界定且每个个体数据容易找到时就不需要抽取样本。在当前大数据背景下，我们研究的很多问题，特别是大家在工作中会用到大数据，这些大数据比较全面记录了研究个体的信息，那此时是否也可以不需要抽取样本呢？

大数据的研究仍然是需要抽取样本的。一方面，因为大数据在某种意义上仍然只是样本数据，不是总体数据，实际中很多数据并未记录到大数据中，即这些大数据并不能完全代表我们研究的总体，如前面提到的大型超市的会员系统并不能记录到所有消费者的消费记录；另一方面，即便我们把总体限定在已有数据的所有个体范围内，在实际计算中，如果每次计算都应用数据量巨大的大数据，对数据系统和计算机计算能力都是非常大的考验，会带来计算效率低下的问题，而有完善的统计理论支持，可以通过样本的研究就能够很好地推断总体，那么为何不通过抽取样本来研究大数据呢？

因此，通过样本来推断总体将是数据分析工作的常态，那么我们用样本的什么来推断总体的什么呢？对于这个问题，历史上部分学者尝试把总体中每个个体的信息均推断出来，但经过尝试很难实现，因而另一种方案是把总体的某些特征推断出来即可，这种方案已成为统计学中的主流方法，故需要引入参数和统计量的概念。

2. 参数和统计量

参数是指总体的某个特征，而统计量是指样本的某个特征。参数和统计量两个概念分别对应总体和样本。需要强调的是，说到参数均是指总体的，说到统计量均是指样本的，即总体没有统计量，而样本没有参数。参数和统计量两个概念的引入，刚好回应了前面提出的"用样本的什么来推断总体的什么"这一问题，答案就是"用样本的统计量来推断总体的参数"，意思就是用样本的某个特征来推断总体的某个特征。

在实际中，总体有哪些特征是值得我们推断研究的呢？常见的特征有比例、均值、方差（标准差）3 个，这 3 个特征是数据的重要特征，也是能反映数据主要信息的特征。掌握了数据的这 3 个特征，就相当于掌握了数据大部分信息。例如，某课程考试后，如何衡量某班的考试情况好坏呢？如果我们掌握了各个分数段学生的比例情况（如及格率、优秀率、良好率等），我们就掌握了该班学生考试成绩的大概分布情况。如果有两个班，假如及格率均为 100%，那么是否意味着这两个班的考试情况是一样的呢？当然不能如此判断，这需要我们进一步引入平均分来衡量，我们一般认为平均分高的班的考试成绩会好一些。如果这两个班的及格率一样，平均分也一样，我们仍然不能说这两个班的考试成绩是一模一样的，因为两个班的成绩分散情况还有可能不一样。

以上 3 个特征是我们研究的主要特征，在实际应用中，还有一些相对次要的特征，如个体数量（容量）、标准差系数等。由于样本的目的是推断总体，故总体有总体比例、总体均值、总体方差（标准差）、总体容量等特征，那么样本也对应有样本比例、样本均值、样本方差（标准差）、样本容量等特征，为了便于研究，我们引入一些符号对特征值进行表达，如表 4-1 所示。

表 4-1　总体参数和样本统计量的常见符号

总体参数	符号	样本统计量	符号
总体比例	π	样本比例	p
总体均值	μ	样本均值	$\bar{x}$
总体方差（标准差）	$\sigma^2 (\sigma)$	样本方差（标准差）	$s^2 (s)$
总体容量	N	样本容量	n

3. 变量与数据

在前面"研究某大型超市的所有消费者的平均年龄"问题中，总体是该大型超市的所有消费者，个体是该大型超市的每个消费者，年龄是消费者的某个特征，这个"特征"的专业术语叫什么呢？统计学中通常将其称为研究的变量。变量是用来描述个体特征的概念，如人（个体）从出生开始到现在存活的时间长度（特征），我们引入年龄这一概念来刻画。在实际中，对于个体，我们常用很多不同的变量来刻画其特征。

这里年龄是个体（人）的特征，而平均年龄是总体（所有人）的特征。在实际中，一定要注意区分个体的特征和总体的特征。此外，由于不同个体的特征存在差异，因此这里用变量这一概念，而不用常量。

不同个体的变量有不同的取值，其取值我们称为数据，数据是统计学研究的对象，也是数据分析师工作的对象，为便于研究和工作，以下引入数据的常用分类。

（1）数据按照表达形式来划分，可以分为定性数据和定量数据。定性数据是刻画个体性质的数据，如男、女是用于刻画人的性别的定性数据，高、中、低是可以用于刻画收入级别的定性数据。定性数据从表现形式上看，常表现为文字形式，而用数字来表现的数据则称为定量数据，如人的身高 175cm、体重 70kg 等。需要注意的是，文字和数据有本质的区别，人们常用是否可以运算来作为文字和数字的区别，把能运算的称为数字，把不能运算的称为文字，如 70kg+10kg=80kg，则称 70kg 为数字。有些数据，虽然看起来用阿拉伯数字符号表达，但并不能看作是数字，如用 1 表示男、用 0 表示女，这里的 0 和 1 并不能看作是数字，因为这里 $1-1 \neq 0$。

在实际应用中，人们进一步把定性数据分为两种情况：分类数据和顺序数据。分类数据只是事物分类的结果，而顺序数据则是可以排序的分类结果。例如，男、女只是分类数据，并不能排序，不属于顺序数据；收入高、中、低则属于顺序数据，因为高、中、低本身包含了某种顺序的意思。因此，有的资料中把数据分为 3 类：分类数据、顺序数据、定量数据（也称为数值数据）。

定量数据也可以进一步细分，根据数据中 0 是否表示"没有"，定量数据可以分为定距数据和定比数据。例如，温度 30℃ 就属于定距数据，因为 0℃ 并不表示没有，这种数据在实际中应用时，主要考察的是数据之间距离的意义，所以这种数据通常不能做除法运算，即不能说 30℃ 是 10℃ 的 3 倍，因为如果把这两个温度换成华氏度后，它们之间的这种倍数关系并不成立，常用的定距数据还有年份（公元 0 年是存在的）等。0 可以表示"没有"的数据称为定比数据，如收入，因为如果收入是 0 元，则表示没有收入。因此，有的资料中把数据分为 4 类：分类数据、顺序数据、定距数据、定比数据。

在实际应用中，常用的是将数据分为分类数据、顺序数据、数值数据，且我们常将分类数据称为最低级数据，顺序数据级别稍高，数值数据是最高级数据。在数据分析中，不同数据有不同的分析方法，这些方法之间有一个重要的规律：低级数据的方法，高级数据可以用；但高级数据的方法，低级数据不可以用。如果某个方法是分类数据的方法，顺序数据和数值数据是可以使用的，但如果某个方法是数值数据的方法，分类数据和顺序数据是不能使用的。

为什么"低级数据的方法，高级数据可以用；但高级数据的方法，低级数据不可以用"？

这与数据的转换有关系，如已知某人月收入 8000 元（数值数据），则可以将其按照某标准转换成中等收入（顺序数据）；但如果已知某人是高等收入（顺序数据），则无法制定标准将其转换成月收入，即在实际中，高级数据可以转换成低级数据，但低级数据是不能直接转换成高级数据的，因此对于低级数据的方法，高级数据可以转换成低级数据去使用，但高级数据的方法，低级数据无法转换成高级数据去使用。这也告诉我们，在以后的数据工作中，如果收集数据，我们要尽可能收集高级数据。

（2）数据按照收集方式来划分，可以分为调查数据和实验数据。调查数据是指通过观察、调查等方式获取得到的数据，它在社会科学的研究中使用较多。实验数据是指通过实验方式获取得到的数据，它在自然科学的研究中使用较多。区分调查数据和实验数据，常可以通过是否对数据对象进行干预来判断，如调查数据是不干预数据对象的，只是收集数据对象的状态、过程数据，而实验数据会对数据对象施加一些实验因素，从而观察这些实验因素对实验对象的影响，以判断这些实验因素是否起到作用。

（3）数据按照与时间的关系不同来划分，可以分为横截面数据、时间序列数据、混合横截面数据和面板数据。时间序列数据是指同一对象在不同时间（通常是一个连续的有固定频率的时间序列）上相继观测收集到的数据，如某超市 2001—2020 年连续 20 年的年利润额数据。横截面数据是指在相同或相近时间点观测的不同对象的数据，如 2020 年我国 50 个重要城市的 GDP 数据。面板数据是指不同对象在同一序列时间上收集到的数据，如 2001—2020 年我国 50 个重要城市的 GDP 数据，对于这种类型的数据，如果把同一个时间的所有数据抽取出来就是一个横截面数据，如果把某个个体不同时间的数据抽取出来就是一个时间序列数据，即可以把这种数据看作是横截面数据和时间序列数据的混合，故也有人称这种数据为混合数据。有些数据既有横截面数据的特点又有时间序列数据的特点，但每一时间点的样本不同，这种数据称为混合横截面数据。

① 横截面数据集：给定时点对个人、家庭、企业、国家或其他单位的一个或多个变量采集的样本所构成的数据集。需要注意的是，我们虽定义为给定时点，但应该忽略细小的时间差别，具体判断的准则是，时间上的差别不应该或不足以改变所获取变量的性质。典型的例子是，当我们在农村调查农户收入时，从一户走到另一户之间的距离会使调查数据有时间上的差别，但这个差别不足以引起农户收入的较大变化。除非该农户突然中了福利彩票，而这应该归入异常值的情况。横截面数据集示例如表 4-2 所示。

表 4-2　横截面数据集示例

	变量 1	变量 2	变量 3	变量 4
样本 1				
样本 2				
样本 3				
样本 4				

② 时间序列数据集：由一个或几个变量在不同时间的观测值所构成的数据集。典型的如 1978—2007 年的我国国内生产总值（GDP）数据，即一个时间序列数据集，时间序列数据集示例如表 4-3 所示。

表 4-3　时间序列数据集示例

	变量 1	变量 2	变量 3	变量 4
时间 1				
时间 2				
时间 3				
时间 4				

③ 混合横截面数据集：有些数据既有横截面数据的特点又有时间序列数据的特点，但每一时间点的样本不同。例如，中国人民银行自 1995 年起，每季度在全国各地储蓄所调查储户的一些看法，不同的季度构成时间序列，而每个季度调查的

样本构成横截面，又因为储户人群都是流动的，所以各个季度调查的样本是不同的，这样获得的数据就是混合横截面数据集。混合横截面数据集示例如表 4-4 所示。

表 4-4　混合横截面数据集示例

		变量 1	变量 2	变量 3	变量 4
时间 1	样本 1				
	样本 2				
时间 2	样本 3				
	样本 4				
时间 3	样本 5				
	样本 6				
时间 4	样本 7				
	样本 8				

④ 面板数据集：由横截面数据集中每个样本的一个时间序列组成，如定点长期调查获得的数据。例如，1978—2007 年我国 31 个地区的一些经济指标数据，1978—2007 年构成时间维度，31 个地区构成样本，经济指标数据构成变量。面板数据集示例如表 4-5 和表 4-6 所示。

表 4-5　面板数据集示例 1

		变量 1	变量 2	变量 3	变量 4
时间 1	样本 1				
	样本 2				
时间 2	样本 1				
	样本 2				
时间 3	样本 1				
	样本 2				
时间 4	样本 1				
	样本 2				

表 4-6　面板数据集示例 2

		变量 1	变量 2	变量 3	变量 4
样本 1	时间 1				
	时间 2				
	时间 3				
	时间 4				
样本 2	时间 1				
	时间 2				
	时间 3				
	时间 4				

4.2 数据的描述性统计分析

前面提到统计学的数据分析方法分为基础的数据分析方法和复杂的数据分析方法。其中基础的数据分析方法又分为两大类：描述性统计分析方法和推断性统计分析方法，本节对描述性统计分析方法进行讲解。数据的描述性统计分析常从数据的集中趋势、离散程度、分布形态 3 个方面进行。

4.2.1 集中趋势的描述

集中趋势是指数据向其中心值靠拢的趋势。测量数据的集中趋势，主要是寻找其中心值。对不同类型的数据，有不同的测量方法，这些方法之间符合前面讲到的重要规律（低级数据的方法，高级数据可以用；但高级数据的方法，低级数据不可以用），以下针对分类数据、顺序数据、数值数据分别讲述其集中趋势的描述。

1. 分类数据的集中趋势的描述

分类数据的集中趋势有一个常用指标——众数。众数是指在一组数据中，出现次数最多的数，符号记作 M_o。

例如：分类数据，某班男生 30 人，女生 20 人，则该班学生性别的众数 M_o = 男生。注意：这里的众数是"男生"，不是 30，30 只是众数的频数。

例如：顺序数据，某次考试，成绩优秀 9 人，良好 20 人，中等 25 人，差等 6 人，则这次考试成绩等级的众数 M_o= 中等。

例如：数值数据，某公司员工收入 10 000 元有 5 人，8000 元有 10 人，6000元有 30 人，5000 元有 5 人，则该公司员工收入的众数 M_o=6000 元。

众数具有以下性质：①不受极端值的影响。极端值是指一组数据中，偏离数据平均水平的值，分为极大值和极小值两种，众数只与数据的次数有关，与数据的大小无关，故众数不受极端值的影响。不受极端值影响的特性使得众数常可以适用于有极端值的数据分析中。②不唯一性。很多数据是可以计算众数的，但有些数据中，每个数据出现的频数均相同，即无法确定某个数据出现的次数最多，故不存在众数；有的数据中可能会出现多个数据的频数都最大，即出现了多个众数。

2. 顺序数据的集中趋势的描述

顺序数据的集中趋势有一类常用指标——分位数。分位数是指将一组数据排序后，将数据进行等分分割，在这些分割点位置上的数。由于分位数的计算需要以数据排序为前提，因此要求数据至少可以排序，即至少为顺序数据才可以计算。对于一组数据，可以进行任意整数等分分割，故分位数有无数种，以下主要介绍其中两种常用的基础方法——二分位数和四分位数。分位数示意图如图 4-2 所示。

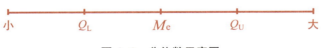

图 4-2　分位数示意图

1）二分位数

二分位数也称"中位数"，是指将一组数据排序后，处于正中间位置上的数，符号记作 M_e。假如数据总个数为 n，则中位数的位置公式如下：

$$M_e \text{ 的位置} = \frac{n+1}{2}$$

中位数位置公式的简单推导[1]，如下：

一组数据为 1,2,3，则中位数在 2 的位置。

一组数据为 1,2,3,4,5，则中位数在 3 的位置。

一组数据为 1,2,3,4，则中位数在 2.5 的位置。

一组数据为 1,2,3,…,n，则中位数在 (n+1)/2 的位置。

---

① 本书推导部分仅作为训练数学和建模思维用。

例如：顺序数据，某次考试成绩优秀 9 人，良好 20 人，中等 25 人，差等 6 人，则这次考试成绩等级的中位数的位置 =(60+1)/2=30.5，按照从优秀到差等，或从差等到优秀的顺序，处于第 30.5 位置上的数，即 M_e= 中等。

例如：数值数据，1,5,9,10,10,12,13,18,20，数据个数 n=9，则中位数的位置 =(9+1)/2=5，故 M_e= 第 5 个数 =10。

例如：数值数据，1,5,9,10,10,12,13,18,20,25，数据个数 n=10，则中位数的位置 =(10+1)/2= 5.5，故 M_e= 第 5 个数和第 6 个数中间的数 =11（我们通常假定数据在两个数之间是均匀分布的）。这里我们还可以这样来寻找第 5.5 位置上的数：M_e= 第 5.5 位置上的数 = 第 5 个数 +（第 6 个数 − 第 5 个数）× 0.5=10+(12−10)× 0.5=11，这里需要大家掌握这种算法，这种算法是寻找特殊位置上的数的通用算法。

中位数具有以下性质：①不受极端值的影响。顺序数据只与数据的位置有关，故中位数不受极端值的影响。不受极端值影响的特性也使得中位数常可以适用于有极端值的数据分析中。②一组数据中所有数据与其中位数的离差绝对值之和是最小的，即 $\sum |x_i - M_e| = \min$。这一性质使得中位数在绝对值损失函数中被广泛应用。

下面我们简单推导一下为什么"一组数据中所有数据与其中位数的离差绝对值之和是最小的"。

离差绝对值之和即距离之和。如果只有两个数，则应取其中间的任意数，均可使得该数到这两个数的距离之和是最小的。故对于数据 $x_1, x_2, \cdots, x_{n-1}, x_n$，寻找某个数，使得其到所有 x_i（i=1,2,$\cdots$,n）的距离之和是最小的，该数应该在 x_1 和 x_n 之间，应该也在 x_2 和 x_{n-1} 之间，应该也在 x_3 和 x_{n-2} 之间，以此类推。故有：当 n 为偶数时，该数应该在最中间两个数的中间任意取值，可以使得距离之和最小；当 n 为奇数时，该数应该是最中间的那个数，可以使得距离之和最小。综合这些要求，只有中位数 M_e 满足。

2）四分位数

将一组数据分成 4 等分，需要 3 个数，正中间的数被命名为"中位数"，故还剩 2 个数，我们将靠小的那个数称为"下四分位数"，将靠大的那个数称为"上四分位数"。故定义如下：将一组数据从小到大排序后，我们将处于 1/4 位置上的数称为"下四分位数"，符号记作 Q_L；将处于 3/4 位置上的数称为"上四分位数"，符号记作 Q_U。假如数据总个数为 n，则：

$$Q_L \text{ 的位置} = \frac{n}{4}, \quad Q_U \text{ 的位置} = \frac{3n}{4}$$

这里为什么不定义 Q_L 的位置 $=\dfrac{n+1}{4}$，Q_U 的位置 $=\dfrac{3(n+1)}{4}$？

其实，四分位数的位置有多种定义方式，常用的如下。

① 一种类似于中位数公式的计算公式：

$$Q_L \text{ 的位置} = \frac{n+1}{4}, \quad Q_U \text{ 的位置} = \frac{3(n+1)}{4}$$

② 以中位数为中心，分别向两端计算两部分的中位数，即可得到下四分位数

和上四分位数：$Q_L \text{ 的位置} = \dfrac{1+\left(\dfrac{n+1}{2}\right)}{2} = \dfrac{n+3}{4}$，$Q_U \text{ 的位置} = \dfrac{\left(\dfrac{n+1}{2}\right)+n}{2} = \dfrac{3n+1}{4}$，

Excel 中采用的是这种公式。

该公式还可以理解为从第 1 个数到第 n 个数，中间有 $n-1$ 个距离，故从距离角度上看：

$$Q_L \text{ 的位置} = 1+\frac{1}{4}(n-1) = \frac{n+3}{4}, \quad Q_U \text{ 的位置} = 1+\frac{3}{4}(n-1) = \frac{3n+1}{4}$$

③ 将②公式中的中位数的位置取整，得到：

$$Q_L \text{ 的位置} = \frac{1+\left[\dfrac{n+1}{2}\right]}{2}, \quad Q_U \text{ 的位置} = \frac{\left[\dfrac{n+1}{2}\right]+n}{2}$$

这里 $\left[\dfrac{n+1}{2}\right]$ 表示 $\dfrac{n+1}{2}$ 的取整，可以向上取整，也可以向下取整，不过常用向下取整。

④ 等距离的简化公式：

$$Q_L \text{ 的位置} = \frac{n-1}{4}, \quad Q_U \text{ 的位置} = \frac{3(n-1)}{4}$$

⑤ 一种最为简便的计算公式：

$$Q_L \text{ 的位置} = \frac{n}{4}, \quad Q_U \text{ 的位置} = \frac{3n}{4}$$

以上列出了四分位数位置的一些常用的计算公式，本书选用最为简便的计算公式⑤，各种公式的差异及优缺点，大家自行思考总结。需要注意的是，分位数的位置和分位数本身是两个概念。我们如果想计算分位数，需要先确定分位数的具体位置，然后根据位置来计算分位数。下面举几个例子进行说明。

例如：顺序数据，某次考试成绩优秀 9 人，良好 20 人，中等 25 人，差等 6 人，则这次考试成绩等级的 Q_L 的位置 =60/4=15，按照从差等到优秀的顺序，处于第 15 位置的数为中等，即 Q_L= 中等；Q_U 的位置 =3×60/4=45，按照从差等到优秀的顺序，处于第 45 位置的数为良好，即 Q_U= 良好。

例如：数值数据，1,5,9,10,10,12,13,18,20,25,30,32，数据个数 n=12，则 Q_L 的位置 =12/4=3，Q_U 的位置 =3×12/4=9，故 Q_L=9，Q_U=20。

例如：数值数据，1,5,9,10,10,12,13,18,20,25，数据个数 n=10，则 Q_L 的位置 =10/4=2.5，Q_U 的位置 =3×10/4=7.5，故 Q_L=(5+9)/2=7，Q_U=(13+18)/2=15.5。

例如：数值数据，1,5,9,10,10,12,13,18,20，数据个数 n=9，则 Q_L 的位置 =9/4=2.25，Q_U 的位置 =3×9/4=6.75，故 Q_L=5+(9−5)×0.25=6，Q_U=12+(13−12)×0.75=12.75。（注意：这里用到了前面中位数计算的通用算法）

感兴趣的同学可以计算一下数据 1,5,9,10,10,12,13,18,20,25,30 的 Q_L 和 Q_U。

与中位数类似，四分位数也具有不受极端值影响的性质，与中位数不同的是，计算四分位数时常将数据从小到大排序，而在中位数的计算中，从小到大排序与从大到小排序计算的结果是相同的。

如何计算一组数据的十分位数、百分位数、千分位数、万分位数？

以十分位数的计算为例，共 9 个十分位数将一组数据分为十等分，计算其十分位数，用类似于四分位数的最简便公式，假设数据有 138 个数，则十分位数的位置 =138/10=13.8，故数据从小到大排序后，找到的第 13.8 位置上的数为十分位数（这里也要用到前面的通用算法）。其他分位数类似。

3. 数值数据的集中趋势的描述

数值数据的集中趋势有一类常用指标——平均数。平均数（Average）也称均值（Mean）、期望（Expect），这里介绍一些数据分析中常用的平均数：算术平均数、调和平均数、几何平均数、平方平均数。

1）算术平均数

算术平均数是指数据之和与数据个数之比，常用符号 $\bar{x}$ 表示。根据所给数据是否分组，算术平均数分为简单算术平均数和加权算术平均数。

未分组数据，简单算术平均数：

$$\overline{x} = \frac{x_1 + x_2 + \cdots + x_n}{n} = \frac{\sum_{i=1}^{n} x_i}{n}$$

分组数据，加权算术平均数：

$$\overline{x} = \frac{M_1 f_1 + M_2 f_2 + \cdots + M_k f_k}{f_1 + f_2 + \cdots + f_k} = \frac{\sum_{i=1}^{k} M_i f_i}{n}$$

这里所有数据被分为 k 个组；M_i 为各组数据值，若分组值为区间，则选用区间组中值 M_i 代表这组数据的所有数据；各组数据的频数分别为 f_i。

例如：未分组数据，1,5,9,10,10,12,13,18,20,25，采用简单算术平均数计算公式计算，有：

$$\overline{x} = \frac{1+5+9+10+10+12+13+18+20+25}{10} = \frac{123}{10} = 12.3$$

例如：分组数据，某公司员工收入 10 000 元有 5 人，8000 元有 10 人，6000 元有 30 人，5000 元有 5 人，求该公司员工平均收入。收入数据被分为 4 组，采用加权算术平均数计算公式计算，有：

$$\overline{x} = \frac{10\,000 \times 5 + 8000 \times 10 + 6000 \times 30 + 5000 \times 5}{5 + 10 + 30 + 5} = \frac{335\,000}{50} = 6700$$

例如：分组数据，100 名消费者本月消费数据，如表 4-7 所示。

表 4-7　100 名消费者本月消费数据

消费数据分组 / 元	人数 / 人	组中值
1000 以下	5	750
1000 ~ 1500	12	1250
1500 ~ 3000	15	2250
3000 ~ 5000	38	4000
5000 ~ 10 000	15	7500
10 000 ~ 20 000	8	15 000
20 000 以上	7	25 000

数据被分组为区间，导致每位消费者的原始消费数据未知，此时用组中值表示该组消费者的消费数据。

组中值的基本计算公式为：组中值=(组上限+组下限)/2。故计算得到：1000～1500 的组中值为 1250，1500～3000 的组中值为 2250，3000～5000 的组中值为4000，5000～10 000 的组中值为 7500，10 000～20 000 的组中值为 15 000。

第一组（1000 以下）和最后一组（20 000 以上）分别只有上限和下限，我们称其为开口组，开口组组中值怎么计算呢？我们采用以下计算公式计算：

$$已知下限的开口组组中值 = 下限 + \frac{邻组组距}{2}$$

$$已知上限的开口组组中值 = 上限 - \frac{邻组组距}{2}$$

所以，最后一组（20 000 以上，其中 20 000 为该组下限，邻组为 10 000～20 000，其组距为 10 000）的组中值=20 000+10 000/2=25 000；第一组（1000 以下，其中 1000 为该组上限，邻组为 1000～1500，其组距为 500）的组中值=1000-500/2=750。采用加权算术平均数计算公式计算，有：

$$\bar{x} = \frac{750 \times 5 + 1250 \times 12 + 2250 \times 15 + 4000 \times 38 + 7500 \times 15 + 15\,000 \times 8 + 25\,000 \times 7}{5 + 12 + 15 + 38 + 15 + 8 + 7}$$

$$= \frac{612\,000}{100} = 6120$$

算术平均数的性质：①是最常用的平均数。在数据分析中，如果没有特殊规定，常默认使用算术平均数。②易受极端值的影响。与众数、中位数等不同的是，算术平均数容易受极端值的影响，原因是在算术平均数的计算过程中，每个数据都参与了计算，因此如果数据中有极端值，计算结果会受到影响。易受极端值影响使得算术平均数在有极端值的数据分析中使用效果较差。③各数据与算术平均数的离差之和等于零，即 $\sum_{i=1}^{n}(x_i - \bar{x}) = 0$。这是因为根据 $\bar{x}$ 的计算公式发现，有的数据比 $\bar{x}$ 小，离差为负，有的数据比 $\bar{x}$ 大，离差为正，故离差求和会导致正负抵消，且刚好抵消，结果为 0。因此，在数据分析中，我们将 $\bar{x}$ 看作是一组数据的重心点。④各数据与算术平均数的离差平方和是最小的，即 $\sum_{i=1}^{n}(x_i - \bar{x})^2 = \min$。这一性质使得算术平均数在平方损失函数中被广泛应用。

简单推导一下为什么"各数据与算术平均数的离差之和等于零"。

$$\sum_{i=1}^{n}(x_i - \bar{x}) = \sum_{i=1}^{n} x_i - \sum_{i=1}^{n} \bar{x} = n\bar{x} - n\bar{x} = 0$$

思考一个实际问题：独立完成同一项工程，甲需要 3 天，乙需要 4 天，现有丙按照甲和乙的平均效率来完成，问丙需要多少天？

本题答案不是 (3+4)/2=3.5，而是应该先求出丙的工作效率 =(1/3+1/4)/2=7/24，再换算成天数 =1/ 工作效率 =24/7 ≈ 3.429。这种平均数实际上是调和平均数。

2）调和平均数

现在我们考虑一个以不同速度通过相同距离的例子。

假设我们今天有一个开车去 5km 外的商场并返回的行程。去程速度为 30km/h，返程时碰到了交通堵塞，速度为 10km/h，去程和返程走的是同一路线，也就是说距离一样（5km），请计算整个行程的平均速度。

如果不假思索地应用算术平均数，结果是 20km/h，即 (30+10) / 2。

但是这么算是不对的。因为去程速度更快，所以我们更快地完成了去程的 5km，整个行程中以 30km/h 的速度行驶的时间更少，以 10km/h 的速度行驶的时间更多，所以整个行程期间我们的平均速度不会是 30km/h 和 10km/h 的中点，而应该更接近 10km/h。

显然，我们首先需要判定以每种速度行驶所花的时间，然后以适当的权重来计算加权算术平均数。

去程：　5 / (30/60) = 10min

返程：　5 / (10/60) = 30min

总行程：　10 + 30 = 40min

加权算术平均数：　(30 × 10/40) + (10 × 30/40) = 15km/h

所以，我们看到，真正的平均速度是 15km/h，比直接使用未加权的算术平均数计算所得低了 5km/h。

那么如果换一种方法计算呢？

2 / (1/30 + 1/10) = 15km/h

直接得到了真正的行程平均速度，自动根据在每个方向上使用的时间进行了调整。这就是调和平均数。

调和平均数是指数据倒数的算术平均数的倒数，常用符号 H 表示，根据所给数据是否分组，调和平均数分为简单调和平均数和加权调和平均数。

未分组数据，简单调和平均数计算公式如下：

$$H = \cfrac{1}{\cfrac{\cfrac{1}{x_1} + \cfrac{1}{x_2} + \cdots + \cfrac{1}{x_n}}{n}} = \cfrac{n}{\cfrac{1}{x_1} + \cfrac{1}{x_2} + \cdots + \cfrac{1}{x_n}} = \cfrac{n}{\sum_{i=1}^{n} \cfrac{1}{x_i}}$$

分组数据，加权调和平均数计算公式如下：

$$H = \cfrac{1}{\cfrac{\cfrac{1}{M_1} f_1 + \cfrac{1}{M_2} f_2 + \cdots + \cfrac{1}{M_k} f_k}{f_1 + f_2 + \cdots + f_k}} = \cfrac{n}{\cfrac{f_1}{M_1} + \cfrac{f_2}{M_2} + \cdots + \cfrac{f_k}{M_k}} = \cfrac{n}{\sum_{i=1}^{k} \cfrac{f_i}{M_i}}$$

这里所有数据被分为 k 个组；M_i 为各组数据值，若分组值为区间，则选用区间组中值 M_i 代表这组数据的所有数据；各组数据的频数分别为 f_i。

例如：未分组数据，3 和 4 的简单调和平均数 $H = \cfrac{2}{\cfrac{1}{3} + \cfrac{1}{4}} = \cfrac{24}{7} \approx 3.429$。

例如：分组数据，某企业生产 A、B、C 3 种产品，单位成本分别为 10 元、20 元、30 元，现收集生产后数据发现生产 A 产品共花费了 3 万元，生产 B 产品共花费了 5 万元，生产 C 产品共花费了 6 万元。求该企业生产 A、B、C 3 种产品的平均单位成本。

单位成本数据被分为 3 组，采用加权调和平均数计算公式计算，有：

$$H = \cfrac{30\,000 + 50\,000 + 60\,000}{\cfrac{30\,000}{10} + \cfrac{50\,000}{20} + \cfrac{60\,000}{30}} = \cfrac{140\,000}{7500} \approx 18.67 \text{元}。$$

调和平均数的性质：①常用于效率问题的研究。②易受极端值的影响。与算术平均数类似，在计算过程中，每个数据都参与了计算，因此调和平均数也会受极端值的影响。

我们再思考一个实际问题，某理财产品，存满一年，本息和是本金的 3 倍，继续存满一年，第二年年尾本息和是第一年年尾本息和的 4 倍，求这两年的平均倍数。

本题答案不是 (3+4)/2=3.5，假设平均倍数为 G，存满一年，本息和是本金的 G 倍，继续存满一年，第二年年尾本息和是第一年年尾本息和的 G 倍，合计是 G^2，$G^2=3 \times 4=12$，故 $G = \sqrt{12} \approx 3.742$。这种平均数实际上是几何平均数。

3）几何平均数

几何平均数是指数据乘积的个数方根，常用符号 G 表示。根据所给数据是否分组，几何平均数分为简单几何平均数和加权几何平均数。

未分组数据，简单几何平均数：

$$G = \sqrt[n]{x_1 \cdot x_2 \cdots x_n} = \sqrt[n]{\prod_{i=1}^{n} x_i}$$

分组数据，加权几何平均数：

$$G = \sqrt[(f_1+f_2+\cdots+f_k)]{M_1^{f_1} \cdot M_2^{f_2} \cdots M_k^{f_k}} = \sqrt[n]{\prod_{i=1}^{k} M_i^{f_i}}$$

这里所有数据被分为 k 个组；M_i 为各组数据值，若分组值为区间，则选用区间组中值 M_i 代表这组数据的所有数据；各组数据的频数分别为 f_i。

例如：未分组数据，3 和 4 的几何平均数 $G = \sqrt{3 \times 4} \approx 3.464$。

例如：分组数据，经统计，某企业的利润额在最近 10 年里，有 3 年的年增长率为 5%，2 年的年增长率为 8%，5 年的年增长率为 10%，求该企业这 10 年利润额的平均增长率。现将增长率换算成发展速度：3 年的年发展速度为 105%，2 年的年发展速度为 108%，5 年的年发展速度为 110%；计算平均发展速度：$G = \sqrt[(3+2+5)]{1.05^3 \times 1.08^2 \times 1.10^5} \approx 1.0808$，故该企业这 10 年利润额的平均增长率 $=G-1=0.0808=8.08\%$。

几何平均数的性质：①常用于比率问题的研究，如研究平均发展速度、平均增长速度等；②也会受到极端值的影响，但影响微弱。

我们思考一个问题，以 3 和 4 为两直角边的三角形，与其斜边长相等的等腰直角三角形的直角边长为多少？

本题可以理解为"保证斜边长不变，直角三角形两直角边平均是多少"，答案不是 (3+4)/2=3.5，设与以 3 和 4 为两直角边的三角形的斜边长相等的等腰直角三角形的直角边长为 Q，则有 $Q^2+Q^2=3^2+4^2$，求得 $Q = \sqrt{\dfrac{3^2 + 4^2}{2}} \approx 3.536$。这种平均数实际上是平方平均数。

4）平方平均数

平方平均数是指数据平方的算术平均数的算术平方根，常用符号 Q 表示，根据所给数据是否分组，平方平均数分为简单平方平均数和加权平方平均数。

未分组数据，简单平方平均数：

$$Q = \sqrt{\frac{x_1^2 + x_2^2 + \cdots + x_n^2}{n}} = \sqrt{\frac{\sum_{i=1}^{n} x_i^2}{n}}$$

分组数据，加权平方平均数：

$$Q = \sqrt{\frac{M_1^2 f_1 + M_2^2 f_2 + \cdots + M_k^2 f_k}{f_1 + f_2 + \cdots + f_k}} = \sqrt{\frac{\sum_{i=1}^{k} M_i^2 f_i}{n}}$$

这里所有数据被分为 k 个组；M_i 为各组数据值，若分组值为区间，则选用区间组中值 M_i 代表这组数据的所有数据；各组数据的频数分别为 f_i。

例如：未分组数据，3 和 4 的平方平均数 $Q = \sqrt{\frac{3^2 + 4^2}{2}} \approx 3.536$。

例如：分组数据，在 10 维正交坐标系，A 点坐标为 (9,3,6,5,3,9,6,5,9,9)，求在该空间中，B 点各维度坐标均相等，且其到原点距离与 A 点到原点距离相等，求 B 点坐标。设 B 点坐标为 (Q,Q,Q,Q,Q,Q,Q,Q,Q,Q)，A 点坐标中有 2 个 3、2 个 5、2 个 6、4 个 9，则有：

$$10 \times Q^2 = 3^2 \times 2 + 5^2 \times 2 + 6^2 \times 2 + 9^2 \times 4$$

所以：

$$Q = \sqrt{\frac{3^2 \times 2 + 5^2 \times 2 + 6^2 \times 2 + 9^2 \times 4}{10}} \approx 6.812$$

平方平均数的性质：①常用于长度问题、距离问题的研究，如研究向量长度、空间中点与点的距离等；②也容易受到极端值的影响。

以上算术平均数、调和平均数、几何平均数、平方平均数均为平均数的不同形式，对于同一组数据（要求正数），四者之间恒成立的关系如下：

平方平均数≥算术平均数≥几何平均数≥调和平均数

当数据中所有数相同时取=号。以 3 和 4 举例，"3 和 4 的平方平均数 3.536"≥"3 和 4 的算术平均数 3.5"≥"3 和 4 的几何平均数 3.464"≥"3 和 4 的调和平均数 3.429"。

算术平均数、调和平均数、几何平均数、平方平均数受极端值的影响程度是不同的，其中平方平均数最易受极大值影响（所以最大）；算术平均数也易受极大值的影响，但受影响比平方平均数小（所以次大）；几何平均数也受极端值的影响，但受极大值和极小值的影响差不多，几乎抵消（所以第三）；调和平均数易受极小值的影响（所以最小）。所以在数据分析中，对于有极端值的数据，如果需要重点考察极大值的影响，可以使用平方平均数或算术平均数；如果需要重点考察极小值的影响，可以使用调和平均数；如果想要计算最精确的结果，可以使用几何平均数。

4.2.2 离散程度的描述

集中趋势度量数据向其中心值靠拢的趋势，而离散程度度量数据偏离其中心值的程度，故离散程度与集中趋势的中心值有关，且如果数据离散程度越大，说明数据偏离其中心值越多，中心值的代表性越差。对不同类型的数据，有不同的测量方法，这些方法之间符合前面讲到的重要规律（低级数据的方法，高级数据可以用；但高级数据的方法，低级数据不可以用）。下面针对分类数据、顺序数据、数值数据分别讲述测量其离散程度的方法。

1. 分类数据的离散程度

分类数据的离散程度有一个常用指标——异众比率。异众比率是指在一组数据中，非众数的频数占总数据个数的比重。

例如：分类数据，某班男生 30 人，女生 20 人，则该班学生性别的众数 M_o= 男生，众数频数为 30，非众数频数为 20，故异众比率 =20/50=0.4。

例如：顺序数据，某次考试成绩优秀 9 人，良好 20 人，中等 25 人，差等 6 人，则这次考试成绩等级的众数 M_o= 中等，众数频数为 25，非众数频数为 35，故异众比率 =35/60 ≈ 0.583。

例如：数值数据，某公司员工收入 10 000 元有 5 人，8000 元有 10 人，6000 元有 30 人，5000 元有 5 人，则该公司员工收入的众数 M_o=6000 元，众数频数为 30，非众数频数为 20，故异众比率 =20/50=0.4。

异众比率的性质：①不受极端值的影响；②一组数据异众比率越大，众数的代表性越差。

2. 顺序数据的离散程度

顺序数据的离散程度有两个常用指标——极差和四分位差。

1）极差

极差，也称范围，等于一组数据的最大值与最小值之差。

例如：顺序数据，某次考试成绩优秀 9 人，良好 20 人，中等 25 人，差等 6 人，计算得到最小值 = 差等，最大值 = 优秀，故极差 = 最大值 − 最小值 = 优秀 − 差等。

例如：数值数据，1,5,9,10,10,12,13,18,20,25,30,32，计算得到最小值 =1，最大值 =32，故极差 = 最大值 − 最小值 =32−1=31。

极差的性质：①极差是离散程度最简单的测量方法，但极其容易受极端值的影响，因此它在实际中较少使用；②极差越大，通常说明数据的范围越大，数据越分散。

2）四分位差

四分位差等于一组数据的上四分位数与下四分位数之差。

例如：顺序数据，某次考试成绩优秀 9 人，良好 20 人，中等 25 人，差等 6 人，计算得到 Q_L= 中等，Q_U= 良好，故四分位差 =Q_U-Q_L= 良好 − 中等。

例如：数值数据，1,5,9,10,10,12,13,18,20,25,30,32，计算得到 Q_L=9，Q_U=20，故四分位差 =Q_U-Q_L=20−9=11。

四分位差的性质：①不受极端值的影响。②四分位差是一个局部指标，其衡量了处于中间 50% 的数据的离散程度，四分位差越大，说明处于中间 50% 的数据越分散。

3．数值数据的离散程度

数值数据的离散程度有 4 个常用指标——平均差、方差、标准差、离散系数。

1）平均差

平均差是指数据与其算术平均数离差的绝对值的算术平均数，符号记作 M_d。根据未分组数据计算的平均差为简单平均差，根据分组数据计算的平均差为加权平均差。

未分组数据，简单平均差：

$$M_d = \frac{\sum_{i=1}^{n}\left|x_i - \bar{x}\right|}{n}$$

分组数据，加权平均差：

$$M_d = \frac{\sum_{i=1}^{k}\left|M_i - \bar{x}\right| \cdot f_i}{n}$$

这里所有数据被分为 k 个组；M_i 为各组数据值，若分组值为区间，则选用区间组中值 M_i 代表这组数据的所有数据；各组数据的频数分别为 f_i。

例如：未分组数据，1,5,9,10,10,12,13,18,20,25，其算术平均数 $\bar{x}$=12.3，故简单

平均差：

$$M_d = \frac{\sum_{i=1}^{n}|x_i - \bar{x}|}{n} = \frac{|1-12.3| + |5-12.3| + \cdots + |20-12.3| + |25-12.3|}{10} = 5.36$$

例如：分组数据，某公司员工收入 10 000 元有 5 人，8000 元有 10 人，6000 元有 30 人，5000 元有 5 人，计算得到算术平均数 $\bar{x}$=6700，故加权平均差：

$$M_d = \frac{\sum_{i=1}^{k}|M_i - \bar{x}| \cdot f_i}{n}$$

$$= \frac{|10000-6700| \times 5 + |8000-6700| \times 10 + |6000-6700| \times 30 + |5000-6700| \times 5}{50}$$

$$=1180$$

平均差的性质：①能全面测量数据离散程度，平均差越大，数据越分散；②容易受极端值的影响；③在绝对值损失函数中用到的就是平均差；④平均差的计算需要用到绝对值，导致其数学性质较差，从而在实际中较少使用。

2）方差、标准差

在平均差的计算中如果把绝对值改成平方，就得到一个在实际中常用的指标——方差，方差是数据与其算术平均数离差的平方的算术平均数，方差的算术平方根是标准差。根据总体数据计算的方差为总体方差（符号记作 σ^2，对应的标准差为总体标准差，符号记作 σ），根据样本数据计算的方差为样本方差（符号记作 s^2，对应的标准差为样本标准差，符号记作 s）。

（1）总体方差、总体标准差。

未分组数据，简单总体方差：

$$\sigma^2 = \frac{\sum_{i=1}^{N}(x_i - \mu)^2}{N}$$

未分组数据，简单总体标准差：

$$\sigma = \sqrt{\frac{\sum_{i=1}^{N}(x_i - \mu)^2}{N}}$$

注意，总体均值用符号 μ，总体数据个数用符号 N。

分组数据，加权总体方差：

$$\sigma^2 = \frac{\sum_{i=1}^{k} \left(M_i - \mu\right)^2 \bullet f_i}{N}$$

分组数据，加权总体标准差：

$$\sigma = \sqrt{\frac{\sum_{i=1}^{k} \left(M_i - \mu\right)^2 \bullet f_i}{N}}$$

这里所有数据被分为 k 个组；M_i 为各组数据值，若分组值为区间，则选用区间组中值 M_i 代表这组数据的所有数据；各组数据的频数分别为 f_i。

（2）样本方差、样本标准差。

未分组数据，简单样本方差：

$$s^2 = \frac{\sum_{i=1}^{n} \left(x_i - \overline{x}\right)^2}{n-1}$$

未分组数据，简单样本标准差：

$$s = \sqrt{\frac{\sum_{i=1}^{n} \left(x_i - \overline{x}\right)^2}{n-1}}$$

注意，样本均值用符号 $\overline{x}$，样本数据个数用符号 n。

分组数据，加权样本方差：

$$s^2 = \frac{\sum_{i=1}^{k} \left(M_i - \overline{x}\right)^2 \bullet f_i}{n-1}$$

分组数据，加权样本标准差：

$$s = \sqrt{\frac{\sum_{i=1}^{k} \left(M_i - \overline{x}\right)^2 \bullet f_i}{n-1}}$$

这里所有数据被分为 k 个组；M_i 为各组数据值，若分组值为区间，则选用区间组中值 M_i 代表这组数据的所有数据；各组数据的频数分别为 f_i。

需要注意的是，计算样本方差、标准差时，分母中需要用 $n-1$，而不是 n，这涉及"样本数据的自由度"的概念，"自由不是你想做什么就做什么，而是你不想做什么就可以不做什么"。自由是有度的，不存在没有约束的自由。这里说的自由度与此无关，但其道理却是相通的。我们对自由度做个通俗解释，如果有 10 个数，而且知道了均值和其中 9 个数的值，那么就可以推算出第 10 个数。又比如，让 10 个人挑选总共 10 个不同颜色的玻璃球，只有 9 个人有自由挑选的可能，因为当这 9

个人都挑好之后，最后那个人就别无选择了。因此这个问题的自由度为 9。所以，自由度通常可以简单地理解为在研究问题中，可以自由独立取值的数据或变量。样本数据的自由度是指在一组样本数据中，能自由取值的数据的个数。样本方差计算中，用到样本均值 $\bar{x}$，作为约束条件使得 n 个数据在实际取值时，只有 $n-1$ 个数据是自由变化的，故自由度为 $n-1$，自由度常可以使用"数据总数 $-$ 不等价约束条件的个数"来确定。此外，只有样本数据才有自由度，总体数据均为自由变化的，故分母不需要减 1。

在数据分析中，需要注意数据是总体数据还是样本数据，并计算对应的方差、标准差，在实际中，大部分情况下的数据均为样本数据，所以以下未特殊说明的，默认为计算样本方差、样本标准差。

例如：未分组数据，1,5,9,10,10,12,13,18,20,25，其算术平均数 $\bar{x}=12.3$，故样本方差：

$$s^2=\frac{\sum_{i=1}^{n}\left(x_i-\bar{x}\right)^2}{n-1}=\frac{\left(1-12.3\right)^2+\left(5-12.3\right)^2+\cdots+\left(20-12.3\right)^2+\left(25-12.3\right)^2}{10-1}\approx50.68$$

标准差：

$$s=\sqrt{50.68}\approx7.12$$

例如：分组数据，某公司员工收入 10 000 元有 5 人，8000 元有 10 人，6000 元有 30 人，5000 元有 5 人，计算得到算术平均数 $\bar{x}=6700$，故样本方差：

$$s^2=\frac{\sum_{i=1}^{k}\left(M_i-\bar{x}\right)^2\bullet f_i}{n-1}$$

$$=\frac{\left(10\,000-6700\right)^2\times5+\left(8000-6700\right)^2\times10+\left(6000-6700\right)^2\times30+\left(5000-6700\right)^2\times5}{50-1}$$

$$\approx2\,051\,020.4$$

标准差：

$$s=\sqrt{2\,051\,020.4}\approx1432.14$$

方差、标准差的性质：①方差、标准差越大，数据越分散；②也会受极端值的影响；③在平方损失函数中用到的就是方差。

【学习思考】第一组数据"1,5,9,10,10,12,13,18,20,25"的标准差 $s\approx7.12$，第二组数据"某公司员工收入 10 000 元有 5 人，8000 元有 10 人，6000 元有 30 人，5000 元有 5 人"的收入标准差 $s\approx1432.14$，哪组数据更分散呢？

如果直接比较标准差，很容易得出第二组数据更分散的结论，但第一组数据的数据水平（$\bar{x} = 12.3$）比第二组数据的数据水平（$\bar{x} = 6700$）低很多，能直接比较吗？为了让不同量纲数据的离散程度可以比较，需要引入离散系数。

3）离散系数

离散系数也称变异系数，根据平均差计算的离散系数也称平均差系数，根据标准差计算的离散系数也称标准差系数，实际中常用标准差系数，由标准差除以算术平均数得到。

$$离散系数（标准差系数）= \frac{标准差}{算术平均数}$$

例如：第一组数据"1,5,9,10,10,12,13,18,20,25"的标准差 $s \approx 7.12$，算术平均数 $\bar{x} = 12.3$，则其离散系数 ≈ 0.579；第二组数据"某公司员工收入 10 000 元有 5 人，8000 元有 10 人，6000 元有 30 人，5000 元有 5 人"的收入标准差 $s \approx 1432.14$，算术平均数 $\bar{x} = 6700$，则其离散系数 ≈ 0.214。所以第一组数据更分散。

离散系数的性质：①测量了数据的相对离散程度，常用于不同组数据离散程度的比较；②可以消除数据水平不同和数据计量单位不同对数据离散程度的影响。

4.2.3 分布形态的描述

数据分布是否存在偏斜、是否扁平，这需要进一步对数据分布形态进行描述。我们把数据分布的偏斜程度称为偏态，把数据分布的尖峰扁平程度称为峰态，以下分别讲述这两种分布形态。

1. 偏态

偏态是指数据分布的偏斜程度。它衡量了数据的对称性情况（这里只讨论单峰情形），由统计学家 Karl Pearson 于 1895 年首次提出。偏态可以用偏态系数（符号记作 SK）来测量，其计算方法有很多，常用的有如下两种。

方法一，比较众数和平均数：

$$SK = \frac{平均数 - 众数}{标准差}$$

若平均数大于众数，则 SK 为正，故称正偏；若平均数等于众数，则 SK 为 0，故称无偏（对称）；若平均数小于众数，则 SK 为负，故称负偏（有的资料上用平均数 − 均值）。

方法二，Pearson 偏态系数计算法（Excel 中采用的是此计算方法）：

未分组数据：

$$SK = \frac{n\sum_{i=1}^{n}(x_i - \overline{x})^3}{(n-1)(n-2)s^3}$$

式中，s 为样本标准差。

分组数据：

$$SK = \frac{\sum_{i=1}^{k}(M_i - \overline{x})^3 \bullet f_i}{ns^3}$$

这里所有数据被分为 k 个组；M_i 为各组数据值，若分组值为区间，则选用区间组中值 M_i 代表这组数据的所有数据；各组数据的频数分别为 f_i。

偏态的性质：① SK=0 时对称分布；SK>0 时正偏分布，由于此时分布的尾巴在右侧，故又称右偏分布；SK<0 时负偏分布，由于此时分布的尾巴在左侧，故又称左偏分布。不同偏态分布的示意图如图 4-3 所示。②实际中，常根据偏态系数的大小判断偏态的程度：$0 < |SK| \leqslant 0.5$ 为低度偏态；$0.5 < |SK| \leqslant 1$ 为中等偏态；$|SK| > 1$ 为高度偏态。

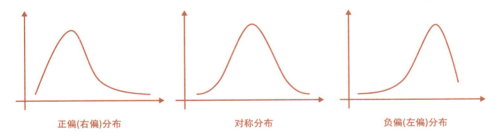

正偏(右偏)分布   对称分布   负偏(左偏)分布

图 4-3　不同偏态分布的示意图

例如：未分组数据，1,5,9,10,10,12,13,18,20,25，其算术平均数 $\overline{x} = 12.3$，标准差 $s \approx 7.12$，故偏态系数（采用 Pearson 偏态系数计算法）：$SK = \frac{n\sum_{i=1}^{n}(x_i - \overline{x})^3}{(n-1)(n-2)s^3} \approx 0.3073$，故该数据的分布有一定的偏斜，且为低度右偏。

例如：分组数据，某公司员工收入 10 000 元有 5 人，8000 元有 10 人，6000 元有 30 人，5000 元有 5 人，计算得到算术平均数 $\overline{x} = 6700$，标准差 $s \approx 1432.14$，故偏态系数：

$$\mathrm{SK} = \frac{\sum_{i=1}^{k}\left(M_i - \bar{x}\right)^3 \bullet f_i}{ns^3} \approx 1.136$$，故该数据的分布呈现高度右偏。

在不同偏态中，比较众数（M_o）、中位数（M_e）、算术平均数（$\bar{x}$）的大小关系：①在对称分布中，众数在峰值点取得，中位数在正中间，也在峰值点，算术平均数是重心点，故也在峰值点，所以在对称分布中：众数（M_o）=中位数（M_e）=算术平均数（$\bar{x}$）。②在左偏分布中，众数作为峰值点，取值最大，众数左边的数据比右边的数据多，故中位数在众数左边，由于左偏分布在左边有极小值，极小值不影响中位数的大小，但影响算术平均数的大小，会将算术平均数变小（这里假定极小值对算术平均数的影响显著），故左偏分布中，众数（M_o）>中位数（M_e）>算术平均数（$\bar{x}$）。③右偏分布中，与左偏分布相反，众数（M_o）<中位数（M_e）<算术平均数（$\bar{x}$）。因此，众数（M_o）和中位数（M_e）常可以在数据分布偏斜程度较大时应用，算术平均数（$\bar{x}$）常在数据对称分布或接近对称分布时应用。

2. 峰态

峰态是指数据分布的尖峰扁平程度。它衡量了数据相对于标准正态分布的尖峰扁平情况（这里只讨论单峰情形），由统计学家 Karl Pearson 于 1905 年首次提出。峰态可以用峰态系数（符号记作 K）来测量，这里介绍基于中心距的峰态系数（Excel 中采用的是此计算方法）。

未分组数据：

$$K = \frac{n\left(n+1\right)\sum_{i=1}^{n}\left(x_i - \bar{x}\right)^4 - 3\left[\sum_{i=1}^{n}\left(x_i - \bar{x}\right)^2\right]^2\left(n-1\right)}{\left(n-1\right)\left(n-2\right)\left(n-3\right)s^4}$$

式中，s 为样本标准差。

分组数据：

$$K = \frac{\sum_{i=1}^{k}\left(M_i - \bar{x}\right)^4 \bullet f_i}{ns^4} - 3$$

这里所有数据被分为 k 个组；M_i 为各组数据值，若分组值为区间，则选用区间组中值 M_i 代表这组数据的所有数据；各组数据的频数分别为 f_i。

峰态的性质：①$K=0$ 时尖峰扁平适中（与标准正态分布近似）；$K>0$ 时尖峰分布；$K<0$ 时扁平分布。不同峰态的示意图如图 4-4 所示。②在峰态系数的计算过程中，

若不减 3，则计算结果与 3 比较。

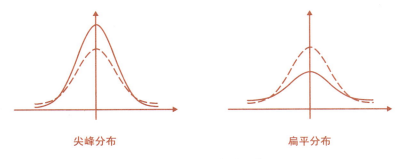

尖峰分布　　　　　　　　　扁平分布

图 4-4　不同峰态的示意图

例如：未分组数据，1,5,9,10,10,12,13,18,20,25，其算术平均数 $\bar{x} = 12.3$，标准差 $s \approx 7.12$，故峰态系数：

$$K = \frac{n(n+1)\sum_{i=1}^{n}(x_i - \bar{x})^4 - 3\left[\sum_{i=1}^{n}(x_i - \bar{x})^2\right]^2(n-1)}{(n-1)(n-2)(n-3)s^4} \approx -0.0983，故该数据的分布$$

呈现扁平状态。

例如：分组数据：某公司员工收入 10 000 元有 5 人，8000 元有 10 人，6000 元有 30 人，5000 元有 5 人，计算得到算术平均数 $\bar{x} = 6700$，标准差 $s \approx 1432.14$，故峰态系数：

$$K = \frac{\sum_{i=1}^{k}(M_i - \bar{x})^4 \cdot f_i}{ns^4} - 3 \approx 0.1877，故该数据的分布呈现尖峰状态。$$

以上从数据的集中趋势、离散程度、分布形态（偏态、峰态）3 个方面全面地对数据进行了描述性统计分析。

📊 4.2.4　描述性统计图表

在完成以上数据描述性统计分析之后，需要对数据进行解释，借用一些简单的统计表和统计图能辅助解释，接下来介绍一些常用的描述性统计分析的统计表和统计图。

1．整理数据的重要工具——统计表

在数据分析中，常用到的统计表是频数分布表，其将杂乱无章的数据按照取值情况进行分组整理，并计算相关指标，从中可以初步看出数据的分布情况。频数分

布表常在表的第一列列出类别或组别，第二列统计各类别或组别的频数，并可以进一步计算各类别或组别的频率，对于顺序数据和数值数据，还可以进一步计算累计频数、累计频率等。

例如：分类数据，某班男生 30 人，女生 20 人，制作成频数分布表，如表 4-8 所示。

表 4-8　某班学生性别的频数分布表

性别	频数	频率
男	30	60%
女	20	40%
合计	50	100%

例如：顺序数据，某次考试，成绩优秀 9 人，良好 20 人，中等 25 人，差等 6 人，制作成频数分布表，如表 4-9 所示。

表 4-9　某班某次考试成绩等级的频数分布表

等级水平	频数	频率	累计频数	
			向上累计	向下累计
差等	6	10%	6	60
中等	25	41.7%	31	54
良好	20	33.3%	51	29
优秀	9	15%	60	9
合计	60	100%		

例如：数值数据，某公司员工收入 10 000 元有 5 人，8000 元有 10 人，6000 元有 30 人，5000 元有 5 人，制作成频数分布表，如表 4-10 所示。

表 4-10　某公司员工收入情况的频数分布表

收入	频数	频率	累计频数	
			向上累计	向下累计
5000	5	10%	5	50
6000	30	60%	35	45

续表

收入	频数	频率	累计频数	
			向上累计	向下累计
8000	10	20%	45	15
10 000	5	10%	50	5
合计	50	100%		

需要注意的是，对于顺序数据和数值数据，在频数分布表中可以计算数据的累计频数或累计频率，累计从累计方向上可以分为向上累计和向下累计。其中向上累计表示数据从开始一方（差的、小的）往最后一方（好的、大的）累计，向下累计表示数据从最后一方（好的、大的）往开始一方（差的、小的）累计。建议大家在计算累计频数时，将数据按照从差到好、从小到大的方向排序。

2. 展示数据的重要工具——统计图

统计表将数据信息清晰地整理在表中，为进一步将数据信息直观、形象展示出来，我们引入统计图来实现这一目标，以下介绍几个数据分析过程中常用的、基本的统计图。

1）饼图——常用于结构分析

饼图是将饼（圆形）按照各类别数据在总数据中所占比重进行等分，用于展示各类别比重结构状况，在各饼处可以标注数据的频数或频率情况，对于多个类别的数据，需要添加图例注明图中各部分代表的类别。分类数据、顺序数据和数值数据均可以使用。将饼图改进，中间挖空，得到环形图，环形图可以同时展示多个总体或样本的数据，多个总体或样本的环形图可以进行多总体或样本数据的对比分析。饼图、环形图示意图如图 4-5 所示。

2）条形图（柱形图）——常用于对比分析

条形图（柱形图）将数据各类别的频数或频率画出条形（柱形），常将横置的图称为条形图，将竖置的图称为柱形图，通过各条形或柱形的对比，可以明显看出各类别的差异，如图 4-6（a）所示。在各条形或柱形顶端处可以标注数据的频数或频率情况，对于多个总体或样本的数据，需要添加图例注明数据与总体或样本的对应情况。分类数据、顺序数据和数值数据均可以使用条形图（柱形图）。

条形图（柱形图）的各个类别可以任意排序，但如果将各类别按照频数从大到小排序，得到的图称为帕累托图，如图 4-6（b）所示。帕累托图能推出一个著名的结论——二八法则。

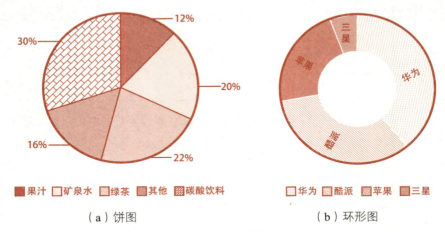

（a）饼图 　　　　　　　　　　　（b）环形图

图 4-5　饼图、环形图示意图

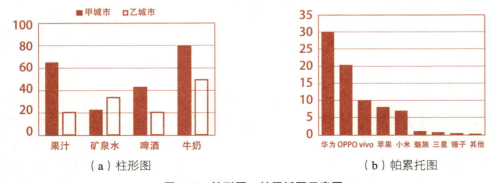

（a）柱形图 　　　　　　　　　　　（b）帕累托图

图 4-6　柱形图、帕累托图示意图

3）直方图——常用于观察数据的分布形态

直方图是数值数据的图，将数据按照分组情况画出各组的直方，通过观察直方的变化情况，可以初步确定数据的分布形态。直方图与柱形图很像，区别在于柱形图是分类数据的方法，其横轴为类别轴，各类别之间无固定顺序，故各类别间需要间隔开；而直方图是数值数据的方法，其横轴为数轴，需要按照数轴的顺序排列，且数据要求连续，故各直方中间无间隔，如图 4-7 所示。

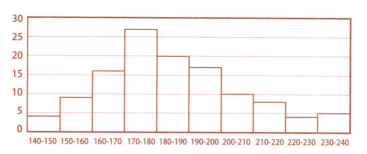

图 4-7　直方图示意图

4）箱线图——常用于观察数据分布特征

　　箱线图（也有人称为盒须图）由一个箱子、两条线构成，可以横置也可以竖置（通常采用竖置的箱线图）。竖置时上面一条线的顶端表示该组数据的最大值，下面一条线的底端表示该组数据的最小值，中间的箱子上端为该组数据的上四分位数，下端为该组数据的下四分位数，箱子的中间有一条横线表示该组数据的中位数。由于箱线图由数据的最小值、最大值、上四分位数、下四分位数、中位数 5 个指标构成，因此在实际数据分析中箱线图常用来观察数据分布特征。由于箱线图中最大值和最小值可能是极端值，为避免极端值影响数据分布特征的观察，因此在制作箱线图时，常先剔除极端值再制作箱线图。箱线图如图 4-8（a）所示。

　　箱线图的上面一条线的顶端和下面一条线的底端的距离就是极差，可以用来反映极端值之外的数据范围；中间箱子的高度，就是四分位差，可以用来反映处于中间 50% 数据的分散情况。从中位数的位置可以看出数据的分散情况，若中位数在"上面一条线的顶端和下面一条线的底端"中靠下方，则表明前半数据集中，后半数据分散；反之就是前半数据分散，后半数据集中。若中位数在"箱子的上端和箱子的下端"中靠下方，则表明数据中间一半的数据的前半数据集中，后半数据分散；反之就是数据中间一半的数据的前半数据分散，后半数据集中（竖置的箱线图对应纵轴，靠下方的数据是前半部分数据）。

　　在实际中，有一个类似于箱线图的实用图——股票的 K 线图，不同的是 K 线图只有 4 个指标：最高价、最低价、开盘价、收盘价，其中开盘价和收盘价用箱子表示，箱子两端分别连接最高价和最低价。若开盘价在上、收盘价在下，则表明这只股票当天跌了，整个图用绿色表示；若收盘价在上、开盘价在下，则表明这只股票当天涨了，整个图用红色表示，当然也可以根据用户的喜好切换红绿色。K 线图如图 4-8（b）所示。

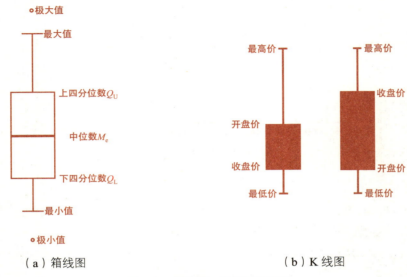

（a）箱线图 　　　　　　　　　　　　　　（b）K线图

图4-8　箱线图、K线图示意图

5）线图——常用于描述变量的变化情况（时间序列数据）

　　线图是用于描述时间序列数据的常用图。它是以横轴表示时间、纵轴表示变量值，将各时间的变量值描点，相邻点连线得到的图。通过观察线图的变量值，可以清晰地看出变量的变化情况。线图示意图如图4-9所示。

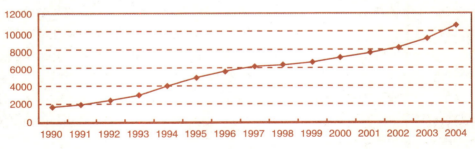

图4-9　线图示意图

6）散点图——常用于描述变量间的相关关系

　　散点图常用于描述变量间的相关关系，其横轴表示一个变量，纵轴表示另一个变量。根据个体数据在图中描点，得到的图就是散点图。需要注意的是，散点图的各个散点之间不能连线，这与线图不一样，线图的各点之间有时间顺序，故可以连线，而散点图的各散点之间没有固定的顺序，故不能连线。散点图示意图如图4-10所示。

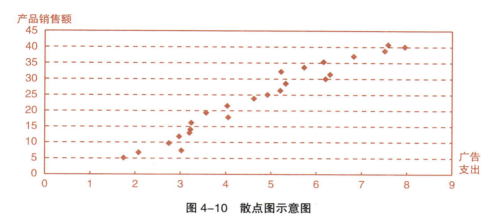

图 4-10　散点图示意图

　　需要注意的是，统计表和统计图是两个不同的统计工具，统计表的作用是整理数据，统计图的作用是展示数据。在实际应用中，有的既像图又像表，不容易识别，故统计学中规定，统计表的标题放在表上方（表头），统计图的标题放在图下方。此外，在统计表的制作中，规定表两端不封口，上下用粗线，其他用细线，去掉一些不必要的线，让统计表看起来尽量简洁；在统计图中也尽量去掉一些不必要的线，让统计图看起来简洁。一份报告中，当统计表和统计图较多时，需要加上表号和图号。当统计表和统计图中的数据来自其他资料时，需要在统计表和统计图的下方备注清楚数据来源，如果有难以理解的专业名词，还要对这些名词进行注释，让报告查看者能清晰地看懂并理解统计表和统计图的内容。

　　本章将辅助进行数据分析的图表类型基本上都介绍了，这里说明一下，第 7 章的第 1 节会更全面地介绍可视化图表。那么这两章的图表尤其是图又有什么区别呢？

　　本章的图表结果更多的是让分析人员自己或者比较专业的人看的，这些图表不能直接呈现给外行人看，否则可能会把人看蒙，这些图表是为了让分析人员更好地分析数据，从而选择合适的模型或者更好地理解数据的真实情况而画的。

　　本章介绍的图中，直方图、箱线图、散点图都是比较专业的统计图形，尤其是前两个，需要认真学习图形背后的统计学思维，才能够看懂，对于不具备统计学知识的人来说，是不太能看懂的。如果作图是为了给非专业人员看的，不建议呈现这种图形。

　　除了专业的统计图形，本章还介绍了饼图、条形图（柱形图），这些图可以帮助分析人员更好地理解数据和解读数据，同时对非专业人员也比较友好，不需要具备太专业的知识也能看懂，所以这几个图形在第 7 章的时候又换了一个角度进行讲解。

本章和第 7 章重叠介绍的图形其实是同一个图形的不同应用角度，本章是从分析人员更好地进行分析得出结论的角度进行讲解的，第 7 章是从为了更好地呈现结果的角度进行讲解的。大家在阅读时可以注意一下。

4.3 常用的数据分布

前面对描述性统计分析方法进行了讲解，本书作为 CDA LEVEL Ⅰ 教材，暂不介绍推断性统计分析方法，其将在 CDA LEVEL Ⅱ 教材中进行讲解，为了在 CDA LEVEL Ⅱ 中能顺利学习好推断性统计分析方法，这里讲解一些推断性统计分析方法的基础理论——常用的分布，为后续学习推断性统计分析方法打下基础。以下介绍 6 个常用的分布：两点分布、二项分布、正态分布（含标准正态分布）、χ^2 分布、t 分布、F 分布。

在正式学习各类分布之前，我们先了解一些概率的相关知识，学习具体分布的时候会用到。

随机试验：结果不确定的试验。例如，进行一次抛硬币试验，结果是不确定的，可能是正面朝上，也可能是背面朝上。对于随机试验的结果，我们称其为随机事件，如抛硬币正面朝上为一随机事件。用于表示随机事件的变量称为随机变量，若随机变量的取值可一一列举，则称为离散型随机变量；若不可一一列举，则称为连续型随机变量。对于多个随机事件，若其结果互不影响，则称其相互独立。

概率（Probability）：用于描述随机事件发生的可能性大小，常用符号 P 表示，如事件 X 的概率记作 $P(X)$。概率的取值范围为 [0,1]，最小为 0，最大为 1。若某随机事件是必然事件，则其概率为 1；若是不可能事件，则其概率为 0。

常记：离散型随机变量 X 的 n 个取值为 x_i（$i=1,2,\cdots,n$），对应的概率为 p_i；连续型随机变量 X 的取值为 $x, x \in (a,b)$，对应的概率密度为 $f(x)$。

期望（Expect）：也称平均数、均值，常用于研究与概率相关的问题中，是随机变量的重要特征值，表示随机事件取值的集中趋势。期望的计算方法如下：①对于离散型随机变量，期望＝随机变量的取值与其对应概率的乘积，再求和，即期望 $E(X)=\sum x_i p_i$；②对于连续型随机变量，期望＝随机变量的取值与其对应概率密度的乘积，再求积分，即期望 $E(X)=\int_a^b xf(x)\mathrm{d}x$。

方差（Variance）：是随机变量的另一个重要特征值，表示随机事件取值的离散程度。在概率相关的问题中，方差的计算方法如下：①对于离散型随机变量，方差＝随机变量的取值与其期望离差的平方的期望，即方差 $Var(X) = E[x_i-E(X)]^2$；②对于连续型随机变量，方差＝随机变量的取值与其期望离差的平方的期望，即方差 $Var(X) = E[x-E(X)]^2$。此外，不管是离散型随机变量还是连续型随机变量，其方差也可以通过公式 $Var(X) = E(X^2)-[E(X)]^2$ 来计算。

4.3.1　两点分布与二项分布

在推断性统计分析方法中，总体比例是需要进行推断的重要参数，总体比例的推断需要用到两点分布和二项分布，以下介绍两点分布和二项分布的相关知识。

1．两点分布

两点分布是指只有两个结果的随机事件服从的分布，如抛硬币结果：正面朝上、背面朝上，满意情况：满意、不满意，事件发生情况：发生、不发生。对于有多个结果的随机事件，我们可以通过构建对立事件来得到两点分布，如学校的专业：统计学专业、非统计学专业（含统计学之外的其他所有专业），态度：非常赞成、不非常赞成（含赞成、中立、反对、非常反对等），电器：空调、其他（含空调之外的其他所有电器），即可以借用"非""不""其他"等词来构造对立事件。对于两点分布的两个结果，在一次试验中，有且仅有一个结果发生，两个结果"非此即彼"。

用 X 表示需要研究的随机事件，其中 $X=1$ 表示需要研究的结果，$X=0$ 表示结果的对立面。例如，抛硬币的结果，研究其正面朝上的概率分布，则记 $X=1$ 表示正面朝上，$X=0$ 表示背面朝上。若 $X=1$ 的概率为 p，则 $X=0$ 的概率为 $1-p$，如表 4-11 所示。

表 4-11　两点分布的概率分布表

X	0	1
概率	$1-p$	p

两点分布用符号表示为 $X \sim B(1, p)$。两点分布的期望和方差的计算公式分别为
期望：

$$E(X) = p$$

方差：

$$\text{Var}(X) = p(1-p)$$

例如，某人投篮，记 $X = 1$ 表示投中，概率为 $p = 0.3$，则 $X = 0$ 表示未投中，概率为 $1-p = 0.7$，如表 4-12 所示。

表 4-12　某人投篮的概率分布表

X	0	1
概率	0.7	0.3

计算该人投篮投中的期望 $E(X) = p = 0.3$，方差 $\text{Var}(X) = p(1-p) = 0.3 \times 0.7 = 0.21$。该人投一次篮，可以用两点分布来表示，那如果投 10 次篮呢？这需要用二项分布来表示。

2．二项分布

仍然考虑抛硬币的例子。抛一枚硬币出现正面和反面的概率各为 0.5，抛 1 次出现正面的概率肯定是 0.5，那么抛 2 次、抛 3 次呢？

掷 2 次出现的结果有 4 个，正正、正反、反正、反反。因为 $p=0.5$，所以每个结果出现的概率是 $0.5 \times 0.5 = 0.25$，正面出现 2 次、1 次、0 次的概率分别是 0.25、0.5、0.25。

掷 3 次出现的结果有 8 个，正正正、正正反、正反正、正反反、反正正、反正反、反反正、反反反。每个结果出现的概率是 $0.5 \times 0.5 \times 0.5 = 0.125$，正面出现 3 次、2 次、1 次、0 次的概率分别是 0.125、0.375、0.375、0.125。这就是二项分布。

二项分布也称伯努利分布，将两点分布的试验独立重复进行多次，其结果就服从二项分布。设试验次数为 n，两点分布中 $X = 1$ 的概率为 p，则二项分布可以记作 $X \sim B(n, p)$，其中 B 指伯努利试验（伯努利提出的一种独立重复只有两个结果的试验）。因此，两点分布可以看作二项分布的特殊情况，可以看作只有一次试验的二项分布，故两点分布可以用符号记作 $X \sim B(1, p)$。

若两点分布中 $X = 1$ 的概率为 p，$X = 0$ 的概率为 $1-p$，则在二项分布中，随机变量 X 有 $n+1$ 个可能的取值结果：$X = 0, X = 1, X = 2, \cdots, X = n$，其取值为 k（$k=0,1,2,\cdots,n$）的概率为：

$$P(X = k) = C_n^k p^k (1-p)^{n-k}$$

表 4-13 所示的表，我们称其为概率分布表。

表 4–13　二项分布的概率分布表

X	0	1	2	⋯	k	⋯	n
概率	$(1-p)^n$	$C_n^1 p^1(1-p)^{n-1}$	$C_n^2 p^2(1-p)^{n-2}$	⋯	$C_n^k p^k(1-p)^{n-k}$	⋯	p^n

二项分布的期望和方差的计算公式分别为

期望：

$$E(X) = np$$

方差：

$$\mathrm{Var}(X) = np(1-p)$$

例如，某人投篮，记 $X = 1$ 表示投中，概率为 $p = 0.3$，则 $X = 0$ 表示未投中，概率为 $1-p = 0.7$，共投篮 10 次，则其概率分布如表 4-14 所示（结果保留 4 位小数）。

表 4–14　某人投篮 10 次的概率分布表

X	0	1	2	3	4	5	6	7	8	9	10
概率	0.0282	0.1211	0.2335	0.2668	0.2001	0.1029	0.0368	0.0090	0.0014	0.0001	0.0000

根据期望的计算公式，该人 10 次投篮投中的期望 $E(X) = np = 3$，方差 $\mathrm{Var}(X) = np(1-p) = 2.1$。另计算这 10 次投篮，至少有一次投中的概率为 $P(X \geq 1) = 1-P(X=0) = 0.9718$。

两点分布和二项分布的应用：在比例的研究中，比例实际上是服从二项分布的。以估计全校男生比例为例，估计全校男生的比例需要全校抽取 100 个人进行调查，抽到的每个人要不是男生，要不就是女生，即每个人的性别均服从两点分布，故独立重复 100 次，抽到 100 个人，这 100 人中男生的比例就是二项分布。

4.3.2　正态分布与标准正态分布

正态分布是数据分析中常用的一种分布，下面我们先介绍普通的正态分布，然后介绍正态分布的一种特殊情形——标准正态分布。

1. 正态分布

正态分布，也称常态分布、高斯分布。它最早由法国数学家棣莫弗 1733 年在求二项分布的渐近公式中得到，后由德国数学家高斯（Gauss）在研究测量误差时推导得到其概率密度函数公式。正态分布在当前社会科学、自然科学等均起到重要作用，也是我们日常生活中常用的分布。在数据分析中，很多时候如果不确定数据的分布形态，常假定数据服从正态分布。

正态分布是一个连续型分布，设随机变量 X 服从正态分布，其期望为 μ，方差为 σ^2，则其概率密度函数 $f(x)$ 为

$$f\left(x\right)=\frac{1}{\sigma\sqrt{2\pi}}\,\mathrm{e}^{-\frac{(x-\mu)^2}{2\sigma^2}}, \quad -\infty<x<\infty$$

X 服从正态分布，记作 $X \sim N(\mu,\sigma^2)$，其概率密度分布图如图 4-11 所示。

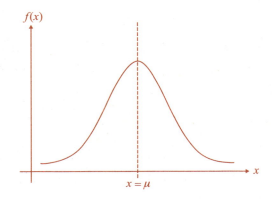

图 4-11　正态分布的概率密度分布图

根据图 4-11 所示的正态分布的概率密度分布图，可知正态分布的性质：①概率密度函数在 x 轴的上方，即 $f(x)>0$。②正态曲线的最高点对应的 x 值为期望 μ，它也是分布的中位数和众数。③正态分布是一个分布族，每个特定正态分布都通过期望 μ 的方差 σ^2 来区分；期望 μ 决定曲线最高点的位置，方差 σ^2 决定曲线的平缓程度，即宽度。④曲线 $f(x)$ 相对于期望 μ 对称，尾端向两个方向无限延伸，且理论上永远不会与横轴相交。⑤正态曲线下的总面积（概率）等于 1。

在实际中，我们更关心正态曲线下某两点之间的面积（概率），如 $P(a<X<b)$，这可以使用分布函数来计算。正态分布的分布函数 $F(x)$ 表示在正态分布 $N(\mu,\sigma^2)$ 曲线中，$X=x$ 左侧的面积（概率），其计算公式为

$$F\left(x\right)=P\left(X\leqslant x\right)=\int_{-\infty}^{x}f\left(t\right)\mathrm{d}t=\int_{-\infty}^{x}\frac{1}{\sigma\sqrt{2\pi}}\,\mathrm{e}^{-\frac{(t-\mu)^2}{2\sigma^2}}\,\mathrm{d}t$$

分布函数的取值情况和特征用图形表示，如图 4-12 所示，从图中可以看出，可以由概率密度函数（左）得到分布函数（右）。

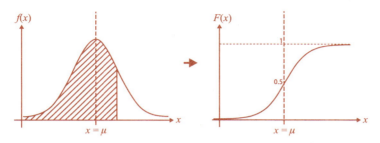

图 4-12　正态分布的概率密度函数（左）和分布函数（右）

由于分布函数的定积分计算过程比较复杂，我们常根据计算机模拟出 $F(x)$ 的值，做出一张表分布函数表，然后查表即可快速方便计算面积（概率）。但正态分布是一个分布族，每个特定的正态分布均可以做一张分布函数表，如果每求一个正态分布的面积（概率）就做一张分布函数表，工作量非常大。为便于研究，我们在所有的正态分布中挑选了一个最简化的正态分布，取期望 $\mu = 0$，方差 $\sigma^2 = 1$，我们将其称为标准正态分布，下面我们对其进行详细介绍。

2. 标准正态分布

标准正态分布作为一种重要的特殊分布，我们常用一些特定的表示符号来表示其概率密度函数和分布函数。标准正态分布的概率密度函数通常用符号 $\varphi(x)$ 表示，分布函数用 $\Phi(x)$ 表示；普通正态分布的概率密度函数通常用符号 $f(x)$ 表示，分布函数用 $F(x)$ 表示。

标准正态分布是正态分布中最简化的正态分布，取正态分布中的期望 $\mu = 0$，方差 $\sigma^2 = 1$，得到标准正态分布的概率密度函数 $\varphi(x)$ 为

$$\varphi(x) = \frac{1}{\sqrt{2\pi}} e^{-\frac{x^2}{2}}, \ -\infty < x < \infty$$

记作 $X \sim N(0,1)$，标准正态分布的概率密度分布图如图 4-13 所示。

由图 4-13 可以看出，标准正态分布的函数和图像与普通正态分布有相似的性质，不同的是：①标准正态曲线的最高点对应的 x 值在期望 0 处，即标准正态分布关于 $x = 0$，也就是 y 轴对称；②标准正态分布是唯一的、确定的，其对称轴是确定的，宽度也是确定的。

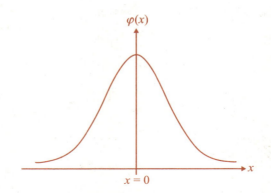

图 4-13　标准正态分布的概率密度分布图

标准正态分布的分布函数 $\Phi(x)$，表示在标准正态分布 $N(0,1)$ 曲线中，$X = x$ 左侧的面积（概率），计算公式为

$$\Phi(x) = P(X \leqslant x) = \int_{-\infty}^{x} \varphi(t)\,\mathrm{d}t = \int_{-\infty}^{x} \frac{1}{\sqrt{2\pi}}\, \mathrm{e}^{-\frac{t^2}{2}}\,\mathrm{d}t$$

从上式中可以看出，标准正态分布的分布函数里面已经没有了 μ 和 σ，因为 μ 为 0，σ 为 1。标准正态分布的分布函数图是确定的，具体如图 4-14 所示。

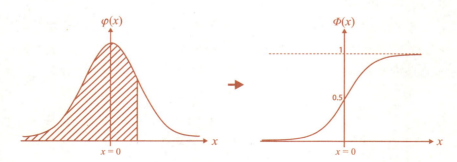

图 4-14　标准正态分布的概率密度函数（左）和分布函数（右）

根据标准正态分布的分布函数计算公式，采用计算机模拟的方式可以制作标准正态分布的分布函数表，具体如表 4-15 所示。表 4-15 中最左侧一列为所查数据的个位和十分位，最上面一行为百分位，根据数据的个位、十分位与百分位的交叉查到该数据在标准正态分布中左侧的概率（面积），表中结果保留 4 位小数，3.90 之后的结果 1.0000 实际上是因为小数保留的结果。

表 4-15　标准正态分布的分布函数表

	0.00	0.01	0.02	0.03	0.04	0.05	0.06	0.07	0.08	0.09
0.0	0.5000	0.5040	0.5080	0.5120	0.5160	0.5199	0.5239	0.5279	0.5319	0.5359
0.1	0.5398	0.5438	0.5478	0.5517	0.5557	0.5596	0.5636	0.5675	0.5714	0.5753
0.2	0.5793	0.5832	0.5871	0.5910	0.5948	0.5987	0.6026	0.6064	0.6103	0.6141
0.3	0.6179	0.6217	0.6255	0.6293	0.6331	0.6368	0.6406	0.6443	0.6480	0.6517
0.4	0.6554	0.6591	0.6628	0.6664	0.6700	0.6736	0.6772	0.6808	0.6844	0.6879
0.5	0.6915	0.6950	0.6985	0.7019	0.7054	0.7088	0.7123	0.7157	0.7190	0.7224
0.6	0.7257	0.7291	0.7324	0.7357	0.7389	0.7422	0.7454	0.7486	0.7517	0.7549
0.7	0.7580	0.7611	0.7642	0.7673	0.7704	0.7734	0.7764	0.7794	0.7823	0.7852
0.8	0.7881	0.7910	0.7939	0.7967	0.7995	0.8023	0.8051	0.8078	0.8106	0.8133
0.9	0.8159	0.8186	0.8212	0.8238	0.8264	0.8289	0.8315	0.8340	0.8365	0.8389
1.0	0.8413	0.8438	0.8461	0.8485	0.8508	0.8531	0.8554	0.8577	0.8599	0.8621
1.1	0.8643	0.8665	0.8686	0.8708	0.8729	0.8749	0.8770	0.8790	0.8810	0.8830
1.2	0.8849	0.8869	0.8888	0.8907	0.8925	0.8944	0.8962	0.8980	0.8997	0.9015
1.3	0.9032	0.9049	0.9066	0.9082	0.9099	0.9115	0.9131	0.9147	0.9162	0.9177
1.4	0.9192	0.9207	0.9222	0.9236	0.9251	0.9265	0.9279	0.9292	0.9306	0.9319
1.5	0.9332	0.9345	0.9357	0.9370	0.9382	0.9394	0.9406	0.9418	0.9429	0.9441
1.6	0.9452	0.9463	0.9474	0.9484	0.9495	0.9505	0.9515	0.9525	0.9535	0.9545
1.7	0.9554	0.9564	0.9573	0.9582	0.9591	0.9599	0.9608	0.9616	0.9625	0.9633
1.8	0.9641	0.9649	0.9656	0.9664	0.9671	0.9678	0.9686	0.9693	0.9699	0.9706
1.9	0.9713	0.9719	0.9726	0.9732	0.9738	0.9744	0.9750	0.9756	0.9761	0.9767
2.0	0.9772	0.9778	0.9783	0.9788	0.9793	0.9798	0.9803	0.9808	0.9812	0.9817
2.1	0.9821	0.9826	0.9830	0.9834	0.9838	0.9842	0.9846	0.9850	0.9854	0.9857
2.2	0.9861	0.9864	0.9868	0.9871	0.9875	0.9878	0.9881	0.9884	0.9887	0.9890
2.3	0.9893	0.9896	0.9898	0.9901	0.9904	0.9906	0.9909	0.9911	0.9913	0.9916
2.4	0.9918	0.9920	0.9922	0.9925	0.9927	0.9929	0.9931	0.9932	0.9934	0.9936
2.5	0.9938	0.9940	0.9941	0.9943	0.9945	0.9946	0.9948	0.9949	0.9951	0.9952
2.6	0.9953	0.9955	0.9956	0.9957	0.9959	0.9960	0.9961	0.9962	0.9963	0.9964
2.7	0.9965	0.9966	0.9967	0.9968	0.9969	0.9970	0.9971	0.9972	0.9973	0.9974
2.8	0.9974	0.9975	0.9976	0.9977	0.9977	0.9978	0.9979	0.9979	0.9980	0.9981

续表

	0.00	0.01	0.02	0.03	0.04	0.05	0.06	0.07	0.08	0.09
2.9	0.9981	0.9982	0.9982	0.9983	0.9984	0.9984	0.9985	0.9985	0.9986	0.9986
3.0	0.9987	0.9987	0.9987	0.9988	0.9988	0.9989	0.9989	0.9989	0.9990	0.9990
3.1	0.9990	0.9991	0.9991	0.9991	0.9992	0.9992	0.9992	0.9992	0.9993	0.9993
3.2	0.9993	0.9993	0.9994	0.9994	0.9994	0.9994	0.9994	0.9995	0.9995	0.9995
3.3	0.9995	0.9995	0.9995	0.9996	0.9996	0.9996	0.9996	0.9996	0.9996	0.9997
3.4	0.9997	0.9997	0.9997	0.9997	0.9997	0.9997	0.9997	0.9997	0.9997	0.9998
3.5	0.9998	0.9998	0.9998	0.9998	0.9998	0.9998	0.9998	0.9998	0.9998	0.9998
3.6	0.9998	0.9998	0.9999	0.9999	0.9999	0.9999	0.9999	0.9999	0.9999	0.9999
3.7	0.9999	0.9999	0.9999	0.9999	0.9999	0.9999	0.9999	0.9999	0.9999	0.9999
3.8	0.9999	0.9999	0.9999	0.9999	0.9999	0.9999	0.9999	0.9999	0.9999	0.9999
3.9	1.0000	1.0000	1.0000	1.0000	1.0000	1.0000	1.0000	1.0000	1.0000	1.0000
4.0	1.0000	1.0000	1.0000	1.0000	1.0000	1.0000	1.0000	1.0000	1.0000	1.0000

故根据标准正态分布的分布函数表，若 $X \sim N(0,1)$，则有：

$P(X \leq 2.16) = \Phi(2.16) = 0.9846$

$P(1 < X \leq 2) = \Phi(2) - \Phi(1) = 0.9772 - 0.8413 = 0.1359$

$P(X > 1) = 1 - P(X \leq 1) = 1 - \Phi(1) = 1 - 0.8413 = 0.1587$

$P(X < -1.5) = P(X > 1.5) = 1 - P(X \leq 1.5) = 1 - \Phi(1.5) = 1 - 0.9332 = 0.0668$

$P(|X| < 2) = P(-2 < X < 2) = \Phi(2) - \Phi(-2) = 2\Phi(2) - 1 = 2 \times 0.9772 - 1 = 0.9544$

以上计算的前提是 $X \sim N(0,1)$，实际中大部分都不是标准正态分布，对于一般的正态分布，如何计算其概率呢？一种思路是做一张该正态分布的分布函数表，但每次计算均要做表，工作量太大，所以通常不会被采用。另一种思路是先把这个正态分布转换成标准正态分布，然后查标准正态分布的分布函数表即可。我们通常会采用第二种思路，因为计算会比较简单。下面我们介绍一下第二种思路的具体实现过程。

对于任何普通正态分布 $N(\mu,\sigma^2)$，都可通过标准化公式：若 $X \sim N(\mu,\sigma^2)$，则 $Z = \dfrac{X - \mu}{\sigma} \sim N(0,1)$，将其转换成标准正态分布，因此，当要计算普通正态分布的概率时，可先将其转化为标准正态分布再计算。（这里的 Z 表示经过标准化后，服从正态分布的随机变量。）

例如，若 $X \sim N(1,4)$，则有：

$$P(X \leq 2.16) = P\left(\frac{X-1}{2} \leq \frac{2.16-1}{2}\right) = P(Z \leq 0.58) = \Phi(0.58) = 0.7190$$

$$P(1 < X \leq 2) = P\left(\frac{1-1}{2} < \frac{X-1}{2} \leq \frac{2-1}{2}\right) = P(0 < Z \leq 0.5) = \Phi(0.5) - \Phi(0)$$
$$= 0.6915 - 0.5 = 0.1915$$

$$P(X > 1) = P\left(\frac{X-1}{2} > \frac{1-1}{2}\right) = P(Z > 0) = 1 - \Phi(0) = 1 - 0.5 = 0.5$$

$$P(X < -1.5) = P\left(\frac{X-1}{2} < \frac{-1.5-1}{2}\right) = P(Z < -1.25) = P(X > 1.25) = 1 - P(X \leq 1.25)$$
$$= 1 - \Phi(1.25) = 1 - 0.8944 = 0.1056$$

$$P(|X| < 2) = P(-2 < X < 2) = P\left(\frac{-2-1}{2} < \frac{X-1}{2} \leq \frac{2-1}{2}\right) = P(-1.5 < Z \leq 0.5)$$
$$= \Phi(0.5) - \Phi(-1.5) = \Phi(0.5) + \Phi(1.5) - 1 = 0.6915 + 0.9332 - 1 = 0.6247$$

根据以上正态分布和标准正态分布的概率计算经验，有一个重要结论在数据分析工作中常用到：若一组数据服从或近似服从正态分布，则大约有 68.26% 的数据落在其均值 ±1 个标准差范围之内，大约有 95.44% 的数据落在其均值 ±2 个标准差范围之内，大约有 99.74% 的数据落在其均值 ±3 个标准差范围之内。下面证明一下这个结论。

【证明推导】若 $X \sim N(\mu, \sigma^2)$，则有：

$$P(\mu - k\sigma < X < \mu + k\sigma) = P\left(-k < \frac{X-\mu}{\sigma} < k\right) = P(-k < Z < k) = 2\Phi(k) - 1$$

若 $k=1$，则有 $P(\mu - \sigma < X < \mu + \sigma) = 2\Phi(1) - 1 = 2 \times 0.8413 - 1 = 0.6826$；

若 $k=2$，则有 $P(\mu - 2\sigma < X < \mu + 2\sigma) = 2\Phi(2) - 1 = 2 \times 0.9772 - 1 = 0.9544$；

若 $k=3$，则有 $P(\mu - 3\sigma < X < \mu + 3\sigma) = 2\Phi(3) - 1 = 2 \times 0.9987 - 1 = 0.9974$。

故结论成立。以上结论常用于置信区间的构造（这里暂时不展开讲述）及异常值的判断（实际中常用均值 ±3 个标准差作为异常值的判断，因为 99.74% 的数据是在这个范围内的，只有极少数据落在这个范围外，故可以判断为异常值）。

📊 4.3.3 χ^2 分布

χ^2 分布（卡方分布）最早在 1863 年由阿贝（Abbe）提出，后由海尔墨特（Hermert）和卡·皮尔逊（Karl Pearson）分别于 1875 年和 1900 年推导出来。

可以通过标准正态分布来定义 χ^2 分布：若随机变量 $X_1, X_2, \cdots, X_n$ 相互独立，且都服从标准正态分布 $N(0,1)$，则它们的平方和 $Y = \sum_{i=1}^{n} X_i^2$ 服从自由度为 n 的 χ^2 分布，记作 $Y \sim \chi^2(n)$。χ^2 分布的概率密度分布图如图 4-15 所示。

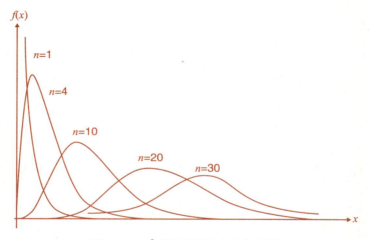

图 4-15 χ^2 分布的概率密度分布图

χ^2 分布的性质和特点如下。

（1）由于 χ^2 分布是标准正态分布的平方和，故其变量值始终为正。

（2）分布的形状取决于其自由度 n 的大小，通常为不对称的正偏分布，但随着自由度的增大逐渐趋于对称，当 $n \to \infty$ 时，χ^2 分布的极限分布是正态分布。

（3）可以证明得到，χ^2 分布的期望 $E(\chi^2) = n$，方差 $\mathrm{Var}(\chi^2) = 2n$，$n$ 为自由度。

（4）可加性：若 U 和 V 是两个相互独立的 χ^2 分布，$U \sim \chi^2(n_1)$，$V \sim \chi^2(n_2)$，则 $U + V$ 服从自由度为 $n_1 + n_2$ 的 χ^2 分布。

（5）若 $X \sim N(0,1)$，则 $\chi^2 \sim \chi^2(1)$。

（6）若总体为正态分布 $N(\mu, \sigma^2)$，则有 $\dfrac{(n-1)s^2}{\sigma^2} \sim \chi^2(n-1)$。

证明：若总体为正态分布 $N(\mu,\sigma^2)$，则有 $\dfrac{(n-1)s^2}{\sigma^2} \sim \chi^2(n-1)$。

证：因为 $s^2 = \dfrac{\sum(x_i - \overline{x})^2}{n-1}$，所以 $(n-1)s^2 = \sum(x_i - \overline{x})^2$，所以 $\dfrac{(n-1)s^2}{\sigma^2} = \dfrac{\sum(x_i - \overline{x})^2}{\sigma^2}$

$= \sum\left(\dfrac{x_i - \overline{x}}{\sigma}\right)^2$。因为总体为正态分布 $N(\mu,\sigma^2)$，所以 $\dfrac{x_i - \mu}{\sigma} \sim N(0,1)$，则有 $\sum\left(\dfrac{x_i - \mu}{\sigma}\right)^2$

$\sim \chi^2(n)$，用 $\overline{x}$ 替换 μ 会损失一个自由度，故有 $\sum\left(\dfrac{x_i - \overline{x}}{\sigma}\right)^2 \sim \chi^2(n-1)$，所以 $\dfrac{(n-1)s^2}{\sigma^2} \sim$

$\chi^2(n-1)$。

χ^2 分布是相互独立的标准正态分布的平方和，故常用于含离差平方和的研究中，如方差的估计、方差的假设检验、列联分析等问题。

4.3.4　t 分布

t 分布也称学生氏分布，是威廉·戈塞特于 1908 年在一篇以"学生"为笔名的论文中首次提出的。威廉·戈塞特在研究小样本问题时，发现标准正态分布存在较大误差，用 t 分布结果更为精确。

可以通过标准正态分布和 χ^2 分布来定义 t 分布：设 $X \sim N(0,1)$，$Y \sim \chi^2(n)$，且 X 与 Y 相互独立，则 $t = \dfrac{X}{\sqrt{Y/n}} \sim t(n)$。$t$ 分布的概率密度分布图如图 4-16 所示。

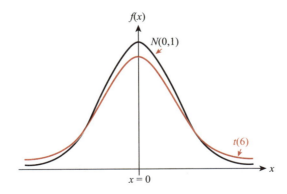

图 4-16　t 分布的概率密度分布图

t 分布的性质和特点如下。

（1）当 $n \geq 2$ 时，t 分布的数学期望 $E(t) = 0$；当 $n \geq 3$ 时，t 分布的方差 $\mathrm{Var}(t) = \dfrac{n}{n-2}$，结合 t 分布和标准正态分布的形状，两者均关于 y 轴对称（期望均为 0），但 t 分布的方差稍大于 1，导致 t 分布比标准正态分布稍微宽一点，从而在对称轴处 t 分布的峰值稍微小一点。

（2）随着自由度 n 的增加，t 分布的概率密度函数越来越接近标准正态分布的概率密度函数，在实际中，当 $n \geq 30$ 时，t 分布与标准正态分布非常接近。

（3）若总体为正态分布 $N(\mu, \sigma^2)$，且 $\bar{x} \sim N\left(\mu, \dfrac{\sigma^2}{n}\right)$，则有 $\dfrac{\bar{x} - \mu}{s/\sqrt{n}} \sim t(n-1)$。

我们通过性质（3）的证明来看一下 t 分布与正态分布的关系。

证明：若总体为正态分布 $N(\mu, \sigma^2)$，且 $\bar{x} \sim N\left(\mu, \dfrac{\sigma^2}{n}\right)$，则有 $\dfrac{\bar{x} - \mu}{s/\sqrt{n}} \sim t(n-1)$。

证：因为 $\bar{x} \sim N\left(\mu, \dfrac{\sigma^2}{n}\right)$，所以 $\dfrac{\bar{x} - \mu}{\sigma/\sqrt{n}} \sim N(0,1)$，故 $\dfrac{\bar{x} - \mu}{s/\sqrt{n}} = \dfrac{(\bar{x} - \mu)/(\sigma/\sqrt{n})}{(s/\sqrt{n})/(\sigma/\sqrt{n})} =$

$$\dfrac{N(0,1)}{s/\sigma} = \dfrac{N(0,1)}{\sqrt{s^2/\sigma^2}} = \dfrac{N(0,1)}{\sqrt{\dfrac{(n-1)s^2/\sigma^2}{n-1}}} = \dfrac{N(0,1)}{\sqrt{\dfrac{\chi^2(n-1)}{n-1}}} \sim t(n-1)。$$

t 分布的提出为统计学补充和完善了小样本理论，在实际数据分析中，小样本问题的研究需要用到 t 分布，且由于在大样本情况下，t 分布非常接近于标准正态分布，在很多学科中，t 分布几乎替代了标准正态分布（小样本需要用 t 分布，大样本也可以用 t 分布）。

📊 4.3.5　F 分布

F 分布是统计学家费希尔（R.A.Fisher）于 1924 年提出的，后以其姓氏的第一个字母来命名。

可以通过 χ^2 分布来定义 F 分布：设 $U \sim \chi^2(m)$，$V \sim \chi^2(n)$，且 U 和 V 相互独立，则 $F = \dfrac{U/m}{V/n} \sim F(m,n)$。$F$ 分布的概率密度分布图如图 4-17 所示。

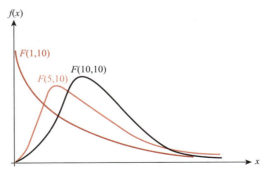

图 4-17　F 分布的概率密度分布图

F 分布的性质和特点如下。

（1）F 分布的期望 $E(F) = \dfrac{n}{n-2}$，$n > 2$；方差 $\mathrm{Var}(F) = \dfrac{2n\,(m+n-2)}{m(n-2)(n-4)}$，$n > 4$。

（2）F 分布的 p 分位数 $F_p(m,n) = \dfrac{1}{F_{1-p}(n,m)}$。

（3）若 $t \sim t(n)$，则 $t^2 \sim F(1,n)$。

（4）同一正态总体 $N(\mu,\sigma^2)$ 的两个独立样本方差分别为 $s_1^2 = \dfrac{\sum_{i=1}^{n_1}\left(x_i - \overline{x}\right)^2}{n_1 - 1}$，

$s_2^2 = \dfrac{\sum_{i=1}^{n_2}\left(x_i - \overline{x}\right)^2}{n_2 - 1}$，则有 $\dfrac{s_1^2}{s_2^2} \sim F(n_1 - 1, n_2 - 1)$。

下面我们通过一个证明推导过程来展示 t 分布与 F 分布的联系。

【证明推导】若 $t \sim t(n)$，则 $t^2 \sim F(1,n)$。

已知 $t \sim t(n)$，所以 $t = \dfrac{N(0,1)}{\sqrt{\chi^2(n)/n}}$，故 $t^2 = \dfrac{\left[N(0,1)\right]^2}{\chi^2(n)/n} = \dfrac{\chi^2(1)}{\chi^2(n)/n} = \dfrac{\chi^2(1)/1}{\chi^2(n)/n} \sim$

$F(1,n)$。

证明：同一正态总体 $N(\mu,\sigma^2)$ 的两个独立样本方差分别为 $s_1^2 = \dfrac{\sum_{i=1}^{n_1}\left(x_i - \overline{x}\right)^2}{n_1 - 1}$，

$s_2^2 = \dfrac{\sum_{i=1}^{n_2}\left(x_i - \overline{x}\right)^2}{n_2 - 1}$，则有 $\dfrac{s_1^2}{s_2^2} \sim F(n_1 - 1, n_2 - 1)$。

证：因为总体为正态总体 $N(\mu,\sigma^2)$，所以 $\dfrac{(n_1-1)s_1^2}{\sigma^2} \sim \chi^2(n_1-1)$，$\dfrac{(n_2-1)s_2^2}{\sigma^2} \sim$

$\chi^2(n_2-1)$，故 $\dfrac{s_1^2}{s_2^2} = \dfrac{\dfrac{(n_1-1)s_1^2}{\sigma^2} \Big/ (n_1-1)}{\dfrac{(n_2-1)s_2^2}{\sigma^2} \Big/ (n_2-1)} = \dfrac{\chi^2(n_1-1)\big/(n_1-1)}{\chi^2(n_2-1)\big/(n_2-1)} \sim F(n_1-1,n_2-1)$。

F 分布广泛应用在离差平方和的比较问题中，在比较中采用除法，结果会服从 F 分布。在方差分析、回归方程的显著性检验中都应用 F 分布。

4.3.6 分位点的概念

以上介绍了 6 个常用的分布：两点分布、二项分布、正态分布（含标准正态分布）、χ^2 分布、t 分布、F 分布。在各分布中，分布函数表示了分布中某个点左侧的面积（概率），在数据分析中，还有一个重要的工具是用右侧面积来定义的——分位点。

以标准正态分布为例，其分位点记为 Z_α，Z_α 表示在标准正态分布 $N(0,1)$ 中，右侧面积（概率）为 α 的点，如图 4-18 所示。

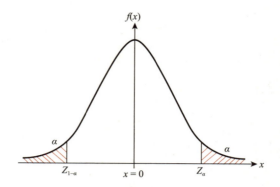

图 4-18 分位点 Z_α 示意图

分位点 Z_α 与分布函数 $\Phi(x)$ 不一样，前者根据右侧面积（概率）来确定 X 的值，后者根据 X 的值来确定其左侧面积（概率）。由于两者已知条件和目标刚好相反，因此可以根据表 4-15 的分布函数表来求解分位点 Z_α。已知 Z_α 右侧面积为 α，求解 Z_α：① Z_α 右侧面积为 α，则左侧面积为 $1-\alpha$；② 从表 4-15 中找面积 $1-\alpha$，则对应对应的最外侧列十行的值为 Z_α。根据此方法，可以求得：$Z_{0.05} = 1.645$，$Z_{0.025} = 1.96$，$Z_{0.005} = 2.58$。

同理有 t_α、χ_α^2、F_α。分位点实际上是分布中的临界值，在参数估计和假设检验等方法中非常常用。

以上介绍了一些常用的分布，那么为什么要学习这些常见的分布呢？实际上，分布的本质是数据的规律，作为一名数据分析师，其工作的本质也是寻找数据的规律，从而为生产经营活动提供决策，但需要在数据中寻找到规律，因此必须先学习一些常见的分布，掌握数据的一些常用的基本规律，然后才能利用这些基本的规律去推断并发现新的规律。

4.4　相关分析

本节给大家介绍复杂的数据分析方法中一种常用于分析变量之间关系的方法——相关分析。变量之间关系的分析是数据分析非常核心的工作，变量之间关系的研究包括关系存在性研究、关系程度大小研究、关系方向的研究、关系形式的研究、关系传递的研究等，其中以关系形式的研究最为复杂，统计中有大量的分析方法都是来探索变量之间关系形式的。研究变量关系形式的前提是变量间存在一定程度的相关关系，故我们先学习相关分析，相关分析是研究变量之间关系存在性、关系程度大小常用的方法。

4.4.1　相关分析的含义

变量之间的关系按照强弱来划分，常可以分为函数关系、相关关系、没有关系。函数关系是指变量之间存在关系、且关系是确定的，即给出一个 X，有且只有一个 Y 与其相对应，则称 Y 是 X 的函数。例如，在单价确定的情况下，产品销售额与销售量之间就是这种函数关系。相关关系是指变量之间有关系，但关系不确定。例如，个人的月消费额与个人月收入存在关系，但这种关系并不确定，月收入提高 100 元，月消费不一定变化某个额度，也就是说，个人的月消费额与月收入之间就是一种相关关系。没有关系也称独立，指两个变量之间不存在一个变量影响另一个变量的情形，其常用于刻画没有关联的事物之间的关系。在数据分析的实际工作中，相关关系是最常见的，也是数据分析的重点。函数关系的研究常借用已有函数关系来表达，没有关系的变量在确定没有关系之后是无须研究的。

从极限的角度看，函数关系可以看作是相关关系的极限，是强相关关系的极限；没有关系也可以看作是相关关系的极限，是弱相关关系的极限。

变量之间的关系按照形式来划分，可以分为线性关系和非线性关系。线性关系是指变量之间的变化按照直线波动，非线性关系则按照非线性波动，非线性的具体形式非常复杂，如二次函数形式、对数形式、指数形式、正弦函数形式等。在实际数据分析中，我们常重点研究存在线性关系的变量，主要的原因是线性关系相比较于非线性关系相对直观一些，更易于理解，并且线性关系是非线性关系的基础，大部分非线性关系都可以转化为线性关系来研究。

变量之间的关系按照变量数量来划分，可以分为简单关系和多重关系。简单关系常指两个变量的关系，即一对一的关系；多重关系也称复杂关系，是指多个变量的关系，具体可以分为一对多的关系、多对多的关系。在实际数据分析中，简单关系和多重关系都是研究的重点，其中简单关系是基础，多重关系的研究可以从简单关系的角度来理解。

广义的相关分析是对两个或多个变量之间所有可能相关关系的分析（包括简单线性的、简单非线性的、多重线性的、多重非线性的），这里大家学习的相关分析是狭义相关分析，是指用来研究变量之间简单线性相关关系的方法，即研究两个变量的关系，这两个变量之间存在不确定性的关系，这种关系常用直线来表示，故这里的相关分析也常称简单线性相关分析，对于其他广义的相关分析，在后续教材中再逐步涉及。

4.4.2 简单线性相关关系的描述

对相关关系的描述主要用来解决有没有相关关系的问题，在实际数据分析中，常用一个非常直观的工具——散点图来描述变量的相关关系。

两个变量的散点图取其中一个变量作横轴（常用自变量），另一个变量作纵轴（常用因变量），将样本的各个体在图上描点，得到的图就是散点图，如图4-19和图4-20所示。

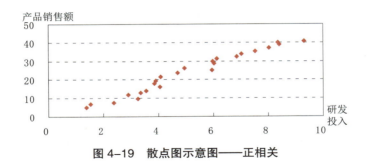

图 4-19 散点图示意图——正相关

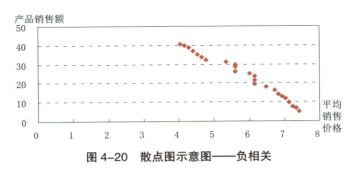

图 4-20 散点图示意图——负相关

对于两个变量的线性相关关系，常呈现两种情形：一种是随着自变量的增大，因变量有增大的趋势，两者同向变化，我们称之为正相关，如图 4-19 所示；另一种是随着自变量的增大，因变量有减小的趋势，两者反向变化，我们称之为负相关，如图 4-20 所示。

从散点图中我们可以很直观形象地看出变量之间的关系情况，但关系程度到底是多少，则需要我们进一步对相关关系进行度量。

4.4.3 简单线性相关关系的度量

简单线性相关关系的度量方法有很多，这里我们主要介绍两个常用的系数：Pearson 相关系数和 Spearman 等级相关系数。

1. Pearson 相关系数

对于两个变量，我们常用简单线性相关系数来度量它们的线性相关程度。简单线性相关系数的计算方式有很多，其中常用的是 Karl Pearson 提出的 Pearson 相关系数。

设两个变量分别为 x、y，Pearson 相关系数的定义公式如下：

$$\rho = \frac{\mathrm{Cov}(x, y)}{\sqrt{\mathrm{Var}(x)\mathrm{Var}(y)}}$$

式中，$\mathrm{Cov}(x, y)$ 是 x、y 的协方差；$\mathrm{Var}(x)$ 是 x 的方差；$\mathrm{Var}(y)$ 是 y 的方差；ρ 可以看作根据总体数据计算的相关系数，即总体的简单线性相关系数。

样本的简单线性相关系数常用符号 r 表示，根据定义公式有：

$$r = \frac{\mathrm{Cov}(x, y)}{\sqrt{\mathrm{Var}(x)\mathrm{Var}(y)}} = \frac{\sum(x_i - \bar{x})(y_i - \bar{y})}{\sqrt{\sum(x_i - \bar{x})^2 \sum(y_i - \bar{y})^2}} = \frac{\sum x_i y_i - n\bar{x}\bar{y}}{\sqrt{\left(\sum x_i^2 - n\bar{x}^2\right)\left(\sum y_i^2 - n\bar{y}^2\right)}}$$

式中，$\bar{x}$ 为 x 的样本算术平均数；$\bar{y}$ 为 y 的样本算术平均数。

相关系数 r 的特点如下。

（1）相关系数 r 的取值范围是 $[-1,1]$，其中 $-1 \leqslant r < 0$ 表示负相关，$0 \leqslant r < 1$ 表示正相关。

（2）$|r| = 1$ 表示 x 与 y 完全相关，其中 $r = -1$ 表示 x 与 y 完全负相关，$r = 1$ 表示 x 与 y 完全正相关。

（3）$|r|$ 越趋于 1 表示相关关系越密切，$|r|$ 越趋于 0 表示相关关系越不密切。

（4）$r = 0$ 表示 x 与 y 之间不存在线性相关关系。

我们对相关系数 r 要有一个正确的理解，相关系数 r 只能衡量两个变量之间的线性相关关系，当其为 0 时，只能说这两个变量之间没有线性相关，不能说它们之间没有关系，实际上它们之间可能存在非线性关系（"没有线性关系"无法推出"没有任何关系"）。

还需要注意的是，对于完全相关，只能看作是关系很强，但不能看作是函数关系，因为完全相关只是样本数据计算出相关系数为 1 或 -1，可能换作另一组样本，计算结果就会不一样，即使根据历史数据每次计算的结果都是 1 或 -1，但将来也可能有不一样的计算结果。因此，我们需要正确理解函数关系和完全相关：函数关系是先有关系再有样本数据，完全相关是先有样本数据再有关系。此外，函数关系除有线性函数关系外，还有非线性函数关系，在这里，完全相关只是完全的线性相关，并未测量非线性相关情形。

例如，10 个人的月收入数据和月消费数据如表 4-16 所示，计算得到两者之间的相关系数 $r = 0.9731$，表明月收入与月消费之间存在高度线性正相关。

表 4-16　10 个人的月收入数据和月消费数据

月收入/元	5000	5500	6000	6500	7000	7500	8000	8500	9000	9500
月消费/元	4475	4567	5079	5359	6100	5599	6588	6654	6908	7708

在实际中，相关系数达到多少可以认为变量间存在相关关系呢？

一般来说，相关系数有一些经验值可以给我们做参考：$|r| \geq 0.8$ 时，可认为变量之间存在强的线性相关关系；$0.5 \leq |r| < 0.8$ 时，可认为相关关系一般；$|r| < 0.5$ 时，可认为相关关系较弱。

但以上这些经验值在很多时候并不准确，特别是在大数据情况下，这需要我们根据样本量来确定相关关系的程度。一般来说，当样本量越大时，相关关系的判断值就会越小（小的相关系数也表示了强的相关关系）。这需要用到相关系数的显著性检验和假设检验的内容，本书暂时未讲到假设检验，因此相关系数的显著性检验将在 CDA LEVEL Ⅱ 教材中讲述。

2. Spearman 等级相关系数

Pearson 相关系数要求两个变量数据均为数值数据，如果变量数据是非数值数据，那么能不能计算相关系数呢？如果可以，那么如何计算呢？

非数值数据包括分类数据和顺序数据。如果变量数据是分类数据，也是可以计算相关系数来衡量变量之间的相关关系的，这需要用到列联分析方法，根据列联分析的统计量来计算，列联分析的内容比较复杂，它们将在后续教材中涉及。

如果变量数据是顺序数据，我们有以下两个思路可以构造相关系数来衡量变量之间的相关关系。

思路一，用分类数据的列联分析方法，构造列联分析的统计量。

思路二，使用 Spearman 等级相关系数。

下面采用思路二也就是 Spearman 等级相关系数衡量两个顺序变量的相关程度。

设两个变量分别为 x、y，Spearman 等级相关系数 r_d 的计算公式如下：

$$r_d = 1 - \frac{6 \sum d^2}{n(n^2-1)}$$

式中，d 是被观测的两个变量的等级的差值（若有多个个体等级相同，则取其等级的平均数作为各个体的等级）；n 是样本容量。Spearman 等级相关系数 r_d 的取值范

围也是 [−1,1]，具有和 Pearson 相关系数相同的特点。

例如，某班 10 名同学某次语文考试成绩和数学考试成绩对应名次如表 4-17 所示，求该班同学语文成绩和数学成绩之间的相关系数。

表4–17　某班 10 名同学某次语文考试成绩和数学考试成绩对应名次

学生	语文名次	数学名次	等级之差 d	d^2
张三	5	5	0	0
李四	7	6	1	1
王五	6	4	2	4
周天	3	8	−5	25
赵生	1	1	0	0
郑恺	10	10	0	0
黄明	9	9	0	0
孙莉	8	7	1	1
钱明	4	2.5	1.5	2.25
马成	2	2.5	−0.5	0.25
合计				33.5

注：表中钱明和马成的数学名次均为 2.5，表示他们两人数学名次相同，排第 2 和第 3，故取均值 2.5。

计算 Spearman 等级相关系数，计算等级之差 d 及其平方 d^2，如表 4-17 右两列所示，故：

$$r_d = 1 - \frac{6\sum d^2}{n(n^2-1)} = 1 - \frac{6 \times 33.5}{10 \times (10^2 - 1)} = 0.796\,97$$

所以可以认为该班 10 名同学本次语文考试成绩和数学考试成绩存在较强的正相关（排名具有一致性），可以计算上述数据的 Pearson 相关系数 $r = 0.796\,36$，与 Spearman 等级相关系数接近。

3. 使用相关系数时需要注意的问题

在使用相关系数时，需要注意以下两个问题。

（1）相关系数是对称地度量两个变量的相关关系的，即 x 对 y 的相关系数与 y 对 x 的相关系数是相等的，x 与 y 互换位置并不影响相关系数大小。

（2）相关系数只能反映变量之间的线性相关程度，既不能确定变量之间具体的因果关系（不能说明是 x 的变化引起 y 的变化，还是 y 的变化引起 x 的变化），也不能说明这种线性相关关系具体接近哪条直线。对于变量间的因果关系方向，这涉及变量关系方向的研究；对于变量关系具体接近哪条直线，这涉及变量关系形式的研究。关于这两部分的内容我们将在后续教材中讲述。

到这里本章内容就结束了，我们可以回顾下本章的主要内容：

（1）统计学的定义、框架、应用、基本概念，要求大家从中掌握数据分析工作的流程和常用概念。

（2）基础的数据分析方法中描述性统计分析的常用方法，要求大家从中掌握集中趋势（主要是众数、中位数、算术平均数）、离散程度（主要是方差、标准差、离散系数）、分布形态（主要是偏态、峰态）的度量。

（3）复杂的数据分析方法的理论基础——常用的分布，要求大家从中掌握两点分布、二项分布、正态分布（含标准正态分布）、χ^2 分布、t 分布、F 分布的概念、性质和简单计算应用。

（4）复杂的数据分析方法中的相关分析，要求大家从中掌握两个变量线性相关关系的描述和度量。

4.5　本章练习题

一、单选题

1．统计学是一门（　）的科学。

A．数字　　　　　　　　　　B．数据

C．模型　　　　　　　　　　D．人

2．数据的清洗工作属于统计学的（　）环节。

A．收集数据　　　　　　　　B．处理数据

C．分析数据　　　　　　　　D．解释数据

3．为研究我国男性的平均身高，总体是（　）。

A．我国所有男性　　　　　　B．我国所有人口

C．我国所有男性的身高之和　　D．我国所有人口的身高

4．性别（1表示男，0表示女）属于（　）变量。

A．分类　　　　　　　　　　B．顺序

C．定距　　　　　　　　　　D．定比

5．相比较于数值数据，顺序数据是（　）数据，数值数据的方法顺序数据（　）用。

A．低级，不可以　　　　　　B．高级，可以

C．低级，可以　　　　　　　D．高级，不可以

6．国家经常会对国民收入进行分析研究，若要对比不同国家人均收入的离散程度，应使用（　）。

A．方差　　　　　　　　　　B．离差

C．离散系数　　　　　　　　D．相关系数

7．统计量在统计学中具有极其重要的地位，它是统计推断的基础。现有一组样本数据为 1,3,5,7,9，这个样本的方差为（　）。

A．8　　　　　　　　　　　　B．10

C．12　　　　　　　　　　　D．14

8．教育水平作为顺序变量，若要描述其离散程度，可选用的方法是（　）。

A．平均差　　　　　　　　　B．四分位差

C．方差　　　　　　　　　　D．标准差

9．在进行缺失值填补时，若数据呈明显的偏态分布，则可考虑采用的方法是（　）。

A．将存在缺失值的样本删除

B．将存在缺失值的变量删除

C．中位数填补

D．均值填补

10．在数据分析中，变量"饮料类型"有 4 个水平，分别是"果汁""碳酸饮料""能量饮料""其他"，由于该变量的少量数据缺失，那么缺失值用（　）填充方式会比较好。

A．均值　　　　　　　　　　B．中位数

C．众数　　　　　　　　　　D．调和平均数

11．若一组数据的分布是对称的，则偏态系数等于 0；若偏态系数明显不等于 0，则表明分布是非对称的。有一组数据的偏态系数为 −4.23，那么下面表述正确的是（　）。

A．这是一组极度左偏的数据

B．偏态系数在 0 附近，所以只是轻微左偏

C．偏态系数在 0 附近，所以只是轻微右偏

D．这是一组极度右偏的数据

12．某数据分析员希望展示某网站 10 年来月度访问量数据，采用（　）比较合适。

A．散点图　　　　　　　　　B．饼图

C．箱线图　　　　　　　　　D．线图

13．某企业生产的产品合格率为 0.9，若从中抽取 n 件，则这 n 件产品中合格的产品数量 X 服从（　）。

A．$N(n,0.9)$　　　　　　　　B．$B(n,0.9)$

C．$\chi^2(n)$　　　　　　　　D．$F(n,0.9)$

14．随机变量 $X \sim N(2,9)$，则 $P(-1 < X < 5) = $（　）。

A．0.6826　　　　　　　　　B．0.9544

C．0.2586　　　　　　　　　D．0.4908

15．随机变量 $X \sim N(2,9)$，则 $\left[\dfrac{(X-2)}{3}\right]^2 \sim$（　）。

A．$N(2,9)$　　　　　　　　B．$N(0,1)$

C．$\chi^2(1)$　　　　　　　　D．$\chi^2(2)$

16．随机变量 $X \sim N(2,9)$，$Y \sim \chi^2(3)$，X 与 Y 相互独立，则 $\dfrac{\left[\dfrac{(X-2)}{3}\right]^2}{Y/3} \sim$（　）。

A．$N(2,9)$　　　　　　　　B．$\chi^2(1)$

C．$t(3)$ D．$F(1,3)$

17．Pearson 相关系数是度量数值变量的线性相关程度的。关于该相关系数，下面说法错误的是（　）。

A．取值范围是 $-1 \sim 1$

B．取值是正数，表示正相关

C．等于 0 意味着没有线性相关

D．等于 -3 意味着是负相关

二、多选题

1．数据分析师工作的任务包括（　）。

A．收集数据   B．处理数据

C．分析数据   D．解释数据

2．在实际中常用的数据特征有（　）。

A．均值   B．比例

C．标准差   D．个体数量

3．将数据按照收集方式不同来划分，可以分为（　）。

A．定性数据   B．定量数据

C．调查数据   D．实验数据

4．数据的描述性统计分集中趋势、离散程度、分布形态的描述，下列属于描述性统计中，用来度量离散程度的有（　）。

A．标准差   B．协方差

C．四分位差   D．异众比率

5．数据的描述性统计分集中趋势、离散程度、分布形态的描述，下列属于描述性统计中集中趋势度量的有（　）。

A．均值   B．众数

C．四分位差   D．极差

6．数据分布有右偏、左偏之分，关于右偏分布，下列说法正确的是（　）。

A．偏度系数小于 0

B．均值小于中位数，中位数小于众数

C．偏度系数大于 0

D．均值大于中位数，中位数大于众数

7．如果想要分析分类变量之间的相关性，可以采用的方法有（　）。

A．卡方检验

B．t 检验

C．计算 Pearson 相关系数

D．计算列联相关系数

三、复合题

1．甲乙两班的数学成绩平均分分别为 75、75.27，标准差分别为 7、11.74，离散系数分别为 0.093、0.156，请回答以下问题。

（1）根据题目对数据代表性判断合理的是（　）。

A．乙班的平均成绩有较大的代表性

B．甲班的平均成绩有较大的代表性

C．两班的平均成绩有相同的代表性

D．无法判断

（2）对数据分布情况判断合理的是（　）。

A．甲班的成绩分布较分散

B．乙班的成绩分布较集中

C．甲班的成绩分布较集中

D．甲乙班的成绩分布无法判断

2．已知样本数据 7,8,9,12,15，计算得到的偏度大于 0，峰度小于 0。请回答以下问题。

（1）根据样本偏度，可以得到该数据分布是（　）。

A．负偏　　　　　　　　　　B．左偏

C．右偏　　　　　　　　　　D．不确定

（2）该样本的峰度分布密度曲线与正态分布相比，呈现（　）。

A．扁平型　　　　　　　　　B．尖峰型

C．与正态分布一致　　　　　D．不确定

3．销售 A、B、C、D、E 5 种型号的加湿器共 20 台，销售记录如表 4-18
所示。

表 4-18　加湿器销售记录

销售顺序号	加湿器型号	销售顺序号	加湿器型号
1	A 型	11	A 型
2	C 型	12	C 型
3	C 型	13	B 型
4	D 型	14	A 型
5	E 型	15	D 型
6	A 型	16	E 型
7	A 型	16	C 型
8	C 型	17	C 型
9	B 型	19	E 型
10	D 型	20	C 型

根据上面的资料回答下述几个问题。

（1）根据案例描述，加湿器型号这一列变量的数据类型为（　）。

A．分类数据

B．顺序数据

C．数值数据

D．非结构数据

（2）下面这些评价指标中，（　）指标适合描述加湿器型号的集中趋势。

A．平均数　　　　　　　　　B．众数

C．中位数　　　　　　　　　D．分位数

（3）加湿器型号这一列变量的众数是（ ）。

A．7 B．A 型

C．C 型 D．5

（4）加湿器型号这一列变量的异众比是（ ）。

A．0.35 B．0.65

C．0.23 D．0.75

第 5 章 多维数据透视分析

在第 2 章中为大家介绍了基于多源表结构数据进行商业智能分析,可以帮助决策者从多个不同业务角度对业务行为结果进行观测,进而帮助决策者全面、精准地定位业务问题,实现商业洞察的相关内容。通过商业智能分析产出的分析成果被统称为商业智能报表,简称"BI 报表"。根据 BI 报表的展现形式、使用场景等的不同,BI 报表又被称为 ××× 驾驶舱、××× 仪表盘、××× 仪表板、××× 大屏等。日常生活中我们看到的由交互式数据图表界面构成的报表都是 BI 报表。创建一个 BI 报表要先后使用 ETL、DW、OLAP 及数据可视化 4 个不同阶段的软件技术。其中 OLAP 技术是进行 BI 分析最为关键的步骤,在该步骤中主要完成两项任务,第一项任务是创建多维数据模型,第二项任务是创建针对度量的汇总计算规则。有了多维数据模型及汇总计算规则,就可以完成针对度量的多维数据透视分析,再通过可视化技术将多维数据透视分析的结果以交互式可视化图表的形式加以呈现,一个 BI 报表就创建完成了。有了 BI 报表就可以帮助决策者从多个不同业务角度洞察业务问题。在本章中,将为大家详细讲解多维数据模型的创建及使用方法,而关于汇总计算规则的内容除在第 2 章中为大家介绍的基本规则外,更多展开内容将在第 6 章中的指标部分为大家进行详细说明。

在第 2 章中提到过市场中存在大量不同厂商、不同品牌的 BI 工具,根据 BI 工具的不同,创建多维数据模型背后使用的计算逻辑也千差万别。在后文中将以计算逻辑较为灵活、全面的微软公司的 Power BI 工具的计算逻辑为准进行说明。

5.1 多维数据模型

多维数据模型中的维度在分析过程中代表业务角度。多维指的就是多个不同的业务角度。多维数据是用来映射多个不同业务角度的数据信息。多维数据模型是将通过 ETL 技术提取到 DW 中的多源数据连接在一起构成的多表连接模型，其主要作用是在 DW 中的不同数据源间"搭桥"，让所有通过"桥梁"连接在一起的数据源能够共享彼此的数据信息，从而解决"信息孤岛"问题，为完成多维数据透视分析任务提供完整的数据集合。有了这样的数据集合就可以帮助决策者对业务问题进行多业务角度的全面分析，从而找到产生业务问题的全面原因并加以解决。

5.1.1　多维数据模型概述

多维数据模型又被称为多维数据集或立方体，分析人员通过搭建多维数据模型的方法将多源数据连接为一个完整的数据集合以达到在不同数据源间共享彼此数据信息的目的。我们将搭建多维数据模型的过程称为建模。在数据分析领域中有两类不同的建模工作：一类建模工作是搭建多维数据模型，而另一类建模工作是搭建分析所需要的数学模型。这两类建模工作虽然都叫作建模，但是建模过程、方法及内容都是完全不一样的。在本书中只涉及搭建多维数据模型的相关内容。

多维数据模型为进行多维数据透视分析提供完整数据信息，有了多维数据模型才能从多角度用数据全面映射业务问题的实际情况。因为企业经营过程中涉及的任何业务问题都不是孤立出现在某一个业务角度下的，所以从不同业务角度对业务问题进行综合分析才有可能找到业务问题产生的全面原因并加以解决。

比如某家企业出现了销售业绩下降的问题，分析人员要找出该企业销售业绩下降的原因，就不能仅对该企业销售人员业绩表现情况进行分析。因为业务规模较大的企业，其很多销售业务是通过经销商代理进行的，此时经销商的销售情况就直接影响该企业的销售业绩。再有，进行销售行为的前提是需要先找到潜在客户，如果该企业市场营销不给力或者该企业产品的市场知名度不高，带不来潜在客户资源，也会成为影响销售业绩下降的重要因素。所以如果要全面对销售业绩下降的结果进行分析，只使用销售人员维度数据进行分析是完全不够的，分析人员还需要对经销商维度、市场维度、产品维度等其他相关维度的数据进行全面分析，才能找出影响该企业销售业绩下降的所有原因。当分析人员将所有维度数据汇总到 DW 中时，每一个不同维度数据还处在零散状态，无法共享彼此间的数据资源。此时就需要创建一个分析销售问题所使用的多维数据模型，在模型中将所有相关数据连接起来形成一个完整的观测销售问题用的数据集合。多维数据模型如图 5-1 所示。

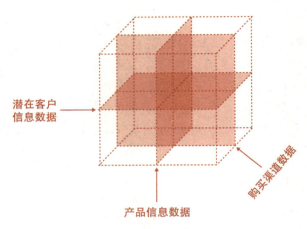

潜在客户
信息数据

购买渠道数据

产品信息数据

图 5-1　多维数据模型

有了这样的数据集合，决策者才能还找到销售业绩下降的原因可能出现在由哪名销售人员负责的哪类经销商的哪种产品上，这样才能从细节上指导销售决策进行有效调整。了解了多维数据模型的意义之后，接下来为大家介绍多维数据模型创建方法。

5.1.2　多维数据模型创建方法

创建多维数据模型的过程就是在多个不同数据表间进行连接的过程，而使用多维数据模型的过程，就是在多表连接环境上进行多维数据透视分析（在多个交叉维度下对度量进行汇总计算）的过程。在本节中将为大家详细介绍连接多维数据表进行透视分析背后的逻辑及方法。

在学习多表连接汇总计算方法之前，先来学习相邻两表间连接汇总计算的方法及逻辑。分析人员需要使用公共字段在相邻两表间创建连接关系，其连接逻辑与在第 2 章中为大家介绍过的在表结构数据间进行横向合并的逻辑非常相似。

如图 5-2 所示，假设有 T1 与 T2 两个数据表，其中 T1 表中有两个字段 key1 和 t1，T2 表中有两个字段 key2 和 t2。T1 表的 key1 和 T2 表的 key2 是连接两表时使用的公共字段。当使用 BI 工具中的 OLAP 功能连接两表时，两表的连接效果如图 5-2 中间部分（微软 Power BI 工具效果截图）所示。两表间连接线两端的数字 "1" 代表一表，现在两表的对应关系是一对一的关系。"*" 符号代表多表，后文为大家介绍多对一关系时会出现 "*" 符号。连接线中间的箭头符号称为筛选器，双向箭头代表两表间的筛选方向为双向筛选。筛选器的作用在后文中会为大家进行详细介绍。连接好两表后，一个最简单的多维数据模型就创建完成了。有了该数据环境，我们就可以从不同表中分别取维度字段与度量字段出来并放在一个透视环境下进行透视分析。图 5-2 中使用的维度字段为 T1 表的 key1 字段，而度量字段使用的是 T2 表中的 t2 字段，当使用求和的汇总计算规则进行透视分析时，就可以得到图 5-2 右端的透视分析结果。分别在"a""b""c"3 个维度项下对 t2 字段中的数值进行求和计算并得到"4""5""6"3 个汇总计算结果，以及所有维度项对应的总合计值"15"。因为 T1 与 T2 两表间的对应关系是一对一的关系，两表都是一表，所以一个维度项就只单独对应一个度量值，所以 key1 字段中"a""b""c"3 个维度项对应 t2 字段中的都只有一个，虽然是求和的汇总计算规则，但在每个维度项下并没有真正需要加在一起的数值。只有总计"15"是对所有 t2 字段中的数值进行加总后得到的总合计值。以上内容就是一个完整的多维数据模型的创建与使用流程。

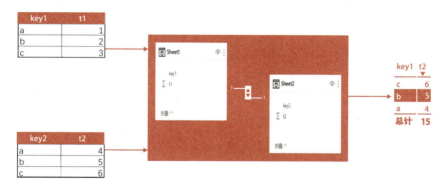

图 5-2 T1 表与 T2 表的连接透视过程

影响连接汇总计算结果的要素主要有 3 个，它们分别是筛选器的方向、对应关系及汇总角色。其中筛选器的方向和对应关系影响表间的连接逻辑，而连接逻辑又直接影响汇总角色在汇总计算时发挥的作用。在下文中将以微软 Power BI 工具为基础，为大家详细讲解这三者背后的复杂逻辑。

筛选器的方向决定了维度字段与度量字段的出处。在第 2 章中为大家介绍过透视分析的本质是维度字段对度量字段进行的汇总计算。我们将用维度字段汇总度量字段的过程称为筛选。用"×× 维度字段筛选 ×× 度量字段"或者"×× 度量字段被 ×× 维度字段所筛选"的方式进行表述。筛选器的方向可以决定两表连接后哪个表的字段能够作为维度字段对另一个表的度量字段进行筛选。在创建透视表时，只有遵循筛选器方向的指引，选择正确的维度字段及度量字段进行汇总计算，才能得到正确的透视分析结果。

筛选器分为两类，分别是单向筛选器及双向筛选器。连接线中间只有一个箭头的被称为单向筛选器，而连接线中间有两个箭头的被称为双向筛选器。在单向筛选器中箭头指向被筛选的数据表，该表中的字段应作为度量字段被箭头出发一侧的数据表中的字段筛选。箭头出发一侧的数据表是筛选数据表，用来提供维度字段。而箭头指向一侧的数据表是被筛选数据表，用来提供度量字段。如图 5-3 所示，只有箭头出发一侧的销售人员表中的字段才能作为维度字段使用，而箭头指向一侧的订单表中的字段应作为度量字段被销售人员表中的维度字段筛选。如果反过来让订单表出维度字段对销售人员表中的某个度量字段进行筛选就会得到错误的汇总计算结果。此时如果使用双向筛选器，那么两个表可以互相对对方进行筛选，订单表中的字段既能够对销售人员表中的字段进行筛选的同时，销售人员表中的字段也能够对订单表中的字段进行筛选。虽然双向筛选器能够实现两表间的互相筛选，但是其中存在的一些逻辑上的问题也会影响透视结果的业务意义，在后文中会为大家进行详细说明。

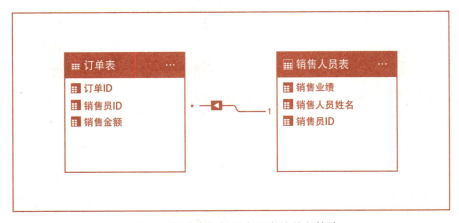

图 5-3　订单表与销售人员表的单向筛选

在了解了筛选器的作用之后，接下来通过多个不同案例为大家详细讲解连接汇总计算背后的多种不同逻辑。如图 5-4 所示，订单表与销售人员表通过销售员 ID 字段形成多对一的对应关系。在该对应关系下，若使用单向筛选器，则该筛选器的方向永远是从一表出发指向多表的，也就是一表出维度字段可以对多表下的度量字段进行筛选，反之，若是多表出维度字段对一表下的度量字段进行筛选，则会出现汇总计算错误。

先来看正确一方的结果，如图 5-5 所示，如果用销售人员表（一表）中的销售人员姓名字段筛选订单表（多表）中的销售金额字段，汇总计算规则为求和时可以得到正确的每名销售人员的销售金额合计值。这个连接汇总计算的结果相当于图 5-6 中的 SQL 语句的执行结果。

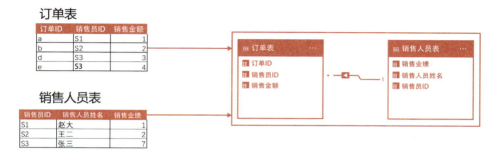

图 5-4 订单表与销售人员表的对应关系

销售人员姓名	销售金额
王二	2
张三	7
赵大	1
总计	10

图 5-5 销售人员姓名筛选销售金额的汇总结果

```
select 销售人员姓名, sum(销售金额) as 销售金额
from 订单表 left join 销售人员表 on 订单表.销售人员ID = 销售人员表.销售人员ID
group by 销售人员姓名
```

图 5-6 透视结果对应的 SQL 语句

再来看错误一方的结果。如图 5-7 所示，如果用订单表（多表）中的销售员 ID 字段筛选销售人员表（一表）中的销售业绩字段，汇总计算规则仍使用求和，只能得到错误的汇总计算结果（每名销售人员对应的销售业绩合计值都为 10，与总计值相同）。

销售员ID	销售业绩的总和
S1	10
S2	10
S3	10
总计	10

图 5-7 销售员 ID 筛选销售业绩的汇总结果

在数据库部分介绍连接语句时曾为大家介绍过左连接时左表是主表，右连接时右表是主表，主表提供查询结果的数据范围。该逻辑在没有连接方向概念的数据模型连接逻辑下并不适用。在数据模型连接逻辑下，哪个表提供度量字段哪个表为主表，而另一侧的表则为附表。如图 5-8 所示，根据筛选器的方向指向，订单表是被筛选一侧的数据表，应提供度量字段，是主表；而销售人员表是筛选一侧的数据表，应提供维度字段，是附表。所以，当两表通过销售员 ID 连接后，销售人员表中有销售员 ID 为 S4 的销售人员，但因为销售人员表是附表，所以 S4 对应的销售人员姓名"李四"并不会出现在透视表中。

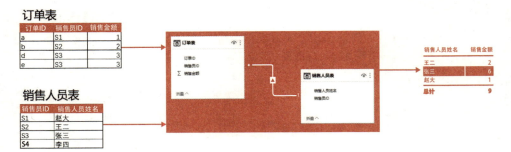

图 5-8　订单表与销售人员表的连接汇总逻辑

还是相同的场景，这次更改一下数据源中的信息，如图 5-9 所示，我们让订单表中的销售员 ID 包含 S1、S2、S3 和 S5 4 个值，而销售人员表的销售员 ID 包含 S1、S2、S3 和 S4 4 个值。还是用销售人员姓名作为维度字段对销售金额字段进行求和计算，因为订单表是主表，所以透视结果中应包含 S1、S2、S3 和 S5 4 个销售员 ID 对应的销售人员姓名。根据连接汇总规则，在销售人员表中可以匹配到赵大、王二和张三的姓名，但是找不到 S5 对应的销售人员姓名，所以 S5 部分用空值替代。通过以上案例，我们可以确定在一对多的对应关系下，使用单向筛选器进行汇总计算时，应遵循"一表出维度字段是附表，多表出度量字段是主表，一表筛选多表"的规则进行连接汇总计算。

两表连接时的对应关系，除一对多（一对多与多对一是同一种对应关系）的对应关系外，还有一对一及多对多两种对应关系。接下来为大家介绍一对一的对应关系下的筛选逻辑。在第 2 章中为大家介绍过，一对一的对应关系可以理解为"主键对主键"的对应关系，所以要形成一对一的对应关系，需要两个表具有相同内容的主键，而这种情况在实际业务场景中几乎是不会出现的。因为主键是表的记录单位，所以表中的所有非主键字段都是为修饰及扩充主键信息而存在的。两个表具有相同内容的主键也就意味着两个表具有相同的记录单位，那么这两个表的其他非主键字段是完全可以统一在一个表中的，没有必要分别放在两个不同表中进行记录。所以在数据表的设计环节中基本不会让两个数据表具有相同内容的主键，而在实际业务工作中就更难遇到主键对主键的连接情况了。如图 5-10 所示，员工 A 表与员工 B 表的主键都是员工 ID，如果用员工 ID 连接两表就会形成主键对主键的一对一的对应关系。但是数据库设计人员在设计数据表时是不会设计出由相同员工 ID 作为各自主键的员工 A 表及员工 B 表的，因为这样做容易形成信息存储的冗余。所以，在绝大多数情况下，设计人员会将员工 ID、员工姓名及员工性别字段都设计在统一的员工信息表中。

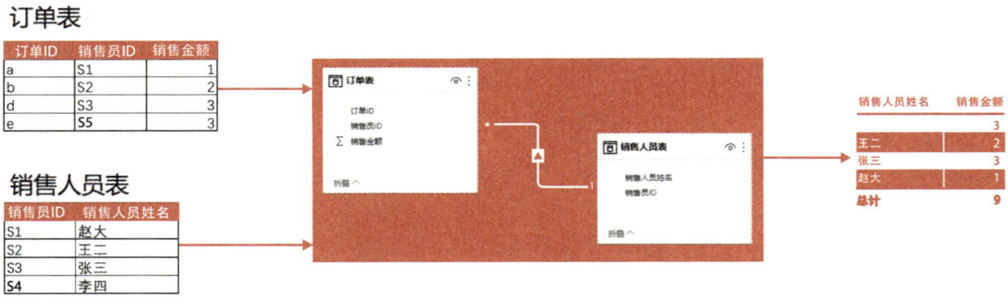

图 5-9　订单表与销售人员表的连接汇总逻辑

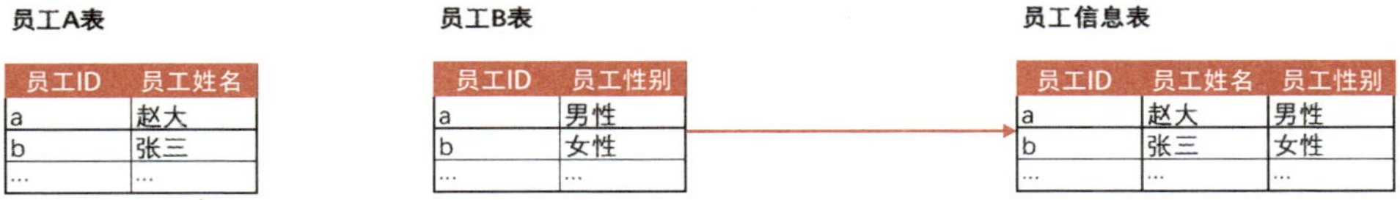

图 5-10　一对一的对应关系

　　虽然主键对主键的连接情况很难遇到，但是在实际工作中我们会遇到一些主键对非主键形成的物理意义上的一对一的对应情况。如图 5-11 所示，订单表与销售人员表用销售员 ID 连接，当前的销售员 ID 字段在两个表中都没有重复值，所以在物理意义上两表属于一对一的对应关系。在 Power BI 工具中，一对一的对应关系默认使用双向筛选器。双向筛选器可以在两表中进行相互筛选，所以不管我们用销售人员表的销售人员姓名字段筛选订单表的销售金额字段，还是用订单表的销售员 ID 字段筛选销售人员表的销售业绩字段都是没问题的。然而这种一对一双向筛选在实际工作中只是暂时没问题，并不能一直应用下去。因为当前一对一的对应关系并不是由主键对主键形成的，所以非主键字段中的记录内容只是暂时没有重复值，未来大概率会出现重复的记录内容，当出现重复的记录内容时，两表的对应关系就不符合一对一的对应关系了，这时就应该按照一对多的连接关系处理才妥当。销售人员表的销售员 ID 字段是该表的主键，一个销售员 ID 信息代表一名具体的销售人员，可以识别销售人员表中的一行记录。但是订单表的销售员 ID 字段是该表的非主键，只不过当前在该字段下没有重复值出现，不代表以后也没有重复值出现的可能。订单表的主键是订单 ID 字段，一个订单 ID 信息代表一笔交易，当前销售员 ID 字段下没有重复值出现有可能是因为公司刚成立不久，一名销售人员暂且只做成了一笔交易，所以销售员 ID 字段还没有重复值出现，但这并不代表一名销售人员只能成交一笔交易，如果未来销售员 S4 又成交了一笔，那么在订单表中就会出现两个销售员 ID 为 S4 的记录。这时如果还用一对一的对应关系连接就会出现错误，应该及时改为销售人员表为一、订单表为多的连接关系才正确。所以，在实际业务工作中，我们不能仅凭公共字段中没有重复值就判断为一对一的对应关系，而是要进一步判断只有当两表公共字段都是主键时才能使用一对一的对应关系，如果是主键对非主键的情况，应按照一对多的对应关系进行连接才正确。

图 5-11　一对一与多对一

下面来看多对多的对应关系，多对多是指非主键连接非主键的情况。在实际业务工作中，虽然会出现多对多的连接情况，但是应尽量避免使用。因为使用多对多的对应关系会造成度量值在汇总时被重复计算的可能。

如图 5-12 所示，用销售员 ID 字段分别连接订单表与销售人员表，订单表的销售员 ID 字段下有两个 S3，销售人员表中也有两个销售员 ID 为 S3 的记录（这里只是为了演示物理上的连接汇总逻辑，所以销售人员表中也加了重复值，实际上销售人员表的销售员 ID 应该是主键，在实际工作中是不会出现重复值的）。现在用销售人员表中的销售人员姓名字段筛选订单表中的销售金额字段，当汇总计算规则为求和时，汇总结果中赵大和王二的销售金额分别是 1 和 2，没有问题。而张三和李四的销售金额本应分别是 3 和 4，但汇总计算结果都变成了 7。这是因为两表连接后订单 d 的 S3 要分别和销售人员表中的两个 S3 连接，订单 e 的 S3 也要分别和销售人员表中的两个 S3 连接，所以订单 d 和订单 e 的连接结果中出现两个重复记录行，销售金额被重复累加最后得到结果 7。所以，虽然多对多的对应关系会出现在实际工作中，但是我们应当尽量避免使用该规则以防止出现度量值被重复汇总计算的情况。

图 5-12　多对多的对应关系

在三种对应关系中，一对一的对应关系几乎无法遇到，多对多的对应关系应当极力回避，最后既能够遇到又能够放心使用的对应关系就只剩下多对一，也就是"主键对非主键"的对应关系。在实际工作中，我们应该尽量用一个表的主键与另一个表的非主键连接。

在前文中为大家介绍过在多对一的对应关系下，如果使用单向筛选器，就决定了只能是一表筛选多表、一表出维度、多表出度量才能得到正确的汇总结果。那么，如果使用双向筛选器，是否就可以用多表筛选一表了呢？答案是半对半错。因为双向筛选器确实给我们提供了多表筛选一表的可能性，但是使用这种筛选方式进行汇总计算时，其计算逻辑与一表筛选多表时的汇总计算逻辑完全不同，而多表筛选一表时的计算逻辑往往不符合我们的业务需求，所以在一般情况下，多表筛选一表的筛选方式还是要尽量避免使用的。

如图 5-13 所示，订单表和销售人员表，通过销售员 ID 字段进行多对一的双向筛选器连接后，如果用订单表中的销售员 ID 字段筛选销售人员表中的销售业绩字段，就会形成多表筛选一表的局面，此时用求和的汇总计算规则进行计算后，会得到图 5-13 右侧的透视结果。如果按照表结构连接的基本逻辑，销售员 ID 为 S3 的记录行因为在订单表中有两个重复值，所以连接结果中 S3 对应的记录行应该被重复两次，这样计算出的 S3 对应的销售业绩总和应为 6，但是当前的汇总结果只有 3，造成该结果背后的原因就是，双向筛选器下多表筛选一表时会使用与基本表结构连接时进行汇总计算完全不同的逻辑规则进行计算。

图 5-13   多对一的对应关系

为了将这种全新的汇总计算规则说清楚，我们暂且将表结构基本连接汇总计算规则称为类型一规则。该规则的计算逻辑是在维度字段汇总度量字段时，先将维度字段下相同的维度项按照合并同类项的方式合并在一起，再按照计算规则的要求将每个不同维度项下对应的所有度量值进行汇总计算，最后得到计算结果。类型一规则的计算逻辑就是在第 2 章中为大家介绍过的透视分析方法的计算逻辑。这种计算逻辑是日常工作中经常使用的计算逻辑。

与类型一规则不同，我们将在多对一的对应关系下使用双向筛选器用多表筛选一表的计算逻辑称为类型二规则。该规则的计算逻辑是先对维度字段下的不同维度项进行合并同类项处理，再找出每个维度项下包含的不同的公共字段信息，然后将每个不同公共字段信息作为汇总度量字段的维度使用，最后按照指定的汇总计算规则求出每个不同公共字段信息对应的度量值。在类型二规则下，指定的维度字段并不直接对度量字段进行筛选，而是先找出每个不同维度项下包含的不同的公共字段信息，再用这些公共字段信息对度量字段进行筛选。

如图 5-14 所示，以产品 ID 字段作为公共字段按照多对一的对应关系使用双向筛选器连接订单表与产品表后，用订单表中的区域 ID 作为维度字段对产品表中的产品总销量字段进行筛选，按照求和的汇总计算规则进行计算后得到图 5-14 右侧的透视结果。在透视表中如果将每个维度项的度量值加总计算后会得到 1400，与透视表总计的 600 对不上。这与我们对求和的汇总计算规则的基本认知是相违背的，原因就是现在的透视结果是按照类型二规则计算得来的。该案例中维度是区域 ID 字段，而公共字段是产品 ID 字段，所以会先将每个区域 ID 项下包含的不同产品 ID 找到，然后以产品 ID 作为维度，将每个不同产品 ID 项下对应的度量字段产品总销量进行加总计算得出最终结果。以 e01 区域为例，e01 下只包含产品 ID 为 a 的一种产品，而 a 产品总销量为 100，所以 e01 区域对应的产品总销量合计值就是 100。

以此类推，14 个不同区域 ID 项下各对应一种不同的产品，而每种不同产品的总销量都是 100，所以透视表中每个区域对应的产品总销量合计值都是 100。因为订单表中只包含 a、b、c、d、e、f 6 种不同的产品，通过产品表可知，这 6 种不同产品的总销量合计值是 600，所以透视表中总计的合计值也是 600。按照类型二规则得到的透视结果的业务意义并不是每个不同区域下的产品总销量合计值，而是每个不同区域下销售的不同种类产品的总销量合计值。而这种业务意义显然在大多数情况下并不符合我们的业务需求，更多时候我们希望得到的是维度项下度量的汇总计算结果，所以虽然双向筛选器为我们提供了多表筛选一表的可能性，但是这种可能性却要以类型二规则进行计算，所以除了当我们的业务需求真正需要我们使用类型二规则进行计算，在大多数业务场景下，应尽量避免使用该规则进行计算。

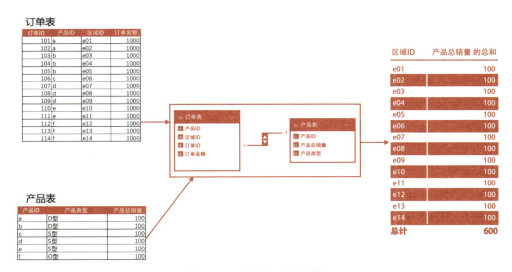

图 5-14　类型二汇总逻辑

对两表间的连接汇总计算逻辑进行总结，我们应尽量使用一对多的对应关系连接，而一对多的对应关系下进行汇总计算时应尽量遵循"一表出维度，多表出度量，一表筛选多表"的筛选方式进行计算。在一对多的对应关系下会出现如图 5-15 所示的 4 种不同情况。

● ：双向筛选器、多表筛选一表、按照类型二规则进行汇总计算。

X ：双向筛选器、一表筛选多表、按照类型一规则进行汇总计算。

△ ：单向筛选器、多表筛选一表、无法正确进行汇总计算。

■ ：单向筛选器、一表筛选多表、按照类型一规则进行汇总计算。

	双向		单向	
	维度	值	维度	值
多表	●	X	△	■
一表	X	●	■	△

● 类型二规则
X 类型一规则
△ 无法正确进行汇总计算
■ 类型一规则

图 5-15　连接汇总总结

在实际工作中，除了两表直接进行连接筛选，我们还可以在多表环境中进行跨表筛选。如图 5-16 所示，用到了订单表、订单提成表和产品表 3 个表。这里订单表和订单提成表的主键都是订单 ID 字段，为了方便解释跨表连接筛选逻辑，此处特地分成两个表进行演示，在实际工作中订单表和订单提成表会合并为一个表进行记录。当我们用产品 ID 字段作为公共字段连接 3 个表时，产品表是一表，订单表和订单提成表是多表。产品表与订单提成表间使用单向筛选器连接，产品表和订单表间使用双向筛选器连接。当用订单提成表中的销售人员字段筛选订单表中的订单金额字段时，由于订单提成表和订单表没有直接的连接关系，所以需要经由产品表做中转进行筛选，这就是跨表筛选。进行跨表筛选的前提条件是筛选路径要通畅，也就是每一段路径中的筛选器中都要有指向被筛选表一侧的箭头才行。若跨表筛选路径中存在不能被正确筛选的阶段，则跨表筛选后只能得到错误的透视结果。如图 5-16 所示，因为订单提成表与产品表间使用单向筛选器，订单提成表不能筛选产品表，在订单提成表筛选产品表而产品表继续筛选订单表的完整路径中，存在错误的路径阶段，订单提成表最终无法正确筛选订单表，在透视结果中每名销售人员对应的订单金额都是 14000 就是最好的证明。

如图 5-17 所示，如果我们将订单提成表与产品表间的单向筛选器改为双向筛选器，让订单提成表能够筛选产品表，产品表也能够筛选订单表，这样就可以用订单提成表跨表筛选订单表了。但是要注意在筛选路径通畅的前提下，进行跨表筛选，无论完整路径中各表的对应关系如何，都将按照类型二规则进行汇总计算。

如图 5-17 所示，透视表中使用的维度是订单提成表中的销售人员，度量是订单表中的订单金额，连接各表使用的公共字段是产品 ID，汇总计算规则为求和时，按照类型二规则得到的结果不是每名销售人员的订单金额合计值，而是每名销售人员负责销售的不同产品的订单金额合计值。所以，孙三负责销售产品 ID 为 f 的一种产品，在订单表中，f 产品的订单金额是 3000，所以透视表中孙三的订单金额合计值是 3000。以此类推，王二负责 d 和 e 两种产品的销售，而 d 和 e 两种产品的订单金额合计值是 5000，所以王二的订单金额合计值是 5000。赵大负责了 a、b、c、d 4 种产品的销售，这 4 种产品的订单金额合计值是 9000，所以赵大的订单金额合计值是 9000。总计的 14000 是因为 3 名销售人员一共负责销售了 a、b、c、d、e、f 6 种产品，而这 6 种产品的总订单金额是 14000，所以透视表中的总计是 14000。这就是跨表连接中通过类型二规则得到的透视结果的完整计算逻辑。

图 5-16　错误的跨表筛选

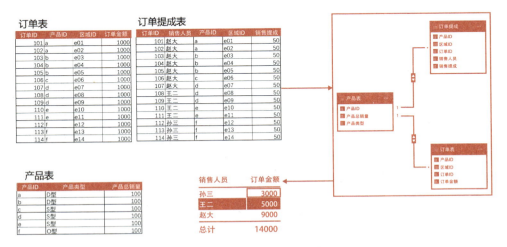

图 5-17　正确的跨表筛选

在多表环境下，在不相邻的两个表间往往可以形成多条不同的筛选路径，两表间包含多条筛选路径的情况称为交叉连接。虽然交叉连接存在多条筛选路径，但真正对汇总计算结果产生影响的路径只有一条，我们称影响筛选结果的路径为有效路径，而其余路径均不参与筛选计算，我们将这些路径称为无效路径。如图 5-18 所示，从订单表到订单提成表间存在 3 条连接路径，分别是订单表—产品表—订单提成表、订单表—订单提成表，以及订单表—区域表—订单提成表。在 Power BI 工具中，完全由实线构成的路径称为有效路径，而其他两条包含虚线的路径则称为无效路径。

图 5-18 有效路径与无效路径

在第 2 章中为大家介绍过我们将出维度字段的表称为维度表，将出度量字段的表称为事实表，因为维度字段筛选度量字段，所以维度表筛选事实表。在多对一的对应关系下，我们使用一表对多表进行筛选，所以一表是维度表出维度字段，多表是事实表出度量字段。在多表连接环境下，维度表与事实表间可以构成 3 种不同的连接模型，它们分别是星型模型、雪花模型及星座模型。

（1）星型模型：一个事实表和多个维度表相连接构成的连接模型。

（2）雪花模型：维度表和其他维度表连接再与事实表连接后构成的连接模型。

（3）星座模型：多个事实表与某些维度表连接后构成的连接模型。

星型模型用来为事实表丰富维度信息，雪花模型用来在某些特定维度信息上进行更丰富的维度信息拓展，星座模型用共用的维度表将多个不同的事实表连接为一个整体（因为事实表是多表，所以事实表与事实表之间如果直接连接会生成多对多的对应关系，前文提到过多对多的连接关系应尽量避免使用，所以事实表与事实表之间一般需要共用的维度表进行中转连接）。

如图 5-19 所示，销售表与客户表、产品表、品牌表间构成的连接模型就是星型模型（销售表分别与客户表、产品表、品牌表进行连接），销售表、库存表、采购进货单明细表与产品表间构成的模型就是星座模型，销售表与产品表、品牌表间构成的模型就是雪花模型（销售表连接产品表，产品表再连接品牌表）。

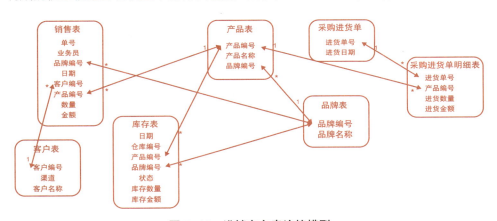

图 5-19　进销存多表连接模型

5.2　5W2H 思维模型

搭建能够用数据全面映射业务问题的多维数据模型的第一步是找到所有相关数据。这时我们就会面对这样一个问题：在庞大的多源数据环境中，究竟要收集哪些数据才能够完整映射出所要分析业务的方方面面呢？为了解决数据收集问题，我们可以使用一个经典的思维模型——5W2H 思维模型。

5.2.1　5W2H 思维模型概述

5W2H 思维模型如图 5-20 所示。

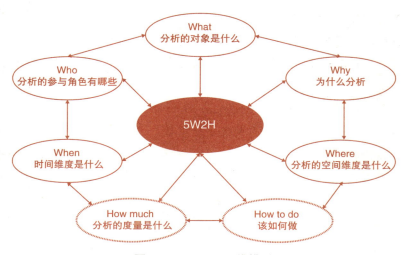

图 5-20   5W2H 思维模型

5W2H 思维模型中的 5 个 W 分别指的是 What、Why、Where、When 和 Who 这 5 个英文单词，而 2 个 H 分别指的是 How much、How to do 这 2 个英文短语。5W2H 思维模型不仅可以用在数据分析领域，还可以用在其他不同的业务领域，具有广泛的应用基础。为什么 5W2H 思维模型会如此受欢迎呢？因为 5 个 W 构成的单词和 2 个 H 构成的短语已经几乎能概括出人类生产生活的绝大多数事项了，所以我们常用此思维模型来将看上去复杂的事项进行分类概括整理，以便于我们能从纷繁复杂的事项中厘清线索，从而循序渐进地展开分析工作。在数据分析领域中，What 代表分析的对象是什么，Why 代表为什么分析，Where 代表分析的空间维度是什么，When 代表时间纬度是什么，Who 代表分析的参与角色有哪些，How much 代表分析的度量是什么，How to do 代表该如何做。How to do 是通过数据分析最终得出的见解与决策方案，是我们要分析的最终目的。在商业数据的汇总分析中，5 个 W 开头的单词是我们汇总的维度，而 How much 是我们要观测的度量值，有了维度和度量，我们就可以对零散的业务数据进行行之有效的汇总观测，从而发现问题，找到解决问题的方案。

5.2.2   5W2H 思维模型应用案例

下面我们通过一个销售管理分析的业务模型来为大家介绍 5W2H 思维模型从梳理业务线索到落实具体数据的方法。图 5-21 所示的漏斗图是销售漏斗模型，它是科学反映商机状态及销售效率的一种重要的销售管理模型。此模型应用广泛，适用于多种类型的销售体系，尤其适用于关系型销售企业。关系型销售企业就是以销售人员维护客户关系来完成交易的销售形式为基础的企业。销售漏斗模型适用于这些企业中的销售运营管理业务。销售漏斗是将从发现潜在商机开始到最后与客户成交为止的整个销售过程，按照不同的销售进度分为几个不同的销售阶段来进行管理的模型体系。在销售漏斗中每个销售阶段代表一个已经达成的销售里程碑，在销售漏斗中，销售阶段的数量及设定方法，依据企业的经营方式不同而不同。图 5-21 所示为某企业在销售管理业务中使用的由 7 个不同销售阶段构成的销售漏斗模型。在此模型中将从发现潜在商机开始到最后与客户成交为止的整个销售过程分为 7 个不同的销售阶段。商机数量由上至下越来越少，但与此同时，商机的成功率却由上至下越来越高。为什么商机数量会越来越少呢？因为没有任何企业能够做到发现多少商机就能成交多少商机，成交率为百分之百这是无法实现的。商机在由低销售阶段向高销售阶段推进的过程中会出现流失，所以商机数量越向高阶段过渡就会变得越来越少，但是越推向高阶段就离成交越来越近，所以商机成交的可能性也就越来越高。如果只按照商机量来画图，就会生成一个由上至下越来越窄的漏斗形状的图，我们称其为销售漏斗模型。

销售漏斗模型

图 5-21　销售漏斗模型

理解了销售漏斗模型的意义后让我们继续思考通过对销售漏斗模型进行分析所要实现的业务目的是什么。目的是让每一个销售阶段的商机数量都尽可能多地顺利过渡到下一个销售阶段中。为了实现这个目的，需要我们能够通过分析销售漏斗模型中的数据，及时发现每个商机的风险，并及时用有效的销售行为规避风险，才能让更多的商机顺利过渡到更高的销售阶段中。所以销售漏斗分析的本质是企业经营方面的风险分析，它直接关系企业的盈亏状况，是企业赖以生存的生命线。

在庞大的企业数据库中，到底需要收集哪些维度下的数据才能足够帮助我们发现商机风险和管理商机风险呢？在分析销售类业务问题时常用到的数据维度主要包括客户维度、产品维度、销售人员维度、销售渠道维度，在销售漏斗分析中核心维度是商机维度，以及所有业务通用的时间维度。了解了主要维度后再进一步落实具体的数据表及数据字段时就可以使用 5W2H 思维模型帮我们厘清线索了。首先初步梳理出 5W2H 各自的框架概念。

（1）What：分析的对象，即销售进度管理。

（2）Why：分析的目的，即为了发现并控制销售阶段风险。

（3）Where：分析的空间维度，即销售地点等。

（4）Who：分析的参与角色，即买方和卖方（客户、销售人员及渠道商）。

（5）When：分析的时间维度，即围绕商机进展的时间信息。

（6）How much：分析的度量，即商机金额、商机数量、商机规模等。

（7）How to do：方法，即如何制定有效的销售策略才能减少商机成交风险。

接下来继续从框架概念落实数据信息。

（1）What：销售进度管理，即商机维度，包括商机规模、商机号、商机来源等。

（2）Why：控制销售阶段风险，即商机维度，包括销售阶段、上周销售阶段、赢单率等。

（3）Where：销售地点，即销售大区、销售城市、销售的区域等。

（4）Who：客户、销售人员及渠道商。

①客户：客户负责人、与客户以往交易情况、客户需求等。

②销售人员：商机发现者、商机管理者、销售人员能力水平、销售人员成本等。

③渠道商：渠道商可提供的相关数据。

（5）When：围绕商机进展的时间信息，即商机创建、预计成交、阶段变化等的时间节点。

（6）How much：分析的度量，即商机金额、商机数量、商机规模等。

（7）How to do：方法，即如何制定有效的销售策略才能减少商机成交风险。

通过 5W2H 思维模型梳理出数据线索后，就可以进一步使用 ETL 功能在多个数据源中将需要的数据信息提取、清洗转换、上传到 DW 中，再进一步就可以使用

OLAP 技术创建多维数据模型，计算维度项下的度量值，最后用可视化技术将分析结果展示在 BI 报表内，从而为销售管理人员提供丰富的决策依据。

5.3　多维数据透视分析应用案例

最后为大家介绍多维数据透视分析的应用，把我们学到的思维模型、多维环境的创建等内容串联起来解决一个实际的业务场景下的业务需求问题。

5.3.1　业务场景介绍

现在我们要帮助一家快消品的经销商企业来进行进销存业务情况的多维分析，分析目的是帮助该经销商优化进销存各环节业务流程行为，实现进销存一体化管理来加快资金的周转速度，以实现企业利润最大化的目的。

经销商的业务行为主要是从厂商进不同的货品到自己的库存空间中，再将这些货品销售给不同渠道的客户。经销商的主要业务行为在进、销、存 3 个业务环节的轮转过程中进行。经销商为了提高利润收入，要想办法提高在单位时间内完成进销存业务周转的次数。提高进销存业务周转的次数就要监控进销存各环节的业务表现情况。当客户缺货时，需要及时供货并同时加大进货量；当客户需求减少造成自己的库存货品积压时，需要及时减少进货并同时加大清仓力度。如果能在每一个客户需求、每一个产品的进货需求上都做到精细把控，就能实现进销存一体化管理，就能让单位时间内的周转速度加快，从而最终实现企业利润最大化的目的。

5.3.2　案例设计制作过程

为了做到对细节问题的精细把控，就需要使用数据对业务流程进行全程监控。为了收集到用于监控的数据内容，就需要先通过 5W2H 思维模型梳理出数据范围。我们之所以要做这件事情，是因为要优化进销存各环节业务流程行为。该行为的空间维度有哪些？进销存业务涉及的空间维度主要有进货来源、库存场地等。参与的角色有哪些？主要有厂商、经销商和卖场。时间维度有哪些？主要有进货时间、入库时间、出库时间、销售时间及退货时间等。进销存业务分析涉及的度量有哪些？主要有进货金额、进货量、库存量、销售金额、销售量等。通过这样的自问自答，我们就可以顺利梳理出数据线索。有了数据线索使用 ETL 技术将数据加载到 DW 后，就需要为这些数据创建多维数据模型。如图 5-22 所示，根据收集的数据创建出的多维数据模型囊括客户、产品两个主要维度，以及进货、库存、销售三个业务事实。

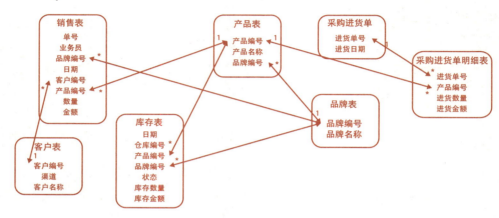

图 5-22　进销存业务模型

创建好业务模型后，我们再设计出指标的计算规则（这部分内容将在第 6 章中为大家详细介绍），按照可视化方法（这部分内容将在第 7 章中为大家详细介绍）的要求，设计并制作出如图 5-23 所示的可视化报表（这部分内容将在第 7 章中为大家详细介绍），从而就可以为企业管理者提供完整的决策参照依据。

图 5-23　可视化报表

以上就是关于第 5 章多维数据透视分析的全部内容，在第 7 章中将为大家继续介绍业务分析方法的相关知识。

5.4 本章练习题

一、单选题

1. 以下字段来自描述某电商平台客户交易行为细节的订单详情表，其中可作为度量使用的字段是（ ）。

A. 客户 ID

B. 产品类别

C. 订单 ID

D. 购买数量

2. 在某零售企业销售业务的多维数据模型中可能成为事实表的是（ ）。

A. 客户信息表

B. 产品信息表

C. 销售表

D. 品牌信息表

3. 在电商业务中的客户表与订单表的对应关系是（ ）。

A. 一对多

B. 一对一

C. 多对多

D. 多对一

4. 某零售企业数据库中产品表与品牌表的对应关系是（ ）。

A. 多对一

B. 一对一

C. 多对多

D. 一对多

5．在多个数据表连接构成的多维模型下，星型模型是（　）。

A．一个维度表连接多个事实表

B．多个维度表连接多个事实表

C．一个事实表连接多个维度表

D．多个事实表连接多个维度表

6．针对多维数据模型中星座模型表述正确的是（　）。

A．一个维度表连接多个事实表

B．多个维度表连接多个事实表

C．一个事实表连接多个维度表

D．多个事实表共用某些维度表

7．为分析某电商销售情况，使用订单表、产品表与客户表搭建了多维数据模型，在这三表间进行多维数据透视分析时，以下选项中描述正确的是（　）。

A．三表生成星型模型连接

B．三表生成星座模型连接

C．三表生成雪花模型连接

D．三表生成交叉模型连接

二、多选题

1．事实表是用来记录业务行为结果的表，以下属于事实表的是（　）。

A．订单表

B．订单详情表

C．客户表

D．产品表

2．在梳理抽象业务线索及需求到具体数据时常用到 5W2H 思维模型，那么通过 5W2H 思维模型整理数据的思维步骤包括（　）。

A．将业务场景进行 5W2H 的概括总结

B．将 5W2H 总结内容梳理为业务维度

C．将业务维度梳理为数据表

D．将数据表展开到字段

三、复合题

1．图 5-24 为某公司销售业务中使用的多表连接 E-R 图，请参照该图回答以下问题。

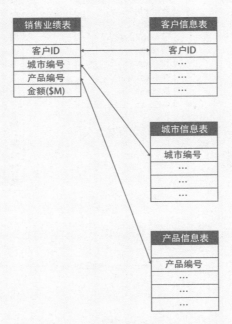

图 5-24　某公司销售业务中使用的多表连接 E-R 图

（1）图 5-24 所示的连接模型属于（　）。

A．星型模型

B．交叉连接

C．星座模型

D．雪花模型

（2）接上题，请选择关于各表连接对应关系描述正确的是（　）。

A．销售业绩表是多表

B．客户信息表是多表

C．城市信息表是多表

D．产品信息表是多表

2．图 5-25 描述了某公司销售业务相关各表连接关系，请观察该图回答以下问题。

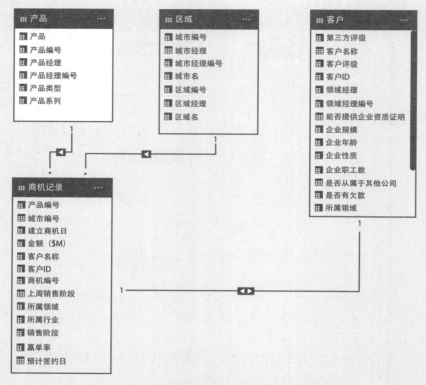

图 5-25　某公司销售业务相关各表连接关系图

（1）产品表与区域表之间的筛选关系描述正确的是（　）。

A．产品可以筛选区域

B．区域可以筛选产品

C．两者之间不存在筛选关系

D．无法确认筛选关系

（2）观察图 5-25 的对应关系，结合维度表与事实表的业务关系判断该图连接关系有误的是（　　）。

A．产品表与商机记录表间的连接

B．区域表与商机记录表间的连接

C．客户表与商机记录表间的连接

D．所有连接关系正确

（3）观察各表字段内容，判断图 5-25 中属于事实表的是（　　）。

A．产品表　　　　　　　　　　　B．客户表

C．区域表　　　　　　　　　　　D．商机记录表

（4）根据图 5-25 中各表的连接状态判断图 5-25 属于（　　）。

A．星型模型　　　　　　　　　　B．雪花模型

C．星座模型　　　　　　　　　　D．交叉连接

3．图 5-26 与图 5-27 展示了某公司交易相关各表连接关系与各表数据内容，观察图 5-26 与图 5-27 回答以下问题。

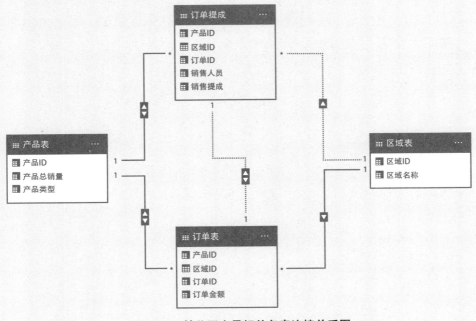

图 5-26　某公司交易相关各表连接关系图

订单表

订单ID	产品ID	区域ID	订单金额
101	a	e01	1000
102	a	e02	1000
103	b	e03	1000
104	b	e04	1000
105	b	e05	1000
106	c	e06	1000
107	d	e07	1000
108	d	e08	1000
109	d	e09	1000
110	e	e10	1000
111	e	e11	1000
112	f	e12	1000
113	f	e13	1000
114	f	e14	1000

产品表

产品ID	产品类型	产品总销量
a	D型	100
b	D型	100
c	S型	100
d	S型	100
e	S型	100
f	O型	100

区域表

区域ID	区域名称
e01	北京市
e02	天津市
e03	河北省
e04	山西省
e05	内蒙古自治区
e06	辽宁省
e07	吉林省
e08	黑龙江省
e09	上海市
e10	江苏省
e11	浙江省
e12	安徽省
e13	福建省
e14	江西省

订单提成表

订单ID	销售人员	产品ID	区域ID	销售提成
101	赵大	a	e01	50
102	赵大	a	e02	50
103	赵大	b	e03	50
104	赵大	b	e04	50
105	赵大	b	e05	50
106	赵大	c	e06	50
107	赵大	d	e07	50
108	王二	d	e08	50
109	王二	d	e09	50
110	王二	e	e10	50
111	王二	e	e11	50
112	孙三	f	e12	50
113	孙三	f	e13	50
114	孙三	f	e14	50

图 5-27 各表数据

（1）订单表与订单提成表都是用来记录交易行为的数据表，从图 5-26 中判断订单表与订单提成表间的连接模型是（　）。

A．雪花模型

B．星型模型

C．交叉连接

D．星座模型

（2）订单表与订单提成表是以交易行为为单位展开记录信息的数据表，产品表与区域表是围绕产品及区域维度展开记录信息的数据表，在数据库中可以将两表合并为一个表的是（　）。

A．产品表与订单表

B．区域表与订单提成表

C．订单提成表与订单表

D．产品表与区域表

（3）用订单提成表中的销售人员字段筛选订单表中的订单金额字段，按照求和的汇总计算规则计算出赵大的订单金额合计值应为（　）。

    A．9000

    B．6000

    C．3000

    D．14000

    （4）用订单提成表中的销售人员字段筛选订单表中的订单金额字段，按照求和的汇总计算规则，如果想计算出赵大的订单金额合计值为 7000 的结果，关于有效连接路径的正确描述应是（　）。

    A．订单提成表与订单表间的连接为有效连接

    B．订单提成表与区域表间的连接为有效连接

    C．产品表与订单提成表间的连接为有效连接

    D．订单提成表筛选订单表时，无论有效连接为哪种都无法得到赵大的订单金额合计值为 7000 的结果

第6章 业务分析方法

本章内容将围绕业务分析方法的三个主要构成部分——业务指标分析、业务模型分析及业务分析方法论为大家进行讲解说明。业务指标分析是发现业务问题的核心方法，本章将为各位读者详细讲解通用指标和场景指标的计算及分析方法，以及指标体系的设计与应用方法。业务模型是从一系列业务行为中抽象出来的信息集合，学会应用业务模型有助于我们从整体上把握业务问题。本章将为大家分别介绍分类模型及漏斗模型两类常用的业务模型。业务分析方法论是业务分析过程中的思维定式，当遇到特定业务问题时套用恰当的思维定式能够帮助我们找到分析业务问题的突破口，将整个分析任务引向正确方向。本章将为大家介绍四类有代表性的业务分析方法论——帕累托分析方法、A/B 测试分析方法、同期群分析方法及因果分析方法。

6.1 业务指标分析

业务指标分析方法是业务分析方法的核心内容，本节将围绕通用指标计算方法、场景指标及指标体系三个主题为大家详细讲解业务指标分析的相关知识。在进行业务指标分析方法的讲解之前，先对业务指标及业务指标值这两个重要概念进行说明。

指标是某种观测或行为的数值量化方法，而具体量化计算后得到的数值结果则被称为指标值。企业经营结果可以分为业务结果及财务结果两大类。例如，某电商平台过去一年销售了 1000 万元的产品，那么得到的 1000 万元销售额就是该企业销售业务行为产生的业务结果，而 1000 万元的销售额会以收入金额的形式被记录在该企业财务账中的收入科目下，那么 1000 万元收入金额就是该企业经营的财务结果。得到销售额计算结果的方法就是该企业的业务指标之一——销售额合计，而得到收入金额计算结果的方法就是该企业的财务指标之一——营业收入。具体的 1000 万元销售额就是描述销售业务结果情况的业务指标值，而具体的 1000 万元收入金额就是描述营业结果情况的财务指标值。阅读者通过 1000 万元销售额或者 1000 万元收入金额来判断过去一年公司的主营业务做得好还是不好、得到的 1000 万元多还是少。所以指标值的作用是帮助阅读者观测企业经营结果好坏情况的窗口。阅读者通过指标值，可及时发现企业经营过程中的问题，并及时想办法解决问题，未来才能得到更为理想的经营结果。

为了得到有参考价值的指标值，需要我们使用业务或者财务的海量原始数据，将其按照业务或者财务的规则要求，放在恰当的维度项下进行汇总计算。例如，某服装电商的运营人员想要从自己公司上千种产品中发现畅销产品，就需要使用以往的交易数据，针对每笔交易数据中的销量值进行求和计算，并将其放入以产品为维度的数据透视环境下，得到每种不同产品的销量合计结果，再通过不同产品销量合计值的结果最终找到销量高的产品，即畅销产品。在本案例中，针对交易数据中的销量字段进行求和计算的方法就是被称为销量合计的指标，而每种不同产品的销量合计值就是指标值。如果从数据透视计算方法的角度理解指标与指标值，那么针对表结构数据计算逻辑而言，指标与指标值就分别为

指标 = 度量 + 汇总计算规则

指标值 = 维度项 + 度量 + 汇总计算规则

根据量化对象是业务行为结果还是财务行为结果，可以将指标分为业务指标及财务指标两大类。财务指标是按照财务规则来对财务情况进行量化的指标。财务是一种通用的商业语言，财务指标具有严格的定义标准，财务数据需要严格遵守其定义标准进行计算。财务指标主要用来描述钱的流入、流出、占用、盈利、剩余等情况。财务指标涉及资产负债表、利润表、现金流量表等主要财务报表中的各个财务科目，通过财务指标主要观测企业的资金流转、偿债能力、经营能力、损益情况等问题。因为本书主要介绍业务分析方法，所以关于财务分析的内容就不再展开了，还请大家理解。

与财务指标严格的财务定义标准不同，业务指标需要按照业务行为结果的量化要求进行灵活定义使用。因为业务行为所处场景的不同，所以不同场景下的行为量化计算方法往往也各不相同。但是有一些指标计算方法能够适用于绝大多数不同的业务场景，我们将这些计算方法称为通用指标计算方法，主要包括求和类指标计算方法、计数类指标计算方法及比较类指标计算方法三类通用指标计算方法。在接下来的内容中，先为大家讲解这三类通用指标计算方法的内容，然后为大家介绍各个重要业务场景下的指标内容，最后为大家介绍设计新指标及搭建树状指标体系的相关内容。

🖥 6.1.1　通用指标计算方法

在本节内容中，将为大家介绍在大多数业务场景下都可以使用的三类通用指标计算方法，它们分别是求和类指标计算方法、计数类指标计算方法及比较类指标计算方法。

1. 求和类指标计算方法

求和类指标计算方法是常用的指标计算方法。该指标计算方法主要包括常规求和计算方法及累计求和计算方法。

常规求和计算方法用来计算维度项下包含的所有度量值的合计值。一次业务行为产生一个度量值结果，将维度项下所有度量值进行加总得到的合计值可以代表该维度项下产生的所有业务行为结果的总体水平。阅读者通过对不同维度项下的不同合计值结果进行对比，可以进一步了解不同维度项间的业务水平差异情况，进而理解每个维度项的业务特征。

如表 6-1 所示，在产品维度下对销量度量进行常规求和计算，就可以得到每种产品的销量合计值，对比销量合计结果，我们可以直观了解到 A 产品是销量最高的产品，属于畅销产品，而 B 产品的销量仅为 A 产品销量的十分之一，属于滞销产品。

表 6-1　不同产品销量合计

产品	销量合计（件）
A	1000
B	100
C	500
D	700

除常规求和计算方法外，累计求和计算方法也是常用到的求和类指标计算方法之一。与常规求和计算方法只针对当前维度项下的度量值进行求和计算不同，累计求和计算方法是用于计算到当前维度项为止的所有度量值的累计合计值的计算方法。

累计求和计算方法经常在有前后顺序逻辑关系的维度项下使用，目的是帮助阅读者了解截止到当前维度项的所有维度项下业务行为结果的整体情况。阅读者还可以进一步通过对比不同阶段维度项下的累计合计值的差异情况，了解不同阶段业务行为的进度特征。

如表 6-2 所示，在月份维度下对销售额度量进行累计求和计算，就可以得到上半年总销售业绩为 900 万元的整体业务结果。再对比第一季度每月以 100 万元递增的销售进度情况，在第二季度中的销售额按照每月 200 万元的进度递增，第二季度销售业绩是第一季度销售业绩的 2 倍。

表 6-2　各月份销售额累计合计值

月份	销售额合计（万元）
1	100
2	200
3	300
4	500
5	700
6	900

　　求和类指标计算方法的计算对象多以金额、销量等度量字段为主。以金额为计算对象的求和计算结果，用来得到各维度项下销售行为带来的收入结果情况，此时使用的维度多以产品、客户、销售人员、时间等为主。而以销量为计算对象的求和计算结果，常用于以产品为维度的业务场景，用来描述各种产品的畅销程度。但要注意不是任何产品维度都可以使用销量，只有在销量单位一致的产品维度项下才可以将销量字段作为度量使用。例如，服装电商下的每种产品，不管是男装、女装、上衣还是短裤，它们的销量单位都是"件"，此时各种产品的销量单位一致，用销量作为度量进行求和才可以让阅读者了解到男装卖了 1000 件，卖得少，女装卖了 5000 件，卖得多。女装比男装畅销。

　　针对销量单位不一致的产品维度，无法将销量作为度量使用，此时只能使用金额代替销量。例如，在产品销量单位不一致的零售超市中，使用销量描述矿泉水卖了 200 桶，而干果卖了 100 斤，那么此时究竟是矿泉水畅销还是干果畅销呢？阅读者是无法在不同单位的产品间进行对比判断的。这时就可以用金额作为统一的单位进行描述，矿泉水卖了 9000 元，干果卖了 4000 元，阅读者可以通过结果得出矿泉水比干果卖得好的结论。

　　通过求和类指标计算方法得到的合计值未必都是正值，若维度项下度量值为负数，则求和计算的结果就是负数合计值。例如，当以利润表中各财务科目为维度进行求和计算时，如果将收入项下的度量值定义为正值使用时，支出项下的度量值就应定义为负值进行求和计算。所以在进行求和计算之前，先要正确区分不同维度项下度量值的正负方向，必要时在进行求和计算之前对原始数据中的度量值进行正负转换处理（如对需要作为负数使用的正数度量值进行乘以"-1"的处理）。

2. 计数类指标计算方法

计数类指标计算方法主要用于统计业务行为出现的次数或者维度项下包含的不同度量个数。计数类指标计算方法主要包含两种细分方法，分别是常规计数方法及非重复计数方法。

常规计数方法统计维度项下度量值的总个数，在表结构数据中，度量值的总个数就是度量值出现的行数，因为表结构数据中所有字段的行数相同，所以原则上对表中任意字段进行常规计数，得到的结果都是相同的。但是要注意的是，在大多数分析工具中的常规计数规则是非空计数，也就是当维度项下的度量值中包含空值内容时，空值内容将不被计入结果中。所以为了计数结果能够完整、准确，在表结构数据中，往往将非空字段作为度量字段使用。因为表结构数据中的行数就是主键值的个数，而主键是业务行为的记录单位，一个主键值代表发生的一次业务行为，所以常规计数主要用于帮助阅读者了解维度项下业务行为出现的总次数。阅读者如果将不同维度项下的计数结果进行对比，还可以进一步了解到每个维度项下发生业务行为的多少差异，从而判断出各个维度项参与到业务行为中的程度特征。

接下来我们对销售表透视计算前后的内容进行对比，如表 6-3 和表 6-4 所示，透视前的销售表的主键为订单 ID，一个订单 ID 值代表一次交易行为，将销售表按照销售人员为维度，对销售金额（万元）进行求和计算，从计算得到的销售总金额（万元）结果中可以得知赵大的销售业绩只有王二的三分之二。虽然赵大的销售业绩不如王二好，但是从对订单 ID 字段进行计数计算得到的订单总个数结果中可以看出，赵大的订单成交笔数要高于王二，说明赵大虽然欠缺成交大单的能力，但是赵大的销售积极性并不算低，并且赵大具有较强的成交小单的能力。

表 6-3 透视计算前的销售表

订单 ID	销售人员姓名	销售金额（万元）
1	赵大	1
2	赵大	2
3	赵大	3
4	赵大	4
5	王二	7
6	王二	8

表 6-4 透视计算后的指标结果

	销售总金额（万元）	订单总个数
王二	15	2
赵大	10	4
总计	25	6

除常规计数方法外，计数类指标计算方法中还有一类常用的非重复计数方法。非重复计数方法的计算逻辑是统计维度项下不重复的度量值的总个数。计算的对象多以文本型字段为主，目的是帮助阅读者了解各个维度项下包含的非重复度量值个数的差异情况。例如，某家服装零售门店有赵大、王二、张三 3 名柜员负责推荐服装产品给客户购买，一周后统计每名柜员销售出去的不同产品种类数，如表 6-5 所示。从表 6-5 中可以得知，赵大对于各种产品的熟悉程度较深，能够针对不同客户需求推荐销售不同的产品，销售水平高。而张三一周内只卖出 2 种不同产品，说明张三缺少对多种产品特征的理解，不能很好地向客户推荐不同产品，销售能力有待提升。在此案例中，销售不同产品种类数就是利用对产品字段进行非重复计数得到的。

表 6–5　柜员销售不同产品种类数汇总表

柜员姓名	销售不同产品种类数
赵大	15
王二	8
张三	2

3. 比较类指标计算方法

指标值是用来帮助阅读者了解业务行为结果好坏程度的。俗话说"没有比较不知道好坏"，这句话放在数据分析领域也是如此。想要让阅读者更好地读懂指标值背后代表的业务意义，往往需要使用比较类指标计算方法，此类计算方法可以帮助阅读者获得当前值与对比值之间的差异结果，阅读者通过对比各维度项下差异结果的大小程度，可以进一步读懂各个维度项背后业务行为结果的好坏情况。

例如，某服装品牌店有 3 名柜员，他们在某天的销量情况如表 6-6 所示。

表 6–6　柜员日销售数量统计结果

柜员姓名	销售数量
赵大	15
王二	8
张三	2

表 6-6 中的销售数量是利用求和类指标计算方法对不同柜员所销售的产品数量进行合计统计计算得到的每名柜员总的产品销售数量结果，通过该结果可以帮助阅读者直观了解到不同维度项（柜员）下度量合计值（销售数量）的具体数值及大小

关系，阅读者可以知道赵大是 3 人中卖得最多的，卖了 15 件服装，而张三是 3 人中卖得最少的，只卖了 2 件服装。但是这样的结果无法帮助阅读者准确理解销售数量大小的程度，更无法进一步帮助阅读者理解不同柜员销售能力的差异水平。所以，为了让阅读者能够进一步准确理解业务行为好坏的程度，在表 6-6 中可以加入每名柜员的销售数量与所有柜员总平均销售数量的均比差异值，结果如表 6-7 所示。

表 6-7　柜员日销售数量与销售数量均比差异值

柜员姓名	销售数量	销售数量均比差异值
赵大	15	7
王二	8	0
张三	2	−6

通过销售数量均比差异值的结果，阅读者就可以进一步准确理解赵大比所有柜员的总平均销售件数多卖 7 件，拉高了整体平均水平，销售业绩好。而张三比所有柜员的总平均销售件数少卖 6 件，拖了集体的后腿，销售业绩不佳。表 6-7 中使用的销售数量均比差异值就是应用比较类指标计算方法中均比计算方法得到的指标值。

通用性强的比较类指标计算方法主要包括均比计算方法、标准比计算方法、基准比计算方法、目标比计算方法、同环比计算方法 5 种方法，与均比计算方法使用目的相似，其他比较类指标计算方法的使用目的也是帮助阅读者理解不同维度项间业务行为结果好坏差异程度。在下文中将为大家一一介绍这些方法的详细内容。

1）均比计算方法

（1）计算逻辑：各个不同维度项下的汇总值与所有维度项的总平均值进行对比。

（2）平均值：在一般情况下为总体汇总值的算术平均值。

（3）使用目的：描述各个维度项的表现水平与整体平均水平的差异程度。通过均比指标值可帮助阅读者识别表现突出或不足的维度项个体。

（4）均比指标值。

① 均比差异值：汇总值 − 总平均值。

② 均比差异百分比：（汇总值 − 总平均值）/ 总平均值 × 100%。

在计算比较类指标值时，可以使用差异值或者差异百分比。差异值于描述具体的差异数字，可以跟单位，如某女装品牌 A 店铺销量比所有店铺总平均销量多卖 100 件。差异百分比用于描述差异的占比情况，只能使用 "%" 符号，不可以跟其他单位，如上述 A 店铺销量的差异百分比为 30%，说明 A 店铺比所有店铺总平均销量多卖 30%。

差异值具体、精准但理解起来不够直观，差异百分比方便阅读者把握差异程度但缺乏精准度。所以需要分析人员根据信息的传递目的及阅读者的阅读需求，选择使用精准数字的差异值，还是使用方便理解差异程度大小情况的差异百分比。

（5）使用均比指标值时的注意事项。

① 均比计算中使用的总平均值一般多以算术平均值为主，算术平均值计算简单且能够较好地描述分析维度整体的综合表现情况，但它容易受到极端值影响，所以若分析中使用的样本对象的数值彼此间存在较大差异，则不适合使用均比计算方法。

② 当分析对象的行为结果受多种外部因素影响，均比值无法代表分析对象主体能力水平的高低时，不适合使用均比计算方法。

例如，分析人员想要描述某医疗器械销售团队中各销售人员的销售水平差异时，如果该销售团队中各销售人员是按照产品定位的，比如张三负责卖 A 型号产品，而李四负责卖 B 型号产品，这时使用均比差异百分比得到张三的比值为 20%，是无法说明张三的销售水平及销售积极性就比整体平均水平高 20% 的。因为不同的产品间的产品市场竞争力及市场需求是不一样的。如果 A 型号产品为畅销产品，打遍市场无敌手，而 B 型号产品为弱势产品，经常被其他公司同类型产品碾压，那么即便张三的销售积极性差一些，销售水平弱一些也还是能轻松得到高于李四的销售成绩的。

但是，如果不是销售医疗器械，而是某服装店铺的柜员销售服装，因为每名柜员都可以销售店里所有服装，并且每名柜员也有相同接触客户的机会，所以柜员的销售业绩差异主要受到自身销售能力水平与销售积极性的影响。这时使用均比指标值进行各柜员间销售业绩水平差异的描述是有说服力的。

通过均比计算方法计算得到的指标值在分析对象的行为结果主要受其主观能力水平影响时使用。

2）基准比计算方法

（1）计算逻辑：各个不同维度项下的汇总值与某个基准值之间进行对比。

（2）基准值：一个被绝大多数群体普遍认可的数字，如衡量考试成绩的 60 分及格线就是最有代表性的基准值之一。

（3）使用目的：描述各个维度项的表现水平与基准水平间的差异程度。通过基准比指标值可以帮助阅读者直观了解各维度项表现水平的类别归属情况，进而帮助阅读者了解各维度项表现水平的好坏程度。

基准比计算方法的本质是用基准值将各维度项的汇总值分为基准值上与基准值下两部分，汇总值落在基准值上的维度项表现水平高，离基准值距离越大，表现水平越高；反之，汇总值落在基准值下的维度项表现水平偏低，离基准值距离越小，表现水平越不尽如人意。

人类对于连续数字的认知难度相对较大，所以为了让阅读者更好地理解连续数字背后的业务意义，往往需要将连续数字归类在某个区间，也就是将连续数字分组，基准比计算方法的本质就是使用基准值对连续的汇总数字分组的计算方法。如果没有 60 分及格线，假设当某名学员的考试成绩为 59 分时，59 分到底是好、较好还是差实际上不太好理解定义。因为以百分制为前提，59 分已经超过一半的 50 分了，这时不同的阅读者可能会得出完全不同的理解结果，A 可能认为不好，而 B 则可能认为还可以。但是一旦加入 60 分及格线这个基准值，那么就可以将整个成绩区间分成 60 分以上的及格区间及 60 分以下的不及格区间两部分。此时再来观测 59 分这个落在不及格区间的成绩时，不论是哪名阅读者都会得出"不及格"这个统一的结论。

所以，划定基准值通常可以帮助阅读者了解汇总值的类别归属，不同的类别可以对应不同的业务意义，就可以统一不同阅读者的理解差异，方便阅读者直观读懂汇总值背后维度项的实际表现水平的好坏情况。

（4）基准比指标值。

① 基准比差异值：汇总值 − 基准值。

② 基准比差异百分比：（汇总值 − 基准值）/ 基准值 ×100%。

（5）使用基准比指标值时的注意事项。

① 作为基准值使用的数字应是被广泛认可或者由权威机构、个人定义的数字。

② 当分析对象的行为结果受多种外部因素影响，基准比无法代表分析对象主体能力水平的高低时，不适合使用基准比计算方法。

与均比计算方法相同，基准比计算方法同样不适用于分析对象的行为结果受多种外部因素影响的场景。理由与均比计算方法的理由类似，如果用某一个基准值作为界定所有被观测维度项行为结果好坏的参照依据，那么外部条件有利的一方就会轻松得到好的判定结果，但这个判定结果不能充分代表该维度项的行为水平高。

3）标准比计算方法

（1）计算逻辑：各个不同维度项下的汇总值与标准值之间进行对比。

（2）标准值：标准维度项的汇总值。标准维度项是指在维度整体中作为衡量各个不同维度项行为结果好坏程度的标准使用的维度项。例如，为了衡量某生产车间中各技术员工工作效率的高低程度，可以将所有技术员工中工作熟练度在中等偏上，并且发挥稳定的技术员工的工作效率作为衡量其他技术员工工作效率高低的标准使用。在同一时间条件下，比该名员工工作效率更高的员工可以界定为工作效率高的员工，反之可以界定为工作效率偏低的员工。

（3）使用目的：标准比计算方法是基准比计算方法的拓展计算方式。其使用目的与基准比计算方法类似，用标准值划分数值区间为标准值上与标准值下两部分，根据各维度项汇总值到标准值的差异程度来判断维度项汇总值行为结果的差异程度。

标准比代替基准比使用的好处是可以排除周围环境对观测对象行为结果产生的影响。例如，如果用基准值 60 分及格线衡量某班级每名学生在某次考题难度非常大的考试中的成绩水平，那么绝大多数人的成绩都可能低于及格线，但我们很难通过这次考试成绩来界定不及格的考生都是学习水平偏低的学生，因为考题难度大成为考试成绩的外部重要影响因素。

在这种情况下，如果想排除考题难度大的影响因素，就可以用班里平常学习较好且一直发挥稳定的某名学生甲的考试成绩作为标准值，考试成绩高于标准值的学生就可以界定为学习水平高的学生，成绩高，则说明学习水平高；反之，则说明学习水平低。通过标准比得到的结果可以排除考题难度大这个外部因素对考试成绩的影响，让结果更专注于体现学生真实学习水平上。

（4）标准比指标值。

① 标准比差异值：汇总值－标准值。

② 标准比差异百分比：（汇总值－标准值）/标准值 ×100%。

（5）使用标准比指标值时的注意事项。

① 在一般情况下，成为标准维度项应具有发挥稳定的特征，如果标准维度项

自身的发挥水平波动大，那么被观测的其他维度项的真实水平将变得难以评估。

② 使用标准比计算方法时，应尽量减少外部条件或环境的差异对标准比指标值产生的影响。要尽量保证标准维度项与其他维度项处在相同条件或环境下。

4）目标比计算方法

（1）计算逻辑：各个不同维度项下的汇总值与各自的目标值之间进行对比。

（2）目标值：根据维度项所处环境、自身能力水平、企业要达到的目的等多方因素综合考虑后设定给每个维度项的目标数字。

（3）使用目的：根据维度项的实际汇总值与目标值之间的差异情况来了解维度项行为结果的好坏程度。目标比计算方法经常在为维度项进行业务绩效考核时使用。例如，某家企业为销售团队中每名销售人员分配不同的销售目标，根据销售目标的达成程度来为销售人员的工作表现进行绩效考核，若未完成销售目标，则只能拿底薪收入；若超额完成销售目标，则超过的程度越高，可以享受到的销售提成占比越高。因为有了销售目标的限制，所以销售人员才有动力积极开展销售活动，企业才能获得更多的销售收入。

（4）目标比指标值。

① 目标比差异值：汇总值 − 目标值。

② 目标完成率：汇总值 / 目标值 × 100%

③ 目标比差异百分比：（汇总值 − 目标值）/ 目标值 × 100%。

（5）使用目标比指标值时的注意事项。

① 因为可以为不同维度项设定不同的目标值，所以目标比计算方法可以有效回避外部环境对维度项业务行为结果产生的影响，阅读者可以只通过目标完成情况来判断每个维度项业务行为结果的好坏，而不用担心外部环境是否对此结果产生了干扰。例如，为某公司销售团队中每名销售人员设计销售目标时，可以根据销售人员以往的销售业绩水平、当前销售周期内被分配的客户体量及成交难易度、销售人员负责销售产品的知名度等多方因素综合考虑后计算得到适用于每名销售人员的不同的销售目标值。张三销售水平高，分配的客户体量大，负责的产品属于市场强势产品，那么分配给张三的销售目标就可以偏高一些；而李四销售水平低一些，分配的客户体量小、难度高，负责的产品属于市场弱势产品，那么分配给李四的销售目标就可以偏低一些。因为在设计目标值时已经充分考虑到了外部条件因素的影响，所以张三和李四如果两人的销售目标完成率相同，那么完全可以只参照销售目标完

成率的结果，认为张三和李四在当前销售周期内销售水平相同，应该享受相同的绩效待遇。

② 为了让目标值能够充分地减小或消除外部环境对分析主体的影响，就需要我们在设计目标值时充分考虑多方影响因素，让目标值既能体现合理公平的原则，又能发挥激励业务团队士气、督促员工努力的作用。设计目标值时既要做到严谨、细心，又要做到集思广益、全面考量，不同企业、不同业务需求下设计目标值的流程、方法也各不相同，关于目标值的设计内容不是本书的重点，无法为大家详细展开，望各位读者理解。

5）同环比计算方法

（1）计算逻辑：各个维度项当期的汇总值与各自以往同期的汇总值或上期的汇总值间的对比计算。

（2）同期值：一般指维度项在去年同期的汇总值。

（3）上期值：一般指维度项在上一个时间周期内的汇总值，在没有明确说明时间周期的间隔时，一般以一个月为一个时间周期。

例如，某公司 2022 年 3 月销售额的同期值为该公司 2021 年 3 月销售额，而上期值为该公司 2022 年 2 月销售额。

（4）使用目的：同环比是维度项自己与自己比，当前自己的表现水平与过去自己的表现水平之间进行时间维度下对比的方法，目的是帮助阅读者了解维度项表现水平有没有随着时间的推移而得以提升。

（5）同环比指标值。

同环比差异值：当期汇总值 − 同期（上期）汇总值。

同比增长率：（当期汇总值 − 同期汇总值）/ 同期汇总值 × 100%。

环比增长率：（当期汇总值 − 上期汇总值）/ 上期汇总值 × 100%。

（6）使用同环比指标值时的注意事项。

① 同环比计算方法一般适用于对长周期业务行为结果的观测，如果业务行为本身时间间隔太短，那么业务结果还无法显现出业务行为的特征，此时做同环比计算得到的结果，其业务意义不明显，参照价值较低。例如，某餐饮店铺 2022 年 3 月 1 日销售额与 2021 年 3 月 1 日销售额进行同比计算，那么就算同比增长率为 50%，也不能得出该店铺 2022 年的销售能力就比 2021 年时的销售能力有了显著提升的结论，因为销售额的汇总计算时间窗口太短，业务意义还不显著。就好比某人

买股票打算做长线投资，那么此人是不会根据每天股票的涨跌情况来做判断的。除了某些极具特殊意义的时间节点，比如"双11"天猫的销售额是可以进行同比分析的，一般能够进行同环比计算的业务，其时间窗口至少要1个月。

② 在进行同环比分析时，应注意分析对象所处的大业务环境在对比期间有没有显著变化，若周围环境有显著变化，则同环比结果会受到环境变化的干扰而失去业务意义。例如，2017年受中韩萨德事件影响，在国内的某些韩企销售业绩均有所下滑，2018年萨德影响渐渐减小后，这些韩企销售业绩逐渐回暖，此时用2018年的销售业绩与2017年的销售业绩进行同比分析，会发现这些韩企同比增长率都有显著提高，但此时的同比结果受大环境变化影响，不能证明这些韩企在2018年的销售水平有了大幅度提升。

③ 在进行同环比分析时，还要注意分析对象有没有显著的短周期变化特征，如果有短周期变化特征，那么为了消除短周期变化的影响，应尽量使用同比；如果没有短周期变化特征，那么在描述近期内业务行为水平变化特征时应使用环比，在描述较大时间间隔下的行为水平变化特征时应使用同比。例如，某家服装门店，在描述受短周期变化影响较大的秋装、冬装的销量变化时，就应使用同比计算指标；而描述不受短周期变化影响的内衣裤在某促销活动开展月内的销量变化时，建议使用环比计算指标；在描述一般内衣裤在季度的销量变化时，建议使用同比计算指标。

6.1.2 场景指标

在本节内容中，将为大家介绍多个不同的场景指标的使用方法。与上节介绍的通用指标可以在多个不同业务场景下使用的情况不同，场景指标一般不具备通用性，特定的场景指标只能在特定的业务场景中使用。举例来说，库销比是一个用来描述产品销售与库存变化关系的指标，它只能在产品的进销存业务场景中使用，而不能应用在其他的业务场景中。例如，在对客户活跃程度的分析场景中，库销比就完全没有用武之地了。

在实际工作中，经常会遇到相同计算方法的场景指标在不同企业中名称不一致，或者相同名称的指标在不同企业中计算方法不一致的情况，本书尽量使用通用性强的指标名称及计算方法为大家进行介绍，但不代表所有企业都会使用与本书相同的指标名称及计算方法，还请各位读者提前知晓。

本节将为大家分别介绍四类不同业务场景中使用的场景指标，它们分别是在客户分析场景中使用的客户分析类指标、在产品分析场景中使用的产品分析类指标、在运营分析场景中使用的业务行为分析类指标及在绩效分析场景中使用的效果分析类指标。

1. 客户分析类指标

客户（习惯上将长期使用某项服务或产品的客户称为用户）分析类指标主要有对从获得新增客户开始一直到客户流失为止的完整客户生命周期进行描述的客户生命周期类指标、对客户行为特征进行描述的客户行为类指标，以及对客户贡献价值进行描述的客户价值类指标 3 类。

首先我们来了解客户生命周期类指标的相关内容。客户生命周期可以分为新增、留存及流失 3 个阶段，在新增阶段，主要用指标来描述商家从不同渠道获取的新增客户的数量及新增客户的质量，新增客户类指标的观测维度以新增客户的来源渠道维度及新增客户的统计时间维度为主，其中统计时间维度的单位一般以日、周等较短间隔的时间单位维度为主。

新增客户类指标主要用来描述商家获客行为在不同渠道上的有效程度，若某个渠道在单位时间（统计新增客户所使用的时间间隔）内能够带给商家较多的优质新增客户，则可以认为商家在该渠道做的获客行为是成功的，该渠道是优质的获客渠道。例如，某电商平台分别在 A 网站及 B 网站投放了两个相同内容的获客海报宣传广告，一周后 A 网站带来了 100 名优质的新增客户，而 B 网站只带来 50 名质量较差的新增客户，那么分析人员就可以得知 A 网站是适用于获客海报宣传广告形式的优质渠道，而 B 网站则不适用于该广告形式。

新增客户数量类指标是对在单位时间内商家新增客户人数的统计结果，在不同业务场景及不同统计需求下常用到的新增客户数量类指标主要包括以下内容。

（1）新增注册会员数：单位时间内商家新增加的注册会员的数量合计值。

（2）新增访客数：访客数（UV）是指单位时间内访问线上店铺页面不重复的用户数，新增访客数是指新注册的访客数量，访客数与新增访客数主要用于线上电商业务。

（3）新增到店数：单位时间内新增加的到店客户数，主要用于线下店铺。

（4）新增下载用户数：单位时间内新增加的下载 App 或计算机软件应用程序的客户数，主要用于游戏、应用软件等行业。

在新增客户类指标中，除了包括用来描述新增客户数量的指标——新增客户数量类指标，还包括描述新增客户质量的指标——新增客户质量类指标。企业认为未来能够完成付费转化的可能性越大、在完整生命周期内能够给企业持续创造价值的可能性越大的新增客户的质量越好。新增客户质量类指标是用来判断以上两种可能性的依据，分析人员使用此类指标来判断新增客户未来能否给企业创造价值，以及新增客户在完整生命周期内给企业创造价值的大小程度。用来判断付费转化可能性大小的新增客户质量类指标主要包括以下内容。

（1）新增活跃用户数：所有新增用户中在单位时间内行为表现活跃的用户数量。定义是否活跃的标准因企业而异，主要用来判断用户行为活跃与否的依据包括单位时间内有过购物行为、单位时间内多次访问店铺、单位时间内浏览多个不同产品页面等行为。该指标常用于电商行业。

（2）新增活跃用户数占比：新增活跃用户数/新增用户数 ×100%。

（3）新增注册用户数与新增注册用户数占比：新增注册用户数是指新增用户中在单位时间内完成注册的用户的数量。新增注册用户数占比是指新增注册用户数与新增用户数的百分比，该指标常用于游戏、应用软件、电商行业。

（4）新增付费用户数与新增付费用户数占比：新增付费用户数是指新增用户中在单位时间内有过付费行为的用户的数量。新增付费用户数占比是指新增付费用户数与新增用户数的百分比，新增付费用户数占比又称为新增付费用户转化率，该指标常用于游戏、应用软件、电商行业。

（5）新增其他属性的客户数与新增其他属性客户数占比：除以上各属性外的其他可定义高质量新增客户属性的客户数与该属性客户数占比，如新增 VIP 注册客户数与新增 VIP 注册客户数占比、新增金牌客户数与新增金牌客户数占比等。

通过上面介绍的指标内容不难了解到，在所有新增客户中，单位时间内行为活跃、完成注册或者成为会员、有过付费行为发生的新增客户会被认为是对企业提供的产品、服务等更感兴趣、黏性更强的新增客户群体，这类客户群体未来持续创造价值的可能性会更大，是质量更好的新增客户群体；反之，则会被认为是质量相对较差的新增客户群体。

在了解了新增客户类指标之后，接下来为大家介绍客户生命周期第二阶段——留存阶段相关的指标内容。留存阶段是整个客户生命周期中时间跨度最长、客户为企业贡献价值最高的阶段，是企业进行客户运营、提升客户贡献价值的主要阶段。根据企业经营模式、业务行为特征及业务流程长短的不同，企业定义客户是否为留存客户的界定标准也各不相同。一般企业定义留存客户的参照依据以单位时间内客

户是否发生过页面浏览、会员登录、购买产品、到店、咨询店员、安装 App 程序等
特定行为为准，若在单位时间内客户发生过特定行为，则该客户仍处于留存阶段，
是留存客户。若在单位时间内客户没有发生过特定行为，则该客户会被定义为流失
客户。留存客户类指标主要用来描述单位时间内留存客户的人数及留存人数在总客
户人数中的占比情况。若单位时间内留存人数多、留存人数在总客户人数中占比大，
则说明该企业拥有的客户人群质量高，客户运营方法得当，企业从客户身上获取价
值的能力强。根据客户属性的不同，定义留存状态时使用的单位时间的长短也各不
相同，如果是企业新获取的新增客户，则短时间内往往会出现大量的新增客户流失，
那么界定新增客户留存状态的单位时间会相对较短，一般会以次日、3 日或 1 周等
作为单位时间的时间跨度使用。如果是针对已经与企业间产生较强黏性的老客户群
体，因为老客户一般不易流失，那么会使用跨度相对较长的时间间隔，如月、季度、
年、3 年甚至 5 年等作为该类人群界定留存状态的单位时间使用。

留存客户类指标主要包括以下内容。

（1）单位时间留存人数：单位时间内仍处在留存状态的客户人数，如，3 日
留存人数、30 日留存人数、年留存人数等。

（2）单位时间留存率：留存人数 / 客户总人数 ×100%，其中留存人数与客户
总人数根据使用场景的不同会被处于某类属性状态的客户人数代替。例如，新增客
户留存率 = 新增客户留存人数 / 新增客户总人数 ×100%、忠实客户留存率 = 忠实
客户留存人数 / 忠实客户总人数 ×100% 等。

（3）活跃用户数：处在留存状态的用户人群中存在一部分与商家互动行为更
为频繁的用户群体，这部分用户群体被称为活跃用户。活跃用户数是指单位时间内
活跃用户的总数量，这部分用户群体体量越大，说明商家与用户间的互动越频繁，
用户为商家持续创造价值的可能性越大，商家拥有的用户群体质量越好。一般统计
活跃用户的单位时间分为每天、每周、每月，以天为单位的活跃用户数俗称为日活
数（DAU），以周为单位的活跃用户数俗称为周活数（WAU），以月为单位的活
跃用户数俗称为月活数（MAU）。活跃用户数常用于电商、游戏、App 应用等行业。

（4）沉默用户数：处在留存状态的用户人群中与商家互动行为较为稀疏或者
已经处于流失边缘的用户被称为沉默用户，沉默用户数是指单位时间内沉默用户的
总数量，此类用户人数越多，用户为商家持续创造价值的可能性越小，商家拥有的
用户群体质量越差。沉默用户数常用于电商、游戏、App 应用等行业。

（5）其他属性留存客户数：VIP 客户数、高价值会员数、复购用户数、到店

会员数等。

接下来为大家介绍客户生命周期第三阶段——流失阶段相关的指标内容。若客户在单位时间内没有触发界定留存状态的特定行为，则会被定义为流失客户。"流失客户"的名称容易让人产生企业已经无可挽回地失去该类客户的误解。其实"流失客户"只是在单位时间内没有触发特定行为的较难挽回的客户群体，如果企业针对流失客户群体使用某些有效的召回行为，那么重新激活流失客户的特定行为也还是完全有希望的。而当处于流失状态的客户重新被召回后，其状态也会从流失再次变为留存。

例如，某电商将半年内没有访问店铺行为发生的客户定义为流失客户，后来该电商采取优化店铺页面、采购上新人气产品、加大市场营销投入等措施重新激活了一部分流失客户的访问行为，那么再次发生访问行为的流失客户会重新被定义为留存客户。

流失客户类指标主要用于描述单位时间内流失客户的人数、流失人数在总客户人数中的占比情况、流失客户的召回人数及流失客户召回人数在总客户人数中的占比情况。

流失客户类指标包括以下内容。

（1）单位时间流失人数：单位时间内变为流失状态的客户人数。例如，3 日流失人数、30 日流失人数、年流失人数等。

（2）单位时间流失率：流失人数 / 客户总人数 ×100%，其中流失人数与客户总人数根据使用场景的不同会被处于某类属性状态的客户人数代替。例如，新增客户流失率 = 新增客户流失人数 / 新增客户总人数 ×100%、忠实客户流失率 = 忠实客户流失人数 / 忠实客户总人数 ×100% 等。

（3）单位时间流失召回人数：单位时间内重新触发特定行为，由流失状态重返留存状态的客户人数。

（4）单位时间流失召回率：流失召回人数 / 流失总人数 ×100%，其中流失召回人数与流失总人数根据使用场景的不同会被处于某类属性状态的流失人数代替。

在单位时间内，用折线图描述获客整体的留存、流失状态变化的曲线称为留存率曲线，客户的留存率曲线一般呈现一开始陡峭下滑，后面趋于稳定的走势，如图 6-1 所示。通过对比同一企业不同获客行为的留存率曲线变化差异，可以评估短期内留存率降低幅度小且长期维持较高留存率水平的获客行为能够带来较好质量的客户人群，是较为有效的获客行为。以此类推，将不同企业同类型产品的留存率曲线进行对比，可以用来评估哪家企业的产品更具市场竞争力。将同一企业下不同类型产品的留存率曲线进行对比，可以了解自家产品中哪种类型的产品更能增强客户黏性。留存率曲线可以帮助我们直观了解到客户人数状态变化的情况，进一步了解与客户运营相关的产品、行为等的好坏差异程度，是客户留存流失分析中经常使用的方法。

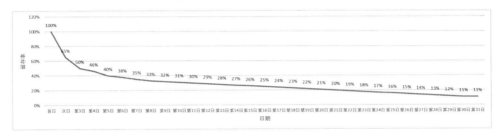

图 6-1　某电商获客后最近 31 日的用户留存率曲线图

在了解了客户生命周期类指标之后，接下来为大家介绍客户行为类指标。客户行为类指标主要用来描述单位时间内客户群体发生特定行为的次数及频繁程度。通过对客户行为类指标的观测分析，阅读者可以掌握客户行为触点（触发某项客户行为发生的业务节点，如触发客户到店行为发生的派发街头传单广告）的有效性，对有效性较差的客户行为触点进行优化，让客户的特定行为发生得更为频繁、业务行为更高效、业务流程更合理，从而为企业创造更多收益。不同行业、不同业务流程下的客户行为千差万别，此处为各位读者总结一些主要围绕线上电商行业中的比较有代表性的客户行为类指标。

线上电商行业的客户行为类指标主要包括以下内容。

（1）浏览量（PV）：单位时间内用户对店铺页面总的浏览数量，即浏览行为发生的总次数，该指标越大，说明用户对平台的黏性越强，关注度越高。

（2）访问数：从用户到达店铺或平台页面开始到用户离开店铺或平台页面的全过程称为一次访问，访问数是单位时间内发生访问行为的总次数，该指标越大，说明用户对店铺越有兴趣，黏性越强。

（3）平均访问深度：浏览量/访问数，即一次访问行为中浏览的平均页面数，该指标越大，说明用户越喜欢店铺内容，越容易被店铺商品吸引，访问店铺后观看多页信息内容后才肯离开。

（4）跳失次数：用户点开平台页面，没有任何点击直接关闭平台页面的行为称为跳失，跳失次数是单位时间内发生跳失行为的总次数，该指标越大，说明店铺内容越不吸引用户，用户与店铺间没有丝毫黏性。

（5）跳失率：跳失次数/访问数，即总访问次数中跳失行为出现的次数，该指标越大，说明总访问中无效的访问占比越多，访问店铺的用户中存在大量与店铺毫无黏性的低质量用户。

（6）其他各种针对客户行为触点进行统计的指标：跳转次数、停留时长、访问间隔、搜索量、评论量、分享量、点击量、收藏量、付费转化率、退货率、退货量等。

在了解了客户行为类指标之后，最后为大家介绍客户价值类指标的相关内容。客户价值类指标可分为客户收入类指标及客户成本类指标两大类。下面分别为大家介绍一些企业间通用性强、较为常见的客户收入类指标及客户成本类指标。

客户收入类指标主要包括以下内容。

（1）客单价：客户单笔消费时贡献的价值，一般客单价高的客户群体会拥有较高的消费实力水平。

（2）用户生命周期价值（Life Time Value，LTV）：用户在整个生命周期内创造的总价值。

根据企业售卖的产品的特征及企业经营模式的不同，以售卖类似家用电器这样高价值长使用周期类产品为主的商家，因为客户很难产生高频次的购买行为，所以会更关注客单价而不是用户生命周期价值。如果是以提供持续性服务或消耗性产品为主的商家，如游戏公司售卖的游戏点卡，因为客户会在长时间内持续高频次地消费，所以商家会更为重视用户生命周期价值，而不是客单价。

（3）用户平均收入（Average Revenue Per User，ARPU）：单位时间内每名用户带给企业的平均收入，用户平均收入＝总收入/总用户数。它主要应用于运营商、互联网、游戏、电商、App应用等行业。游戏公司使用用户平均收入衡量产品的盈利能力，电商、互联网行业使用用户平均收入判断客户运营方案的效果，运营商使用用户平均收入判断资费方案的合理性及市场竞争力。

客户成本类指标主要包括以下内容。

（1）用户获取成本（Customer Acquisition Cost，CAC）：企业为获取客户支付的成本。如何能用更少的用户获取成本，获取到更多能带来更高用户生命周期价值的客户，是企业制订获客计划时的出发点。

在线下行业中，用户获取成本主要体现在市场及销售行为的费用支出上。

在电商、互联网等线上行业中，企业将获取到的访客人群称为流量。企业主要通过在其他平台付费打广告的方式将其他平台的用户吸引到自己的页面中进行访问来获取流量。我们将企业付费给其他平台打广告吸引流量的整个过程称为"引流"。线上行业中的用户获取成本主要是在引流过程中企业为其他平台支付的费用。费用的支付核算方式主要有以下 3 类。

① CPM（Cost Per Mille）：按照广告每千次曝光收费。广告平台的广告每向用户展示 1000 次，收取 1 个 CPM 费用，该费用根据不同的平台定价不同。

② CPS（Cost Per Sales）：按照实际销售收费。广告平台的用户点击了广告，并发生了购买行为，广告平台将根据购买数量或购买金额收取 1 个 CPS 费用。

③ CPC（Cost Per Click）：按照点击次数收费。广告平台的用户点击、查看广告后支付 1 个 CPC 费用。

企业将根据广告内容、宣传目的及对方平台要求等多方因素综合考虑，最终做出能够带来更多优质流量且最节省用户获取成本的付费选择。

（2）客户运营成本：为了延长用户生命周期、提高客户贡献价值而采取的运营行为所产生的成本。针对不同需求的客户群体，采用恰当的运营行为往往会起到事半功倍的效果。所以为了在减少运营成本后还能达到理想的运营效果，在制订运营计划之前先了解不同客户群体的需求特征是必要的。

到这里客户分析类指标就全部介绍完了，图 6-2 所示为客户分析类指标思维导图，供各位读者参考。

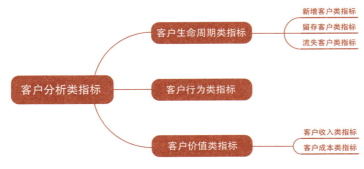

图 6-2　客户分析类指标思维导图

2. 产品分析类指标

产品分析类指标主要用于量化产品在进、销、存 3 个业务阶段的数量、金额及周转情况。进销存业务流程是一个从产品采购到产品入库再到产品销售的动态循环流转过程。如果产品销量增加，库存量就会加速减少，此时就需要加大进货量。如果产品销量减少，就会造成产品出库量变少，从而形成一定的库存积压，此时就需要减少进货量并且想办法及时清库存。企业只有管理好进、销、存每个业务环节，才能加快进销存业务流程的流转速度，提高企业经营效率，最终为企业带来更多收益。因为连接企业进、销、存各业务环节的维度是产品维度，所以需要使用产品分析类指标对产品在进、销、存各业务环节的表现情况进行量化，才能及时、有效地发现进销存业务流程中的各种问题。按照进、存、销的业务顺序可以将产品分析类指标依次分为产品进货类指标、产品库存类指标及产品销售类指标三大类。首先为大家介绍产品进货类指标的相关内容。

产品进货类指标主要用于量化企业在产品采购进货环节中的行为结果。其主要包括以下内容。

（1）进货额：产品进货金额的合计值。

（2）进货量：产品进货数量的合计值。

（3）订单平均进货量：单笔订单的平均进货数量。

（4）订单平均进货额：单笔订单的平均进货金额。

（5）缺货量：未能按照预期采购到的产品数量的合计值。

（6）缺货率：缺货量 / 预期采购数量 ×100%。若某个供应商经常出现供货缺货的情况，则企业需要及时更换其他供应商，以确保产品供应充足。

（7）到货平均时长：从给供应商下订单到从供应商处收到货品的平均时长。

（8）准时交货率：单位时间内，准时交货次数 / 接单总次数 ×100%。若某个供应商经常出现未能及时供货到货的情况，则企业需要及时更换其他供应商，以确保产品供应充足。

（9）其他进货相关指标：到货损毁率、订单满足率、订单执行率、待发货数、已发货数、已签收数等。

接下来为大家介绍产品库存类指标的相关内容。库存是连接进货与销售的中转环节，所以产品的库存量受进货与销售双方向影响，会随着进出库行为的产生而不断进行增减变化。如果对每次库存量的增减变化都进行全面分析，会耗费大量成本且难以实现，所以在很多情况下分析人员会使用单位时间内库存量变化的最终结果进行分析。在单位时间的起点处的库存量称为期初库存，而单位时间的终点处的库存量称为期末库存。在库存分析中使用的单位时间的时间跨度一般以天、周、月为主。分析人员通过产品库存类指标监控库存产品在单位时间内的变化情况，在缺货时预警补货，在积压时预警清仓，确保产品供销关系能够始终处在一个理想的平衡状态。产品库存类指标主要包括以下内容。

（1）库存数量与库存金额：当我们讨论库存数量或库存金额的具体数值时，一般指的是某一时点的库存数量或库存金额，又或者是某一时段的平均库存数量或平均库存金额。描述库存数量或库存金额的平均值时，一般有以下两种不同的计算方法。

① 计算方法一：单位时间内库存总数量或库存总金额 / 单位时间天数，代表单位时间内的库存平均水平。

② 计算方法二：单位时间内，（期初库存数量或金额 + 期末库存数量或金额）/ 2，代表整段单位时间内的库存平均水平。

当计算业务库存类指标值时多使用计算方法一，如库销比。当计算财务库存类指标值时多使用计算方法二，如存货周转率、存货周转天数等。

（2）存货周转率（库存周转率）：存货周转率是一个财务指标，用来描述单位时间内，存货运营效率的好坏的程度。

$$存货周转率 = 主营业务收入或成本 / 存货平均余额$$

$$存货平均余额 = （期初存货金额 + 期末存货金额）/ 2$$

此处要注意存货的财务意义是企业在日常活动中持有以备出售的产成品或商品、处在生产过程中的在产品、在生产过程或提供劳务过程中耗用的材料或物料等的总称。

存货中包含但不限于企业出售的商品。

存货周转率计算公式的分子部分是使用主营业务收入还是主营业务成本主要根据分析目的决定，若分析目的是判断企业短期偿债能力的强弱，则分子部分应使用主营业务收入；若分析目的是评估存货管理水平的高低，则分子部分应使用主营业务成本。

从企业经营角度来看，存货周转率越高，说明存货的销售情况越好，存货的周转速度越快，流动性越强，在单位时间内能够带来的收益越大。当存货周转率变高时，说明企业销售情况变好，出库量变大，此时需要注意及时进货以确保库存安全；反之，当存货周转率变低时，说明有可能已经出现库存积压、存货滞销的情况，此时需要注意减少进货、及时清仓。企业一般通过把控库存量、把控 SKU（Stock Keeping Unit，最小存货单位）数量、加大销售力度、缩短供销货时间、调整进货种类、调整进货频次等方式来提高存货周转率。

将存货周转率实际应用于业务分析时，可以将存货的整体概念细化为某种特定产品、耗材来进行分析。

（3）存货周转天数（库存周转天数）：存货周转天数也是一个财务指标，存货周转天数＝单位时间天数／存货周转次数，公式中的单位时间天数一般以 365 天为一个周期。存货周转天数是指企业从取得存货开始至消耗、销售存货为止所经历的天数。存货周转天数越少，说明存货周转率越高，存货占用资金时间越短，存货变现速度越快，存货能够带来的企业收益越大。存货周转天数是存货周转率的辅助指标，存货周转率越高越好，而存货周转天数越少越好。

（4）库销比（存销比）：单位时间内，平均库存金额或期末库存金额／总销售金额。库销比越高，说明库存量越大，有可能出现销售不畅或者过度进货的情况，此时应适度减少进货量，加大清仓力度；库销比越低，说明销售情况越好、出库量越大，此时要注意加大进货力度，保证库存量维持在安全水平。

（5）其他库存类指标：库存天数（Days Of Store，DOS）、安全库存量、库存商品数量等。

最后为大家介绍产品销售类指标的相关内容。按照产品销售业务行为展开的先后顺序，可以将产品销售业务流程分为售前、售中及售后 3 个阶段。产品销售类指标主要用来量化这 3 个阶段中销售产品行为的行为结果。

售前阶段产品销售类指标主要用于描述产品的市场投放、曝光、被客户关注等情况。其主要包括以下内容。

（1）产品曝光人数：单位时间内，在不同产品投放渠道被用户搜索或者看到的总人数。

（2）产品曝光次数：单位时间内，在不同产品投放渠道被用户搜索或者看到的总次数。

产品曝光人数与产品曝光次数主要用于量化产品在线上渠道进行广告投放的效果。相同投放成本下，产品曝光人数与产品曝光次数越多的广告投放渠道越好。

（3）产品搜索次数：单位时间内，产品被搜索的总次数。产品搜索次数越多，说明产品知名度越高，受关注程度越大。该指标主要用于线上行业。

（4）产品点击次数：单位时间内，产品链接被用户点击的总次数。产品点击次数越多的产品被关注度越高，越能吸引用户购买。该指标主要用于线上行业。

（5）其他售前阶段产品销售类指标：产品点击率、产品点击人数、产品收藏次数、产品收藏率等。

售中阶段产品销售类指标主要用于量化产品销售情况，以及产品销售与进货、销售与库存之间的转化关系。其主要包括以下内容。

（1）产品销量、销售额：单位时间内产品的销售数量与销售金额。

（2）售罄率：单位时间内，销售件数 / 进货件数 ×100%。售罄率主要用于描述产品销量与进货量之间的关系。售罄率低的产品容易出现或者已经出现滞销情况，需要及时降低进货量并且加大销售力度。尤其是像受季节性影响大的服装类产品、保质期相对较短的食品等产品，这些产品一般能够顺利出售的时间较短，一旦出现这些产品售罄率急速降低的情况，就需要分析人员及时重视。

（3）产品毛利额：单位时间内，销售产品获得的总毛利额。与财务分析中定义毛利额有统一的标准不同，在业务分析中使用的毛利额根据企业的不同，其定义及计算方式也各不相同。例如，有些企业用产品售价减去产品进货价后的差值作为该产品的毛利额使用，还有些企业用产品售价减去产品进货价后再减去人员开支、水电支出等其他成本后剩余的金额作为毛利额使用。所以在计算业务分析中的毛利额前一定要与决策者核实，使用决策者需要的计算方式来统计毛利额。

（4）产品毛利率：毛利额 / 销售额 ×100%，毛利率越高的产品为企业贡献的利润越大，是企业用来获利的重要产品。企业经常按照产品的毛利率水平及客户对产品的需求程度来对产品分类。毛利率很低且客户需求度高的产品一般是企业的降价促销产品，此类产品并不能给企业带来较好的收益，主要用来吸引客户上门，也就是为企业引流。而毛利率一般且客户需求度高的产品一般用来维持利润及企业竞争力。毛利率高且客户需求度较低的产品一般属于企业的自有产品或高价格名牌产品，这类产品主要用来提升企业利润，满足高消费人群需求。表 6-8 所示为某服装店的产品定位策略，供各位读者参考。

表 6-8　某服装店的产品定位策略

产品定位名称	毛利率水平	客户需求度	作　　　用
竞销品	<10%	高	价格感召、低价引流
次竞销品	10% ~ 20%	较高	一般商家都有销售、竞争性价格、维持客流

续表

产品定位名称	毛利率水平	客户需求度	作　用
一般品	21% ~ 40%	一般	正常销售的一般产品、品种多、竞争性价格、维持利润
非竞争品	>40%	低	少数商家有售、名牌产品、提升利润

上述产品定位策略只是无数产品定位策略中的一种较为常见的情况，并不是所有企业都使用上述方式定位产品，具体产品定位策略还是要根据不同企业的实际情况制定。

（5）产品浏览付费转化率：产品付费次数 / 产品浏览次数 ×100%，该指标主要用来量化产品吸引付费的能力。该指标主要用于线上电商行业，该指标值低说明产品虽然能够引起客户的浏览兴趣，但最终无法让客户完成付费，问题可能出在产品价格偏高、产品页面不美观、产品介绍信息不完整、引导付费的页面跳转链接不恰当等方面。

（6）产品询价购买率：产品销售次数 / 产品被询价次数 ×100%，该指标主要用于线下有销售人员经营的店铺，该指标值越高，说明产品越受欢迎，越容易被推销。

（7）其他售中阶段产品销售类指标：产品点击付费转化率、产品询价次数、库销比（该指标也属于产品库存类指标）、产品支持率、交叉比率（该指标为财务指标）、产品复购率等。

售后阶段产品销售类指标主要用于量化产品的出退货情况、客户的满意情况等。其主要包括以下内容。

（1）发货数量：单位时间内，产品的发货总数量。

（2）退货数量：单位时间内，因产品质量不过关、客户对产品不满意或者在运送环节出现产品损毁等情况被客户退回的总数量。

（3）其他售后阶段产品销售类指标：损毁率、退货率、产品投诉件数、产品召回件数等。

到这里产品分析类指标就全部介绍完了，本书只提取了与企业经营业务相关的一部分较为常见的产品指标介绍给各位读者，关于产品在研发、生产、设计等经营业务外的指标内容本书均未涉及，还请各位读者悉知。

图 6-3 所示为产品分析类指标思维导图，供各位读者参考。

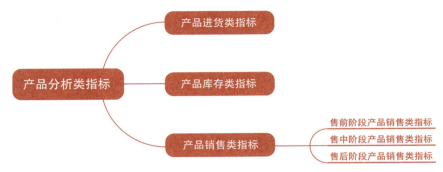

图 6-3 产品分析类指标思维导图

3. 业务行为分析类指标

业务行为分析类指标主要用来量化在企业不同业务部门中开展的不同业务行为结果的好坏情况。不同企业间在业务部门的设立、业务流程的设计及业务行为的执行等方面各不相同，所以用来量化业务行为的指标内容也千差万别。在本书中主要为大家介绍一些与企业营销行为相关的、较为常见的业务行为分析类指标供大家参考。

营销行为是企业中的营销人员针对市场开展的一系列经营活动及销售行为的总称。营销行为主要包括市场宣传、产品推广、发现客户、挖掘需求、客户运营、销售产品、售后服务等方面。营销行为主要由企业的市场部门、运营部门、销售部门及售后部门来进行具体实行。因为不同企业使用的营销行为千差万别，每个不同营销行为下还可以展开多个不同的营销行为类指标，所以本书只能为各位读者从多如繁星的营销行为类指标中挑选几个较为常见的指标进行介绍说明。

（1）客户拜访次数：单位时间内，销售人员有效拜访客户的总次数，该指标主要用于对公销售业务中，对销售人员执行力及销售积极性进行量化。

（2）接通率：单位时间内，有效接通次数 / 打电话总次数 ×100%，该指标主要用于对电话销售人员的客户接通情况进行量化，该指标值越高，说明电话销售人员的话术水平越高，与客户间的通话质量越好。

（3）回访次数：单位时间内，回访客户的总次数，该指标主要对销售人员的回访行为进行量化，回访次数多，对提高客户整体满意度及客户整体复购率等都有所帮助。

（4）引导客户注册人数：单位时间内，由店员引导客户注册为店铺会员的总人数，该指标主要用于量化线下餐饮、零售等行业中的店铺店员的销售意识及引导水平的高低程度。

（5）其他营销行为类指标：申请通过人数、审核人数、审核通过率、广告投放数、广告投放金额、成交单数、成交金额、成交率等。

4. 效果分析类指标

效果分析类指标主要用于对企业资产使用效率及企业员工绩效水平进行量化。由于不同行业企业的资产结构、资产使用方式，以及企业员工的业务行为、绩效标准不同，所以不同行业企业的效果分析类指标也是千差万别的。本书将介绍一些有代表性的效果分析类指标供各位读者参考，更多效果分析类指标还需要各位读者在实际业务工作中学习了解。

用于量化资产使用效率的效果分析类指标包括以下内容。

（1）除存货资产外的各类资产周转率：资产周转率是一个财务指标，用来描述单位时间内，资产运营效率的高低程度。

$$资产周转率 = 主营业务收入或成本 / 资产平均余额$$

资产周转率越高，说明资产盈利效率越高。在企业拥有的各类资产中，周转率高的资产属于企业的优质资产，拥有越多优质资产，企业盈利能力越强，市场竞争力越大。

因为存货周转率已经划归到产品分析类指标的产品库存类指标中，所以此处不应包含存货类资产。

（2）投入产出比：单位时间内，收入总额 / 投入总成本 ×100%，该指标主要用于对资产的投资效果进行量化。投入产出比越高，说明投资产生的收益越大，被投资的资产的盈利效率越高。当投入产出比大于 1 时，企业才能创造利润。

（3）坪效：销售额 / 营业面积，该指标主要用于对线下店铺使用面积创造营业收入的高低水平进行量化。坪效值越大，说明每单位营业面积能够带来的销售收入越高，店铺空间越被有效利用，店铺自身的盈利能力越强。

（4）其他资产使用效率的效果分析类指标：店销、屏销、翻台率、上座率、资产利润率等。

用于量化员工绩效水平的效果分析类指标包括以下内容。

（1）业务员工绩效评分：该指标主要用于对非销售岗位的业务员工进行绩效评分。不同岗位的员工评分标准、评分方式各不相同，主要评分依据多以该岗位工作任务要求为准。

（2）销售目标完成率：销售总金额／销售目标总额×100%，该指标主要用于对销售岗位员工进行绩效考核。在一般情况下，企业为了刺激销售人员的销售积极性，会按照销售目标完成率水平的高低程度制订阶梯性销售提成方案。例如，当销售人员的销售目标完成率不足100%时，销售人员只能领取基本工资没有销售提成，当销售目标完成率达到120%时，按照多出的20%销售业绩中的5%给销售人员提成，当销售目标完成率达到150%时，按照再次多出的30%销售业绩中的8%给销售人员提成，以此类推，销售人员的销售目标完成率越高，能够得到的销售提成占比也就越高。

（3）连带率：单位时间内，产品销售数量／成交单数，该指标用于量化店铺店员连带产品销售能力水平的高低程度。连带率值越高，说明店员向客户推荐连带产品的能力水平越高，店员越有能力卖出大单，越能为企业创造更多收益。例如，当我们去服装店买裤子时，经常会遇到店员向我们推荐与裤子搭配得当的上衣的情况，如果我们也买了上衣，那我们为该店员创造的连带率就是2。

（4）客户满意度：单位时间内或单次服务结束后，客户给予的满意度评分的平均值，该指标主要用于量化企业为客户提供的服务行为水平的高低程度。例如，培训机构给学员提供教学服务产品，在教学服务结束后，学员给予讲师的满意度评分越高，说明讲师的授课水平越高。

（5）其他员工绩效的效果分析类指标：出勤率、迟到早退次数、失误率、被投诉次数等。

到这里效果分析类指标就全部介绍完了，图6-4所示为效果分析类指标思维导图，供各位读者参考。

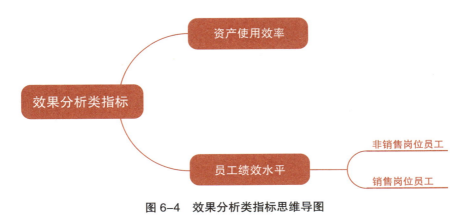

图6-4 效果分析类指标思维导图

📺 6.1.3 指标体系

1. 指标体系概述

指标体系是相互之间有逻辑联系的指标构成的整体。与用单个指标来量化某一个业务行为的好坏情况相比，完整的指标体系可以用来描述业务框架的整体构成情况、业务流程的完整脉络线索及业务结果的具体产生原因。如果我们将业务整体比作放在暗室里的一幅巨幅画作，那么分析人员为了看到这幅画作，就需要在暗室墙上开窗，每开一扇窗就可以看到画作的一部分内容，当开的窗足够多时，分析人员就能够观测到画作的完整情况。在这个比喻中，开的每一扇窗就是每一个不同的指标，所有窗的集合就是完整的指标体系，指标是观测业务行为的窗口，而指标体系就是观测业务整体的窗口的集合。

指标体系的作用主要体现在以下 3 个方面。

（1）为分析人员提供全局视角审视业务整体的好坏情况。

（2）为分析人员快速定位业务问题、确立分析主体提供参考依据。

（3）为决策层优化业务流程、制定业务发展方向提供参考依据。

指标体系从搭建到分析应用的全过程可以分为以下 4 个步骤。

步骤 1 搭建指标体系：从已有指标中为指标体系选取指标，若已有指标不够用，则需要根据分析需求为指标体系设计新指标。

步骤 2 收集指标数据：完善数据环境，收集所有分析所需的维度及度量数据。

步骤 3 计算指标值：为指标设计正确的计算逻辑，并得到正确的指标值。

步骤 4 分析指标值：将步骤 3 中得到的指标值应用在多维数据环境下进行分析，发现业务问题，找到解决方案。

上述 4 个步骤中的后 3 个步骤主要通过数据库系统及 BI 系统加以实现。其中，步骤 2 收集指标数据主要应用到企业的数据库系统、BI 系统中的 ETL 模块及数据仓库模块，步骤 3 计算指标值主要应用到 BI 系统中的 OLAP 模块，步骤 4 分析指标值主要应用到 BI 系统中的 OLAP 模块及可视化报表模块。相关内容分别在本书的第 2 章、第 3 章及第 5 章进行过详细说明，此处不再做更多展开。

下面将围绕步骤 1 搭建指标体系的步骤及方法进行详细介绍。

2. 搭建指标体系

搭建指标体系是收集及分析指标内容的前提，只有根据业务分析需求搭建完整的指标体系，才能根据指标体系内容收集完整数据进行分析，得到的分析结果才能全面、深入地描述业务的整体情况。搭建指标体系前要先明确以下 3 个问题。

（1）明确指标体系服务对象是谁。在搭建指标体系前要与指标体系使用者进行多次深入的访谈，了解使用者的业务需求、业务框架、业务流程、业务行为、业务痛点等情况，根据访谈结果进行指标的选取及设计。

（2）明确指标体系的使用目的。指标体系主要有 3 类不同的使用目的，第 1 类是通过指标体系完整描述某个业务框架下各个不同业务节点的具体情况，第 2 类是通过指标体系完整描述某个业务流程各个不同业务阶段的具体情况，第 3 类是通过指标体系详细描述产生某个业务结果的多方面影响因素的具体情况。如果指标体系描述对象是业务框架，就需要从业务框架中各参与主体的行为特征出发来搭建指标体系；如果指标体系描述对象是业务流程，就需要从业务流程中各阶段的行为特征及各阶段间的衔接、周转方式出发来搭建指标体系；如果指标体系描述对象是某个业务结果，就需要从影响业务结果的多方面不同因素的变化情况、元素与元素间的相互作用情况出发来搭建指标体系。

例如，要搭建描述人货场业务框架整体情况的指标体系，就要将客户、产品、店铺这 3 个业务框架内的参与主体的指标内容装入该指标体系内使用。该指标体系内应该包含客户行为指标、产品销售情况指标及店铺的经营行为指标等指标内容。

如果指标体系描述的对象是产品进销存完整的业务流程，就要分别将进货、库存及销售环节中量化产品数量及金额的指标，以及描述产品在进、存、销 3 个阶段中周转情况的指标内容包含在该指标体系内。

如果指标体系描述的对象是某电商平台 GMV（商品交易总额）的由来，此时就要将流量、转化率及客单价 3 个业务模块下的指标内容包含在该指标体系内。因为通过电商黄金公式"GMV = 流量 × 转化率 × 客单价"可知，流量、转化率及客单价是影响 GMV 变化的核心因素，所以要在指标体系内囊括影响 GMV 变化的各因素下的指标内容。

（3）明确指标体系所处的维度环境。与指标不能脱离维度而单独存在一样，指标体系也不能独立于维度环境之外而单独使用。所以在设计指标体系之前，我们先要明确指标体系依附的维度场景有哪些。在为指标体系设计或选取指标的同时，将维度信息一起加进指标体系的设计文档内，为指标体系搭建一个完整的维度库是很多咨询公司在梳理指标体系时常用的方法。例如，图 6-5 所示为某咨询公司梳理的描述银行对公客户收入情况的维度及指标对应图。

　　了解了搭建指标体系前需要明确的内容之后，接下来为大家介绍搭建指标体系时使用的具体方法。在搭建指标体系过程中使用的核心思维方法是树状分类法。按照此种思维方法梳理、搭建的指标体系，称为树状指标体系。树状分类法是将父节点拆解成多个子节点，再将子节点继续拆解成多个孙节点，以此类推，直到无法再拆为止的思维方法。一般我们可以使用树状结构图来展现树状分类法得到的结果。将树状分类法应用到梳理、搭建指标体系过程中时，主要可以根据以下 3 种逻辑关系进行指标体系的树状层级拆解。

图 6-5　银行对公客户收入情况的维度及指标对应图

　　第 1 种逻辑关系是根据指标所依附维度中不同维度项间的层级关系进行指标拆解。因为指标体系需要依附于维度而存在，所以在搭建某个特定维度下的指标体系时，可以依据该维度下各个不同维度项之间的层级关系进行树状层级的指标拆解。例如，某零售企业想用指标体系来描述公司全年的总销售额的构成情况，该公司在国内多个不同区域设立了多个不同事业部，每个事业部下又设有多家地区分公司，那么我们就可以按照总公司、事业部、分公司的维度项层级关系搭建树状指标体系，如图 6-6 所示。

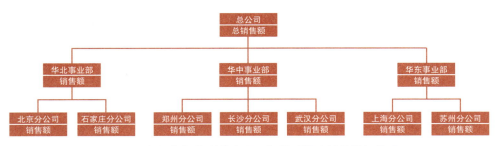

图 6-6　依据指标依附维度项层级关系搭建树状指标体系

第 2 种逻辑关系是根据各指标间逻辑意义上的层级关系搭建树状指标体系。例如，我们可以将企业的决策过程按照重要程度由高至低划分为战略决策、战术决策及行为决策 3 个层级。一个战略决策影响多个战术决策，一个战术决策影响多个行为决策。反之，多个行为决策决定一个战术决策的成败，多个战术决策决定一个战略决策的成败。如果我们要为一个战略决策提供指标参考依据，那么就可以按照战略指标、战术指标及行为指标的层级顺序搭建指标体系。例如，某公司要根据全年新客户创造的业绩增量水平制订第二年的发展计划，那么公司全年新客户带来的总销售额就是一个战略指标。该公司为了得到理想的新客户销售业绩，需要在市场端制订正确的产品推广宣传计划以增加新客户数、在销售端做好客户成交转化，以及产品连带宣传以提高成交率及客单价，那么新客户总数、总成交率及客单价平均值就是战术指标。为了进行产品推广，市场部门选择在自媒体平台、小视频平台、行业大会等不同渠道投放广告。为了了解销售情况，销售管理部门需要及时关注每一个销售团队的商机成交情况及客单价情况，那么描述各渠道广告投放效果的指标、描述各销售团队销售行为效果的指标就是最后的行为指标。依据指标间逻辑意义上的层级关系搭建的指标体系如图 6-7 所示。

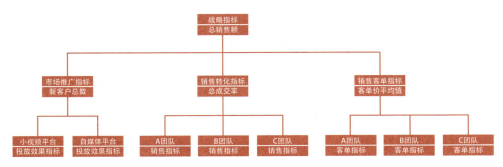

图 6-7　依据指标间逻辑意义上的层级关系搭建的指标体系

第 3 种逻辑关系是根据指标所量化的业务行为间的层级关系搭建树状指标体

系。例如，用指标体系描述某银行净利息收入的构成关系，就可以按照获取净利息收入的不同行为方式来搭建树状指标体系。依据业务行为间的层级关系搭建的树状指标体系如图 6-8 所示。

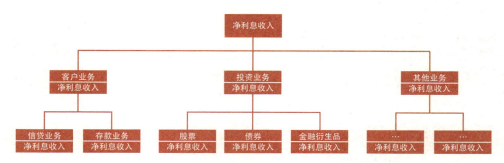

图 6-8　依据业务行为间的层级关系搭建的树状指标体系

以上 3 类树状指标体系的搭建逻辑往往不是单独使用的，在某些复杂场景下，要将这 3 类搭建逻辑组合起来，以搭建能够描述整体业务情况的完整指标体系。例如，如果要用指标体系描述某电商 GMV 的构成情况，那么首先使用第 2 种逻辑关系，也就是指标间逻辑意义上的层级关系将 GMV 拆解为"流量"指标、"转化率"指标及"客单价"指标 3 类，然后根据该电商使用的具体获取及转化流量的方法，按照第 3 种逻辑关系，也就是根据指标所量化的业务行为间的层级关系进一步进行指标拆解。例如，流量可以分为域内流量及域外流量两部分，域内流量又可以分为首焦广告位、频道页等域内推广渠道的流量，域外流量也可以继续分为微信公众号、百度搜索竞价等域外推广渠道的流量。与流量相对应，转化率也可以继续拆解为域内、域外各渠道流量对应的转化率。某电商 GMV 树状指标体系如图 6-9 所示。

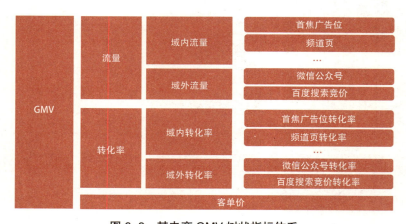

图 6-9　某电商 GMV 树状指标体系

搭建树状指标体系的前提条件是指标体系背后的逻辑关系具备树状层级拓展的条件。当我们面对的是类似进销存业务分析这样不是按照树状层级关系，而是按照业务流程的先后顺序关系，或者其他非树状层级关系的指标体系搭建需求时，则需要根据具体业务需求特征来选取恰当的指标内容进行使用。

在各种指标体系中以树状指标体系最为常见，除树状指标体系外，在很多情况下指标体系是依据业务模型的特征进行搭建的，关于业务模型下的指标体系在后文介绍业务模型的部分会为各位读者进行详细讲解。因为业务场景千差万别，本书无法做到面面俱到，所以除树状指标体系及业务模型下的指标体系外的其他内容不再进行介绍，还望各位读者见谅。

6.2　业务模型分析

业务模型中的模型是指客观现实经过抽象、概括、总结等方法处理后形成的信息的集合。模型用来描述客观现实的框架、梗概、本质及逻辑关系。理解了模型的意义，再来理解业务模型就是从基于业务框架或业务流程产生的一系列业务行为现实中抽象出来，用于描述业务框架或业务流程整体特征的信息的集合。

成熟的业务模型往往是从众多企业成功业务经验中抽象总结得到的。当有一家新的企业要开展与其他企业类似的业务时，往往会先参考成熟业务模型，再结合自身企业的特征来设计适合自己企业的业务框架或业务流程。例如，在第 5 章中介绍过的销售漏斗模型就是一种成熟的、应用在销售管理业务中的业务模型。因为以往有很多企业都将商机的整个运作过程分为不同销售阶段进行分段管理，所以咨询企业从这些企业的管理方式中抽象、总结出了销售漏斗模型。当出现一家新的企业也要开展销售管理业务时，就会以销售漏斗模型为参照依据，在模型上层按照自己企业的销售阶段划分依据来设计各销售阶段下的具体行为细节。我们可以将成熟的业务模型理解为企业设计业务框架或业务流程的基础，学会应用业务模型有助于我们从根本上发现业务的核心问题。

不同企业使用的业务模型千差万别，本书将从众多业务模型中选取两类应用广泛的业务模型为大家进行详细介绍。第一类业务模型是分类模型，第二类业务模型是漏斗模型。

🖥 6.2.1　分类模型

分类模型是将不同业务对象分别映射到坐标系的不同区间上进行量化分类的模型。分类模型的实现步骤分为以下 3 个步骤。

步骤 1　将核心业务目标拆解为由多个不同度量轴（坐标系内由度量值构成的坐标轴）构成的坐标系。

步骤 2　使用平均值、中位数等统计结果将不同度量轴划分为多个不同区间。

步骤 3　将业务对象的属性、行为结果等进行数值量化处理，按照量化处理结果将业务对象映射到坐标系的不同区间进行分类。

分类模型的主要作用是帮助决策者快速理解及把握不同业务对象的业务特征，帮助决策者针对不同类型的业务对象设计不同的业务行为策略。

例如，某线下服装零售店换季采购上新了一批新的服装产品。该店铺想向注册用户通过短信的方式推销新产品。该店铺拥有 10 000 名注册用户，新服装产品按照售价可以分为高、中、低 3 档，该店铺最理想的短信营销方式是根据这 10 000 名注册用户每个人的需求特征，发送 10 000 封不同内容的推销短信，这样可以最大限度地满足每名用户的差异化需求，从而产生最好的营销效果。但是，仔细思考我们就会发现这个策略实际根本无法执行。首先，发送 10 000 封不同内容的营销短信所耗费的时间及人力成本过高。其次，线下店铺想得到每名注册用户的购买需求特征几乎是不可能实现的。既然无法发送 10 000 封不同内容的短信给 10 000 名不同需求的用户，那么能不能选择走另一个极端，给所有用户发送同一内容的短信呢？店铺虽然可以实现该行为，但是这样的群发短信刺激不到用户的差异化购买需求，同时容易让用户产生不被重视感，最终达不到好的营销效果。

那么什么才是兼顾用户差异化需求与短信发送成本的、可执行的、最好的、短信营销方式呢？就是先将所有用户分类，再给不同类别的用户群体分别发送不同内容的短信，这样的短信内容可以有效地刺激到同一类别下大多数用户的购买需求，从而实现较好的营销效果。该店铺按照用户群体的贡献价值将用户分为了低价值人群、中价值人群及高价值人群 3 类不同群体，然后向高价值人群推销高档产品，向中价值人群推销中档产品，向低价值人群推销低档产品，最终该店铺通过该方法得到了不错的短信营销效果。

1. 客户分类模型

上述案例中店铺依据用户贡献价值对用户分类时使用的业务模型称为用户贡献

价值模型，该模型是以单位时间内用户贡献的价值（消费金额）为核心业务目标，将消费金额拆解成购买频次与客单价两个不同度量轴使用的模型。该模型的主要目的是帮助决策者理解不同用户的消费水平特征，从而进一步帮助决策者针对不同消费水平人群制定不同的营销策略。该模型的设计步骤如下。

步骤 1　将单位时间内的用户贡献价值这个核心业务目标拆解成用户在单位时间内的客单价与单位时间内的购买频次两个不同的度量轴，将客单价轴作为横轴，将购买频次轴作为纵轴，创建一个用户贡献价值坐标系。

步骤 2　分别求出客单价轴与购买频次轴的平均值，用平均值将两个坐标轴各分为低、高两段，这样在坐标系内就得到了 4 个不同区间。

步骤 3　按照每名用户的实际客单价与购买频次的数值结果，将每名用户映射在不同坐标系区间内，高客单价高购买频次的用户为高价值人群，低客单价低购买频次的用户为低价值人群，其余两个区间内的用户为中价值人群。

如图 6-10 所示，上述用户贡献价值模型使用平均值作为坐标轴区分依据，将坐标轴分为了低、高两段，在不同业务场景下我们还可以使用其他统计计算结果，将坐标轴分为 3 段或者更多进行使用。

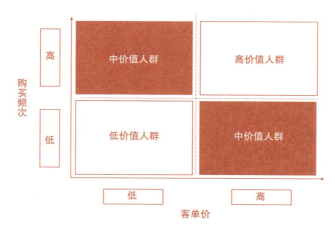

图 6-10　用户贡献价值模型示例图

除了用户贡献价值模型，还有 RFM 模型也是常被用到的客户分类模型。RFM 模型主要应用在电商领域，其作用主要是帮助决策者了解用户的留存、流失情况，以便对不同特征用户开展不同运营策略。基础的 RFM 模型将用户分为 8 类，分别是重要价值用户、重要发展用户、重要保持用户、重要挽留用户、一般价值用户、一般发展用户、一般保持用户和一般挽留用户，用户类别的名称不是固定的，可以根据业务需求调整。

RFM 模型中用到 3 个指标，分别是最近一次消费（R）、消费频次（F）和消费金额（M），这 3 个指标可以衡量客户价值和客户创利能力。最近一次消费是基于当前时点，用户最近一次消费时点和当前时点的时间差。消费频次是指定时间区间内用户的购买次数。消费金额是指定时间区间内统计用户的消费总金额。确认了指标后，以用户为维度，我们就可得出每名用户的指标值，再根据指标值就可以将用户分类。RFM 模型示例图如图 6-11 所示。

用户类别	R值	F值	M值	运营策略
重要价值用户	高	高	高	保持现状
重要发展用户	高	低	高	提升频次
重要保持用户	低	高	高	用户回流
重要挽留用户	低	低	高	重点召回
一般价值用户	高	高	低	刺激消费
一般发展用户	高	低	低	挖掘需求
一般保持用户	低	高	低	流失召回
一般挽留用户	低	低	低	不再尝试挽回

图 6-11　RFM 模型示例图

重要价值用户的 R 值高表示用户刚来消费过，F 值高说明用户经常来消费，M 值高说明用户在这里的消费金额很高，对于这类用户运营策略方向是保持现状。重要发展用户的 F 值低表示用户的消费频次低，对于这类用户运营策略方向是提升频次。重要保持用户的 R 值低表示用户很久没来消费了，对于这类用户运营策略方向是用户回流。重要挽留用户的 R 值和 F 值低表示用户很久没来消费且消费频次低，对于这类用户运营策略方向是重点召回。一般价值用户的 M 值低表示用户的消费金额低，对于这类用户运营策略方向是刺激消费。一般发展用户的 F 值和 M 值低表示用户的消费频次低且消费金额低，对于这类用户运营策略方向是挖掘需求。一般保持用户的 R 值和 M 值低表示用户很久没来消费且消费金额低，对于这类用户运营策略方向是流失召回。一般挽留用户的 3 个指标值都很低，对于这类用户运营策略方向是不再尝试挽回，如出差的用户，或者对这里的商品完全没有任何需求的用户，企业没必要花费过多的成本在这类用户身上。

RFM 模型的完成步骤如下。

步骤 1 获取 R、F、M 3 个维度下的原始数据。

步骤 2 定义 RFM 的评估模型与 R 轴、F 轴、M 轴的区分阈值。

步骤 3 进行数据计算，获取每名用户的 R、F、M 值。

步骤 4 参照评估模型与阈值，对用户进行分层。

步骤 5 针对不同层级用户制定不同运营策略。

最后为大家介绍一种客户分类模型——用户忠诚度模型。用户忠诚度模型在零售型企业中用得比较多，这类企业往往使用消费金额和消费次数指标体现用户的忠诚度的高低水平。用户忠诚度模型示例图如图 6-12 所示。

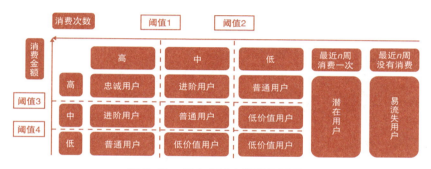

图 6-12 用户忠诚度模型示例图

消费金额和消费次数都高的用户被分为忠诚用户，这类用户往往在该平台已养成平台喜爱的消费习惯。进阶用户的消费金额和消费次数有一个是高的，一个是中等的，这类用户可通过后期的用户权益维护转化为忠诚用户。普通用户中，如果消费次数低、消费金额高，说明具有集中采购的行为；如果消费金额低、消费次数高，说明可能是周边用户经常来这里买日常生活用品；还有消费次数和消费金额都是中等的，也是普通大众常有的一些行为。低价值用户的消费可以维持正常的营运成本，但是没办法从这类人群上赚取更多的利润。除此之外，针对消费次数比较低的用户，如最近 n 周消费一次，我们判定其为潜在用户或新用户；如果最近 n 周没有消费，那么其可能就变成易流失用户了。

该模型中分割坐标轴使用的阈值和 n 值的设定需要借助统计学的相关知识，此处不做展开。无论是用户忠诚度模型还是 RFM 模型，都需要结合业务背景、业务需求选择恰当指标及坐标轴分割阈值。

2. 产品分类模型

在实际业务工作中，除要对客户分类外，还经常要对产品分类。在众多产品分类模型中常应用到的分类模型就是波士顿矩阵，如图 6-13 所示。

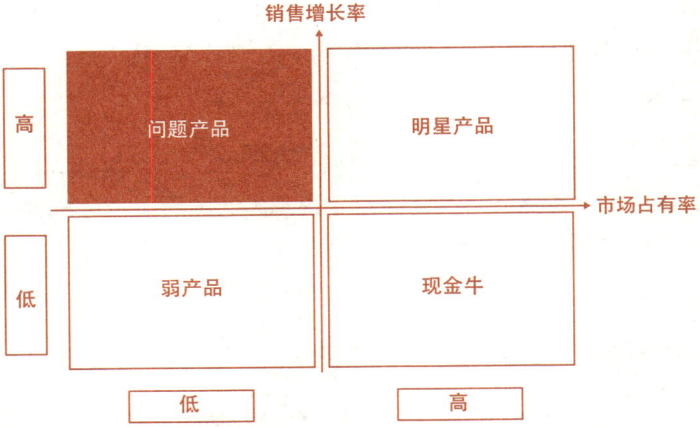

图 6-13 波士顿矩阵

波士顿矩阵中选择的指标是销售增长率和市场占有率，图 6-13 中用 2 个阈值划分出 4 类产品。第 1 类弱产品（又名"瘦狗产品"），这类产品市场趋于饱和并且市场占有率也低，对企业而言没有太大的价值贡献；第 2 类现金牛，虽然市场趋于饱和，销售增长乏力，但这类产品的市场占有率高，能够给企业带来稳定的收入；第 3 类明星产品，市场需求不断上涨，同时这类产品的市场占有率跟随着市场需求增长，说明在未来市场趋于饱和时，这类产品很可转化为现金牛；第 4 类问题产品，市场需求在不断增长，可是这类产品的市场占有率低，说明产品与市场需求不匹配，可能存在产品设计不美观、产品定位偏差等问题。

类似波士顿矩阵这样将核心业务目标分解成 2 个度量轴，再以阈值将整个坐标系分为 4 个不同区间的分析方法，我们称为四象限分析法。四象限分析法可以有效地帮助分析人员快速理解产品、客户等对象的业务特征，具有广泛的应用基础。

在实际工作中，企业经常将波士顿矩阵中的坐标轴替换为产品的进货增长率、库销比、利润增长率、销售增长率等其他度量轴，用于描述产品在进、销、存各环节中的特征情况。

6.2.2 漏斗模型

漏斗模型是将一个完整事项分为多个按递进关系构成的不同阶段，用各阶段指标值来描述每个阶段在递进过程中产生流失、耗损等问题的大小程度的业务模型。

该模型中如果用数据条的长短来体现各阶段指标值的大小，那么在一般情况下，越往下的递进阶段，指标值会越小，与其对应的数据条就会越短，最终在视觉效果上就会形成一个类似漏斗形状的倒三角。所以我们把这样的模型称为漏斗模型，漏斗模型对应的倒三角图表称为漏斗图。

漏斗模型往往被应用在销售领域，用来描述销售行为的递进情况。关系型销售模式下的漏斗模型如图 6-14 所示。

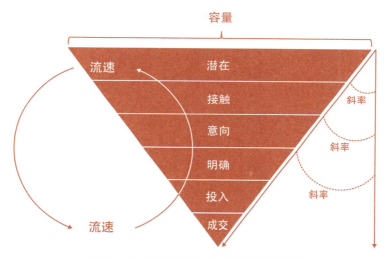

图 6-14　关系型销售模式下的漏斗模型

关系型销售模式是由销售人员跟进，在与客户维持良好关系的基础上完成销售过程的销售模式。此类销售模式一般以对公销售业务为主，具有周期长、金额大、成交难的特征。为了最大限度促成成交，一般会将整个销售过程分为多个不同的销售阶段进行管理。

图 6-14 将从发现潜在商机开始一直到商机成交为止的整个销售过程分为了 6 个不同的销售阶段。一个商机如果想成交，需要经过发现潜在商机、与客户负责人接触、了解对方的购买意向、明确对方的需求、投入销售成本才能到最后的成交。从潜在到成交，这是一个完整的事项。该事项可以分成潜在、接触、意向、明确、投入、成交 6 个不同的销售阶段，而每个阶段是层层递进的，因为商机在不同阶段的递进过程中会产生流失，所以如果用数据条的长短来描述每个递进阶段中的商机数量，数据条会越来越短，最终形成一个倒三角形状的漏斗，因为该漏斗用于销售管理，所以我们称之为销售漏斗。

在销售漏斗中，我们主要观测漏斗的粗细、斜率、体形与流速 4 个方面。形状越粗、斜率越小、体形越匀称、流速越快的漏斗越是理想漏斗，反之则需要进行改进。

（1）粗细：漏斗的容量，在销售漏斗中是指发现商机的数量。如果我们发现的商机足够多，那么即便在销售过程中流失的商机多一点，最后还是能获得足以达到销售目标的成交金额。

（2）斜率：连接相邻两个阶段接点切线与垂直线间构成的角度，斜率越大，说明相邻两个阶段过渡过程中流失的商机数量越多，我们就需要想办法及时为这两个阶段止损，因为最后的成交是每个阶段按顺序递进而来的，所以如果上边阶段中商机流失严重，就会影响最后成交的商机数量。通过观察斜率的大小，可以精准定位重要的问题阶段，利用精准的行为进行调整，让每个重点阶段的问题都能得到及时解决。

（3）体形：销售漏斗的体形应尽量保持均匀。体形均匀是指各阶段商机数量均匀递减，每个销售阶段的斜率都不会出现过大或者过小的分布情况。漏斗体形越均匀，越有助于销售团队制定稳定、好执行的销售策略。

"漏斗模型"的叫法容易让我们误以为在所有漏斗图中，每个相邻阶段的数据条长度一定是越来越短的。其实在不同业务场景下，不一定每种漏斗图相邻阶段的数据条都能呈现越来越短的分布特征。例如，当前为大家介绍的以销售阶段的商机数量作为主体的销售漏斗就完全有可能出现下边阶段比上边阶段数据条更长的分布可能。因为商机的销售阶段一般是由销售人员经过主观判断后录入客户关系管理系统（CRM 系统）中的，所以如果某个商机明明进度还只在"明确"阶段却被销售人员误判录入"投入"阶段，那么后期该商机再次被正确修改到"明确"阶段的可能性是非常大的，这就是销售阶段的倒退。除销售阶段倒退的情况外，还有可能是某个商机推进速度过快，昨天刚接触客户负责人的商机，今天直接被推进到成交，那么该商机就会直接从"接触"阶段跳过"意向""明确""投入"阶段而变为"成交"阶段，这就是销售阶段的跳跃。因为在实际业务场景中有可能出现后退、跳跃等情况，所以最终完全有可能出现漏斗图中下边阶段数据条的长度比上边阶段数据条的长度更长的情况。该情况代表漏斗图体形分布极不匀称，说明上边阶段没有发挥应有的作用，遇到这种问题，应及时调整业务策略，让漏斗图的体形尽可能维持在逐层递减、均匀分布的良好状态。

在实际业务场景下，下边阶段长于上边阶段的情况不常见。一般当漏斗模型描述的业务流程中的各个业务环节遵守层层递进的业务规则进行时，漏斗图不会出现数据条下长上短的情况。在后文中将为大家介绍到的电商的客户购买行为漏斗就一定会按照逐层递减的特征分布。因为电商的整个客户购买流程中的每个业务环节都是严格按照层层递进的关系发生的。只有当漏斗模型描述的业务流程中的业务环节允许被跳过或者被倒退时，漏斗图才有可能出现下长上短的情况。一般在由人工定义业务进度的业务流程中容易出现漏斗图下长上短的情况，在由系统自动定义业务进度的业务流程中，一般漏斗图都会严格按照逐层递减的特征分布。

（4）流速：需要加入时间轴才能体现流速情况。商机在每个阶段转化所需要的时间越短，流速越快，从发现潜在商机到成交的用时越短，单位时间内能够运作的商机越多，在单位时间内获得收益越大。

通过观察漏斗图的特征，可以帮助分析人员及时发现销售过程中遇到的问题是商机数量不足、商机推动转化力度不够、销售阶段失效还是销售周期过长。如果是商机数量不足，漏斗图会变细，需要我们及时补充新的商机加大漏斗容量；如果是商机推动转化力度不够，则商机无法顺利从上边的销售阶段过渡到下边的销售阶段，此时可以通过漏斗图中各销售阶段的斜率定位核心问题出现的位置，从而为问题阶段制定精准的销售行为调整策略；如果是销售阶段失效，漏斗图的体形会出现下长上短的情况，需要我们及时规范销售行为；如果是销售周期过长，漏斗流速会变慢，需要我们及时采取更为积极的销售行为，加快商机的成交速度。

在实际工作中，我们一般用商机数量或者商机金额来量化漏斗图中各销售阶段数据条的长短，用商机转化率来量化相邻销售阶段间的斜率大小，用商机在同一阶段的停留时间来量化商机流速的快慢。图 6-15 所示为以商机数量为数据条长短依据的、体形分布不均匀的销售漏斗图。

图 6-15　以商机数量为数据条长短依据的、体形分布不均匀的销售漏斗图

从图 6-15 中可以了解到，"潜在"阶段到"接触"阶段的斜率较大，说明商机在"潜在"阶段过渡到"接触"阶段的过程中产生了大量流失，应想办法及时调整该阶段销售行为方式，为整个漏斗止损；"意向"阶段的数据条长于上边的"接触"阶段，说明"接触"阶段没有很好地发挥作用，需要提醒销售人员严格按照销售行为准则规定推进商机，并且还要提醒销售人员及时更新商机的销售阶段状态。

介绍完销售漏斗模型之后，接下来为大家介绍一种用于电商行业、描述用户购物流程特征的用户行为漏斗模型。该漏斗模型是将用户在电商平台的完整购物流程按顺序分为多个不同的行为阶段，用用户人数指标值来描述每个行为阶段中用户人数流失程度的漏斗模型。根据不同电商企业为用户设置的购物流程的不同，用户行为漏斗模型各阶段划分标准也各不相同。在多数情况下，可以将用户完整购物流程分为浏览页面、加入购物车、支付、支付成功 4 个主要的行为阶段，如图 6-16 所示。

图 6-16 用户行为漏斗模型

某购物平台需要先加购物车才能完成支付，得到的漏斗模型就如图 6-16 所示。在该漏斗模型中，因为用户在购物过程中各阶段的行为都无法被跳过或逆转，用户只有浏览了产品页面才能将心仪产品加入购物车，只有加入购物车的产品才能点击付费，只有点击付费并确保关联账户中余额充足才能支付成功。各阶段的用户人数只能依次递减，所以依据该漏斗模型生成的漏斗图不会出现下长上短的情况。

用户行为漏斗模型可以帮助运营人员准确定位产生用户大量流失的行为阶段。运营人员只有先定位好主要流失阶段，才能进一步针对该阶段来优化运营策略、确保更多用户能够顺利完成支付，最终提高电商平台整体收入。

最后为大家介绍一种电商行业中用于描述用户运营行为特征的漏斗模型——AARRR 模型。该模型可以帮助电商的用户运营人员在发现用户流失阶段、延长用户生命周期、提高用户贡献价值及实现用户自增长等业务方面发挥作用。AARRR 模型是由 Acquisition（用户获取）、Activation（用户激活）、Retention（用户留存）、Revenue（用户获益）、Refer（推荐传播）这 5 个英文单词的首字母命名的漏斗模型，如图 6-17 所示。这 5 个单词是用户运营行为的 5 个行为阶段，这 5 个行为阶段的特征如下。

图 6-17　AARRR 模型

Acquisition（用户获取）：用户运营的第一步是获取用户，电商的用户都是获取来的，所以该阶段人数最多，但黏性弱、易流失。

Activation（用户激活）：该阶段主要运营目的是提高用户活跃度、唤醒率等，在该阶段未能激活、唤醒的用户会变为沉默或流失用户，所以用户人数比用户获取阶段少，但是在该阶段被成功激活的用户，他们的黏性要比用户获取阶段强。

Retention（用户留存）：该阶段主要运营目的是提高用户留存率、召回率，在该阶段未能留住或召回的用户会变为流失用户，人数相较于用户激活阶段会更少一些，但是该阶段留存下来的用户黏性会比用户激活阶段更强一些。

Revenue（用户获益）：该阶段主要运营目的是提高客单价、付费转化率。能够成功提高用户的付费转化率及客单价的前提是需要用户具有更强的黏性，这样的用户人数占比往往不会很高。所以该阶段特征是用户黏性强，但人数少。

Refer（推荐传播）：只有具备强黏性的一小部分用户才愿意将电商平台推荐给自己身边其他的伙伴、朋友。所以该阶段人数最少、黏性最强。量化该阶段推荐传播效果的指标称为 K 因子。其计算公式是 "$K=$ 每个用户向他的朋友们发出的邀请的数量 × 接收到邀请的人转化为新用户的转化率"，当 $K>1$ 时，推荐传播带来的新用户增长效果会越来越好；反之，当 $K<1$ 时，推荐传播带来的新用户增长效果会越来越差；当 $K=1$ 时，推荐传播带来的新用户增长效果处于平衡稳定状态。由依靠用户推荐传播带来的新用户的增长称为自增长。自增长可以为电商平台带来免费的新流量，有助于电商平台减少流量投放成本。

应用于 AARRR 模型各行为阶段，对行为效果进行量化的指标主要包括流量指标、用户的行为指标、用户的留存流失类指标、付费情况指标、转化情况指标等。

如果用每个行为阶段所针对的用户人数来制作条形图，很大可能会形成一个倒三角形状的漏斗图（因为每个行为阶段间并不具备严格的自上而下的过渡关系，所以有可能出现下长上短的情况），所以 AARRR 模型是一种描述电商用户运营行为特征的漏斗模型。

6.3　业务分析方法论

业务分析方法是遇到特定业务问题时使用的分析定式，是在业务分析工作中被固定下来的、行之有效的分析"套路"。当遇到 A 问题时可以使用 A' 方法解决、当遇到 B 问题时可以使用 B' 方法解决……掌握了业务分析方法，可以帮助我们找准分析线索、组织分析方案。在本书中将为大家介绍帕累托分析方法、A/B 测试分析方法、同期群分析方法及因果分析方法 4 类实际工作中常用到的业务分析方法。

6.3.1　帕累托分析方法

帕累托分析方法又称为二八分析方法，是一种依据帕累托法则（也就是我们常说的二八法则）在对业务关键对象进行查找、定位时使用的分析方法。帕累托法则最早由 19 世纪意大利经济学家帕累托所创，指的是绝大多数集体资源被集体中少数关键对象占有或者绝大多数集体行为价值由集体中少数关键对象所创造的客观事物分布的不均衡现象，如"社会 80% 的财富掌握在 20% 的少数人手中""企业 80% 的销售业绩由 20% 的王牌销售人员所创造""20% 的明星产品为企业带来 80% 的销售收入"等现象都具有帕累托法则所描述的特征。因为很多客观事实都符合二八分布规律，也就是集体中 20% 的关键对象带来 80% 的集体行为结果或者占有 80% 的集体资源，所以帕累托法则又被称为二八法则。

帕累托分析方法是将帕累托法则反向应用，以帮助分析人员定位影响业务结果的关键业务对象时使用的分析方法。既然少数关键对象能够产生 80% 的业务结果，那么我们就将 80% 业务结果线反向作为界定业务关键对象的分水岭，在达到 80% 业务结果线为止的业务贡献水平最多的前 N 个业务对象就可以被定义为关键业务对象，找准关键业务对象后就可以在分析业务问题时着重围绕这些对象的业务行为结果进行深入分析。

为了能够快速定位关键业务对象，在进行帕累托分析时经常使用帕累托图对业务结果的构成关系进行展现。帕累托图是由柱形图和折线图构成的组合图。折线图部分使用业务结果完成进度的累计百分比作为指标，柱形图部分使用实际业务结果作为指标，图表的横轴是业务对象维度，柱形图部分按照指标值的大小关系进行降序排序，这样就制作出了一个帕累托图。接下来通过一个案例为大家讲解帕累托图的实际使用方法。

例如，某公司客服部通过问题系统收集了客户反馈问题清单，总经理准备组织各部门负责人开会解决客户反馈问题。在资源有限、时间紧迫的情况下，本次会议要优先解决关键问题，要求分析人员运用帕累托分析方法定位关键问题。帕累托图如图 6-18 所示。

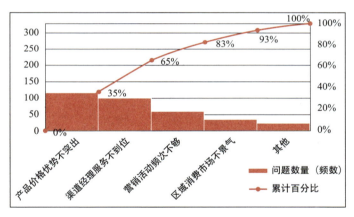

图 6-18　帕累托图

分析人员统计了客户反馈的 5 类问题的数量和问题数量的累计百分比，通过帕累托图可以看出，产品价格优势不突出、渠道经理服务不到位和营销活动频次不够这 3 类问题占据了所有问题数量的 83%，是客户反馈的关键问题。所以本次会议主要针对价格管理部的价格管理、渠道部的服务不到位及营销部的营销活动次数问题进行讨论。

在预算、设备、人员等企业资源有限的经营环境下，企业往往无法针对所有业务问题制订全方位的解决方案。这时就可以通过帕累托分析定位关键业务对象，从而帮助决策者能够集中资源在关键部位进行精准施策，最终起到"花小钱办大事"的效果。

🖥 6.3.2　A/B 测试分析方法

在产品投放、广告投放、产品研发、客户转化等诸多业务场景下，业务负责人总会面对各种不同的业务行为方式方法的选择问题，是 A 方案好还是 B 方案好？当面对重大选择决策时，企业往往凭借业务决策者的主观经验进行判断。但这样的判断结果很容易因为业务负责人的经验不足或判断依据过于武断而将业务行为引向错误的方向。

为了客观地反映出不同方案的可行性，做出真正符合市场、客户需求的正确决策，可以在做决策之前进行 A/B 测试，再通过收集到的客观测试结果进行稳妥的决策判断。A/B 测试的方法是先为一个业务目的选择两种较为可行的业务方案，然后将参与测试的对象人群分为两组，让一组人群使用 A 方案，让另一组人群使用 B 方案，最终根据不同人群反馈的测试结果选择更好的方案使用。

例如，某电商店铺为了提高客户活跃度进行店铺页面的美化。美工人员为页面设计了 A 与 B 两套美化方案。分析人员将两套不同的方案提供给两组不同测试对象人群，在确保测试环境及条件相同的情况下进行测试，最终通过对测试结果进行分析，该店铺选择了反馈结果更好的 A 方案进行页面美化，最终有效提高了客户的整体活跃度。

A/B 测试的完整流程可以分为以下 4 个步骤。

步骤 1　明确测试目的，根据测试要达到的效果、决策者的业务决策内容等对业务目的进行精准定义。

步骤 2　明确测试对象，决定测试人群及人群的分组条件。

步骤 3　明确测试内容，明确测试项、测试结果收集方案、测试周期、测试有效性评判标准等内容。

步骤 4　测试结果分析，在进行较为复杂的 A/B 测试时一般会用到统计学中的假设检验的方法，如果是较为简单、直接的 A/B 测试，可以制作简单的评分表，通过评分表得分的高低来进行比较分析。

A/B 测试不一定是两套方案，也可以是多套方案针对不同人群一起进行测试分析。

🖥 6.3.3　同期群分析方法

同期群是指相同时间段内具有相同特征属性的客户群组。同期群的分析步骤是先将客户分为不同的同期群组，再进一步分析每个群组的客户行为在时间轴下发生了什么样的变化，从而进一步找到不同群组客户行为的变化特征。

例如，某电商平台分 3 次在 3 个不同渠道进行了相同内容的广告投放，图 6-19 展示了 3 个渠道的新增注册用户数及一周内新增注册用户的留存率。

	投放渠道	投放时间	投放当日新增注册用户	1日后留存率	2日后留存率	3日后留存率	4日后留存率	5日后留存率	6日后留存率	7日后留存率
同期群	A	1月5日	300	44%	36%	21%	15%	12%	8%	5%
	B	2月5日	280	38%	35%	19%	13%	9%	6%	3%
	C	3月5日	340	27%	16%	13%	11%	10%	9%	7%

图 6-19　同期群组示例图

因为 3 个渠道使用了相同内容的投放广告，并且 3 个渠道引流及观测留存的时间跨度都是 7 日，所以 3 个渠道可以分别作为 3 个不同的同期群组。通过比对不同群组可以发现，C 渠道 7 日后留存率最高并且新增注册用户人数也最多，是适合该广告内容投放的优质渠道，而 B 渠道新增注册用户人数最少，并且 7 日后留存率最低，是不理想的投放渠道。在今后的获客运营过程中，该电商平台可以通过同期群分析的结果加强对 A 渠道的投放力度，减少或者终止对 B 渠道的投放力度，这样就可以达到获得更多优质流量的目的。

同期群分析对不同群组在相同时间段内的持续性行为差异进行衡量，帮助分析人员精确识别每个群体的行为特征，为进一步选择正确、有效的行为方式提供数据依据。

6.3.4　因果分析方法

因果分析是通过指标间的相互作用关系定位业务问题点的方法。因果分析通常需要借助树状指标体系的帮助。例如，如果某企业出现了净利润下滑的"果"，为了找到造成这种结果的原因，就可以通过如图 6-20 所示的指标体系来展开。

通过净利润树状指标体系可以了解到影响净利润的主要指标是净利润下层的营业收入、营业成本、期间费用、营业外支出、所得税这 5 个指标。通过计算各个指标值并对比各个指标值的同环比变化情况，可以进一步确定如果收入项下的营业收入指标值出现同环比减少，或者支出项下的其他 4 个指标值出现同环比增加的情况，则会造成企业净利润下滑。出现同环比变差的指标值就是造成净利润下滑的"因"，变差程度较大的指标值就是造成净利润下滑的"主因"。找到"因"后就可以进一步通过改善图 6-20 的指标项后边标注的行为方案的方式让"因"的指标值得到改善，

"因"的指标值变好后，"果"的净利润也会得到改善。

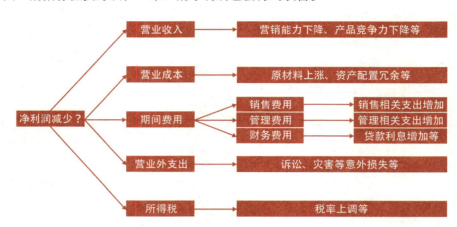

图 6-20　净利润树状指标体系

因果分析能否生效的关键因素在于能否正确梳理出完整的树状指标体系及能否正确计算出指标体系中每个指标的指标值。在树状指标体系中，上层指标是"果"、下层展开的指标是"因"，先通过指标值的变化情况找到"因"所在的下层指标项，再通过改善"因"指标项背后的业务行为的方法解决"因"指标值变差的问题，就能最终得到较为理想的"果"了。

其他更多最新商业分析方法参见 CDA global 认证考试官网。

6.4　本章练习题

一、单选题

1．表格结构数据与表结构数据是进行分析时主要使用的结构化数据，在表结构数据下通过透视分析得到的指标值结果描述正确的是（　）。

A．对表结构业务数据进行汇总计算

B．前端系统导出

C．IT 人员提供

D．以上都不对

2．理解字段的特点是使用表结构数据进行分析的前提，以下选项中能够进行去重计数规则计算的字段是（　）。

A．销量　　　　　　　　　　　B．利润额

C．城市　　　　　　　　　　　D．重量

3．假设某羽绒服品牌以往销量呈现季节性波动，请问衡量该羽绒服品牌当月销量好坏程度用（　）指标比较恰当。

A．环比增长率　　　　　　　　B．同比增长率

C．均比差异百分比　　　　　　D．标准比差异百分比

4．描述电商流量质量好坏程度时可以使用平均访问深度，平均访问深度的计算公式是（　）。

A．浏览量／访问次数　　　　　B．访问次数／浏览量

C．浏览量／访客数　　　　　　D．访客数／访问次数

5．在电商营销运营分析中与分析流量行为特征无关的是（　）。

A．平均访问深度　　　　　　　B．访问次数

C．新访客占比　　　　　　　　D．跳失率

6．小平台为获取用户往往需要在用户量大且活跃的大平台投放广告，广告投放的计费模式有多种，CPS 广告计费模式是按照（　）作为计费参照标准的。

A．触达人群数量　　　　　　　B．付费金额占比

C．行为　　　　　　　　　　　D．以上都不对

7．小平台为获取用户往往需要在用户量大且活跃的大平台投放广告，广告投放的计费模式有多种，CPM 广告计费模式是按照（　）作为计费参照标准的。

A．触达人群数量　　　　　　　B．付费金额

C．每千次曝光　　　　　　　　D．行为

8．在电商运营业务中描述客户质量好坏程度时使用的指标是（　）。

A．登录用户数

B．注册用户数

C．留存率

D．浏览用户数

9．指标分析是业务描述性分析中观测业务行为结果的重要方法，以下关于指标的概念描述错误的是（　）。

A．指标间可组合成为新指标

B．指标需与维度结合使用

C．指标与时间单位无关

D．指标可以描述业务行为的好坏程度

10．指标分析是业务描述性分析中观测业务行为结果的重要方法，以下选项中不属于基本指标的是（　）。

A．求和类指标　　　　　　　B．比较类指标

C．计数类指标　　　　　　　D．业务场景相关指标

11．进销存业务模块是业务分析中需要重点关注的业务模块之一，其中在"存"的业务模块下关于期初库存额与期末库存额描述正确的是（　）。

A．期末库存额不能大于期初库存额

B．期末库存额只能小于期初库存额

C．期末库存额只能大于期初库存额

D．期末库存额可以大于期初库存额

12．理解业务分析模型能够更好地把握业务全局，以下不属于分析模型中分类模型的是（　）。

A．RFM 模型　　　　　　　　B．客户价值模型

C．波士顿矩阵　　　　　　　D．销售漏斗模型

13．RFM 模型是针对用户使用的重要分类模型，RFM 模型中的"M"指的是（　）。

A．最近一次消费　　　　　　B．单位时间内的消费次数

C．消费金额　　　　　　　　D．客单价

14．漏斗模型可以描述完整事项中各递进阶段的状态特征，以下选项中适用于漏斗模型的场景是（　）。

A．客户特征分析　　　　　　B．流量付费分析

C．产品特征分析　　　　　　D．活动效果分析

15．树状体系图是展现业务指标间关系构成的常见图表，以下选项中使用树状体系图的目的不包括（　）。

A．原因追踪　　　　　　　　B．鸟瞰全局

C．预估影响　　　　　　　　D．进度管理

16．为某教育培训企业评估销售行为推进力度大小程度可以使用（　）。

A．销售阶段周转化率　　　　B．销售目标达成率

C．库存周转率　　　　　　　D．成交金额环比增长率

17．通过数据分析为某电商平台定位核心用户群体可以使用的分析模型是（　）。

A．5W2H 思维模型　　　　　　B．帕累托分析

C．漏斗模型　　　　　　　　D．A/B 测试

18．波士顿矩阵是企业在规划产品组合时常用的分析工具，波士顿矩阵中的"瘦狗产品"在图 6-21 中所处象限是（　）。

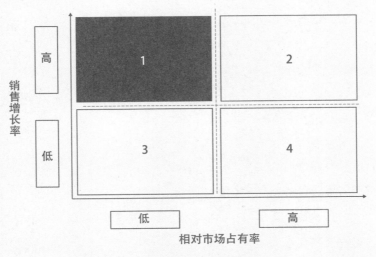

图 6-21　波士顿矩阵

A．①　　　　　　　　　　　B．②

C．③　　　　　　　　　　　D．④

19．波士顿矩阵是成熟的业务模型矩阵，波士顿矩阵定义了 4 类不同特

征产品，其中在波士顿矩阵中明星产品的特点是（　）。

A．销售增长率高，市场占有率低

B．销售增长率高，市场占有率高

C．销售增长率低，市场占有率高

D．销售增长率低，市场占有率低

20．不适合用销量作为度量使用的是（　）。

A．汽车行业市场分析

B．笔记本行业市场分析

C．超市库存产品分析

D．App 下载量分析

21．SKU 是商品的某种单位，以下属于 SKU 的是（　）。

A．手机

B．某品牌手机

C．某品牌某型号手机

D．某品牌某型号 5G 亮银 8GB+128GB 手机

22．电商收入由黄金公式的 3 个指标构成，某电商企业急需解决现金流不足问题，在不考虑融资的情况下，应针对黄金公式中的（　）指标进行突破。

A．流量

B．转化率

C．访问次数

D．访问量

23．树状体系图用来描述指标间的逻辑构成关系，以下选项中不属于树状体系图中拆解上层指标依据的是（　）。

A．父子级构成关系

B．逻辑计算关系

C．数据连接关系

D．业务联系关系

24．在业务描述性分析中针对不同分析对象可以使用不同业务模型进行分析，以下选项中不适合作为客户行为分析的模型是（　）。

A．5W2H 思维模型

B．漏斗模型

C．RFM 模型

D．波士顿矩阵

二、多选题

1．如何获取更多优质流量是电商行业中的重要课题，下列指标中（　）属于流量类指标。

    A．平均访问深度　　　　　　B．访问次数

    C．浏览量　　　　　　　　　D．客单价

2．在业务描述分析中，累计计算可以更好地帮助阅读者理解业务进展程度，但并不是所有指标都适合累计计算，下列指标中（　）不适合使用累计方法计算。

    A．银行存款　　　　　　　　B．库存金额

    C．UV　　　　　　　　　　　D．销售额

3．电商行业为了获取流量往往需要投入成本到其他平台进行引流，下列指标中（　）不属于引流时流量的计费方式。

    A．CDA　　　　　　　　　　B．CPM

    C．CPC　　　　　　　　　　D．CPN

4．二八分析经常用来定位重要对象，以下场景中二八分析法不适用的场景是（　）。

    A．发现重要客户群体

    B．了解客户生命周期

    C．了解付费流程转化效果

    D．了解不同时间点下的趋势变化

5．在描述业务状态递进变化情况时常使用漏斗模型，那么在对漏斗模型进行分析时，我们需要关注漏斗模型的（　）。

    A．体形　　　　　　　　　　B．流速

    C．体量　　　　　　　　　　D．时间

三、复合题

1．假设某店 1 月 1 日的消费记录如表 6-9 所示，请回答以下问题。

表 6–9　某店 1 月 1 日的消费记录

消费明细	会员编号	消费额 / 元
2021/1/1 8:34	M110	100
2021/1/1 8:51		100
2021/1/1 9:51		100
2021/1/1 9:59	M283	100
2021/1/1 10:05	M002	100

（1）这天消费的会员数是（　）。

A．2　　　　　　　　　　　B．3

C．4　　　　　　　　　　　D．5

（2）这天一共有（　）人消费。

A．2　　　　　　　　　　　B．3

C．1　　　　　　　　　　　D．5

2．某电商企业为实现业务增长需要对流量进行分析，请回答以下与流量分析相关的问题。

（1）在该电商企业中，一般不划归在流量分析任务中的行为是（　）。

A．了解流量渠道特征

B．了解引流行为效果

C．了解流量人群特征

D．了解流量付费情况

（2）在该电商企业中，对流量付费可能性大小进行描述可了解获取流量的质量高低，适用于对付费可能性大小进行描述的指标是（　）。

A．UV

B．跳失率

C．新访客数

D．浏览量

3．表 6-10 所示为某电商某日某渠道各不同阶段人数统计结果，观察

表 6-10 回答以下问题。

表 6-10　某电商某日某渠道各不同阶段人数统计结果

状态	人数
进入首页	1000
查看商品页	700
加入购物车	500
完成支付	100

（1）当日 UV 是（　）。

A．1000　　　　　　　　　　B．700

C．500　　　　　　　　　　 D．无法计算

（2）当日 PV 是（　）。

A．2300　　　　　　　　　　B．1000

C．1300　　　　　　　　　　D．无法计算

（3）当日 Vistis 是（　）。

A．1000　　　　　　　　　　B．700

C．500　　　　　　　　　　 D．无法计算

（4）该电商最应优先改进的行为是（　）。

A．营销方式　　　　　　　　B．引流方法

C．促销活动　　　　　　　　D．付费流程

第 7 章　业务分析报告与数据可视化报表 •••

业务分析工作的最终产出结果主要包括分析报表与分析报告两部分内容。本章将为大家介绍制作业务分析报表及撰写业务分析报告的相关内容。通过对前面章节的学习，我们已经掌握了业务分析方法、多维分析方法。在这些方法的帮助下，我们可以从业务需求出发设计指标并选择恰当的维度计算指标值。在本章中我们将继续学习如何通过可视化分析图表将分析结果展现出来，以及将各种图表汇总在一份完整的分析报表中，再通过分析报表找到数据背后隐藏的业务问题，并将这些业务问题与问题的解决建议整理在一份条理清晰、结构完整的分析报告中的方法。

7.1　可视化分析图表

通过数据分析得到的结果一般以图或者表的形式呈现给阅读者。使用合适的图表展示不同的分析结果有助于提高数据信息的传递效果。正确的图表可以帮助阅读者快速、全面及准确地理解数据分析结果背后的业务意义。严格意义上，"图"与"表"是两种不同的数据分析结果呈现形式，但在日常工作中我们习惯将"图"称为"图表"，将"表"称为"表格"。"图"主要用来描述维度项间的趋势、序列、对比情况，以及描述数值间的分布情况和联系关系。"表"则用来描述维度项下具体的数值结果。

关于"表"的格式特征在第 2 章表格结构数据的介绍部分已经做了说明，本节将不再详细展开。本节主要为读者介绍各类"图"的特征及使用方法。为了与日常工作中的惯用叫法相吻合，在本节中将用"图表"的叫法代指"图"，请各位读者悉知。

7.1.1　业务图表决策树

随着可视化工具的普及，使"作图"这件原本复杂的事情变得越来越简单，于是在进行数据可视化分析过程中，难度便集中到了图表的选择任务上。为了帮助各位读者能够在众多不同样式的图表中快速找到合适的图表进行使用，本书将各种不同样式的图表按照使用方式进行了归类整理，将归类后的概念图称为业务图表决策树（由于可视化图表的类型层出不穷、数不胜数，所以业务图表决策树无法囊括所有图表类型。本书只将一些常用且有代表性的图表类型收录在业务图表决策树中，望各位读者悉知）。在业务图表决策树中，根据使用方式的不同将各种图表归类为比较、序列、构成及描述 4 种不同类别，如图 7-1 所示。接下来分别为大家介绍这4 类图表的特征。

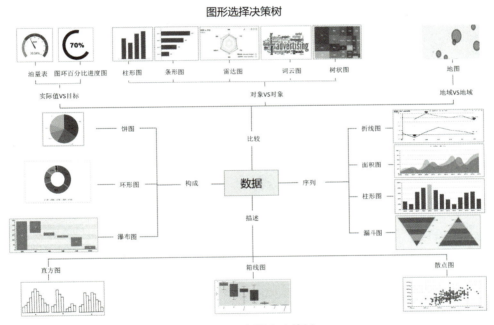

图 7-1　业务图表决策树

📊 7.1.2　比较类图表

　　比较类图表主要用于在实际值与目标值之间、不同对象之间或者不同区域之间进行数值结果的对比分析。比较类图表是这 4 类图表中种类最多、应用最为广泛的。业务描述性分析的主要目的之一就是通过数据分析结果描述业务行为的好坏程度。俗话说，"没有对比就不知道好坏"，所以为了能够清楚传递对比对象间的好坏、大小、多少、优劣的程度信息，往往需要使用恰当的比较类图表对分析结果进行展现。

（1）实际值与目标值之间的对比。在实际工作中经常使用油量表和圆环百分比进度图（见图 7-2）等图表对实际值与目标值之间的对比结果进行展现。例如，用来描述销售人员目标完成进度水平的销售目标完成率（销售目标完成率 = 销售金额 / 销售目标 ×100%）就非常适合使用油量表或圆环百分比进度图进行展现。

油量表　　　　　　　圆环百分比进度图

图 7-2　油量表和圆环百分比进度图

（2）对象与对象之间的对比。该类别下的图表主要用于对不同对象之间度量值结果的大小差异进行展现。常用到的图表类型有柱状图（又称柱形图）、条形图、雷达图、词云图与树状图等。柱形图和条形图（见图 7-3）是该类别下应用较为普及的图表类型。两者主要区别在图表的展现方向上，柱形图将业务坐标轴（对象坐标轴、维度项坐标轴）作为横坐标轴，将值坐标轴作为纵坐标轴。而条形图与柱形图相反，将值坐标轴作为横坐标轴，将业务坐标轴作为纵坐标轴。我们可以根据摆放图表时的空间位置特征来选择合适的图表。例如，若空间位置适合摆放横向布局的图表，则推荐使用柱形图；若空间位置适合摆放纵向布局的图表，则推荐使用条形图。

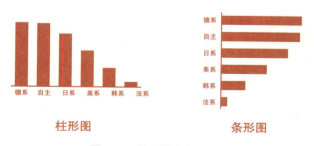

柱形图　　　　　　　　　　条形图

图 7-3　柱形图和条形图

柱形图与条形图除了在图表方向上有所不同，在使用习惯上也存在差异。一般在使用柱形图时，习惯根据对象间的逻辑顺序而并非对象间度量值结果的大小顺序对对象进行排序。如图 7-4 所示，用柱形图来描述某小学四年级 5 个班级间数学平均成绩的差异情况，在使用习惯上会根据班级的序号顺序而并非各班级数学平均成绩的大小顺序对横坐标轴进行排序。

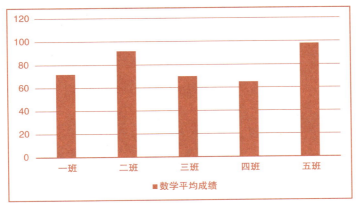

图 7-4　柱形图按照班级的序号顺序进行排序

　　如图 7-5 所示，如果使用条形图对相同情况进行描述，在使用习惯上会根据各班级数学平均成绩的大小顺序而并非班级的序号顺序对纵坐标轴进行排序。

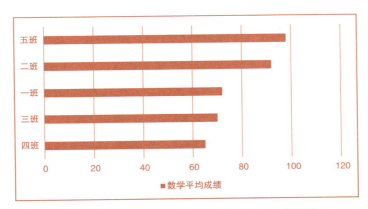

图 7-5　条形图按照数学平均成绩的降序顺序进行排序

　　近年来，随着企业对数据可视化需求的增加，各种崭新的数据可视化图表层出不穷。在描述对象间度量值结果的大小差异上，词云图与树状图这两种图表凭借各自显著的优势特征在众多比较类图表中脱颖而出，被越来越多的分析人员采纳。

　　如图 7-6 所示，词云图的优势特征是将文字与数值两种不同的信息完美结合在一起，直接用文字的大小反映文字背后数值结果的大小，帮助阅读者节省了文字与数值对照结合的思考过程，当众多对象文字映入阅读者眼帘时，那些字体较大的对象文字会马上引起阅读者的注意，从而被阅读者快速理解及记忆，起到突出重点对象的作用。词云图除了具有上述较为明显的优势特征，它的劣势特征同样非常突出。词云图一口气将所有对象文字挤在一起呈现在阅读者眼前，其中数值结果较小，也就是字体较小的对象很容易被阅读者忽略，导致无法完整地向阅读者传递信息。

图 7-6　不同产品子类别的订单金额合计值大小对比词云图

除了词云图，树状图也是近年普及程度较高的比较类图表之一。树状图的优势特征在于可以同时展现两类不同对象的数值结果对比情况，提高了信息传递的完整性及多样性，使阅读者能够从一个图表上轻松获取到更加丰富的信息内容。如图 7-7 所示，不同颜色的方框范围分别代表服装、配件、自行车 3 种不同产品类别的销量，而每一个独立的小方块范围则代表一种产品子类别的销量情况。从图 7-7 中我们可以得知，在自行车产品类别下，山地自行车这个产品子类别的销量是最多的，而在服装、配件、自行车 3 类产品类别中，配件类别产品的销量是最多的。

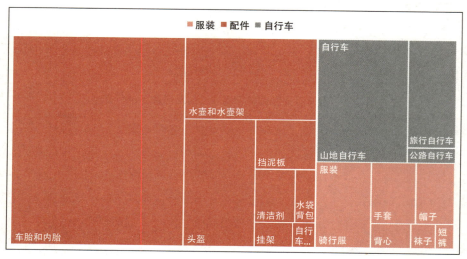

图 7-7　产品类别与产品子类别销量合计对比树状图

如图 7-8 所示，如果用柱形图或者条形图替代树状图传递相同内容信息，则需要为柱形图或者条形图追加新的图例项才能实现，无论是在制作过程中还是展现效果上都不如直接使用树状图方便、直接。

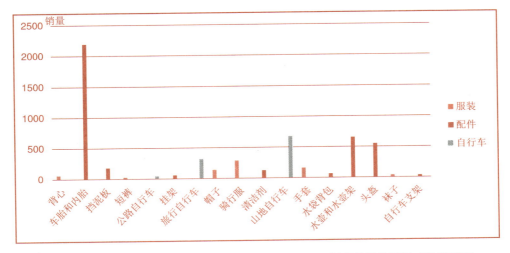

图 7-8　将产品子类别作为横坐标轴、产品类别作为图例项使用的销量对比柱形图

无论是词云图还是树状图，都是在不同业务维度项下对某一种特定度量值结果进行对比时使用的图表。比如在用词云图对比不同产品子类别间的订单金额合计值时我们使用了如图 7-6 所示的图表。在该图表中参与对比的对象是产品子类别维度下的多个不同产品子类别维度项，而对比的度量值是订单金额合计值这一种度量值结果。如果我们想对比同一个维度下多个不同维度项在多种不同度量值结果中的差异情况，则需要使用雷达图来加以实现。雷达图是在多种不同度量值为顶点构成的坐标系内，对某一个维度下不同维度项间的差异水平进行对比时使用的图表。如图 7-9 所示，在由销量、销售额及投入产出比 3 种不同度量值为顶点构成的坐标系内，通过不同颜色的线段组合来描述山地自行车、公路自行车及旅行自行车 3 种不同类别产品的差异情况。从图 7-9 中可知，山地自行车的特征是销量少、销售额低但投入产出比高，而公路自行车虽然销量多、销售额高但投入产出比却不如山地自行车高，说明山地自行车的盈利能力高于公路自行车，若未来能增加山地自行车的销量，则可以期待企业利润的大幅增长。

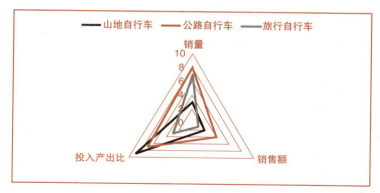

图 7-9 不同类型自行车在投入产出比、销量及销售额 3 个度量方向上的对比雷达图

使用雷达图时要注意以下 3 点。

首先，在为雷达图选取度坐标轴中的顶点度量值时，度量值个数不宜过多，最好能将雷达图的顶点个数控制在 8 个以内，因为过多的顶点个数会增加图表的理解难度，容易造成阅读者对重点信息的忽视，以及对维度项特征的误读。

其次，尽量将相同属性的顶点安排在同一个方向上。例如，如果为某款游戏的不同角色的能力水平制作雷达图，我们可以先将物理攻击力、魔法攻击力等描述角色攻击水平的顶点放在左侧，然后将物理防御力、魔法防御力等描述角色防御水平的顶点放在右侧，如果某个角色的折线组合在雷达图中偏向左侧展开，那么我们就可以轻松判断出该角色是强于进攻的角色。

最后，在制作雷达图时一定要先为每一个不同度量值的顶点统一单位，也就是要进行顶点度量值的标准化处理，只有经过标准化处理后得到的单位统一的数据才能作为雷达图参照的数据源。在图 7-9 中使用的销量、销售额及投入产出比 3 种度量值中，销售额的单位是万位、销量的单位是十位而投入产出比的单位是百分位。如图 7-10 所示，如果直接将这 3 种单位差距甚远的度量值用作雷达图参照的数据源，则单位较小的销量及投入产出比的趋势情况将无法正确地展现在图表中。

在一般情况下，我们可以使用最小值－最大值标准化法（MIN-MAX 标准化法）对雷达图顶点的度量值进行标准化处理。该方法的计算公式为

标准化后的结果 =（实际值－最小值）/（最大值－最小值）

如果一组数中的实际值是这组数的最大值，则计算结果为"1"；反之，如果实际值是这组数的最小值，则计算结果为"0"，通过该公式分别计算每个不同单位下的度量值，就可以将所有度量值全部压缩在 0～1 的数值区间内，这样就可以达到统一单位的目的了。图 7-9 就是使用标准化处理后单位统一的数据制作的正确

雷达图。

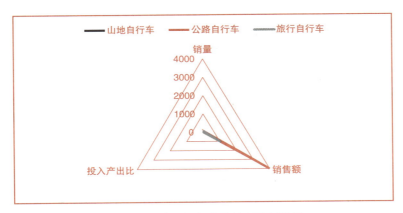

图 7-10 未进行标准化处理的雷达图

（3）区域与区域之间的对比。在实际工作中，我们经常要在不同地理区域下对数值结果进行对比，此时可以使用数据地图对对比情况进行展现。在工作中常用到的数据地图有 3 种不同的呈现形式，分别是染色地图、热力地图及散点地图。如图 7-11 所示，染色地图和热力地图使用渐变色对数值大小进行展现，越接近渐变色的浅色部分代表数值越小；反之，越接近渐变色的深色部分代表数值越大。染色地图常用于对行政划分范围较大的区域进行展现，比如在中国地图中对各个省份区域下的 GDP 数值大小进行展现时可以优先选择使用染色地图。热力地图比较适合对非行政名称的地理区域下的数值结果进行展现，比如对各不同山脉的海拔高度变化进行展现时可以优先选择使用热力地图。散点地图又被称为气泡地图，是通过散点、气泡（此处的散点与气泡是相同意思）的大小关系来描述不同区域间数值结果的大小差异情况的图表。散点地图适用于对行政划分范围较小的区域进行展现，比如对中国地图中各个不同城市常住人口的人数进行对比时可以优先选择使用散点地图。

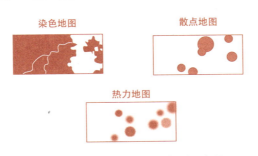

图 7-11 3 种不同类别的数据地图

🖥 7.1.3　序列类图表

　　序列类图表主要用于对某些对象行为结果的时间变化趋势特征进行描述，或者对某个事项的开展过程特征进行描述。对于前者的描述经常使用折线图、面积图或柱形图，而对于后者的描述常用到漏斗图。

　　如图 7-12 所示，针对轿车及 SUV 两种不同车型在一年内各个不同月份下的销售额的变化趋势进行描述时，我们可以选择使用折线图、面积图或柱形图 3 类图表。从 3 类图表中可以看出相同的趋势变化特征，即两种车型销售额最高的月份为 1 月，除 2 月销售额下降幅度较大外，自 3 月销售额有所回升之后，全年没有太大的起伏变化。虽然在图表的传递内容上 3 类图表几乎没有区别，但是，在使用习惯上，3 类图表还是有所不同的。当横坐标轴是连续的时间点时，一般选择折线图或面积图进行使用；当横坐标轴是有间隔的时间段时，一般选择柱形图进行使用。因为折线图和面积图使用的是连续的线段组合或是面积区间，所以从图表本身的展现效果上折线图和面积图更能突出时间变化的连续性特征，比较适用于对连续时间点下的变化趋势进行展现。而柱形图使用的是有宽度且不连续的柱子，在展现效果上更能突出时间段的不连贯性，所以柱形图一般适用于对有间隔的时间段下的变化趋势进行展现。关于如何界定图表使用的时间数据是连续时间点，还是有间隔的时间段，其实并没有定论，要依据分析需求及分析的时间跨度特征来加以界定。

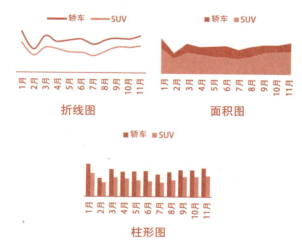

图 7-12　轿车及 SUV 在一年内不同月份下的销售额的变化趋势

　　在对某个事项的开展过程特征进行描述时使用的漏斗图也归类在序列类图表

下，关于使用漏斗图进行漏斗分析的方法在前文中已经进行过详细介绍，此处不再做重复说明。

7.1.4　构成类图表

构成类图表主要用于对部分在整体中的占比大小进行描述，或者对行为结果中不同行为阶段的影响程度进行描述。前者主要使用饼图、环形图等图表进行展现，后者主要使用瀑布图进行展现。

如图 7-13 所示，描述在整个汽车市场中不同车系的销量占比大小时可以使用饼图或环形图进行展现。饼图和环形图与柱形图和条形图最大的区别在于，柱形图和条形图强调的是不同对象间的大小关系，属于比较类图表。而饼图和环形图强调的是部分在整体中的占比关系，属于构成类图表。饼图的扇区越大，强调的不是数值越多，而是这个扇区在整体构成中占比越多，重要程度越高。使用饼图或环形图时需要注意，构成饼图和环形图整体下的各个部分加在一起应该构成一个完整逻辑意义上的整体。

例如，某产品系列下有 4 种不同的产品，如果只拿出其中 3 种产品就不适合制作饼图。因为只拿出其中 3 种产品无法构成一个完整逻辑意义上的整体，此时使用饼图展现的结果是小的部分在大的部分中的占比关系而并非部分在整体中的占比关系。如果要为饼图或环形图增加数据标签，建议使用百分比值作为数据标签的展现形式，因为百分比更能强调部分在整体中的占比大小。

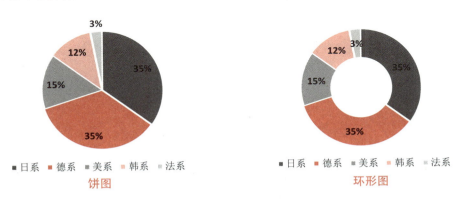

图 7-13　饼图和环形图

构成类图表中除了包含描述部分与整体间的构成关系的饼图与环形图，还包括描述业务行为阶段与业务行为结果间的构成关系的瀑布图。如图 7-14 所示，某产品年末的销量为 6518 件，该结果是在年初销量 4912 件的基础上经过 4 个季度的销量累加而来的。年初与每个季度的销量是构成年末销量结果的不同行为阶段，而年末销量结果是行为结果，使用瀑布图可以直观展现出每个行为阶段对最终行为结果的影响程度。

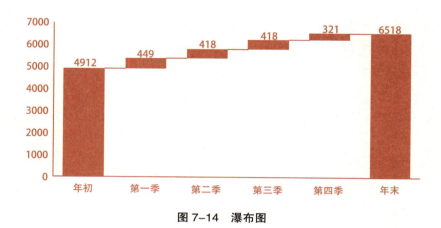

图 7-14　瀑布图

📺 7.1.5　描述类图表

描述类图表主要归类的是描述性统计类图表，该类别下的图表主要用于对数值分布情况及数值变量间的关联关系进行描述。前者主要包括直方图及箱线图，后者主要包括散点图。该类别下的图表已经在第 4 章内容中进行过详细介绍，此处不再做重复说明。

以上便是可视化分析图表中的全部内容，希望本部分内容能帮助各位读者选择出恰当的图表，从而对业务分析结果进行展现。

7.2　业务分析报表

业务分析报表是分析结果的数字信息部分，在业务分析报表中很少出现成段的文字信息，其主体一般由多个可视化分析图表构成。业务分析报表的主要作用是通过可视化分析图表的形式将各种分析结果完整、准确地呈现给阅读者，帮助阅读者读懂数据，从而进一步发现数据背后隐藏的业务问题。

7.2.1　业务分析报表的分类与区别

根据业务分析报表内容呈现形式的不同，我们可以将业务分析报表分为静态报表及商业智能报表（BI 报表）两种类型。其中静态报表的主要载体是电子表格工具，静态报表中的信息内容是不可变的，它不具备像 BI 报表一样的交互式动态操作功能。静态报表主要用来展现核心业务维度项下的指标值，突出重点业务问题或者业务全局结果。静态报表如图 7-15 所示。

XX月份 销售员工薪资表

姓名	业绩	底薪	工龄	提成	应发薪水
赵大	¥450,000	¥10,000	1	¥22,500	¥32,500
王二	¥500,000	¥15,000	5	¥25,000	¥40,000
张三	¥800,000	¥15,000	4	¥40,000	¥55,000
李四	¥1,000,000	¥20,000	3	¥50,000	¥70,000
王五	¥2,500,000	¥25,000	2	¥125,000	¥150,000

图 7-15　静态报表（员工分析报表中的销售员工薪资部分）

与静态报表信息内容不可变的特征不同，BI 报表展现的分析结果可以根据阅读者选择不同的维度项而不同。BI 报表是能够与阅读者同步的交互式动态分析报表，可以帮助阅读者实现信息的动态获取，达到"所见即所得"的效果。BI 报表如图 7-16 所示。

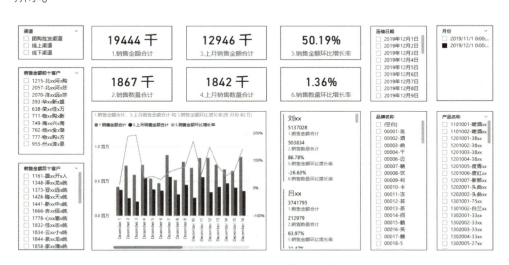

图 7-16　BI 报表（进销存分析看板中销售分析部分）

静态报表与 BI 报表的主要区别有以下 6 点。

（1）BI 报表与静态报表参照的数据源的数据结构不同。静态报表主要参照的是表格结构数据，而 BI 报表主要参照的是表结构数据。

（2）数据源数量不同。因为静态报表一般将单一工作表中的数据作为完整数据源使用，所以静态报表是单数据源分析报表。而 BI 报表可以把多个数据源中的多个数据表通过 ETL 进行抽取、清洗、加工、转换之后，存储到数据仓库中使用，所以 BI 报表是多数据源分析报表。

（3）分析的侧重点不同。因为静态报表参照的是单数据源数据，一个工作表中难以囊括所有与业务分析相关的数据信息，所以静态报表一般侧重在对某一个业务问题的核心维度或者业务问题的总体结果的描述上。而 BI 报表可以将所有与业务分析需求相关的数据整合在一个多维数据环境下，可以用多维数据环境全面映射完整的业务情况，所以 BI 报表侧重在对业务整体情况的全面描述上。

（4）普及程度不同。因为电子表格工具的普及时间远早于 BI 工具的普及时间（一般认为 BI 工具是在 2006 年以后才开始逐渐在国内普及的），所以以电子表格工具为载体的静态报表由来已久，是当今企业中使用的主流报表。而 BI 工具起步较晚，所以 BI 报表仍处在逐步普及的过程中，离全面普及还有一段较长的路要走。

（5）展现形式不同。传统的静态报表主要以表为主、图为辅，而进入 BI 报表时代后，BI 报表主要以酷炫、直观的图为主，表却成了辅助信息。

（6）信息获取方式不同。对于阅读者而言，从静态报表中获取数据信息的方式是被动的，而从 BI 报表中获取数据信息的方式是主动的。在静态报表中阅读者只能被动获取静态报表制作者提供的固定信息，而在 BI 报表中阅读者可以根据自己的选择，主动获取到需要的所有信息。

7.2.2　业务分析报表的创建方法

业务分析报表的作用是帮助阅读者读懂数据，发现数据背后的业务问题。所以业务分析报表中展现的数据分析结果要能够准确、全面地描述业务的实际情况。业务分析报表的完整创建过程分为以下 5 个步骤。

步骤1　业务理解。因为业务分析报表的本质是用数据结果映射完整的业务情况，所以在设计及制作报表内容之前，需要制作者对业务特征及业务分析需求有一个准确、深入且全面的理解。在通常情况下，业务理解主要是通过与业务决策者及业务相关负责人进行多次、深入的访谈来实现的。

步骤 2　数据收集。既然要用数据分析结果来反映业务问题，那么在分析之前就需要先收集到能够全面映射完整的业务情况的数据信息。在数据收集过程中要先后经过数据梳理及数据抽取两个阶段。在数据梳理阶段中，要求分析人员能够从抽象的业务分析需求中梳理出完整的数据框架，此阶段使用的主要方法是 5W2H 思维模型。关于使用 5W2H 思维模型拆解业务需求的具体方法请参考 5.2 节内容。在数据收集阶段可以应用电子表格数据的复制粘贴、SQL 查询或者 BI 工具的 ETL 功能来加以实现。

步骤 3　数据加工。对收集到的原始数据进行清洗、加工整理与转换处理，获得可用于分析的有效数据。

步骤 4　数据分析。如果是制作静态报表，那么需要分析人员找准核心观测维度，并准确计算出核心观测维度下的每个指标值结果；如果是制作 BI 报表，那么需要分析人员尽可能全面地梳理出维度库与指标库的相关内容，并依据维度库的表连接特征创建多维数据模型，根据指标库的要求创建指标计算规则。某电商销售分析 BI 报表中梳理的部分维度库与部分指标库如图 7-17 所示。

维度库		指标库
时间维度	年	销售额
	季度	销量
	月份	订单数
客户维度	B端客户	销售额
	C端客户	客单价
产品维度	产品类型	销量
	产品子类别	运费
	产品名称	销售额

图 7-17　某电商销售分析 BI 报表中梳理的部分维度库与部分指标库

步骤 5　报表展示。决定维度项下指标值的展示方式，如果要突出详情、细节，那么可优先选择表形式展示；如果要突出指标值的变化趋势、维度项的构成关系、维度项间指标值的对比关系等，那么可优先选择图形式展示；如果是制作 BI 报表，那么还需要明确筛选维度项的内容。最后将所有相关图表及作为筛选维度使用的切片器按照阅读习惯进行排版布局，形成完整的分析报表。常用的报表布局有总分内容结构上下布局（见图 7-18）、因果内容结构左右布局（见图 7-19）等。

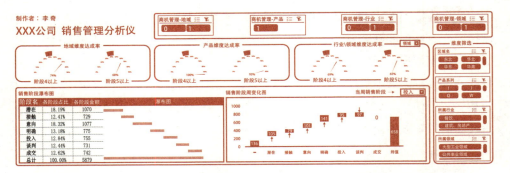

图 7-18　总分内容结构上下布局的销售管理分析仪

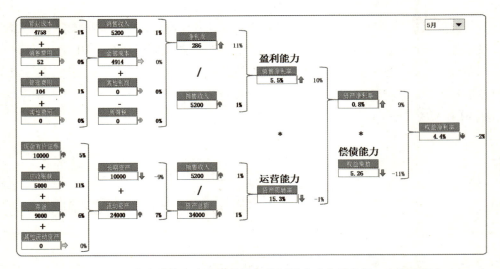

图 7-19　因果内容结构左右布局的杜邦分析报表（右侧为果，左侧为因）

接下来通过一个案例为大家详细讲解分析报表制作的全过程。

步骤1 业务理解。

（1）案例背景：为某电商平台下的某家电脑旗舰店制作流量分析 BI 报表，帮助该店铺降低获客成本，提高获客数量及获客质量。

（2）案例需求梳理：该店铺流量是由市场部门在其他渠道投放广告资源获得的，需要通过分析结果帮助市场同事找到花少量广告费用就能带来大量优质流量的投放渠道。

步骤2 数据收集。

（1）数据梳理阶段：通过 5W2H 思维模型整理出主要数据框架，包括：① Where

（空间维度）：投放渠道维度；②When（时间维度）：投放时间点、转换运营时间段；③How Much（度量指标）：流量的数量和质量相关指标，主要有访客数量、浏览量、访问次数、新访客数、平均访问深度、跳失率、新访客占比等指标。

（2）数据抽取阶段：通过 SQL 从数据库中获取所需数据。

步骤 3 数据加工。通过 BI 工具完成原始数据的清洗、加工处理工作，获得有效数据。

步骤 4 数据分析。通过 BI 工具搭建多维模型并创建指标计算规则。

步骤 5 报表展示。根据因果内容结构左右布局的习惯在左侧展示"果"的指标结果，在右侧展示"因"的维度项下详情信息及流量转化漏斗信息，如图 7-20 所示。

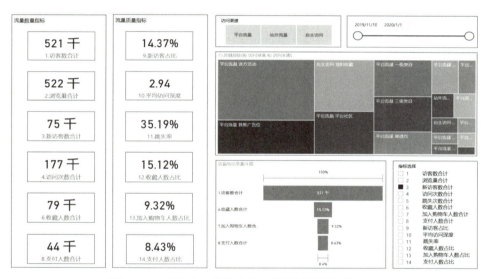

图 7-20 因果内容结构左右布局的流量分析仪表板

到此为止，一个完整的可视化报表的设计及制作过程就完成了。在不同的案例背景及不同的业务需求下，分析报表各步骤的内容方法可能会变化，本书只为大家介绍典型的通用方法，具体问题还需具体应对。

7.3 业务分析报告

业务分析报告由分析结果的数字信息和文字信息两部分构成，其中的文字信息部分是业务分析报告的主体内容，而数字信息部分是文字信息部分的辅助论证或说明。业务分析报告的主要作用是将业务分析报表中发现的业务问题进行汇总说明，并进一步提出解决问题的建议，以帮助阅读者做出正确的决策判断。

📺 7.3.1　业务分析报告的分类

业务分析报告根据其内容载体的不同，主要可以分为 Word 格式业务分析报告及 PPT 格式业务分析报告两大类。

Word 格式业务分析报告主要用于提交给某个特定阅读者独自阅读，所以报告内容需要根据阅读者的职位、职务、能力水平、数据敏感性、关注点等实际情况进行定制化处理，在行文过程中应尽量保证内容翔实、易懂，如果有必要，在文中或文末还需要添加附录、备注等辅助信息，以确保阅读者可以无障碍地读懂报告内容，理解报告意图。报告篇幅虽然没有明确规定限制，但是篇幅过长容易使阅读者产生倦怠感，建议在保证内容完整的基础上尽量精简篇幅，这样会有助于提高阅读者的阅读体验。

PPT 格式业务分析报告主要在会议发表时使用，此时报告内容的受众是"群体"，所以报告内容应根据"群体"共同关心的主要问题展开。使用 PPT 格式业务分析报告时需要围绕报告内容进行口头发表，所以报告中只突出核心内容无须展开，展开部分在发表过程中进行口头说明即可。PPT 格式业务分析报告本身就像 Word 格式业务分析报告的精简版，PPT 格式业务分析报告内容加上口头发表内容就约等于完整的 Word 格式业务分析报告内容。因为应用 PPT 格式业务分析报告进行发表的相关技能并不是本书介绍的对象，所以此处就不再做更多展开，对该技能有兴趣的读者可以参考其他书籍学习。

📺 7.3.2　业务分析报告撰写注意事项

以下内容主要针对 Word 格式业务分析报告进行说明，在撰写 PPT 格式业务分析报告时需要做适度精简。

在撰写 Word 格式业务分析报告过程中，有以下 6 点注意事项供大家参考。

（1）条理清晰、结构完整。逻辑混乱、结构缺失的文章是无法达到准确、翔实地传递重要信息的效果的。这样的文章会使阅读者把握不住重点，甚至会使阅读者质疑撰写人员的能力水平。所以条理清晰、结构完整是一份业务分析报告应具有的最低要求。

条理清晰指的是报告前后文间要具备严谨的逻辑关系，逻辑关系主要指前后文间的因果关系，以及时间、叙事的先后顺序关系。前文的"因"要能够得出后文的"果"，前文的"先"要能够过渡到后文的"后"，要避免出现因果混乱、先后颠倒的情况。

结构完整指的是文章要具备完整的结构，不能缺头少尾、缺东少西。业务分析报告一般使用两类文章结构：一类是"总分总"的文章结构，开头先提出核心论点或者提出总结结果，然后在文中分成各个不同方面对开头的论点或总结结果进行说明，最后在文尾对文中论述内容进行全面总结，以及提出问题的解决建议；另一类是叙事线索的文章结构，也就是写一个类似叙事文的业务分析报告。按照"开端—发展—高潮—尾声"的叙事线索来撰写业务分析报告，把业务问题以讲故事的方式讲明白。一般按照叙事线索撰写的业务分析报告具备较高的可读性，阅读体验都不会太差。

（2）论点明确。大多数业务分析报告是论文，撰写人要通过业务分析报告阐明论点、解决问题。所以文章要具有明确的核心论点，行文过程中要把与论点相关的内容写进来，与论点无关的内容要舍弃掉。建议一份业务分析报告只围绕一个核心论点展开，如果要说明多个业务问题，可以撰写多份不同的业务分析报告，尽量不要将多个论点集中在一份报告内，避免文章出现"失焦"的现象。

（3）图、表、文字相结合。在撰写论文时要做到有论点、有论据。在明确核心论点后就需要对论点进行论据说明。在业务分析报告中，数据分析图表是最好的客观事实论据。一般在描述业务整体趋势变化、维度项间的大小关系、子级与父级间的构成关系等情况时使用图，而在进行分析结果的详细描述时使用表。除图与表外，还需要报告撰写人对图表内容进行文字性的总结、推导及解释说明，才能起到深入传递报告信息的作用。

（4）名词术语要做到规范统一。应用专业领域的名词术语时要做到规范统一、使用得当，尤其是在金融、科研、咨询等专业性强的领域，更要注意避免出现乱用名词术语的现象。

（5）减少不必要的主观推测。业务分析报告中的内容不可能全部由客观事实结果构成，其中必然会包含撰写人主观的推测、判断等内容。例如，在报告中提出业务问题的解决建议时，解决建议部分就一定是基于某些数据分析结果做出的人为主观判断，而不是客观事实论据。在撰写业务分析报告时，应尽量减少不必要的主观推测，做出的主观判断也应尽量从客观事实出发，而不要仅凭经验就草率判断。例如，建议电商市场部门应加大对 A 渠道的投放力度，这个判断结果就一定要依据对流量转换情况的数据分析结果做出，而不能仅凭以往投放经验判断。

（6）切勿为了投其所好而弄虚作假。撰写业务分析报告时要实事求是，不要为了维护某领导的利益就粉饰甚至篡改分析结果。这样做虽然可能短期内会受到领导的青睐，但是长期看，问题并没有得到解决，当小问题转为大问题时，最后追责很有可能会落到报告撰写人头上。

📺 7.3.3 业务分析报告案例 1

下文为一份流量转化分析的报告样本，供各位读者参考。

平台 A 直播活动转化效果分析评估报告

业务简介：

平台 A 为销售培训课程产品的在线平台，通过直播课形式对引流进直播间的流量客户进行转化。直播转化活动针对的流量客户人群主要来自以下 4 个渠道。

渠道 1 公众号软文投放。

渠道 2 信息流广告。

渠道 3 微信裂变。

渠道 4 贴吧广告。

平台 A 的直播课开始时间为 20:00:00，直播时长为 2h，直播内容分为主要内容、拓展性内容及答疑交流 3 部分，主要内容时长为 40min、拓展性内容时长为 20min、答疑交流时长为 60min。

平台 A 直播结束后的一周时间内为针对流量客户的营销周期。营销线上课程原价为 5000 元，优惠折扣价为 4200 元，享受优惠折扣价的报名时间为直播当晚与直播后两天内。

本报告将从以下 3 方面针对平台 A 在 2021 年 5 月 30 日的直播活动转化效果进行全面分析评估。

（1）整体转化效果。

（2）直播观看时间对转化效果的影响。

（3）流量渠道对转化效果的影响。

整体转化效果：

如图 7-21 所示，总流量人群中最终完成付费的人数占比高达 34%，本次活动的流量转化效果是较为成功的。但是，在图 7-22 中，观看直播付费人数只有 31 人，而对直播内容没兴趣却最终完成付费的人数为 35 人（总付费人数 66 人中减去直播后转化付费的 31 人所得），说明虽然直播活动有效，但是直播内容及直播过程却存在较大问题。从漏斗图相邻阶段人数百分比可知，从参与直播活动到观看直播内容 1h 以内的人数流失最为严重，说明直播内容对 58% 的流量人群没有吸引力。从各渠道直播付费转化率情况（见图 7-23）可进一步得知，直播内容尤其对来自信息流广告、公众号 C 及公众号 A 的 3 个渠道流量人群吸引力最弱。

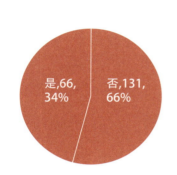

图 7-21　付费与非付费总人数及人数占比饼图

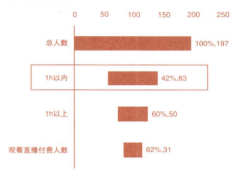

图 7-22　各阶段人数及相邻阶段人数百分比

图 7-23　各渠道人数、付费转化率及观看直播付费转化率组合图

直播观看时间对转化效果的影响：

由图 7-24 与图 7-25 可知，报名参与活动后爽约人群的付费占比低于未爽约人群的付费占比。由图 7-26 ~ 图 7-28 可知，报名参与活动人群中观看直播时迟到时间越久，付费转化效果越差。

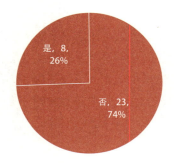

图 7-24　爽约付费人数与非付费人数占比

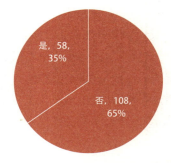

图 7-25　未爽约付费人数与非付费人数占比

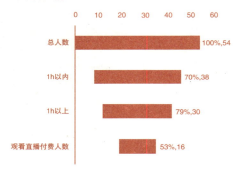

图 7-26　准时参加直播各阶段
转化情况

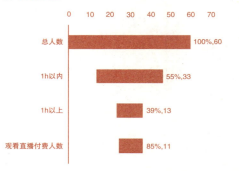

图 7-27　迟到 10min 以内参加直播
各阶段转化情况

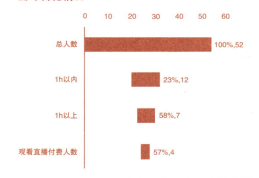

图 7-28　迟到 40min 以内参加直播各阶段转化情况

流量渠道对转化效果的影响：

综合图 7-29、图 7-30 与图 7-31 内容可知，信息流广告带来的流量数量最大、质量最高，信息流广告的引流行为最为成功，而最为失败的引流渠道为公众号 A。在各渠道中对直播内容最感兴趣的渠道为公众号 B，观看直播后完成付费转化可能性最大的渠道为微信裂变。

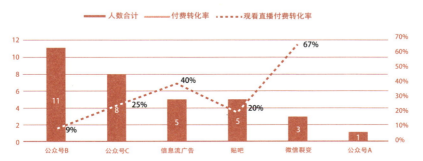

图 7-29　观看时长 1h 以内各渠道人数及观看直播付费转化率组合图

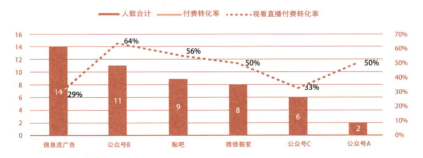

图 7-30　观看时长 1h 以上各渠道人数及观看直播付费转化率组合图

图 7-31　各渠道人数、付费转化率及观看直播付费转化率组合图

各渠道特征如下。

信息流广告：数量大、质量高、直播内容依赖程度低。

贴吧：数量大、质量中、直播内容依赖程度中。

公众号 B：数量大、质量高、直播内容依赖程度略高。

公众号 C：数量中、质量中、直播内容依赖程度低。

微信裂变：数量小、质量中、直播内容依赖程度高。

公众号 A：数量小、质量低、直播内容依赖程度高。

总结：

本次直播活动整体转化效果显著，说明在投放引流渠道、流量营销方式及营销策略上比较成功，而最关键的直播环节转化效果较差，流量人群观看直播内容兴趣不高，之后需要在改善直播内容及优化直播流程、方式上努力。

单对积极参与直播的人群特征进行分析，参与直播守时与否，以及观看直播时长是否够长成为影响是否能够完成直播转化的重要因素。为提高直播活动的转化效果，应采取必要的运营策略，提醒流量人群准时参与直播活动，并且加强直播过程中的流量黏性，尽可能延长流量人群观看直播的时间。

从引流渠道来看，本次活动引流最成功的渠道是信息流广告，未来应提高对信息流广告的投放力度。最失败的渠道为公众号 A，未来应尽量避免对公众号 A 进行直播活动的引流宣传。公众号 B 与贴吧渠道对直播活动的参与积极性较高，并且对直播转化的依赖程度较高，这两个渠道比较适用于直播形式的营销策略。

7.3.4 业务分析报告案例 2

下面为大家介绍一个特别的业务分析报告案例，这个报告是通过一款可以进行人工智能销售对话分析的 SaaS 工具——TalkingView 来实现的。TalkigView 是一款结合了人工智能算法及数据统计功能的次世代销售辅助工具。利用这款工具可以直接生成业务分析报告，通过业务分析报告的可视化呈现使原本冗长的对话录音数据变得直观清晰。以下是其生成的业务分析报告样本，供各位读者参考。

以下分析报告的形成仅使用了 TalkingView 工具的部分数据统计功能。

某房产中介机构销售人员与潜在客户的对话录音分析评估报告

业务简介：

机构 A 为某房产中介机构，其销售团队通过外呼电话与客户沟通介绍产品促进成单转化。在对接 TalkingView 人工智能销售对话分析系统之后，应用该系统基于录音生成了多项指标，这里仅用到以下 3 个指标。

指标 1　对话时长。

指标 2　互动频次。

指标 3　是否成交。

机构 A 总计提供 40 000 条对话样本，累计时长为 2000h。

本报告将从以下 4 个方面针对销售人员与客户的对话录音进行分析。

（1）成交客户与未成交客户的对话时长对比。

（2）平均每通对话时长与上周同日平均每通对话时长对比。

（3）成交客户与未成交客户的对话互动频次对比。

（4）平均每通对话互动频次与上周同日平均每通对话互动频次对比。

对话时长指标：

如图 7-32 所示，无论是对话时长合计值还是对话时长平均值，成交客户都比未成交客户高出 1 倍左右，从结果中可以看出，客户对话时长与是否成交间存在一定相关性。

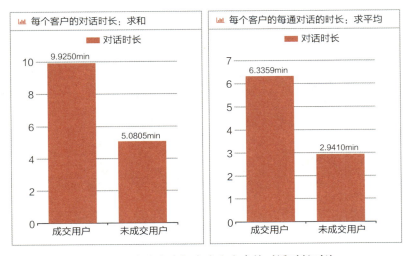

图 7-32　成交客户与未成交客户的对话时长对比

如图 7-33 所示，当周每日每通对话的平均对话时长较上周同日有显著延长，经过上周末的销售技巧培训后，从数据上可以看出，销售人员在应用话术引导客户进行更长时间对话方面有了明显的改善。

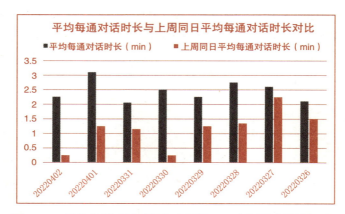

图 7-33　平均每通对话时长与上周同日平均每通对话时长对比

对话互动频次指标：

如图 7-34 所示，平均每个成交客户的对话总互动频次比未成交客户高出 16 次左右，具体到每通对话的互动频次，成交客户比未成交客户高出 1 倍左右，客户是否成交与对话互动频次存在一定相关性，成交客户的对话互动频次通常更高。

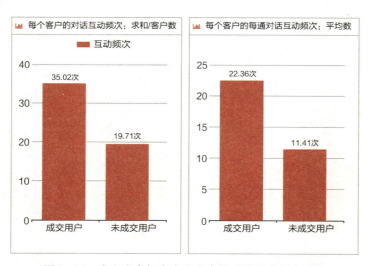

图 7-34　成交客户与未成交客户的对话互动频次对比

从图 7-35 可以看出，当周每日每通对话的平均互动频次较上周同日有显著提高，经过上周末的销售技巧培训后，从数据上可以看出，销售人员在应用话术引导客户进行更高频次互动方面有了明显的改善。

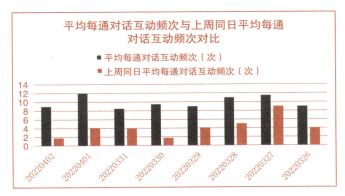

图 7-35　平均每通对话互动频次与上周同日平均每通对话互动频次对比

总结：

对话时长和对话互动频次均与是否成交间存在一定相关性，为了能够延长对话时长及提高对话互动频次，公司在上周末对销售团队进行了整体销售技巧培训。培训后当周的数据结果显示，销售团队无论在对话时长还是对话互动频次上都有了显著改善，培训效果显著。

7.4　本章练习题

一、单选题

1．业务图表决策树将业务描述性分析中使用的图表分为了 4 个不同类别，包含在业务图表决策树中的图表类别是（　）。

A．仪表类　　　　　　　　　B．描述类

C．预测类　　　　　　　　　D．计算类

2．某服装企业有 A、B、C 3 类品牌产品，想要显示每类产品的销售额分别占销售总额的比例关系，下列图表中比较合适的是（　）。

A．柱形图　　　　　　　　　B．箱线图

C．散点图　　　　　　　　　D．饼图

3．在业务描述性分析中使用的可视化图表中可以快速确认数据的分布及数据分中位数、四分位数的图表的是（　）。

　　A．气泡图　　　　　　　　　B．箱线图

　　C．柱形图　　　　　　　　　D．折线图

4．某电脑厂商有 A、B、C 3 类品牌产品，描述 A、B、C 3 类品牌产品的不同性能差异应使用（　）。

　　A．散点图　　　　　　　　　B．气泡图

　　C．雷达图　　　　　　　　　D．条形图

5．描述某电视厂商不同产品销售额与总销售额间的占比关系时使用了饼图，其中饼图的数据标签使用恰当的是（　）。

　　A．销售额百分比　　　　　　B．销售额度

　　C．销量值　　　　　　　　　D．记录行数值

6．以下选项中能够划归于业务图表决策树中的序列类图表的是（　）。

　　A．漏斗图　　　　　　　　　B．桑吉图

　　C．箱线图　　　　　　　　　D．饼图

7．数据分析人员使用业务分析报告汇报分析成果，关于业务分析报告的注意事项，以下不正确的是（　）。

　　A．条理清晰　　　　　　　　B．论点明确

　　C．图、表、文字可以不相关　D．有论必有数，有数必好懂

8．某家电企业想要对第三季度的电视机、电饭锅、电风扇 3 类产品的销售额进行比较，可以使用（　）。

　　A．柱形图　　　　　　　　　B．折线图

　　C．达成率图　　　　　　　　D．树状图

9．数据分析人员使用业务分析报告汇报分析成果，业务分析报告中的文字描述不应（　）。

　　A．对已有数据信息的重复描述

　　B．进行有合理依据的适当推测

　　C．根据数据表现给出建议

D．对数据结论进行归纳总结性描述

10．分析人员在撰写业务分析报告时避不开进行适度主观推测判断，但是推测判断也要有充分依据，以下适用于业务推测依据的信息来源是（　）。

A．朋友提供

B．网站留言

C．新闻联播

D．社会舆论

11．分析人员为决策者提供业务分析报告作为决策依据使用，不同场景下业务分析报告的软件载体也要有所区别，在会议上使用的业务分析报告载体是（　）。

A．Word

B．Excel

C．Power BI

D．PPT

12．BI 报表需要结合业务需求进行设计、分析、制作完成，在 BI 报表的设计阶段主要是将抽象的业务逻辑转化为具象的（　）的过程。

A．数据

B．可视化图表

C．维度和度量

D．切片器

二、多选题

1．业务图表决策树中的图表类别分别是（　）。

A．比较类

B．描述类

C．结构类

D．序列类

2．饼图是业务描述性图表中的一种常见图表，关于饼图描述正确的是（　）。

A．分项之和应是完整逻辑意义上的整体

B．数据标签应尽量使用百分比形式展示

C．扇区不宜过多

D．属于结构类图表

3．为决策者呈现分析结果时可以采用 BI 报表的形式或者静态报表的形式，那么 BI 报表与静态报表的区别主要是（　）。

A．侧重业务面的完整描述

B．动态信息展现

C．以图表表格为主要展现形式

D．基于多源数据环境制作

4．分析人员在使用分析结果撰写业务分析报告时应注意（　）。

A．条理清晰　　　　　　　　B．结构完整

C．图表与文字相结合　　　　D．论点明确、论据充分

三、复合题

1．表 7-1 是某公司的 RFM 模型对应表，图 7-36 是不同客户的帕累托图，根据表 7-1 与图 7-36 回答以下问题。

表 7–1　RFM 模型对应表

类别	R	F	M
重要价值用户	高	高	高
重要发展用户	高	低	高
重要保持用户	低	高	高
重要挽留用户	低	低	高
一般价值用户	高	高	低
一般发展用户	高	低	低
一般保持用户	低	高	低
一般挽留用户	低	低	低

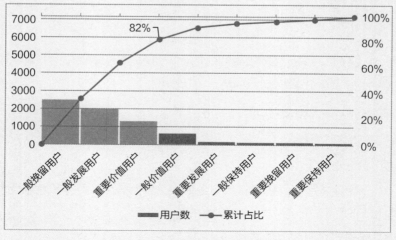

图 7–36　不同客户的帕累托图

（1）结合表 7-1 与图 7-36 的内容思考该公司一般保持用户的特点是（　　）。

A．即将流失　　　　　　　　B．贡献价值高

C．已经流失　　　　　　　　D．以上都不对

（2）在有限资金下为提高收入，应重点对（　　）进行营销。

A．一般挽留用户　　　　　　B．一般发展用户

C．重要价值用户　　　　　　D．一般价值用户

2．表 7-2 所示为某班各学员的成绩信息，参照表 7-2 回答以下问题。

表 7-2　某班各学员的成绩信息

姓名	成绩	及格线	优秀线
张一	55	60	85
王二	88	60	85
陈三	62	60	85
李四	78	60	85
五毛	99	60	85
胡六	45	60	85

（1）用图表描述学员成绩水平，合适的图表应为（　　）。

A．折线图与柱形图的组合图

B．折线图

C．饼图

D．树状图

（2）依据表 7-2 中的数据描述学员成绩好坏水平的对比方法称为（　　）。

A．基准比　　　　　　　　　B．标准比

C．均比　　　　　　　　　　D．目标比

第 8 章 CDA 职业发展

8.1 CDA 职业概述

下面将对 CDA 职业从职业背景、职业特点、职业前景 3 个方面进行概述。

8.1.1 CDA 职业背景

数据已经成为当今数字经济趋势下的新"石油"，只有能够充分开发数据资源的企业，才能在激烈竞争中保持领先优势。纵观全球，这个时代具有创新力的品牌企业，如 Google、Facebook、Amazon、Apple、华为等，它们都将数据视作它们的"圣杯"。各国的政策也在大力推进数字经济，数据已成为新时代的重要生产资料。各国发展战略的要求、岗位人才的缺口及市场规模的带动，都体现着数字化人才职业的重要性。

近年来，现代信息技术不断进步，以大数据为基础的各类科技应用成为市场热点，通过将大数据应用于产品营销、客户体验改进、风险控制等方面，取得了很好的效果。在各大领域，基于大数据挖掘和人工智能而产生的创新层出不穷，成为行业创造价值的力量源泉。为了更好地借助数据的力量，企业机构需要提高数字化能力，构建一支大数据分析师团队，对内承担数据治理、数字化运营与模型开发，对外与研究机构和科技公司衔接，做好技术选型与应用转化工作。企业如何更好地找到优秀的人才？数据人才如何更好地满足企业的需求？在这样一个以数据驱动的时代，人才的考核至关重要。

一套专业性强和认可度高的人才评价标准是连接数字时代企业与人才的桥梁。评价标准不仅明确了数据分析师岗位技能要求，还对数据分析师的培训和评价做出了专业性的规范要求。这样的评价标准对于整个数据分析行业的发展，具有重要的现实意义。

8.1.2　CDA 职业特点

数据分析师具体是指在互联网、金融、零售、咨询、电信、医疗、旅游等行业专门从事数据的采集、清洗、处理、分析并能制作业务报告、提供决策的新型数据分析人才。在新时代数字经济大背景下，数字化人才的定义是具备较高信息素养，有效掌握数字化相关专业能力，并将这种能力不可或缺地应用于工作场景的相关人才。数字化人才可以按照图 8-1 分类。

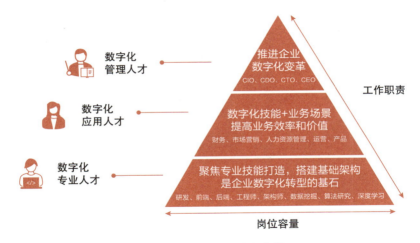

图 8-1　数字化人才金字塔

综合而言，数字化人才分为数字化专业人才、数字化应用人才、数字化管理人才三大类，它们分别具有如下特点。

1. 数字化专业人才

（1）行业范围广，专业领域。

（2）一般为数据类专业技术岗和业务支持岗。

（3）聚焦于数据技术层面。

2. 数字化应用人才

（1）行业范围广，普遍领域。

（2）一般为分析师和需数字化赋能的职能岗与业务岗。

（3）聚焦于业务应用层面。

3. 数字化管理人才

（1）行业范围广，管理领域。

（2）一般为部门管理岗和技术高管岗。

（3）聚焦于数据治理与数字化转型层面。

《2020中国数字化人才现状与展望》报告指出，企业对数字化人才的大量需求趋向应用型，数据赋能类岗位的人才需求爆发。数据分析已成为从销售市场、产品运营到人力财务等岗位人士想要提升数字化技能的首选。数据分析赋能传统岗位如图8-2所示。

图 8-2　数据分析赋能传统岗位

8.1.3　CDA 职业前景

2019世界人工智能大会发布，全国人工智能和大数据人才需求呈快速增长趋势，约为2015年前的12倍。麦肯锡公司的研究预测，可以利用大数据分析做出有效决策的经理和分析师的人才缺口高达150万。从信息化到数字化再到智能化，企业要求越来越多岗位从业者需具备数字化技能，随着时代发展与企业变革，越来越多的业务岗也将被人工智能替代，因此数字化相关岗位已是最热与最具前景的职位之一。

据CDA持证人报告统计，CDA持证人在同地区、同类岗位中薪资待遇均具有明显优势，如图8-3所示。

数据显示，CDA持证人平均薪资比同类型岗位的非持证人薪资高。

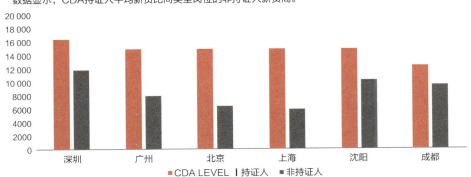

图 8-3　CDA 持证人薪资对比（单位：元）

CDA 各等级持证人岗位去向如下。

（1）CDA LEVEL I：商业（业务）分析师、初级数据分析师、（数据）产品运营、（数字）市场营销、数据工程专员等。

（2）CDA LEVEL II：数据分析师、（数据）产品运营经理、（数字）营销经理、风控建模分析师、量化策略分析师、数据治理（质量）等。

（3）CDA LEVEL III：高级数据分析师、机器学习工程师、算法工程师、数据科学家、首席数据官等。

8.2　CDA 认证简介

下面将对 CDA 认证从认证标准、认证方式、认证流程、认证证书 4 个方面进行介绍。

8.2.1　CDA 认证标准

CDA（Certified Data Analyst），是在数字经济大背景和人工智能时代趋势下，源自中国、走向世界、面向全行业的专业技能认证，旨在提升数字化人才的数据技能，助力企业数字化转型，推动行业数字化发展。

CDA 持证人是在互联网、金融、零售、咨询、电信、医疗、旅游等行业专门从事数据的采集、处理、分析、建模并能制作业务报告、提供决策支持、部署应用模型的新型数据人才。CDA 持证人秉承着先进商业数据分析的新理念，遵循着《CDA

职业道德和行为准则》，发挥着自身数据科学专业能力，推动科技创新进步，助力经济持续发展。

CDA 是一套科学化、专业化、国际化的人才考核标准，共分为 CDA LEVEL Ⅰ、LEVEL Ⅱ、LEVEL Ⅲ 3 个等级，涉及行业包括互联网、金融、咨询、电信、零售、医疗、旅游等，涉及岗位包括大数据、数据分析、市场、产品、运营、咨询、投资、研发等。CDA 认证标准由数据科学领域的专家、学者及众多企业共同制定并每年修订、更新，确保了标准的中立性、共识性、前沿性。

CDA 认证等级标准人才能力模型如表 8-1 所示。

表 8-1　CDA 认证等级标准人才能力模型

内容	LEVEL I	LEVEL II	LEVEL III
理论基础	数据分析基础 统计分析基础	概率论基础 数理统计	数据挖掘概论 机器学习
软件要求	Excel、SQL、BI 等非编程工具	Excel、SQL、Python 等工具	Python、R、PyTorch、TensorFlow 等
数据处理能力	表结构与多元数据获取 数据库基础 数据整理与清洗 多维数据模型	市场调研 数据采集 数据预处理 数据模型管理	网络数据采集 高级数据处理 高级特征工程 自然语言处理
分析方法要求	描述性统计分析 多维数据模型 数据透视分析 数据可视化分析	推断性统计分析 数据分析模型（主成分分析、因子分析、回归分析、聚类分析、时间序列）	分类模型（朴素贝叶斯、决策树、神经网络、支持向量机、集成方法） 聚类模型、关联规则 序列模式、模型评估
业务分析能力	数据驱动业务管理方法 指标的应用与设计 业务分析方法	标签体系与用户画像 业务探查分析 根因分析 业务策略优化和指导	客群运营 成本控制 风险管理 欺诈检测
结果与决策力	业务分析报告 数据可视化报表	业务根因分析与策略优化报告	数据挖掘项目报告 模型落地方案

最新的详细认证考试大纲标准可通过登录 CDA global 认证考试官网获取。

8.2.2　CDA 认证方式

CDA 认证方式如表 8-2 所示。

表 8-2　CDA 认证方式

内容	CDA LEVEL I	CDA LEVEL II	CDA LEVEL III	
考试日期	随报随考	随报随考	一年四届 3 月、6 月、9 月、12 月的最后一个周六	
考试时间	120min	150min	210min	
			前 90min	后 120min
考试形式	线下上机答题	线下上机答题	线下上机答题	提交结果分析
考试内容	客观选择题（单选＋多选＋内容相关＋案例分析）	客观选择题（单选＋多选＋内容相关＋案例分析）	客观选择题（单选＋多选＋内容相关）	案例操作题
考试条件	无要求，皆可报考	需通过 LEVEL I 认证	需通过 LEVEL II 认证	

CDA 数据分析师认证考试由 Pearson VUE 考试服务公司代理。Pearson VUE 是一家在全球测评行业占据杰出地位的计算机化考试服务公司，CDA 与 Pearson VUE 开展合作，目前在中国提供 CDA 认证考试发送服务。考试地点如下。

（1）LEVEL I ＋ II：中国 30+ 个省市，70+ 个城市，250+ 个考场。考生可选择就近考场预约考试。

（2）LEVEL III：中国 30 个城市，北京、上海、天津、重庆、成都、深圳、广州、济南、南京、杭州、苏州、福州、太原、武汉、长沙、西安、贵阳、郑州、南宁、昆明、乌鲁木齐、沈阳、哈尔滨、合肥、石家庄、呼和浩特、南昌、长春、大连、兰州。

8.2.3　CDA 认证流程

CDA 认证流程如图 8-4 所示。

（1）进入 CDA global 认证考试官网。

（2）注册并登录网站，进入个人中心完善报考相关信息。

（3）选择报考科目，并完成缴费确认。

（4）等待审核（1 ~ 2 天），若审核未通过，则完善报考资料。

（5）审核通过报名成功，考生将会收到相关邮件提示。考生按照邮件提示进行后续操作即可。

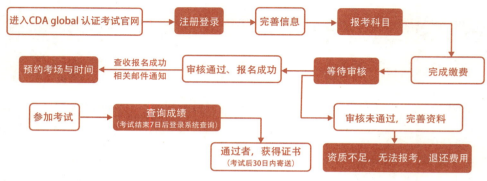

图 8-4　CDA 认证流程

CDA LEVEL I 和 LEVEL II 考生需根据邮件指示到 Pearson VUE 网站预约就近考场及考试时间。

CDA LEVEL III 考生需在考前一个月内到 Pearson VUE 网站预约考场，预约成功后将会收到确认邮件通知。

根据预约的考场和时间，按照邮件须知，参加考试。

（6）CDA LEVEL I 和 LEVEL II 考试结束后当场出成绩报告，CDA LEVEL III 考试结束 7 日后考生可到 CDA 考试中心网站查询最终成绩。

（7）考试通过者，将在考试后 30 日内收到由 CDA 考试中心寄出的认证证书。

8.2.4　CDA 认证证书

报考 CDA 各等级考试通过者，可获得对应等级的中英双证书，如图 8-5 所示。可在 CDA 考试中心网站查询证书真伪，证书具有以下价值。

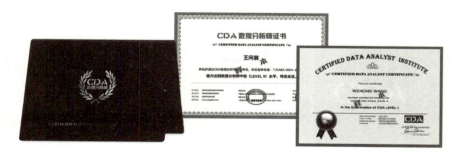

图 8-5　CDA 认证证书

（1）共识性（Consensus）。CDA 认证由行业协会、行业企业及业界学者共同制定并于每年修订、更新，逐步推动数据人才标准的行业共识。

（2）专业性（Speciality）。CDA 认证标准符合当今全球数据科学技术潮流，满足各行业数字化发展对数据相关岗位的人才要求，考试专家命题，评分公平，流程严格，具有高含金量。

（3）国际化（International）。CDA 与国际知名考试服务机构 Pearson VUE 合作，认证考点覆盖全球。CDA 全球会员联盟开放式合作进一步建立企业会员与雇主联盟，具备中立性并逐步成为国际化认证标杆。

（4）认可度（Recognition）。CDA 认证已得到越来越多企业的认可与引进，成为企业的人才评价标准，包括中国电信、中国联通、中国邮政、招商银行、梅赛德斯 - 奔驰、苏宁云商等。

8.3　CDA 持证人与会员

本节将会依次介绍企业和个人如何成为 CDA 会员、CDA 持证人有哪些权益，以及 CDA 持证人的证书年检和继续教育情况。

8.3.1　成为 CDA 会员

CDA 会员是指拥有 CDA 会员体系相关义务和权益的数据科学相关领域的企业单位及个人。CDA 会员包括持证人个人会员和企业会员，其中 CDA 持证人已遍布很多新兴行业，包括世界 500 强企业、顶尖科技独角兽、金融机构、国有企业、机关事业单位等。CDA 企业会员是指在数据科学领域具有显著研究成果或影响力的企业、协会和机构等，包括 CDMS、Oracle、IBM、Big Data University、Pearson VUE、TalkingData、Yonghong Tech 等。

CDA 会员制度如表 8-3 所示。

表 8-3　CDA 会员制度

制度	个人会员	企业会员
注册会员	应具有完全民事行为能力，具备 CDA 报考条件，通过 CDA 考试并获得认证证书	应具有法人资格（分支机构需经法人许可），提交会员申请书

续表

制度	个人会员	企业会员
入会程序	注册并参加 CDA 考试→通过考试→取得证书→成为会员	注册申请→通过审核→成为会员
会费管理	考试费用 审核费用（三年一审）	每年缴纳会员费用
会员权益	1. 具有 CDA 认证委员会成员的选举与被选取权； 2. 优先具有 CDA 行业峰会、研讨会、路演、沙龙等各项活动的参与权； 3. 享有职业发展岗位推荐服务； 4. 享有 CDA 资源共享平台，涵盖学习资源、文献资源、咨询服务等； 5. 享有会员内开放式资源互通、项目合作、业务合作等权益	1. 具有 CDA 认证委员会的选举与被选举权； 2. 优先具有 CDA 行业峰会、讨论、路演、沙龙等各项活动的合作权； 3. 享有企业招聘人才推荐服务； 4. 享有企业员工能力考核与提升咨询服务，企业定制化联合认证； 5. 享有会员内开放式项目合作、业务合作、企业合作等权益
会员义务	1. 遵守职业规则、执业规范和执业相关法律； 2. 遵守《CDA 职业道德和行为准则》； 3. 维护会员团结、职业信誉和 CDA 声誉	

8.3.2 CDA 持证人权益

CDA 持证人除了拥有证书荣誉职称，在就业、职业发展具备相关优势，还享有以下由 CDA 官方提供的系列权益。

（1）职业发展：CDA 就业及职业发展优先推荐，CDA 持证人简历可发送至 exam@cda.cn。

（2）参与优质内容输出：优先作为 CDA 持证人分享嘉宾，有机会成为教研、讲师等；免费参与 CDA 举办的行业峰会，享受专属权益。

（3）能力提升包：报考人将获得 CDA 网校价值 2000 元的认证考试及能力提升学习包（90 天学习权限），为考试通关及数据能力提升加码助力。

（4）CDA 会员共享数据库及智能数据产品权益。

（5）支持开设数据分析事务所权益。

其他权益请参考 CDA global 认证考试官网。

8.3.3　年检和继续教育

为了了解 CDA 持证人的一个最新的职业发展情况，同时让 CDA 持证人在获得证书后能够保持一个持续学习的状态，CDA 数据分析师等级认证证书是需要年检的。

CDA 数据分析师等级认证证书有效期为 3 年，3 年进行一次年审，只有按照要求填写最新的职业发展情况和完成规定的继续教育课程才能够通过年检，从而保证证书的时效性。

当前具体年检申请流程如下（如果有变化请以官网发布的信息为准）。

（1）注册并登录 CDA global 认证考试官网，进入"我的考试中心"，填写个人最新信息，包括证件号、学历、地址、单位岗位、联系方式等。

（2）上传 CDA 数据分析师等级认证证书原件电子版到附件资料（可拍清晰照片上传）。如果有遗失证书的人员，请上传身份证件电子版到附件资料。

（3）进入"持证人年检"栏目，选择相应的等级证书和发证日期，申请年检，缴纳年检费用或使用 CDA 持证人积分兑换。

（4）参加继续教育，完成年检必修课程（必修课程将在成功申请年检后发送至持证人邮箱）。

（5）证书到期前完成年检必修课程，完成后不需要考试，到期将自动通过年检，由 CDA 考试中心在官网更新证书相关信息，证书有效期可在 CDA global 认证考试官网查询。

附录 A   数据类型列表

表 A–1   SQL 中常用的数值型示例

类型	大小	范围（有符号）	范围（无符号）	用途
TINYINT	1 字节	(−128,127)	(0,255)	小整数值
SMALLINT	2 字节	(−32 768,32 767)	(0,65 535)	大整数值
MEDIUMINT	3 字节	(−8 388 608,8 388 607)	(0,16 777 215)	大整数值
INT	4 字节	(−2 147 483 648,2 147 483 647)	(0,4 294 967 295)	大整数值
BIGINT	8 字节	(−9 223 372 036 854 775 808,9 223 372 036 854 775 807)	(0,18 446 744 073 709 551 615)	极大整数值
FLOAT	4 字节	(−3.402 823 466E+38, −1.175 494 351E-38), 0,(1.175 494 351E-38, 3.402 823 466 351E+38)	0,(1.175 494 351E-38,3.402 823 466E+38)	单精度浮点数值
FLOAT(p)	如果 0 ≤ p ≤ 24，则为 4 字节；如果 25 ≤ p ≤ 53，则为 8 字节	依赖于 p 的值	依赖于 p 的值	如果 0 ≤ p ≤ 24，则对应 FLOAT 列的 4 字节单精度；如果 25 ≤ p ≤ 53，则对应 DOUBLE 列的 8 字节双精度
DOUBLE	8 字节	(−1.797 693 134 862 315 7E+308,−2.225 073 858 507 201 4E-308),0,(2.225 073 858 507 201 4 E−308,1.797 693 134 862 315 7 E+308)	0,(2.225 073 858 507 201 4E−308, 1.797 693 134 862 315 7E+308)	双精度浮点数值
DECIMAL(M,D) /NUMERIC(M,D)	如果 M>D，则为 M+2，否则为 D+2	依赖于 M 和 D 的值	依赖于 M 和 D 的值	小数值

续表

类型	大小	范围（有符号）	范围（无符号）	用途
DOUBLE [PRECISION] /REAL	8 字节	(−3.402 823 466E+38,−1.175 494 351E−38),0,(1.175 494 351E−38,3.402 823 466 351 E+38)	0，(1.175 494 351 E−38,3.402 823 466 E+38)	单精度浮点数
BIT(M)	约 (M+7)/8 字节	依赖于 M 的值	依赖于 M 的值	比特值

表 A–2   SQL 中常用的字符串型示例

类型	大小	用途
CHAR(M)	M 字节，0 ≤ M ≤ 255	定长字符串
VARCHAR(M)	L+1 字节，其中 L ≤ M 且 0 ≤ M ≤ 65 535	变长字符串
BINARY(M)	M 字节，0 ≤ M ≤ 255	二进制形式的定长字符串
VARBINARY(M)	L+1 字节，其中 L ≤ M 且 0 ≤ M ≤ 255	二进制形式的变长字符串
TINYTEXT	L+1 字节，其中 L < 2^8	短文本字符串
TINYBLOB	L+1 字节，其中 L < 2^8	二进制形式的短文本字符串
TEXT	L+2 字节，其中 L < 2^{16}	长文本数据
BLOB	L+2 字节，其中 L < 2^{16}	二进制形式的长文本数据
MEDIUMTEXT	L+3 字节，其中 L < 2^{24}	中等长度文本数据
MEDIUMBLOB	L+3 字节，其中 L < 2^{24}	二进制形式的中等长度文本数据
LONGTEXT	L+4 字节，其中 L < 2^{32}	极大文本数据
LONGBLOB	L+4 字节，其中 L < 2^{32}	二进制形式的极大文本数据
ENUM('value1','value2',...)	1 或 2 字节，取决于枚举值的个数（最多 65 535 个值）	枚举值
SET('value1','value2',...)	1、2、3、4 或者 8 字节，取决于 set 成员的数目（最多 64 个成员）	集合

表 A–3   SQL 中常用的时间日期型示例

类型	大小（字节）	范围	格式	用途
DATE	3	1000-01-01/9999-12-31	YYYY-MM-DD	日期值
TIME	3	-838:59:59/838:59:59	hh:mm:ss	时间值或持续时间

续表

类型	大小 （字节）	范围	格式	用途
YEAR	1	1901/2155	YYYY	年份值
DATETIME	8	1000-01-01 00:00:00/9999-12-31 23:59:59	YYYY-MM-DD hh:mm:ss	混合日期和时间值
TIMESTAMP	4	1970-01-01 00:00:00/2038 结束时间是第 2 147 483 647s，北京时间 2038-1-19 11:14:07，格林尼治时间 2038 年 1 月 19 日 凌晨 03:14:07	YYYYMMDD hhmmss	混合日期和时间值，时间戳

附录 B　练习题答案及解析

第 1 章

一、单选题

1．答案：B。

解析：EDIT 中的 D 指的是诊断（Diagnosis）的意思，所以错误选项是 B。

2．答案：D。

解析：制订决策方案是数据分析结果的应用环节，不属于数据分析步骤，所以选 D。

3．答案：D。

解析：数据分析师应提供全面、准确的数据信息而不是只提供对业务结论有利的数据信息。

4．答案：A。

解析：机密数据 U 盘随身携带可能出现遗失风险，对机密数据应更加谨慎处理，确保万无一失，所以选 A。

二、多选题

答案：AD。

解析：EDIT 数字化模型：探索（Exploration）、诊断（Diagnosis）、指导（Instruction）、工具（Tool）。

三、简答题

参考答案：首先，全面了解业务背景、痛点、需求，做出分析建议，与团队充分沟通，确定合理的业务指标，获取符合要求的源数据。其次，保持工具与算法的前沿性、适用性、高效性。根据业务需要，选择合理的工具、平台、系统及算法，并不断迭代、优化业务指标与数据模型。最后，撰写专业可视化报告，逻辑清晰地展示项目成果，并做出具有商业价值的建议。

第 2 章

一、单选题

1．答案：A。

解析：Numbers 是苹果公司的电子表格工具，其余 3 项都是表结构分析工具，答案是 A。

2．答案：C。

解析：表格结构数据引用的基本单位是单元格，答案是 C。

3．答案：B。

解析：数据库只是数据的主要来源之一，而不是全部来源，所以 B 选项是错误的。

4．答案：D。

解析：D 选项的筛选器类函数是 Power BI 工具中 DAX 表达式使用的函数类型，是针对表结构数据进行计算的类别，所以 D 选项是错误的。

5．答案：D。

解析：从单元格地址到单元格地址，不能从单元格地址到行号，所以 D 选项是错误的。

6．答案：A。

解析：工作表名＋！＋单元格地址是正确的单元格引用方法，所以 A 选项是正确的。

7．答案：C。

解析：LEFT 是从左侧取连续字符串的函数，是文本函数，所以答案是 C。

8．答案：D。

解析：可以引用其他工作簿中的单元格，D 选项描述是错误的。

9．答案：D。

解析：一个字段只能有一种数据类型，字段中可以出现 null 值，一行记录可以有不同数据类型，前 3 项都是错误的，所以描述正确的是 D。

10．答案：C。

解析：由多个字段构成的主键称为多字段联合主键，所以 C 选项是错误描述。

11．答案：A。

解析：B 选项是主键的物理意义，C 选项与 D 选项是错误描述，A 选项是主键业务意义，是正确答案。

12．答案：D。

解析：表的数据结构是方形的，要求不同字段记录行数相同，所以答案是 D。

13．答案：C。

解析：表中所有字段记录行数相同，C 选项是错误描述。

14．答案：B。

解析：表的合并行数是对应项乘积的结果，所以 B 选项是正确选项。

15．答案：D。

解析：ETL 包含抽取、转换及加载功能，不包含分析功能，所以答案是 D。

16．答案：A。

解析：主键、维度字段及度量字段与两表横向合并操作无关，两表通过公共字段进行连接，正确答案是 A。

17．答案：A。

解析：数据库主要功能是处理事务，所以定位是 OLTP，即联机事务处理，所以答案是 A。

18．答案：A。

解析：OLAP 是联机分析处理，是搭建多维数据模型的处理过程，所以答案是 A。

19．答案：B。

解析：维度是业务观测角度，而度量是业务行为结果，所以描述错误的是 B。

20．答案：D。

解析：在汇总分析中，汇总结果由维度、度量、汇总规则决定，所以 D 是错误描述。

21．答案：B。

解析：表结构数据分析工具通过 ETL 功能引用数据源数据，所以答案是 B。

二、多选题

1．答案：ABCD。

解析：函数构成一般来说有操作符、函数表达式、参数、返回值。

2．答案：ABC。

解析：null 值可能由前端系统非必填项（如注册信息中的性别信息等）产生，null 值无法被阅读者理解，也无法被计算机正确识别和使用，所以 A、B、C 是正确选项。

3．答案：ABC。

解析：D 选项 PPT 属于办公软件。

4．答案：ABCD。

解析：应用 ETL 功能可以导入所有选项中提及数据源中的数据到 DW 中作为表结构数据使用。

5．答案：BD。

解析：一个订单中可能存在多个产品，所以存放产品名称字段会破坏主键约束。同样的产品金额也不可以，订单金额是没问题的，所以选 BD。

三、复合题

（1）答案：A。

解析：根据两表的业务意义、字段匹配特征及字段对应关系综合考虑，应选择订单 ID 作为连接两表的公共字段使用。

（2）答案：C。

解析：使用订单 ID 连接两表后，左表订单表为主表时，a01 项 1 行，a02 项 1 行，a03 项 2 行，共 4 行连接结果。

第 3 章

一、单选题

1．答案：C。

解析：数据库存储层级自上而下分别是数据库、数据表、字段，字段是最小存储单位，所以选 C。

2．答案：C。

解析：alter 是修改对象属性的命令，它属于 DDL，所以 C 是错误描述。

3．答案：D。

解析：完整性约束条件可以对字段进行限制，规定字段内容。

4．答案：D。

解析：字段和添加数据的字段个数、数据类型、字段顺序都要一致才能正确添加，所以选 D。

5．答案：A。

解析：delete 删除记录但不删除数据库对象，所以选 A。

6．答案：A。

解析：delete from+ 表名，所以选 A。

7．答案：B。

解析：update 用于更新数据命令，clear 用于清除 SQL 语句和结果窗格，delete 用于删除记录，add 用于添加字段命令，所以选 B。

8．答案：A。

解析：可以通过使用 like'% 字符串 %' 的形式来进行模糊匹配，寻找包含字符串取值的所有记录，所以选 A。

9．答案：C。

解析：order by 可以按照从左至右顺序多层级排序，所以答案是 C。

10．答案：D。

解析：比较运算符 between ...and 表示在某个范围值之间，包括范围值在内，所以选 D。

11．答案：A。

解析：'%' 可以匹配 0 个或多个字符，'_' 可以匹配一个字符，因此 D 选项不如 A 选项匹配得范围广，比如 "huater" 这样的名字 可以通过 '%a%' 可以匹配到，但是用 '_a%' 是匹配不到的。

12．答案：B。

解析：由于 SQL 语句的执行顺序：from → on → join → where → group by → having → select → distinct → union → order by → limit，where 子句中不能用聚合函数，

所以选 B。

13．答案：C。

解析：floor(x) 表示返回小于 x 的最大整数值（去掉小数取整），ceiling(x) 表示返回大于 x 的最小整数值（进一取整），round(x,y) 表示返回参数 x 的四舍五入的有 y 位小数的值（四舍五入），truncate(x,y) 表示返回数字 x 截断为 y 位小数的结果，所以选 C。

14．答案：A。

解析：now 函数用来返回当前的日期及时间信息，所以选 A。

15．答案：D。

解析：inner join 只匹配两表中的匹配项，所以 D 选项是正确选项，A 选项是左连接的描述，B 选项是右连接的描述，C 选项是全连接的描述。

16．答案：C。

解析：C 选项是纵向连接命令，不是横向连接命令，所以选 C。

17．答案：D。

解析：union 合并数据集后去重，union all 不去重，所以 union 去除重复值后的行数小于合并前的数据集的总行数，所以选 D。

18．答案：D。

解析：当 where 子句的查询条件是聚合函数时，子查询不能替换为连接查询，所以选 D。

19．答案：A。

解析：子查询需要放到括号内，所以 A 正确。在 SQL 中先执行括号内部的子查询，再执行外部的主查询，所以 B 错误。子查询运行效率较低，不可能无限制嵌套，上限受计算机性能限制，所以 C 错误。子查询出现在 from 或 join 子句中作为表时，必须添加表别名，如果子查询只是作为主查询的筛选条件，则不需要添加别名，所以 D 错误。

20．答案：C。

解析：子查询可以出现在 select、where、having、from、join 子句中，所以选 C。

21．答案：B。

解析：在 SQL 语句中可以设置表别名和列别名，SQL 语句的执行顺序是

from → on → join → where → group by → having → select → order by，别名是在 where 子句后计算的，所以 where 子句中不能用列别名，from 和 join 子句中可以用表别名，故答案是 B。

22．答案：D。

解析：连接查询时的连接条件可以有一个或多个，所以选 D。

23．答案：B。

解析：在连接两表的字段中有重复值且两个字段的值不是一对一匹配关系时，内连接的结果是把两表中都有的值列出来，并且将有重复值的地方进行多对多匹配，所以选 B。

24．答案：A。

解析：in 或 not in 表示是否在其中，等于其中任意一个条件即可，all 表示每一个，全部条件都满足，所以选 A。

25．答案：C。

解析：略。

26．答案：A。

解析：count 函数对给定数据进行计数，count(*) 表示对表中所有记录进行计数；而其他聚合函数只能对给定字段的值进行计算。

二、多选题

1．答案：ABD。

解析：FLOAT 是浮点型，INT 是整数型，CHAR 是文本型，DECIMAL 是分数类型。

2．答案：AC。

解析：D 为语法错误，B 中 and 表示城市名，即等于"北京"且又等于"上海"的记录，不符合题意，故正确答案为 AC。

3．答案：ABC。

解析：union 属于表的纵向连接。

4．答案：CD。

解析：full join 为横向连接，保留两个表的全部信息。union all 为纵向连接，且不去除重复记录。

5．答案：ABC。

解析：concat 函数用于处理字符串数据。

三、复合题

1．（1）答案：A。

解析: A 选项按 StudentID 字段分组后的结果中, StudentID 字段不会出现重复值。

（2）答案：C。

解析：distinct 关键词可以对一个或多个字段去重，也可以结合 count 函数进行去重计数，但是 distinct 关键词必须位于第一个字段的前面。

2．（1）答案：C。

解析： A 选项以 users 为主表左连接，返回 users 表中所有的 user_id。B 选项以 orders 为主表右连接，返回 orders 表中所有的 user_id。D 选项以 orders 为主表右连接并筛选 users 表中 user_id 为空的记录，返回的是 orders 表中存在而 users 表中不存在的 user_id。C 选项以 users 为主表左连接并筛选 orders 表中 user_id 为空的记录，返回的是 users 表中存在而 orders 表中不存在的 user_id。

（2）答案：D。

解析：SQL 查询语句的书写顺序中，where 子句应该在 group by 子句之前，且 where 子句中不能用聚合函数。

3．（1）答案：B。

解析：要想保证 employee 表中每一个雇员是唯一的，把 employeeid 设为主键或唯一约束。每个雇员只能属于在 department 表中已经存在的部门，在 deptid 列上创建一个外键约束。

（2）答案：D。

解析：having 子句中的筛选字段必须是可以出现在分组结果中的字段。

4．（1）答案：A。

解析：数据库中的限定符为 " . "。

（2）答案：D。

解析：not in 表示不在其中，即不等于其中任何一个。

5．（1）答案：D。

解析：update...set... 语句用于修改表中字段内容。

（2）答案：B。

解析：查看特定的形式，需要使用 where+ 条件子句的形式对数据输出结构进行约束。

（3）答案：A。

解析：id 是发帖人的编号，是唯一的，我们想知道每个会员的发帖数，group by id---- 按照 id 分组，就是必然选择。 count(name) 是对按照 id 分组之后的结果计算 name 的个数。

（4）答案：B。

解析：每个分组计算发帖个数（count(name)）之后，我们希望输出结果大于5（count(name)>5）。 这里还是比较好理解的，难度在于对 having 的理解。我们平时用到条件子句时，它前面的关键词都是 where，而这里用的是 having。在使用 group by 对数据进行分组时需要使用 having 作为限制条件的关键词。

6．（1）答案：A。

解析：选项 C 与选项 D 语法错误，选项 B 使用 and 关键词用来求 id 既等于 0 又等于 1 的交集信息，条件不成立，只有 or 关键词是求 id=0 或 id=1 的并集信息。所以答案为 A。

（2）答案：D。

解析：对表进行增加、修改及删除字段操作时应使用 alter table 语句，只有 D 满足条件。

（3）答案：B。

解析：在 SQL 中调整字段位置时使用的关键词为 first 和 after 没有 before，所以排除了 C 和 D 选项，在使用 alter table...modify... 语句更改字段属性或位置时至少需要指定字段名＋字段的数据类型，所以排除 A 选项，所以答案为 B。

（4）答案：B。

解析：group_concat() 函数常与关键词 group by 一起使用，能够将分组后指定的字段值都显示出来。

第4章

一、单选题

1．答案：B。

解析：统计学是一门数据的科学。

2．答案：B。

解析：数据的清洗工作属于处理数据的环节。

3．答案：A。

解析：总体是研究的所有元素的集合。

4．答案：A。

解析：分类变量。

5．答案：A。

解析：低级数据的方法，高级数据可以用，但高级数据的方法，低级数据不可以用。

6．答案：C。

解析：离散系数又称变异系数，是统计学中的常用统计指标，主要用于衡量数据水平不同或计量单位不同的不同组数据的离散程度及平均数的代表性。

7．答案：B。

解析：

$$s^2 = \frac{\sum_{i=1}^{n}\left(x_i - \overline{x}\right)^2}{n-1}$$

8．答案：B。

解析：另外3种都只能用于描述数值型数据。

9．答案：C。

解析：中位数不受具体数据分布的影响。

10．答案：C。

解析：这是分类数据，只能用众数。

11．答案：A。

解析：若偏态系数为正，则为右偏分布；若偏态系数为负，则为左偏分布。偏态系数越接近 0，偏斜程度越小。若偏态系数大于 1 或小于 −1，则为高度偏态分布；若偏态系数为 0.5 ～ 1 或 −1 ～ −0.5，则为中等偏态分布。

12．答案：D。

解析：线图更容易看出时间上的趋势。

13．答案：B。

解析：一件产品的合格情况是两点分布，n 件产品的合格情况是二项分布。

14．答案：A。

解析：正态分布概率的查表计算。

15．答案：C。

解析：卡方分布是相互独立的标准正态分布的平方和。

16．答案：D。

解析：F 分布是相互独立的卡方分布除以自由度之后的比值。

17．答案：D。

解析：Pearson 相关系数的取值范围为 [−1,1]。

二、多选题

1．答案：ABCD。

解析：收集数据、处理数据、分析数据、解释数据是数据分析师的四大工作任务。

2．答案：ABCD。

解析：均值、比例、标准差、个体数量都是常用的数据特征。

3．答案：CD。

解析：数据按照收集方式不同来划分，可以分为调查数据、实验数据。

4．答案：ACD。

解析：协方差是度量相关性的。

5．答案：AB。

解析：C、D 选项都是描述数据离散程度的。

6．答案：CD。

解析：如果数据是右偏分布，说明数据存在极大值，必然拉动平均数向极大值一方靠，则众数＜中位数＜平均数。

7．答案：AD。

解析：B、C选项只能用来分析数值型变量，分类变量用不了这两种方法。

三、复合题

1．（1）答案：B。

解析：离散趋势的大小可以用来描述集中趋势度量指标的代表性。例如，方差越大，说明均值的代表性越弱。此题需要判断平均成绩的代表性，那么找取离散趋势小的班即可。为了过滤掉数据量纲的影响，我们取离散系数最小的甲班。

（2）答案：C。

解析：甲班的离散系数更小，说明数据的离散程度小，成绩分布较集中。

2．（1）答案：C。

解析：偏度大于0为右偏，小于0为左偏，等于0为无偏。

（2）答案：A。

解析：峰度小于0说明数据分布更扁平，大于0说明数据分布更尖峰，等于0说明数据分布与正态分布一致。

3．（1）答案：A。

解析： 按照数据类型的定义进行选择。

（2）答案：B。

解析：通常对分类数据进行集中趋势描述，采用的是众数指标。

（3）答案：C。

解析：加湿器型号这列变量是类别型变量，对于类别型变量我们可以用众数进行集中趋势的描述，需要先对各个类别进行频数统计。其中，A型加湿器销售了5台，B型加湿器销售了2台，C型加湿器销售了7台，D型加湿器销售了3台，E型加湿器销售了3台。其中销量最多的是C型加湿器，所以C型是众数。

（4）答案：B。

解析：众数的频数是7，非众数的频数是13，总频数是20。所以异众比是13/20=0.65。

第 5 章

一、单选题

1．答案：D。

解析：购买数量是交易行为结果，数值型字段可用来进行透视计算，所以选 D。

2．答案：C。

解析：事实表记录业务行为过程，所以选 C，其余选项是维度表。

3．答案：A。

解析：客户表是维度表是一表，订单表是事实表是多表，所以选 A。

4．答案：A。

解析：一个品牌下有多种产品，所以选 A。

5．答案：C。

解析：C 选项是星型模型的正确定义。

6．答案：D。

解析：D 选项是星座模型的正确定义。

7．答案：A。

解析：一个事实表连接两个维度表是星型模型，所以选 A。

二、多选题

1．答案：AB。

解析：A、B 选项是关于消费行为及消费行为细节的记录数据表，属于事实表，C、D 选项是观测消费行为的维度信息，属于维度表，所以正确答案是 A、B。

2．答案：ABCD。

解析：A、B、C、D 选项都是 5W2H 思维模型的整理步骤。

三、复合题

1．（1）答案：A。

解析：销售业绩表是事实表，其余表是维度表，一个事实表与多个维度表连接的连接模型是星型模型，所以正确答案是 A。

（2）答案：A。

解析：事实表是多表在汇总过程中提供度量字段的表，其余维度表是一表，所以正确答案是 A。

2．（1）答案：C。

解析：因为商机记录不能筛选产品或者区域，所以区域与产品间不能筛选。

（2）答案：C。

解析：C 是一对一的连接关系，客户表是维度表而商机记录表是事实表，所以应该是一对多的关系。

（3）答案：D。

解析：商机记录表记录商机的执行行为，属于事实表，而其他都是维度表，所以选 D。

（4）答案：A。

解析：一个事实表连接多个维度表是星型模型，所以选 A。

3．（1）答案：C。

解析：从订单表到订单提成表有多条筛选路径，所以是交叉连接，选 C。

（2）答案：C。

解析：订单表与订单提成表有相同主键订单 ID，可以合并为一个表。

（3）答案：A。

解析：订单提成与订单间通过产品表进行跨表筛选，使用类型二的筛选计算规则，赵大销售 a、b、c、d 4 款产品，所以 4 款产品的订单金额合计是 9000，正确选项是 A。

（4）答案：A。

解析：通过订单 ID 可以直接连接订单提成表与订单表进行筛选，按照类型一的方式计算结果，赵大的金额为 7000，所以选 A。

第 6 章

一、单选题

1．答案：A。

解析：将表结构数据进行字段整体的汇总计算可以求得指标结果，所以选 A。

2．答案：C。

解析：去重计数针对文本型字段，所以选 C。

3．答案：B。

解析：由于该羽绒服品牌销量具有季节性变化趋势，为减少影响因素用同比增长率较为恰当。

4．答案：A。

解析：A 是正确计算公式。

5．答案：C。

解析：C 是流量自身属性，不是流量行为特征。

6．答案：B。

解析：CPS（Cost Per Sales）按实际付费金额占比收费。

7．答案：C。

解析：CPM（Cost Per Mille）按每千次曝光收费。

8．答案：C。

解析：C 是正确答案，其余选项是客户属性的统计结果，与客户质量好坏程度无关。

9．答案：C。

解析：所有指标都要有时间单位才能描述好坏程度，所以选 C。

10．答案：D。

解析：D 是与场景相关的特殊指标，不属于基本指标。

11．答案：D。

解析：当进货额 > 出库金额时，期末库存额 > 期初库存额，所以 D 是正确的。

12．答案：D。

解析：销售漏斗模型没有进行项目件的分类，所以选 D。

13．答案：C。

解析：C 是正确描述。

14．答案：B。

解析：流量付费可分为多个递进阶段，对其各阶段情况进行描述可以使用漏斗模型。

15．答案：D。

解析：树状体系图不能描述进度情况，所以选 D。

16．答案：A。

解析：销售阶段转化情况适用于漏斗模型分析，用来描述推进力度。

17．答案：B。

解析：帕累托分析用于定位重点对象。

18．答案：C。

解析：通过相对市场占有率、销售增长率 2 个因素相互作用，会出现 4 种不同性质的产品类型，形成不同的产品发展前景：

①销售增长率和市场占有率"双高"的产品群（明星产品）；

②销售增长率和市场占有率"双低"的产品群（瘦狗产品）；

③销售增长率高、市场占有率低的产品群（问题产品）；

④销售增长率低、市场占有率高的产品群（金牛产品）。

19．答案：B。

解析：B 是正确描述。

20．答案：D。

解析：略。

21．答案：D。

解析：SKU 是商品的最小单位，应精确到最细的具体产品上。

22．答案：B。

解析：流量需要投入大量成本，在企业资金出现问题时，应优先解决黄金公式中转化率的问题。

23．答案：C。

解析：数据连接关系是数据表合并时使用的逻辑，与树状体系图无关。

24．答案：D。

解析：波士顿矩阵适用于对商品的描述而不是客户。

二、多选题

1．答案：ABC。

解析：D 选项客单价是用来描述客单价情况的指标，不属于流量相关指标，其余 A、B、C 选项都是流量相关指标。

2．答案：AB。

解析：银行存款和库存金额本身具有累计属性。错误举例：2 月 1 日银行存款 1 万元，2 月 2 日银行存款 1 万元，截至 2 月 2 日累计银行存款 2 万元。

3．答案：AD。

解析：CPM 与 CPC 是常见的平台间引流计费指标，所以 A、D 选项不是流量统计计费指标。

4．答案：BCD。

解析：B、C、D 选项都是时间下状态变化情况的分析场景，只有 A 选项是判断重要对象的业务场景，所以正确答案是 BCD。

5．答案：ABC。

解析：时间维度体现在漏斗模型中主要是对流速的分析，主要关注的是体形、流速及体量，所以正确答案是 ABC。

三、复合题

1．（1）答案：B。

解析：能够统计会员编号的记录有 3 行，所以有 3 名会员消费。

（2）答案：D。

解析：这天共有 5 条消费记录，3 名不重复会员有会员编号，还有 2 条非会员消费记录，所以最少消费人数为 4 人，符合条件的只有 D 选项。

2．（1）答案：D。

解析：对流量付费情况的分析应归属于转化阶段的分析任务，所以是错误的，所以选 D。

（2）答案：B。

解析：跳失率越高，流量付费可能性越小，流量质量越差，所以正确答案是 B。

3．（1）答案：A。

解析：UV 是当日到店人数统计，进入首页即到店，所以选 A。

（2）答案：D。

解析：PV 是浏览量，以上数据无法统计计算，所以选 D。

（3）答案：D。

解析：Vistis 是浏览次数，一进一出即一次流量，以上数据无法统计计算，所以选 D。

（4）答案：D。

解析：流失人数最多的阶段是加入购物车到完成支付阶段，与该阶段有直接关系的行为是付费流程，所以选 D。

第 7 章

一、单选题

1．答案：B。

解析：B 是正确描述，四类图表分别是构成类图表、对比类图表、序列类图表及描述类图表。

2．答案：D。

解析：此题体现部分与整体的占比关系，使用饼图最合适。

3．答案：B。

解析：箱线图是正确图表。

4．答案：C。

解析：雷达图突出对象间的差异程度。

5．答案：A。

解析：饼图强调占比，应使用百分比形式展现。

6．答案：A。

解析：漏斗图描述状态阶段的顺序递进关系，属于序列类图表。

7．答案：C。

解析：分析报告中应做到图表文字相结合。

8．答案：A。

解析：不同对象间的比较应使用柱形图。

9．答案：A。

解析：文字不应重复描述图表可直接传递的内容。

10．答案：C。

解析：作为推测判断信息来源的渠道应权威、信息应准确无误。

11．答案：D。

解析：会议上应使用 PPT 作为分析载体。

12．答案：C。

解析：BI 报表设计的核心内容是明确业务需求涉及的维度与度量。

二、多选题

1．答案：ABCD。

解析：所有选项都属于业务图表决策树中的类别。

2．答案：ABCD。

解析：所有选项都是饼图使用特征。

3．答案：ABCD。

解析：所有选项都属于两者的区别内容。

4．答案：ABCD。

解析：所有选项都正确。

三、复合题

1．（1）答案：A

解析：R 与 M 值都低，说明用户贡献价值低，对店黏性弱，即流失的风险高，所以选 A。

（2）答案：B。

解析：结合帕累托图及用户类别特征可判断出一般发展用户贡献度高，到店积极，刺激提高贡献价值后的预期收益高，所以选 B。

2．（1）答案：A。

解析：折线可作为基准线评估柱形代表的实际成绩的好坏程度，所以选 A。

（2）答案：A。

解析：及格线与优秀线是基准值，实际值与基准值对比是 A 的基准比。

附录 C　名词解释

1. 元数据（Meta Data）

元数据是"关于数据的数据"。元数据本身也是数据，它用来记录和管理系统中各种数据的信息，如数据的名称、拥有访问权、存取路径、逻辑关系等，都统一作为元数据进行管理。元数据分为业务元数据（数据的内容）、技术元数据（数据的技术细节）、操作元数据（处理和访问数据的详细信息）。

2. 数据（Data）

数据是信息的可再解释的形式化表示，适用于通信、解释或处理。

注：可以通过人工或自动手段来处理数据。

3. 信息（Information）

信息是音讯、消息、通信系统传输和处理的对象，泛指人类社会传播的一切内容。

4. 数据集（DataSet）

数据集是一种由数据组成的集合，也可以称为数据集合。

5. 数仓（Data Warehouse）

数仓即数据仓库，英文名称为 Data Warehouse，可简写为 DW 或 DWH。数据仓库是为企业所有级别的决策制定过程，提供所有类型数据支持的战略集合。它是单个数据存储，出于分析性报告和决策支持目的而创建。它为需求业务智能的企业提供指导业务流程改进、监视时间、成本、质量及控制。

6. 结构化数据（Structured Data）

结构化数据也称作行数据，是由二维表结构来逻辑表达和实现的数据，严格地遵循数据格式与长度规范，主要通过关系数据库进行存储和管理。

7. 非结构化数据（Unstructured Data）

非结构化数据是数据结构不规则或不完整，没有预定义的数据类型，不方便使用数据库二维逻辑表来表现的数据。它包括所有格式的办公文档、文本、图片、XML、HTML、各类报表、图像和音频 / 视频信息等。

8. ETL（Extract-Transform-Load）

ETL 是英文 Extract-Transform-Load 的缩写，用来描述将数据从来源端经过抽取（Extract）、转换（Transform）、加载（Load）至目的端的过程。ETL 一词较常用在数据仓库中，但其对象并不限于数据仓库。

9. 数据理解

数据理解是在充分理解企业业务和数据的基础上定义数据要解决的业务问题，并评估其关联关系和可行性的过程。

10. 数据准备（Data Preparation）

数据准备是从各种数据源处获取原始数据，按照预期的业务需求定义数据应用的目标数据，将所有原始数据抽取、清洗、融合、转换、处理成为预期待分析挖掘的目标数据的过程。

11. 数据开发

数据开发以工程思维的角度将数据应用的关键实施过程进行演绎，是在目标明确、数据集已整理完备的基础上进行分析、挖掘、探索数据应用模式的过程。

12. 部署运营

部署运营是将开发阶段模型成果在业务线上部署，在生产环境中例行化，并跟踪其运行效果的过程。

13. 业务理解

业务理解是从商业角度全面理解客户想要达到的目标或者要解决的问题，划定业务目标和问题范围的过程。

14. 数据评估（Data Evaluation）

数据评估是"数据质量评估"的简称，它从数据综合应用的角度考虑，对信息和数据的采集、存储和产出进行全面的考察和评价，从而提高信息和数据的可信度和有效度，为决策提供更有利的基础。

15. 数据获取

数据获取是基于业务分析需求，从多渠道全面地获取分析数据的步骤。

16. 数据定义

数据定义是在获取的数据源基础上，按照数据应用的业务目标定义目标数据集，并设计数据处理流程方案的过程。

17. 数据整理

数据整理是对数据源进行抽取、清洗、转换等加工处理，生成目标数据集的过程。

18. 数据增强

数据增强是将标准化后的多个单来源数据进行数据联通，将联通的不同数据融合在一起生成新的字段更全的数据集，或者将通过联通后的数据交叉映射补充空缺字段内容的过程。

19. 商业智能（Business Intelligence）

商业智能（简称 BI），又称为商业智慧或商务智能，指用现代数据仓库技术、线上分析处理技术、数据挖掘和数据展现技术进行数据分析以实现商业价值。

20. 数据分析（Data Analysis）

数据分析是用适当的分析和挖掘方法对收集来的数据进行研究，提取有用的信息，形成结论并支持决策的过程。

21. 数据挖掘（Data Mining）

数据挖掘一般指从大量的数据中通过算法搜索隐藏于其中的信息的过程。数据挖掘通常与计算机科学有关，并通过统计、在线分析处理、情报检索、机器学习、专家系统（依靠过去的经验法则）和模式识别等方法来实现上述目标。

22. 人工智能（Artificial Intelligence）

人工智能是研究使计算机来模拟人的某些思维过程和智能行为（如学习、推理、思考、规划等）的学科。它主要包括计算机实现智能的原理、制造类似于人脑智能的计算机，使计算机能实现更高层次的应用。

23. 机器学习（Machine Learning）

机器学习是指研究计算机怎样模拟或实现人类的学习行为，以获取新的知识或技能，重新组织已有的知识结构使之不断改善自身的性能。它是人工智能的核心。

24. CDO（Chief Data Officer）

CDO，即首席数据官，是随着企业不断发展而诞生的一个新型的管理者。其主要负责根据企业的业务需求，选择数据库及数据抽取、转换和分析等工具，进行相关的数据挖掘、数据处理与分析，并且根据数据分析的结果战略性地对企业未来的业务发展和运营提供相应的建议和意见。

25. SaaS（Software-as-a-Service）

SaaS 意思是软件即服务，是一种通过互联网提供软件的模式。用户不用再购买软件，而改用向提供商租用基于 Web 的软件，来管理企业经营活动，且无须对软件进行维护，服务提供商会全权管理和维护软件。

SaaS 平台供应商将应用软件统一部署在自己的服务器上，客户可以根据工作实际需求，通过互联网向厂商定购所需的应用软件服务，按定购的服务多少和时间长短向厂商支付费用，并通过互联网获得 SaaS 平台供应商提供的服务。

26. 数据源（Data Source）

数据源是指数据的来源，是提供某种所需要数据的器件或原始媒体。一般获取数据的渠道有内部业务系统产生 / 收集，公开网络获取、外部购买、合作交换等。

27. 数据质量管理（Data Quality Management）

数据质量管理是指对数据从计划、获取、存储、共享、维护、应用、消亡生命周期的每个阶段中可能引发的各类数据质量问题，进行识别、度量、监控、预警等一系列管理活动，并通过改善和提高组织的管理水平使得数据质量获得进一步提高。

28. 数据孤岛（Isolated Data Island）

数据孤岛分为物理性的数据孤岛和逻辑性的数据孤岛两种。物理性的数据孤岛指数据在不同部门相互独立存储，独立维护，彼此间相互孤立。逻辑性的数据孤岛指不同部分站在自己的角度对数据进行理解和定义，使得一些相同的数据被赋予了不同的含义。

29. 数据管理能力（Data Management Capability）

数据管理能力是组织和机构对数据进行管理和应用的能力。

30. 数据战略（Data Strategy）

数据战略是组织开展数据工作的愿景、目的、目标和原则。

31. 数据治理（Data Governance）

数据治理是对数据进行处置、格式化和规范化的过程。

注 1：数据治理是数据和数据系统管理的基本要素。

注 2：数据治理涉及数据全生存周期管理，无论数据是处于静态、动态、未完成状态还是交易状态。

32. 数据架构（Data Architecture）

数据架构通过组织级数据模型定义数据需求，指导对数据资产的分布控制和整合，部署数据的共享和应用环境，以及元数据管理的规范。

33. 数据标准（Data Standard）

数据标准是数据的命名、定义、结构和取值的规则。

34. 数据质量（Data Quality）

数据质量指在指定条件下使用时，数据的特性满足明确的和隐含的要求的程度。

35. 数据安全（Data Security）

数据安全指数据的机密性、完整性和可用性。

36. 原始数据（Raw Data）

原始数据是终端用户所存储使用的各种未经过处理或简化的数据。

注：原始数据有多种存在形式，如文本数据、图像数据、音频数据或者几种数据混合存在。

37. 数据科学（Data Science）

从本质上讲，数据科学是一个处理和分析大量数据以提供有意义信息的领域，这些信息可用于决策和解决问题。数据科学包括计算、统计、分析、数据挖掘和编程方面的工作。

38. 数据科学家（Data Scientist）

数据科学家是指能采用科学方法、运用数据挖掘工具对复杂多量的数字、符号、文字、网址、音频或视频等信息进行数字化重现与认识，并能寻找新的数据洞察的工程师或专家（不同于统计学家或分析师）。建议采用百度的这个概念。

39. 数据分析师（Data Analyst）

数据分析师是指在不同行业中从事数据的采集、处理、分析并能制作业务报告，具备数据思维、提供商业评估与决策，且具备职业道德和行为素养的专业人士。

40. 商业分析师（Business Analyst）

商业分析师（也称为业务分析师）能根据业务的需求，从数据中生成相应的报表，为决策提供支撑。相比其他的业务人员，商业分析师能更高、更广、更深入并且更数据化地对业务进行分析。

41. 大数据工程师（Big Data Engineer）

大数据工程师可以从事对大量数据的采集、清洗、分析、治理、挖掘，并对这些数据加以利用、管理、维护和服务的相关技术工作。

42. 数据可视化（Data Visualization）

数据可视化是关于数据视觉表现形式的科学技术研究。

43. 数据建模（Data Modeling）

数据建模指的是对现实世界各类数据的抽象组织，确定数据库需管辖的范围、数据的组织形式等直至转化成现实的数据库。

44. 数据模型（Data Model）

书中提及的数据模型是指通过公共字段连接在一起的多连接模型，完整的数据模型为多维度的透视分析提供了完整的数据依据。

45. 大数据（Big Data）

大数据，指的是所涉及的资料量规模巨大到无法通过目前主流软件工具，在合理时间内达到撷取、管理、处理、并整理成为帮助企业经营决策更积极目的的资讯。

大数据是一个"时髦词"，它代表了近年来可用数据量的巨大增长，尤其是随着世界越来越"在线"，也就是世界通过互联网连接了起来。此数据与以前可用的数据的区别不仅在于其大小，还在于生成数据的高速性，以及其形式的巨大变化。它极大地扩展了数据科学所能实现的潜力，在广泛的数字化之前，数据科学曾因计算机处理速度慢和难以获取大量准确信息而受到阻碍。

46. 算法（Algorithm）

算法是指解题方案的准确而完整的描述，是一系列解决问题的清晰指令。算法代表着用系统的方法描述解决问题的策略机制。

47. 算法工程师（Algorithm Engineer）

算法是一系列解决问题的清晰指令，也就是说，能够对一定规范的输入，在有限时间内获得所要求的输出。如果一个算法有缺陷，或不适合于某个问题，执行这个算法将不会解决这个问题。不同的算法可能用不同的时间、空间或效率来完成同样的任务。一个算法的优劣可以用空间复杂度与时间复杂度来衡量。算法工程师就是利用算法处理事物的人。

48. 变量降维

变量降维，即通过某种数学变换将原始高维属性空间转变为一个低维"子空间"（Subspace），在这个子空间中样本密度大幅提高，各种计算也变得更为容易。其思路是：人们观测或收集到的数据样本虽是高维的，但与学习任务密切相关的也许仅是某个低维分布，即高维空间中的一个低维"嵌入"（Embedding）。原始高维空间中的样本点，在这个低维嵌入子空间中更容易进行学习。

49. 有监督学习（Supervised Learning）

有监督学习是从标签化训练数据集中推断出函数的机器学习任务。有监督学习是机器学习的一个分支。

50. 无监督学习（Unsupervised Learning）

现实生活中常常会有这样的问题：缺乏足够的先验知识，因此难以人工标注类别或进行人工类别标注的成本太高。很自然地，我们希望计算机能代我们完成这些工作，或者至少提供一些帮助。根据类别未知（没有被标记）的训练样本解决模式识别中的各种问题，称为无监督学习。无监督学习作为机器学习的一个分支，其算法不依赖人工输入，而是自学习。这与一些专家所说的真正的人工智能更为相似。

51. 强化学习（Reinforcement Learning）

强化学习又称再励学习、评价学习或增强学习，是机器学习的范式和方法论之一，用于描述和解决智能体（Agent）在与环境的交互过程中通过学习策略以达成回报最大化或实现特定目标的问题。强化学习是智能体以"试错"的方式进行学习，通过与环境进行交互获得的奖赏指导行为，目标是使智能体获得最大的奖赏。强化学习和有监督学习不同，主要表现在强化信号上，强化学习中由环境提供的强化信号是对产生动作的好坏做评价（通常为标量信号），而不是告诉强化学习系统（Reinforcement Learning System，RLS）如何产生正确的动作。由于外部环境提供的信息很少，RLS 必须靠自身的经历进行学习。通过这种方式，RLS 在行动 - 评价的环境中获得知识，改进行动方案以适应环境。

52. 半监督学习（Semi-Supervised Learning）

半监督学习是模式识别和机器学习领域研究的重点问题，是有监督学习与无监督学习相结合的一种学习方法。半监督学习使用大量的未标记数据，以及同时使用标记数据，来进行模式识别工作。当使用半监督学习时，将会要求尽量少的人员从事工作，同时又能够带来比较高的准确性，因此半监督学习越来越受到人们的重视。

53. API（Application Programming Interface）

API 是应用程序编程接口英文的首字母缩写。API 为用户提供了一组用于与特定应用程序或服务交互并部署其功能的功能。例如，Facebook 为软件应用程序开发人员提供了通过其 API 访问 Facebook 功能的机会。通过连接到 Facebook API，开发者可以允许自己应用程序的用户使用 Facebook 登录，也可以访问存储在 Facebook 数据库中的个人信息，如出生日期或工作地点。

54. Python

Python 是一种面向对象的计算机编程语言，由荷兰数学和计算机科学研究学会的吉多·范罗苏姆于 20 世纪 90 年代初设计，作为 ABC 语言的替代品。Python 不仅提供了高效的高级数据结构，还能简单有效地面向对象编程。近年来，Python 受到数据科学家的高度欢迎，因为它相对易于使用，并且可以用复杂的方式处理大型、快速移动的数据集。它的开源（任何人都可以添加或更改）性质意味着它的能力可以不断扩展，新的资源也能够被利用。

55. R

R 也是一种编程语言，是统计领域广泛使用的诞生于 1980 年左右的 S 语言的一个分支。R 比 Python 存在的时间更长，传统上是统计人员处理大型数据集的首选语言。尽管 Python 正在迅速普及，但 R 仍然被数据科学家大量使用，并且通常在大学的数据科学课程中教授。

56. SQL（Structured Query Language）

SQL 是结构化查询语言英文单词首字母缩写。SQL 是一种特殊目的的编程语言，是一种数据库查询和程序设计语言，用于存取数据，以及查询、更新和管理关系数据库系统。当然，涉及数据库的地方，数据科学家就在不远处。SQL 通常也是一种数据科学家必须学习的语言。

57. Microsoft Office Excel

Microsoft Office Excel 有时简称为 Excel 或者 Microsoft Excel，是 Microsoft 为使用 Windows 和 Apple Macintosh 操作系统的计算机编写的一款电子表格软件，是市场上最常用的电子表格应用程序之一。

58. Hadoop

Hadoop 是一个由 Apache 基金会所开发的分布式系统基础架构。它是一个开源的软件框架，是一个能够让用户轻松架构和使用的分布式计算平台。它允许数据科学家使用运行简单的编程模型的硬件集群处理大数据。许多人将 Hadoop 作为大数据问题的解决方案。它允许用户管理比单台计算机多得多的数据。

59. 匿名化（Anonymization）

匿名化是数据挖掘中隐私保护的主要的一种技术手段。在使用个人数据（识别个人的数据）进行科学数据分析时，匿名化指的是删除或混淆数据中显示其具体指代人的指标的过程。

60. 分类（Classification）

从机器学习领域来看，分类是使用数据（关于对象、事件或任何其他内容）来确定一个项目属于多个预定组中的哪一组的能力。举一个基础例子，图像识别分析可能会将四条等边的所有形状分类为正方形，将三条等边的所有形状分类为三角形。

61.　聚类（Clustering）

聚类是将数据分类到不同的类或者簇的一个过程，所以同一个簇中的对象有很大的相似性，而不同簇间的对象有很大的相异性。

聚类与分类的不同在于，聚类要求划分的类是未知的。聚类是一种使无监督学习成为可能的数据科学技术。

62.　内存数据库（In-Memory Database）

内存数据库，顾名思义就是将数据放在内存中直接操作的数据库。相对于磁盘，内存的数据读 / 写速度要高出几个数量级，将数据保存在内存中相比从磁盘上访问能够极大地提高应用的性能。近年来，可用内存大小的增加和物理 RAM 芯片成本的下降，使过去不可能实现的在内存中处理大数据集的想法成为可能。

63.　联机分析处理（On-Line Analytic Processing）

联机分析处理是一种软件技术，它使分析人员能够迅速、一致、交互地从各个方面观察信息，以达到深入理解数据的目的。我们可以利用联机分析处理技术创建多维数据模型。在多维数据模型中，分析人员可以在不同维度下，对某一些特定度量进行交叉透视分析，还可以用数据全方位描述业务情况及探索业务问题。

64.　EDIT 数字化模型

EDIT 数字化模型是 CDA 提出的，它是企业引入数据分析的落地模板。这个模型包含探索（Exploration）、诊断（Diagnosis）、指导（Instruction）和工具（Tool）四个部分。其中外环的 EDI 三个阶段由企业业务岗位的人员执行，中心 T 部分由技术部门人员提供数据和工具的支持。

65.　E-R 图

E-R 图也称实体－联系图（Entity-Relationship Diagram），提供了表示实体类型、属性和联系的方法，用来描述现实世界的概念模型。

66.　数据元（Data Element）

数据元也称为数据元素，是用一组属性描述其定义、标识、表示和允许值的数据单元，在一定语境下，通常用于构建一个语义正确、独立且无歧义的特定概念语义的信息单元。数据元通常被认为是不可再分的最小数据单元。数据元是一种用来表示具有相同特性数据项的抽象"数据类型"。按数据元值的数据类型可分为文字型数据元与数值型数据元。例如，人的姓名是用文字表示的，属于文字型数据元；人的身高是用数值表示的，属于数值型数据元。

67. 数据库（Database）

数据库是按照数据结构来组织、存储和管理数据的仓库，是一个长期存储在计算机内的、有组织的、可共享的、统一管理的大量数据的集合。数据库相当于一个电子化的文件柜。

68. 关系数据库

关系数据库存储的格式可以直观地反映实体间的关系。关系数据库和常见的表格比较相似，关系数据库中表与表之间是有很多复杂的关联关系的。关系数据库常见的有 Oracle、SQLServer、DB2、MySQL，除了 MySQL，大多数的关系数据库如果要使用，都需要支付一笔价格高昂的费用，即使是免费的 MySQL，其性能也受到了诸多的限制。虽然关系数据库有很多，但是大多数都遵循 SQL 标准。常见的操作有查询、新增、更新、删除、求和、排序等。

69. 非关系数据库（NoSQL）

随着近些年技术方向的不断拓展，大量的 NoSQL 数据库（如 MongoDB、Redis、Memcache）出于简化数据库结构、避免冗余、影响性能的表连接、摒弃复杂分布式的目的被设计。非关系数据库指的是分布式的、非关系型的、不保证遵循 ACID 原则的数据存储系统。

目前，NoSQL 仍然没有一个统一的标准，它现在有 4 种大的分类：键值对存储（代表软件 Redis）、列存储（代表软件 HBase）、文档数据库存储（代表软件 MongoDB）、图形数据库存储（代表软件 InfoGrid）。

NoSQL 使用的是非结构化查询语言（UnQL），它以数据集（像文档）为单位来管理和操作数据，由于它没有一个统一的标准，所以每个数据库厂商提供产品标准是不一样的，NoSQL 中的文档 ID 与关系型表中主键的概念类似，NoSQL 采用的数据访问模式相对 SQL 更简单而精确。而对于 NoSQL，比较主流的有 Redis、HBase、MongoDB、Memcache 等产品，通常都采用开源的方式，不需要像关系数据库那样，需要一笔高昂的花费。

70. 总体（Population）

总体是指我们研究的所有元素的集合，其中每个元素称为个体。

71. 样本（Sample）

我们把从总体中抽取的一部分个体的集合称为样本，样本中个体的数量称为样本容量。

72. 参数（Parameter）

参数是指总体的某个特征。

73. 统计量（Statistic）

统计量是指样本的某个特征。

74. 变量（Variable）

变量是指用来描述个体特征的概念，如人（个体）从出生开始到现在存活的时间长度（特征），我们引入"年龄"这一概念来刻画。在实际中，对于个体，我们常用很多不同的变量来刻画其特征。

75. 集中趋势（Central Tendency）

集中趋势是指数据向其中心值靠拢的趋势，测量数据的集中趋势，主要是寻找其中心值。

76. 离散程度（Measures of Dispersion）

离散程度度量数据偏离其中心值的程度，故离散程度与集中趋势的中心值有关，且数据离散程度越大，说明数据偏离其中心值越多，中心值的代表性越差。

77. 相关分析（Correlation Analysis）

统计学中的相关分析指的是分析变量之间相关性的关系。

78. 维度和度量

维度指的是用来进行多维数据透视分析时使用的描述不同业务角度信息的字段。度量指的是业务行为产生的结果，是多维数据透视分析中维度针对的汇总分析的对象字段，即用来进行维度观测的字段。维度多以文本型的数据类型为主，而用来进行描述业务成果好坏的度量字段，一般以数值型字段为主。

79. 维度表

维度表是只包含维度信息的表。

80. 事实表

事实表是既包含维度信息又包含度量信息的表。

81. 主键

主键是我们拿到一个数据表首先要了解的内容，也是理解一个数据表的过程中较为重要的属性概念。一个表有且只有一个主键，主键要从物理及业务意义上进行理解。主键的物理意义是非空不重复的能够定位每一个不同记录行的字段或者字段的组合。主键的业务意义是表的业务单位，在一个数据表中，所有非主键字段都要围绕主键字段展开。

82. 多维数据模型

多维数据模型也叫作多维数据集，又叫作立方体，指的是相互间通过某种联系被关联在一起的不同数据集合。

83. 商业智能仪表盘（Business Intelligence Dashboard）

商业智能仪表盘是一般商业智能都拥有的实现数据可视化的模块，是向企业展示度量信息和关键业务指标（KPI）现状的数据虚拟化工具。

84. 特征工程

特征工程是将数据的原始特征转换为更好地代表模型分析的潜在问题的特征的过程，从而提高对数据的分析和预测的准确性。通常，特征工程会分为特征选择、构造、转换和学习 4 个工程部分。

85. 数据标注

数据标注一般是指通过操作计算机等自动化工具，对大量文本、图片、语音、视频等数据进行归类、整理、编辑、纠错和批注等工作。数据标注有许多类型，如分类、画框、注释、标记等。

86. CDP（Customer Data Platform）

客户数据平台（CDP）是一种以数据驱动企业全链路营销的技术，用于汇集来自多个数据源的客户数据，然后将这些数据与企业其他应用程序共享。CDP 平台技术可帮助企业统一业务数据，创建每个客户的全方位视图，以及实现个性化的互动。一方面，它可以帮助企业积累和管理客户数据资产；另一方面，作为数据应用程序驱动程序，它还使企业能够根据渠道特性深度应用渠道数据。

87. 数据湖（Data Lake）

数据湖是一个以原始格式存储数据的存储库或系统，它按原样存储数据，无须事先对数据进行结构化处理。一个数据湖可以存储结构化数据（如关系数据库中的表）、半结构化数据（如 CSV、日志、XML、JSON）、非结构化数据（如电子邮件、文档、PDF）和二进制数据（如图形、音频、视频）。

88. 数据中台

数据中台从某种意义来说属于数据仓库的一种，都是要把数据抽进来建立一个数据仓库。但与数据仓库不同的是，建立数据中台是为了融合整个企业的全部数据，打通数据之间的隔阂，解决数据标准和口径不一致的问题。数据中台通常会对来自多方面的基础数据进行清洗，按照主题域概念建立多个以事物为主的主题域，如用户主题域、商品主题域、渠道主题域、门店主题域等。

89. 数据清洗

数据清洗是发现并纠正数据文件中可识别的错误的最后一道程序，包括检查数据一致性、处理无效值和缺失值等。

90. 加权

"权"，即权重，指某一因素或指标相对于某一事物的重要程度，通俗理解就是系数。该因素越重要，权重（系数）越大。"加权"就是乘以系数或者说乘以权重的意思。

91. 深度学习（Deep Learning）

深度学习是机器学习领域中一个新的研究方向，它被引入机器学习使其更接近于最初的目标——人工智能。深度学习试图反映与人类思维相近的神经元和神经网络，可以让计算机从经验中学习，并根据层次化的概念体系来理解世界。如果绘制出表示这些概念如何建立在彼此之上的网络，我们将得到一张"深"（层次很多）的网络。基于这个原因，我们称这种方法为深度学习。

92. CNN

CNN（Convolutional Neural Network，卷积神经网络）是一种专门用来处理具有类似网格结构的数据的神经网络，如时间序列数据（可以认为是在时间轴上有规律地采样形成的一维网络）和图像数据（可以看作二维的像素网格）。卷积网络在诸多应用领域都表现优异。"卷积神经网络"一词表明该网络使用了卷积（Convolutional）这种数学运算。卷积是一种特殊的线性运算。卷积神经网络是指那些至少在网络的一层中使用卷积运算来替代一般的矩阵乘法运算的神经网络。

93. RNN

RNN（Recurrent Neural Network，循环神经网络）是一类以序列数据为输入，在序列的演进方向进行递归且所有节点（循环单元）按链式连接的递归神经网络（Recursive Neural Network）。

94. NLP

NLP（Natural Language Processing，自然语言处理）是让计算机能够识别、处理并使用人类的语言，如中文或英语。自然语言通常是模糊的，并且可能不遵循形式的描述。例如，将 NLP 技术应用到机器翻译中，就需要计算机读取一种人类语言的句子，并用另一种人类语言发出等价的句子。大多数 NLP 算法基于语言模型，语言模型定义或描述了关于自然语言中的字、词或字节序列的概率分布，通常必须使用专门处理序列数据的技术来处理。

95. BERT

BERT 的全称为 Bidirectional Encoder Representation from Transformers，是一个预训练的语言表征模型。它强调了不再像以往一样采用传统的单向语言模型或者把两个单向语言模型进行浅层拼接的方法进行预训练，而是采用新的 Masked Language Model（MLM），以致能生成深度的双向语言表征。

96. Logistic 回归

Logistic 回归是概率型对数线性回归模型，是研究二值型 / 多值型输出分类的一种多变量分析方法。通过 Logistic 回归，可以将二分类 / 多分类的观察结果 y 与一些影响因素 $[x_1, x_2, x_3, \cdots]$ 建立起关系，从而对某些因素条件下某个结果发生的概率进行估计并分类。

97. 激活函数（Activation Function）

所谓激活函数，就是在人工神经网络的神经元上运行的函数，负责将神经元的输入映射到输出端。激活函数对于人工神经网络模型去学习、理解非常复杂和非线性的函数来说具有十分重要的作用。其中一个常用的激活函数是 Sigmoid 函数。

Sigmoid 函数是一个在生物学中常见的 S 型函数，也称为 S 型生长曲线。在信息科学中，由于其单调递增及反函数单调递增等性质，Sigmoid 函数常被用作神经网络的阈值函数，将变量映射到 0 ~ 1。

98.　训练集

在机器学习中，用来训练模型使计算机学习得到相应参数的数据集，称为训练集。

99.　测试集

在机器学习中，使用一个数据集学习得到了模型参数，如果直接在相同的数据集上对模型进行测试是一个方法论错误：一个模型只会重复它刚刚看到的样本的标签，这当然会获得完美的分数，但无法预测任何有用的东西—— 未来的数据。为了避免这种情况发生，在执行（有监督）机器学习时，通常的做法是将部分可用数据保留下来作为测试集。

100.　假设检验

假设检验是先对总体参数提出一个假设，然后利用样本信息去检验这一假设是否成立。假设检验采用逻辑上的反证法，依据统计上的小概率原理。

101.　极大似然估计

极大似然估计是参数估计的方法之一。已知某个随机样本满足某种概率分布，但是其中具体的参数不清楚，则可通过若干试验，观察其结果，利用结果推出参数的估计值。极大似然估计建立在如下的思想上：若某个参数值能使这个样本出现的概率最大，我们当然不会再去选择其他小概率的样本，所以干脆就把这个参数作为估计的真实值。

编委会成员